中国近代人物日记丛书

中华书局编辑部 编 汤志钧 陈正青 校订

王韜日記

（增订本）

中华书局

图书在版编目（CIP）数据

王韬日记/中华书局编辑部编;汤志钧,陈正青校订.—增订本.—北京:中华书局,2015.8(2022.2重印)
（中国近代人物日记丛书）
ISBN 978 - 7 - 101 - 10670 - 1

Ⅰ.王…　Ⅱ.①中…②汤…③陈…　Ⅲ.王韬（1828～1897）－日记　Ⅳ.K827＝52

中国版本图书馆 CIP 数据核字（2015）第 010307 号

书　　名	王韬日记（增订本）
编　　者	中华书局编辑部
校 订 者	汤志钧　陈正青
丛 书 名	中国近代人物日记丛书
责任编辑	张玉亮
出版发行	中华书局
	（北京市丰台区太平桥西里 38 号　100073）
	http://www.zhbc.com.cn
	E-mail:zhbc@zhbc.com.cn
印　　刷	北京瑞古冠中印刷厂
版　　次	2015 年 8 月北京第 1 版
	2022 年 2 月北京第 2 次印刷
规　　格	开本/850×1168 毫米　1/32
	印张 13⅛　插页 5　字数 320 千字
印　　数	2501 - 3500 册
国际书号	ISBN 978 - 7 - 101 - 10670 - 1
定　　价	58.00 元

王韬像

二十三日庚寅雨入夏以来五日不雨農民皆

之兮作苦雨讪五絕云輶爽簾居燕和和早起

渠滌雨斷微阿母任劳撥枝篋今年應不著生

衣怕聽前邨鳩婦呼庭前歐鑋成湖水深猜

談江魚賤事運兒童入市沽家愁街朳發逐聲

風狂雨急少人行村未總荒炊煙重遲斷疎林

不肯明殺属秋斷唱已休小車轆々呎渠満佃

田呌見村苗沒多少農人相對秋濤瓮輈樹隂

蒼蒼雨氣除森入夏傖墻解之欹斜二滿又吹

《新声》杂志所刊王韬日记

悔餘漫錄

同治紀元歲次壬戌四月二十日抵滬得見慕君維廣即佳
甫里王韜子潛氏筆

黃睿甫錦家暨住

二十五日丑麥領事署從此問置一室紙一百三十五

閏八月十有一日辰刻麥君高溫未述麥領事盛意令余

即刻前往香港同偕玉怡和行魯納大輪船英人賽司想聞

入門去待余々厚殊可感也是日以未以稅單不啟行伵舟

者殊不少有台州人徐雲峯晚峯原名見係福建汀漳龍道

閩軍功保舉附臨舟詣福州赴任路行三十八中有江

上海图书馆所藏之王韬日记

陳藏有名澧佳石未排跼文魁南

潘銳如名露　佳石唐曲巷尾

長蕭盦名玉衡　住南海縣署

方鎔山名　　佳都府衙

陳訥人名　　住希府衙

林秀銘　　　住群化坊

文撝庭名　　佳朝天街文昌祠

吳秀廿人　　住謝山巷

上海图书馆所藏王韬日记之杂记

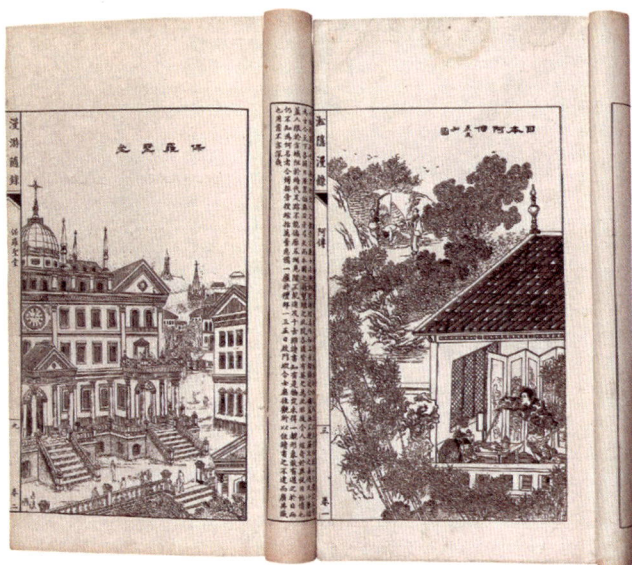

王韬《漫游随录》插图

《中国近代人物日记丛书》出版说明

编辑出版《中国近代人物日记丛书》，旨在为学术界提供完备、可靠的基本资料。

日记体裁的特殊性，使其具有其他种类文献所不具备的史料价值。日记中的资料，有的为通行文献所不载，有的可与通行文献相互印证、补充，有的可以订正通行文献中的讹误。中国近代许多著名的历史人物都留有非常丰富的日记，较为著名的有晚清四大日记翁同龢《翁文恭公日记》、李慈铭《越缦堂日记》、王闿运《湘绮楼日记》、叶昌炽《缘督庐日记》等，都是具有较高史料价值、经常被学者征引的重要文献。

然而许多日记文献藏于图书馆、博物馆、研究机构或个人手中，学者访求不便。为此，系统发掘整理这类文献，是一项很有意义的工作。中华书局于二十世纪七十年代开始策划《中国近代人物日记丛书》，出版了多个品种，受到学术界的重视与好评，《翁同龢日记》、《郑孝胥日记》等至今仍是引用率较高的近代日记整理本。

新世纪以来，我们继承这一传统，加大近代人物日记的出版力度，试图通过进一步完善整理体例、新编更便利使用的索引、搜集更完备的附录资料等方式，使这套丛书发挥更大的作用，继续为学术研究贡献力量。

编好这套丛书，一定会遇到不少困难，但我们相信，在学术界、文博界和公私收藏机构与个人的大力支持下，这套有着悠久历史的基本文献丛书将会有更多更完备、精良的品种问世并传世。

　　　　　　　　　　　　　　　　　　中华书局编辑部

目　录

新版前言

　　王韬(1828—1897)是近代著名思想家、新闻业元老,是一位多姿多彩的文化人,江苏长洲(今属江苏省苏州市)人,原名利宾,字子九,一字兰卿,后改名瀚,字懒今("懒"之异体字)。出身于塾师家庭。十八岁中秀才,1849年赴上海,受雇于英国伦敦会传教士麦都思所办的墨海书馆,协助翻译宗教和科学书籍,帮助编辑中文杂志《六合丛谈》,广泛接触西学,并于1854年受洗入教。1862年,因风传他化名向太平军将领上书献策,遭清廷通缉,在英国驻上海领事的庇护下逃往香港,此后改名韬,号紫铨,别署天南遁叟。他在香港协助英国传教士理雅各翻译中国经书,1867至1870年随理雅各去英国继续译书,游览了伦敦、爱丁堡等城市,到牛津大学等处作过学术演讲,并顺道游历了法、俄等国。1874年起,他在香港创办《循环日报》,评论时政,宣传变法自强。1879年曾到日本访问。1884年,获李鸿章默许,回上海定居,翌年出任上海格致书院山长。1897年病逝于上海。

　　王韬一生笔耕勤奋,据《韬园著述总目》,已刻书目列有《普法战纪》、《弢园尺牍》、《瀛壖杂志》、《弢园文录外编》、《蘅华馆诗录》等十二种,未刻书目列有《春秋左氏传集释》等二十四种,共三十六种,其实不止此数。内容也相当广泛,涉及政治、经济、历史、地理、天文历算、小说笔记等。

　　王韬有记日记的习惯,也有遇事随笔札记的习惯。其日记是

研究中国近代史的重要资料,历来为学者所重视。现存王韬日记
主要有:

一、台湾藏本。藏于中研院傅斯年图书馆。这批手稿总名称
为《蘅花日记》,散订为六册,共三百二十八张纸,每册另有名称,
中有插页。每册虽有序号,但检其内容,汗漫无序,前后颠倒之处
甚多。看来,各册序号并非王韬手订。兹将这批手稿按时间顺序
排列如下:

1.《茗花庐日记》(第二册),题"道光己酉闰月子九氏手记",
起于道光二十九年闰四月二十一日,止于二十八日。日记前后还
有《甲寅刚午后六日致红蕤第一札》、《附致红蕤阁女史札》等
杂录。

2.《茗芗寮日记》,署"亦名瀹唱杂记",题"蘅花山人志",起于
咸丰二年六月初一,止于八月二十九日。

3.《蘅花馆日志二册》,署"后附《粤西杂记》",题"王子九书",
又题"雷约轩居,茸城北关菜花溪跨街牌楼东首下岸慎永堂",知
曾为雷约轩所藏。标题前记"咸丰癸丑三月下澣"。内含《瀛壖杂
记》第一册,题"蘅花馆主志",起于咸丰二年九月初一,止于十二
月三十日;《瀛壖杂记》第二册,题"玉瑠山人志",起于咸丰三年正
月初一,止于三月十日。《粤西杂记》,记道光二十九年至咸丰二
年间太平天国事。

4.《沪城见闻录》,记咸丰三年上海小刀会事。

5.《瀛壖日志》,题"蘅花王利宾子九氏著",起于咸丰三年三
月十一日,止于咸丰四年正月,时断时续。后有《夏日闺中亲咏》
等诗作,还有《石经考文提要》和《蘅花馆印谱》等杂录。

6.《甲寅夏五回里日记》,自咸丰四年五月初七至二十四日。

7.《蘅花馆日记》,题"子九王利宾随笔",起于咸丰四年八月初一,止于十二月十三日,又咸丰五年正月初一至三月十九日。日记前后有杂录。

8.《蘅花山馆杂录》,有《甲寅秋季置办文房器玩帐》,记载他在咸丰四年置办文具用品的情况。还有《蘅花馆印谱》。

另外,在《苕花庐日记》中,日记后面有二十四张纸记载《粤雅堂丛书》目录,五张纸记载《璇闺秘戏方》;在《沪城闻见录》手稿后,有五十八张纸是《粤海幸存书目》,记载十四类书籍目录,内含《海上寄来书籍》、《嬲窟剩书目录》、《甲子季冬从海上寄来书目》、《甫里未来书籍记忆目》、《客粤所购书》、《乙丑年海上携来书》、《在粤必购之书》、《珠丛别录总目》、《说铃前后集总目》、《经训堂丛书目录》、《述古丛钞目录》、《龙威秘书总目》、《毛诗疏采用书目》、《元刻残本丛书目录》等。

二、《新声》刊本。1921年创刊的《新声》杂志,第1—3期刊布了《蘅华馆日记》,署名"天南遁叟王紫诠"。所收日记起自咸丰五年七月初一,讫于八月三十。

三、上海图书馆藏本。稿本四册,蓝格十行本,中缝有"蘅华馆"三字,每行约二十三字,毛笔书写。自署"南武王瀚嬲今"。前有"庚申后三月墨憨阅二过,时同客申江"、"咸丰己未季夏上元孙齐快读一过"、"归安丁彦臣拜观"、"咸丰九年季冬十有九日灯下,吴江沈毓荣拜读于申江客次"等题名。可知《日记》曾在友朋中传阅。《日记》起讫时间为:咸丰八年正月初一至二月二十九日、八月十三日至九月三十日、十月一日至十二月三十日;咸丰九年正月初一至五月十五日、六月一日、六月二日;咸丰十年正月初一至五月初十日、五月十八日至六月二十一日;同治元年四月二十日、四月二十五日，闰八月十一日至十二月八日。另附《悔馀随笔》，用的也是蘅华馆十行纸，所记为同治二年之事。《日记》微有短缺，如咸丰九年正月即缺二十六日、二十九日、三十日的日记。

1859年至1860年间，正值上海小刀会起义失败之后；太平军攻破江南大营，连克丹阳、常州、无锡、苏州，进军上海之时；英法联军扩大侵略战争、逼近北京之际。此时，王韬寓居上海，在《日记》中，对当时政局曾有记录或发为议论，这是研究中国近代史和王韬早期思想的重要资料之一。1862年，王韬旅居香港，所记香港风土人情及其交游，也很有参考价值。

在《日记》中有关时事的记载，如咸丰八年十二月二十七日论上海小刀会起义，"酿之者实吴君（健彰）也"，"沪人憾之次骨"。咸丰九年正月初九日记：："闻粤东土民与西人接仗，三战三捷，西人不肯撤兵，必俟和款酬饷六百万至，始还此城。督抚两司离二百里驻扎。"正月十二日记英国于各处设立领事和他对各领事的看法。又如记叶名琛被俘事，记法国要在杭州建立天主堂等，是他当时的亲见亲闻。《日记》中对清政府的衰败腐朽有所揭露，如记浙江科场舞弊案。

在《日记》中也可以看到当时上海的社会生活，风土习俗和王韬的交游等情况。《弢园老民自传》说，他在上海时，"名流硕彦，接迹来游"，他和"姚梅伯、张啸山、周弢甫、龚孝珙，其交尤密。西馆中，时则有海宁李壬叔、宝山蒋剑人、江宁管小异、华亭郭友松并负才名，皆与老民为莫逆交"（《弢园文录外编》卷十一）。《日记》中对上述人物也时有记载，如李善兰（壬叔）是著名数学家，《日记》中谈到《几何原本》的翻译和刊行事，他对李善兰、徐寿在数学和工艺上的成就，也有评价。

值得注意的是，王韬的很多信札都存录在《日记》之中，如《致周弢甫书》（戊午十二月初八日）、《上吴健彰书》（十二月十五日）、《呈朱雪泉书》（十二月十八日）、《复朱癯卿书》（十二月十九日）、《致郁泰峰书》（十二月二十二日）、《慰郁泰峰夫子》（十二月二十三日）、《再上吴健彰书》（十二月二十七日）、《致孙次公书》（己未正月十六日）、《与周弢甫书》（正月二十五日），可以看出王韬早年的政治思想。这些信札，好多没有收入《弢园尺牍》和《弢园尺牍续编》，有的虽经辑出，但从《日记》可以考出写信日期和有助勘覆。如己未《与周弢甫书》，即《弢园尺牍》的《与周弢甫征君》，其中"瀚"一律改为"韬"，"夷情"改为"西情"，"香港西塾"改为"粤东教会"，还有刊落之处。根据"正月二十五日"《日记》："乃致周弢甫腾虎第一书稿，备论中外民俗异宜，以未成，不果寄。"《日记》也中空十六行，并未完稿。而《弢园尺牍》却是全函，可知《弢园尺牍》后经润饰补充，《日记》则更为原始。

王韬这时期所作诗词联语，每赖《日记》以存，从中多少可以看到他的思想变化和文学修养。

《日记》既有助于对王韬思想的研究，对当时历史、社会、习俗等也很有参考价值，因此，整理出版，是很有必要的。早在上世纪五十年代，方行先生就将《蘅华馆日记》二册（另二册当时尚未发现）抄录标校。1987年，中华书局出版了方行、汤志钧两位先生整理的《王韬日记》。

本书将上述三种现存王韬日记全部收录：台湾藏本根据原稿复印件整理；《新声》刊本，根据原刊整理，订正了前人整理的少量讹误；上海图书馆藏本，以《续修四库全书》所收稿本影印本重新整理，订正了中华初版的一些疏误。

　　历时半个世纪,经过数代学人的努力,希望为学界提供一部收录更加完备、点校更加准确的王韬日记整理本。方行、汤志钧、熊月之、陈正青等先生或直接参与,或提供资料,谨此致谢。

道光二十九年(1849 年)^①

杂 记^②

小异于九年迁无锡。叶调生,吴门名宿。

李桂园之子奎垣,专医喉科,住华林寺左,粤省。

潘姓,善刻竹木,高第街三多轩裱画店内。

管小异,名嗣复,金陵茂才,避难至光复家焉。家中一妾二子,子名鸥保。

苏州阊门外上津桥施家浜东首,陈大顺布行转交叶调生先生。

胥门外万年桥万年楼茶馆间壁水衖后,交光福夜航船,送光福镇上街间,交南京籍贯管某收。

南濠新开河桥,顺源山货行许寿芝先生收下,转交管某。

邱伯深,名希潘,一字湘帆,闽人,汀州籍,苏州阊门外上津桥,汀州会馆内。

周双庚,名白山,一字四雪,馀姚人。

蘅花山馆杂志
楚香。

---

① 原稿作"己酉年",前有题为"菭花庐日记"。

② 原稿无此题,为编者所加。

古瀛李韵仙。随兴所至，信笔而书，截然而起，截然而止。

阊门外下塘上金桥，日升昌宝号，任阳庵先生收启，转寄至上津桥。

京都崇文门外喜鹊胡同。

杨子关二舍侄。

京都正阳门外煤市街小马神庙。

杨懋章，号伯云，刑部湖广司郎中。

顺城门外大街灵石会馆。

顺城门外二庙街，又名上斜街，金井衕衕，原任礼部侍郎，何宅何相山三兄，名枢。

京都彰义门内城墙胡同内，镇江府会馆。

闰　月

二十一日戊子　　　阴，下午微雨

前月术民师招饮，具一简云，小庭鼠姑开数日矣，尘俗倥偬，未一款曲。今午招集诸贤友小饮山斋，亦玉溪生爱惜残花之意也。

陈杏塘来馆中，同友石丈过咏莪斋。现时咏莪疾已不起，予谕以不必服药，凝神静坐亦可养身。

薄暮过自得堂，与莘圃剧谭。莘圃为人外谦而内傲，貌愚而心慧，其待人接物也恂恂然，但亦有介处。近喜读佛经，谓能淡于名利，而自予微窥之，则觉渠名心更重，利念愈深，可知利名枷锁，殊不易脱耳。

二十二日己丑　　　晨雨

时江补松将修《甫里志》，嘱予考曹氏家乘，予致书友石丈，友翁即复云："手书下逮,知补松欲修纂《甫里志》,但有此大手笔,弟尚未识其人,佐理诸君,并不以文章名世,可知平日管窥蠡测,深有愧也。先祖没后,即遭家难,行述小传,皆未刊刻,家乘所载,亦甚寥寥。弟时尚在总角,容缓日询诸长者,当缕陈也。"

二十三日庚寅 雨

入夏以来,无日不雨,农民苦之。予作《苦雨诗》五绝云:

> 轻寒帘底燕初飞,早起溟濛雨渐微。阿母何劳搜故箧,今年应不著生衣。

> 怕听前邻鸠妇呼,庭前半亩变成湖。水深闻说江鱼贱,争遣儿童入市沽。

> 并少街头展齿声,风狂雨急断人行。朝来总觉炊烟重,遮住疏林不肯明。

> 数处秧歌唱已休,水车辘辘决渠沟。低田渐见新苗没,多少农人相对愁。

> 浓阴杂树压檐端,雨气阴森入夏寒。坏壁半欹茅屋漏,又吹急点上阑干。

时薪圃有武陵之行,作饥鸿谋稻粱计,未识其有所遇否?

二十四日辛卯

骤雨狂风终日不止,枕上听之,殊有所感。 伽诗云"研田随例有荒年",恐今岁亦所不免。

二十五日壬辰 雨

未至馆,招薪圃小饮,玉壶买春,赏雨茅屋,聊以浇愁。醒通喜射覆,予举"拾"字令射,不解,乃增一"阳"字,即《左传》犹"拾沈"也。沈阳,地名。赵瓯北箸《陔馀丛考》,自矜淹博,而亦多谬处,暇将摘出数条,以资喔喙。

二十六日癸巳　　微雨

"帘前暗，轻云槛外流"，恰于此日情景相合。

暮，雷雨。

二十七日甲午　　晨雨

莘圃来访，予时刚作研铭，令友石丈镌之。铭曰："具坚贞，堪比德。与汝交，有终吉。不羡管城封，吾自守其黑。"莘圃亟赏之。

夜同醒逋至话，雨窗剪灯沽酒，两人对饮，纵谭古今人物，亦颇不嫌寂寞。

二十八日乙未　　阴，小雨霏微，时弄晚晴

过桐君斋中，夜沽酒小饮，三爵之后，已有醉意。

夜作小词一阕，调寄《诉衷情》：

　　新寒侧侧上罗衣，梁燕妒双飞。垂看重帘不卷，黄昏人语稀。　　风料峭，雨霏微，思依依。丁宁杨柳，将愁绾住，休放春归。

又作一阕，调寄《唐多令》：

　　底事恋孤衾，愁多梦不成。盼天明、夜更沉沉。残梦闲愁都较可，听远处、断秋砧。　　自悔忒多情，相思直至今。狠西风、特地相寻。还算悲秋双燕子，帘乍卷，已来临。

又一阕，调寄《于中好》：

　　往事零星并作愁，被人唤起懒梳头。满城昨夜闲风雨，帘外海棠无恙不？　　风又峭，雨又飕，断云化作泪悠悠。离愁紧处嫌天窄，只管恹恹过一秋。

调寄《诉衷情》：

　　小楼近水已寒生，薄被冷无情。高树寒鸦乱起，窗纱犹未明。　　凄冷色，欲满城，最堪惊。昨宵风雨，萧萧瑟瑟，都是秋声。

予忆丁未年有《遇美人词》词阕。一调寄《少年游》，纯剿李笠

翁意,云:

> 为怜小苑飘红雨,小立阶前语。见有人来,佯掉帕罗,逐
> 瓣将花数。　欲藏芳径穿花路,恨翠钿留住。步衬香尘,湿透
> 绣鞋,微印些儿土。

一调寄《点绛唇》:

> 瞥遇楼头,珠帘隐约容平视。况伊钗坠,斜露肩峰挈。
>
> 飞过鸳央,羞怯回头避。问渠心里,暗妒他家婿。

酒阑灯炧,有触于怀。古人所云,断肠人远,伤心事多,正难为
情也。因作小词见意,调寄《阮郎归》:

> 枕上分明都是泪,深夜难成睡。春来只觉病恹恹,玉骨瘦
> 无比。　可怜人,可怜事,写个相思字。字成盼著谁人寄,仍
> 闷沉沉地。

闻江羖叔云,有一闺秀,咏一词经数十遍,至于伤心出涕。予
亟问其词若何精妙,羖叔云,调寄《清平乐》:

> 凭楼独自,芳草萦愁丝。空抱红绫清泪渍,说与相思谁
> 寄。　当时燕子窗纱,如今飞絮飞花。耐得春离秋别,人生多
> 少年华。

予读之,亦为唏嘘欲绝。

夜梦中得二句云:“郎情轻比风中絮,妾梦多于山上云。”颇觉
缠绵悱恻也。

杂录词作[①]

闻吴下画家以刘彦冲布衣为作手,词家则以秦雪舫、孙月坡为

---

① 　此题为编者所加。

绝唱。羧叔又言,渠族弟凤笙,字韵楼,工词善琴,亦为风雅主人。
兹姑摘数阕,以见一斑。

下系孙月坡词。

《祝英台近》:

丁未寒食,偕蒋楚亭、雪舫至瑞相院访马守贞墓,寻断碣
不得,问土人,无知者,凄然赋此。

懒看山,慵唤酒,来访美人墓。随著钟鼓,问到水边路。
只从芳草搜寻,断碑扪遍,总不是、埋伊香土。　恨难诉,可曾
月夜魂归,花底悄吟句。旧日罗裙,化作蝶飞去。自怜漂泊天
涯,又逢寒食,便珠泪、也无弹处。

《疏影　咏白发》云:

弹筝老矣,叹乱飘白发,憔悴如此。对镜萧萧,细不胜簪,
欲扫秋霜无计。桃花　面分梨白,记慈母、替梳双髻。恨岁
华、转换匆匆,旧友白头存几。　回首因缘似梦,鬓愁搔更短,
扶病初起。斗草闲门,重遇云英,莫问杜郎年纪。凄凉怀抱风
尘路,染多少、愁痕难洗。算不如、垂柳经春,尚有一番绿意。

此系孙麟趾月坡所著。

《金缕曲》:

东关垂柳一棵,笼烟拂水,依依可怜。曾与月坡舣舟其
下。昨晤顾子巽,云已枯死,赋此吊之。

台榭都倾倒。剩亭亭、荒堤悄立,不如枯槁。其奈临风漪
旎处,独自系人怀抱。看乱叶、竟无人扫。记得春前归绿意,
尚金尊画舫相围绕。叹一霎,星云杳。　倩魂久已归瑶岛。
何处著、齐梁古步,一丝残照。痴绝红樱蝉鬓女,窃得画眉遗
稿。又怎解、燕烦莺恼?赖有银豪能点拍,向白门写出帘前

□。歌一曲,碧天晓。

此系秦耀曾雪舫所著。

蛟川姚梅伯曾序江韵楼之词曰:

　　自来匿情深者思多纤,茹境苦者忧易郁。纤郁不可终忍,随境所触,寄之楮豪。若灵均之骚,兰成之赋,少陵之诗,有同辙焉。今复于江君韵楼之词得之。韵楼其将以词名当世哉,非韵楼志也。韵楼之为人,春冰持体,秋菹结心,首　　面,不亏贞素。有意寻乐,知其哀深。世不我觉,闭户可以十年;往将安求,出门动作千里。则将讥陶彭泽为傲士,指杜樊川为狂夫,抑疑王仲宣为荡子乎哉?夫蓬瀛天上,难觅青冥之梯;宝剑沉波,孰溯延平而问?托凄籁于落木,索涩响于枯蜩。寡女悲丝,系诸七轸;美人芳简,植之九陵。知音寥寥,行自恻已。

　　盖以韵楼生长吴趋,僦居穷隘。牵萝补屋,翠袖已蔫;塞书满胸,红粟不饱。好友三两,聊写痦言。朱门对衢,未尝一叩。饮酒必痛,拈花且娱。借张态李娟,为锦囊中之材料;列哀丝豪竹,供沉醉后之指麾。云自过峡,痕不粘梦;麝欲残灯,风来醒香。倚屏拭翡翠之烟,贴鬓听樱桃之雨。倩渠顽艳,抒我曼声,放怫无聊,讵关结习乎?无何穷居不乐,拔剑四顾,卷襆成束,捆书压箱。浮蠡湖,下濴渚,探禹穴,敂金庭。真仙不逢,嗒焉返辔,而为西北汗漫之游。手扪琅玡,足蹑广武,目眺句注,气吞岢岚。深云听鸡,平碛追豕。太行夜卧,枕底雁奔;获鹿晓驰,垒心尘起。为之吊夷门之监,访鸿台之宫。沿秦始皇坑卒之川,憩淮阴侯谭兵之地。冠缨上揭,长飙东来;尊酒未干,颓日西下。苍凉满臆,涕泗横襟,又何禁谱以铜琶,而飒如猿啸也？阅境殊诡，积卷益多，且怨且诉，谁谅谁慰？若东坡之《江城子》，草窗之《高阳台》，幼安之《永遇乐》，罔不吸其神髓，供我按摩。是以旨引而弥长，格坚而渐老。不忍卒读，恐有伤于我怀；旷难与言，请还秘诸筥篚。且愿早从佛忏，养璞存真；慎毋老作蚕痴，引丝自缚也。十年暌面，精进若斯。只以词论韵楼，而韵楼已侗乎远矣。

《虞美人》：

冬日过沧浪亭，满目萧然，怅焉今昔。

如今说甚伤情绪，为甚空凝伫？西风衰柳泣黄昏，只恐春光不省慰离魂。　少年蚕是心情懒，强逐看花伴。江阑隐约画桥西，又忆金骢那日驻长堤。

琴调相思引点点，归鸦落照中。纷纷霜叶满林红，西风无恙秋色怨芙蓉。　拟抱孤琴寻旧约，□□□□□。重门深锁院西东，一钩新月何处小帘栊。

《柳梢青　有怀姚梅伯孝廉于京师》：

渺渺云槎，不知何处，载酒看花。燕子衔红，仓庚啼绿，奈此年华。　相思水阔山遮，空立尽、残阳半斜。杨柳东风，荼蘼春雨，芳草天涯。

《清平乐　冬夜弹琴寄怀顾九》：

空江问渡，好梦成凄楚。犹记微茫梦中路，半是烟波云树。　薄帷紧守孤窗，灯花欲堕冬　。听尽枕边寒雨，起来重理秋江。

《水龙吟》：

年年故国看花，每因春好伤人意。如今去去，鞭丝帽影，只供　。忍不思量，旧家门径，重垂清泪。况长亭短堠，斜阳芳草，都应是、伤心地。　休说会难别易。便殷勤、深情远寄。一年春事，一春花事，教谁料理？客思乡愁，他时懒说，分明相忆叶。倘无凭飞梦，休劳望眼，向高楼倚。

《渡江云　送族兄弢叔北上》：

江空天浸水，绿波淼淼，四面乱风帆。客程从此去，落日荒云，隐约见层岚。无端潮汐，向暗里、朝暮愁添。哪辨得、天涯风景，江北与江南。　何堪？悠悠身世，落落风尘，又别怀多感。应自惜、扁舟人独，千里春三。柁楼望眼知何处，况眼前、柳已毵毵。乡思远，应教飞度鱼缄。

《七娘子》：

茜纱窗楼葳蕤锁，绣花衾拥春寒坐。总不忺人，未应怜我，泪和粉絮相思裹。　潜身帘下娇鬟亸，窥妆镜底金钗堕。莫怨东风，轻抛春过，扬花知否春魂作。

《临江仙　寄怀确君》：

十里荒江春梦幻，十年抵得相思。殷勤梁燕自差池。有谁歌缓缓，陌上正花时。　可惜垂杨飞尽絮，桃花委尽胭脂。甫能病起又春迟。镜中人易老，渐恐鬓成丝。

又：

蝴蝶梦苏芳草绿，娇莺啼软高枝。落花片片汛清池。有人来照影，瘦损比前时。　费尽十年花下泪，如今不愿春迟。关心梁燕奈何之。垂帘拳手卧，风雨黯人思。

又舟次寄内：

暂时小别秦淮路，匆匆也费心期。浮名些子足羁栖。今宵何处□，回首暮云齐。　芦叶荻花秋瑟瑟，月明风约帆低。桔槔声乱水田西。有人似我□，一样思依依。

《愁倚阑令》：

　　平生意，久迟延，渐华颠。开尽落花飞尽雁，又残年。清风明月江天。黯乡思、水枕无眠。如此天涯风月好，在谁边？

《定风波　垂虹桥》：

　　飘荡残年下客舻，满天雨雪过松陵。瑟瑟萧萧芦竹响，谁上？垂虹桥畔有孤亭。　莺脰湖边明日路，何处？迷茫应见越山青。白石老仙今去久，知否，新词谁唱与谁听？

《汉宫春　访徐天池先生故宅》：

　　满地飞花，又繁华老去，径曲苔深。孕山楼外，先生自署楼名。依旧朵朵遥岑。百年前事，算牢愁、谁伴清吟？休更说、颓垣破壁，眼前多半消沉。　庭下一池水碧，料当时照影，短发森森。只今倦旅如我，每爱登临。古藤阴下，省年年、多少春心。公何处、连宵风雨，书窗遍了青阴。

《临江仙》：

　　行尽越溪溪上路，四围空翠烟萝。夕阳隐隐乱云多。暗凝望眼，乡思又如何？　涧水潺潺流不尽，野花零落山坡。柳阴阴处几经过。悄无人迹，野碓自翻波。

《点绛唇　睢州早行》：

　　和梦登车，风凄露冷星辰皎。一灯低照，四面荒山抱。霞敛云开，渐听鸡声晓。倦眸凝眺，缺月悬林杪。

《浣溪纱》：

　　自泽至并，独行七日，驴背呻吟，聊遣疲惫。

　　千里无端又远行，轮蹄宛转若为情，十年身世几曾经。

　　轻薄浮云分黛色，零星乱石长溪声，马头遥见数峰青。

《玉楼春》：

　　空阶飞尽梧桐叶，叶底秋虫吟咄咄。绿窗纱拓薄于烟，山向人愁青一抹。　连宵负影云天阔，凭过玉阑干几折。清光渐满渐凄凉，应是雁门关外月。

《清平乐》：

　　谯楼戍鼓，月黑三更午。知道江南无限路，梦也伶俜难作。　起来小倚朱阑，自怜游子衣单。一样秋风院宇，今宵知为谁寒。

其二：

　　天涯梦短，愁比天涯远。愁到无憀魂梦断，谁在旧时庭院？　纱窗灯火荧荧，恍如满室精灵。今夜枕边寒雨，为侬先作秋声。

《新雁过妆台》：

　　自掩啼痕。纱窗外，轻烟又作黄昏。疏星数点，天际向我殷勤。往事难言惟有泪，穷愁如影不离身。断相闻，短书不寄，千里横汾。　而今思量旧约，算翠销眉月，绿减鬟云。苦忆银楼，凄绝更有何人？一灯寒照四壁，记前夜依稀梦见君。相思处，便冷螀断雁，也觳销魂。

《蓦溪山　题张次柳〈白马涧访僧图〉》：

　　冻波微皱，隔岸烟林杂。一苇渡西风，遥望见、板扉双阖。野梅花未，休去绕篱笆。邨落远，石桥低，黄叶无人踏。　乱鸦归尽，落日馀孤塔。四面耸寒山，向何处、裁云补衲？甚时重去，相对画图看。扫荒径，启禅关，请下吟诗榻。

《西地锦　江上有怀虞山范引泉》：

　　又是孤帆双桨，禁平离情凄怆。霜华满地，雁鸿无数，度遥空清响。　珍重薛萝无恙,梦何从飞向。不眠常是,衾寒于铁,况西风江上。

《好事近　候潮两日不果行》:

潮水落沙痕,无数征帆齐歇。夜夜涛声枕底,压重衾似铁。　荒郊何处觅邮醪?乡思去黯凄绝。便拟轻舟归去,又满天风雪。

《忆旧游》:

七夕后诸友放棹秦淮,余独处萧然,念曩时征逐之游,旧欢如梦矣。

认文鸳翦翼,锦鲤沉书,渺渺江波。依旧歌楼上,记尊前弦管,帘外星河。烛花暗坠良夕,眉月映云罗。正翠袖征词,画屏点笔,纨扇闻歌。　如何顿忘却,算絮语吹兰,未抵情多。猿鹤今无恙,叹白门秋老,艳冶消磨。只今天远人远,凄雨下庭柯。倚锦褥银床,虫声满院还梦他。

《高阳台》:

癸丑残冬十有一日,子真招同陈心泉暨次柳、武阜探梅,予因事未与。

波冷浮烟,寒峰　翠,霜林飘堕凄红。姑负山塘,今年花事匆匆。惊心烽火天涯近,数清游、问与谁同?思何穷,悴柳栖鸦,残照西风。　芳桥冶港知何似,想楼台无主,深锁帘栊。怨抑孤怀,见梅应说愁侬。长宵灯影供幽寂,喜中仙、词句玲珑。时子真委校王少鹤农部《忏庵词卷》。寄情浓,还待消寒,盟社相从。

《换巢鸾凤》:

惆怅天涯,间梦魂何地,歌管谁家。败芦惊聚雁,衰柳乱栖鸦。此情谁与说些些。但无恙，青山风月佳。西风急，残月堕，怨怀难写。 阑亚，灯欲炧，新旧泪痕，两袖浑无罅。麋鹿亭台，猩䴗池馆，算得伤心图画。孤坐空帏尽无眠，小楼霜压鸳央瓦。待相逢，诉离愁，凄绝今夜。

《解佩环》：

> 人日招集姚子贞、陈心泉、戈顺卿、黄秋士、张次柳、陆侣松消寒，分咏得"梅边一舸"。

> 乌篷小系，对一枝冷艳，不是春意。听说孤山，无限荒凉，谁与赏心同倚？佳人窈窕来空谷，望不见、怨鸿天际。又雪飞、满压芦花，青鬓少年愁比。 岑寂知君吟苦，芳情正杳渺，流水千里。玉笛高楼，知有谁怜，赢损看花人泪。黄昏纵有冰蟾影，还肯照、绿花娇丽。但拥炉、自谱清商，付与小红歌起。

又：

> 前词子真、心泉叠和见示，仍依前韵寄意。

> 花骢悄系，指樱桃窗户，谁会芳意。盼断双鱼，难托微波，何处画阑孤倚。东风不怨天涯柳，应只怨、飞棉无际。算此时、翠袖梅花，瘦减玉容羞比。 倘悔星盟一度，红墙浑未信，银汉千里。悄悄恹恹，几曲柔肠，添得旧欢新泪。苤萝负了牵萝愿，还肯惜、粉娇脂丽。试寄将、凤镜团 ，定照两眉愁起。

又重挽赋笙道女：

> 茜纱窗户，记朝风夜月，心事难诉。楼阁春明，婉娩芳年，眼底少怜尘土。惠峰依旧青如抹，谁与斗、画奁眉妩？听流泉、犹认环声，换了年时凄楚。 此际有人传说，依依犹想见，无限情苦。怨煞东风，漂絮粘泥，已抵青阳一度。香魂渺邈今难省，还许我、梦来何处。便此时、相对沉沦，也只伤心

泪雨。

《疏影》：

　　重衿似铁,倚绣屏小坐,灯蕊含缬。遥忆荒寒,断涧云封,香心未展凄绝。使君别有闲风韵,又谱就、湘往茂叠。听朔风、响到窗纱,半夜玉阶堆雪。　　还劝金尊小饮,新词倩缟袂,芍管低撅。纸阁无人,留伴冰蟾,休与人间离别。一枝瘦影春无恙,但怨漂零时节。甚路长,不记相思,梦也至今消歇。

　　此俱从《琴韵楼词稿》中摘出,皆韵楼所著者,以见我吴下不乏词人也。

　　汪韵楼名凤笙,曾于咸丰五年到上海作寓公,卖画卖字,颇嗜片芥,所入不足供旅赀,卒至奇困而去。余谓韵字胜于词,词胜于画。小楷学耕石颇工。

　　孙月坡曾选近人词为《绝妙近词》,刻竣,携之外出。今板已毁于兵燹,遍觅之吴门书肆,已不可得矣。

　　【此处接录《粤雅堂丛书》二十四页,略。】

　　【此处接录《璇闺秘戏方》五页,略。】

杂　录①

　　棋局古人用十七道,合二百八十九道,黑白棋子各一百五十枚。

　　神庙签诗始于南宋,见于《老学庵笔记》、《癸辛杂志》。

　　昔人言欧阳公短视,以“山色有无中”词句为证。余案,公于

---

① 原稿无此题,今编者拟加此题,以清眉目。

《孔宙碑》以宙字"季将"为"秀持"，亦短视误认字画之一证。

宦者娶妻见于史传者，唐李辅国娶元擢女。《朱孝诚碑》云夫人王氏云云，又有嗣子士俛、次子士伦，是且有子矣。

《平淮西碑》昌黎归功裴度，李愬妻某公主，愬之上前，更命段文昌重立碑文。愬与度，将相同功一体，犹可言也，而《梁守演功德碑》，颂平蔡之功，使奄寺专美，良由作文者杨承和本宦者，自是气类相感，然国事不可问矣。

唐王义方弹李义府云，昔事马周分桃见宠，后交刘珀割袖承恩。以此观之，弥子、董贤不绝于册，而左风怀一事，贤者不免，殊可叹也。

孔子圣讳之避，始于宋徽宗大观四年，改瑕丘为瑕县，龚丘为龚县，凡云孔丘者，读作某。

【此处接录十六行图书目录，略】

甲寅刚午后六日致红蕤第一札

旧岁秋风乍起，遽尔分襟，江边云树，迥隔人天。肠一日以九回，神惝恍而若失。溯自初见以来，即复倾心，愿联知己。不谓闺中巨眼，深鉴微忱，出示新诗，命予删削。盥读之下，神飞色夺，又复谬许知心，引为同调。笑谈之际，不避猜嫌。鲰生不才，何幸得此！谁料讹言蜂起，遂作离群之鸟耶？

自别以后，及致于今，此心耿耿，终弗能忘。午夜梦醒，泪痕常湿枕角，酒阑灯灺，怆然于怀。平生志愿，多不能遂，情重缘悭，何以教我！

想吾贤妹，襁褓失怙，备历艰辛，庶母宠媵，多所谣诼，家庭之间,有难以自处者。今兹僻居乡曲,绝无伴侣,花晨月夕,谁与为欢？嗟芳事之已非,恨流光之甚速,有不自叹寂寞乎！

犹幸吾贤妹风雅生成,刺绣之馀,留心吟咏,研朱弄墨,聊以遣怀。名花刚谢,燕子初来,幽恨方深,离愁转结,乃复伸纸命笔,寄书远道。有回首申江,常形梦寐之语,深情如许,爱我良多矣。中旬返棹,得　玉容,深慰渴思,实谐素愿。蒙绮怀之眷注,感雅意之殷拳。爰投诗句,更极清新,知贤妹力研典籍,志切漂湘,不惭咏絮名流,洵是扫眉才子。

承惠金钱一枚,椒球一颗,敬藏篋笥,不敢示人。况球自常圆,适符佳谶,椒香不歇,历久弥芳。球以瓜子五十九粒结成,不啻同心之结。贤妹慧心妙想,于此可见。

是以敬赠佩玉一方,略献葵忱。玉质温润坚贞,不改素节,窃以比贤妹之德。悬诸下体,如见予面。是虽小物,手泽存焉。

聚首未几,又复相离。暂为数日之留,弥尘三秋之想。是有夙因,谅非虚语。

十有八日,予即束装就道,弭棹吴门。虽风景依然,而市廛冷落,昔日繁华,不堪重忆矣。

嘱购牙嘴,长逾径尺,未免不适于用,然自谓晨夕相伴,呼吸可通。外附宫粉一盏,澡豆五篚,足供贤妹香奁之用；湘管六枝,吟笺百幅,借以驱使烟云,咳吐珠玉。润泽香膏,堪以沐首；团　明镜,可以画眉。敬以贻奉,毋或见却。

予与贤妹,虽聚首无常,而结契有素,自在无言之表。云母窗前,小名曾记；枣花帘下,旧约未删。既作合于异地,复相见于故乡,此其中不可谓非缘也。然予之褊心,更有进焉者,愿以质诸贤妹。

　　从来佳人才士，旷古难并；绝代名媛，多嗟不偶。近如少芬、慧英，略娴翰墨，擘笺题句，竞相唱和，吾里中传为美谈。而慧英之婿，仅识之无，不免有彩凤随鸦之恨。少芬之倩，不能成文，又复早殒。至吾贤妹，才思绮丽，抽秘骋妍，偶一落笔，便是斐然。而生小解愁，诗多感慨，其中不无难言之隐。予非敢放言，亦因贤妹之才，为贤妹惜之耳。即如吾两人者，虽为交浅情深，无奈离多会少，天故限之，讵非恨事！予居甫里，妹住鹿城，盈盈一水，无由亲面。况予作客海上，一悬帆影，便尔天涯。今兹一别，相见不知何时？言念及此，虽生犹死，岂特江文通所云黯然魂销哉？

　　是以予欲购田百亩，邻贤妹所居之地，赁茅庐三椽，酿秫酒数斛，以供啸傲。庶几他年归耕陇亩，犹得与贤妹相往还。悠悠此心，未知能践约否？倘如此愿不遂，则贤妹或可来舍，如姻娅相通，亦无不可。苟两人之心自坚，则三生之约可订，是否总在贤妹耳。

　　予于三载之后，定欲旋归，不复作出山之想矣。敬以奉告，愿毋相忘。请以斯言，即为息壤。现在熟梅天气，骤暖骤寒，玉体千万珍重。临笺涕泣，不知所云。

　　五月二十三日，在吴门汪舍斗酒赏雨，爰于灯下烂醉，作此未竟。翌日在舟中晓夜秉烛独饮，忽忆及吾妹，悄对银　，凄然不寐，念此况味，不觉魂销。因抽笔补成之，共计九百六十字。有心人见之，不知是泪是血也。

　　不与闺人斗画眉，谢家书格笔双枝。蚕眠细字挑灯写，乏有簪花绝妙词。

　　廿幅蛮笺分外明，迷离五色笔花生。新诗倘有应须寄，不要题诗寄不成。

　　枣花帘外雨如丝，苦忆妆台临镜时。别后容光销瘦甚，想应不惯画双眉。

团　小镜制偏工，百样蛾眉画不同。惟愿此身相倚傍，一生常在镜鸾中。

学写黄庭悄掩门，然脂弄笔度晨昏。借得王勃三升量，洒上鸾笺似泪痕。

【此处接录药方二副,略】

附致红蕤阁女史札

四月十有六日，弭棹鹿城，小憩茗寮。忽见蕙亭于于而来，留之坐，不肯。顷之，持手翰至。临风展读，情伤意惨，泪痕浪浪，下堕襟袖。何我两人情之深而缘之薄耶？

前日下榻高斋，仅能获觐芳姿，不得一亲芗泽。慈母在前，悍姬在后，无从看月私盟，背灯密誓，抑郁无聊，忧愁孰语。相思百里，空悬海上之帆；不见经年，莫诉心中之怨。

书中云，志在一死以报知己，此大不可。吾两人情长意重，相契实深，不在形迹，而在文字也。妹联杜氏之姻，乃在凤昔；予矢花前之约，乃在今秋。即登香车而远适，要非弃钿盒而负盟也。且身在而事尚可图，身死而情难复遂。妹有死之心，则予无生之望。请随地下，永结同心；敢在人间，犹偷馀息。

维愿我妹稍解愁怀，自有良策。但求志固如金，自必事圆于月。况予与贤妹，年龄相若，初非少长之悬殊；门第相同，初非贵贱之迥别。妹居生邨，予住甫里，初非云树千重，烟波万叠。桃花人面，定容崔护重寻；杨柳楼台，已许阮刘再宿。设使此愿难谐，飞来沙叱，前盟难弃，竟适杜郎，则侯门虽入，终非海洋深沉，而驿使可

通,定虑信音迢递。或间关无阻,得听卓女之琴;草舸可登,竟上范
蠡之艇。则青山偕隐,白首同归;避人逃世,匿彩韬光,岂无不可!

　　将见芦帘纸阁,惟对孟光;斗酒联诗,乃有道蕴。苟怀此心,定
偿所愿,请以斯言,以为他日佳券也。

咸丰二年(1852年)①

六 月

朔日庚辰

邵梅岑、松泉昆仲来舍。

数日来天气炎燠，旱魃为虐。姚明府下令断屠，令百姓持斋祷雨。

是午读《绿雪轩词》。词为元和广文张筱峰所作，甚属清丽，允堪销暑。

申刻林益扶、少云来舍。

夕阳欲下之际，至小东门访吴雪山，登台纳凉，清谭片晷。复至四牌楼源寓斋访张筱峰，得晤雷约轩，纵谈诗古文词，上下古今人物，娓娓忘倦。夜漏既下，同至茶寮啜茗，更深始别。

筱峰名鸿卓，一字伟甫，云间人，以明经授元和教谕。约轩，名葆廉，华亭诸生。皆能诗。益扶，闽中孝廉，曾为某令。

二日辛巳

至孙正斋室。复至江翼云师斋中，不值。

邵梅岑昆季来舍。

---

① 原稿作"咸丰二年岁次壬子"，前有题为"茗芗寮日记"，亦名"瀹唱杂记"，后署"蘠花山人志"。

午后油然作云,隐隐有雷声,似有雨意。既而云净风来,炎熇虽减,而膏泽不降,洵乎《小畜》之卦曰"亢阳已久,密云不雨"也。

晚时至五老峰茶寮啜茗,同啜者益扶老丈,以及孙子正斋、张子菊如、陈子少云。既夕小酌于益扶斋中。

正斋,名启榘,鹿城诸生,能诗。

三日壬午

清晨至墨海馆中校理秘文。

巳刻溽暑如蒸,挥汗不止。未刻有雨,稍起凉飙。

顾长卿来舍,诊舍弟子卿病也。

四日癸未

晨李壬叔来舍。壬叔,名善兰,海昌诸生,精天文,善算学,能诗。

顾蔼堂来舍。

五日甲申

是日热甚。

夜同孙子正斋往访筱峰,效康骈之剧谈,啜茗小楼,更馀而散。

六日乙酉

壬叔来舍,以《镜说》一篇相际,词甚简峭,颇似柳柳州笔意。

申刻有雨,甚属滂沱,庶苏民困。

晚间壬叔来舍,剧谈竟暑。

七日丙戌

午后至邱兆三寓斋。

是日雷声殷殷,欲雨不果。

薄暮往访正斋,得晤顾子蔼堂、徐子谙卿、姚子秋田,小酌于斋中,饮酒微醺,纳凉闲话,戏效东坡说鬼,并及闺闱亵狎事,谈甚洽,至更馀始别。

夏日薄暮,予偕壬叔散步城 ,见垂杨影里斜露双扉,有一女子亭亭玉立,淡妆素抹,神韵不可一世。旁侍小婢,年齿稍长。见余至,即掩扉而入。板桥一曲,竹篱四围,无从觅其踪迹。于麂眼中窥之,只见罗裙窣地,隐约可辨而已。予戏效表圣《诗品》,口占四句,以纪其事,曰:"清飙飒至,晚蝉微鸣。美人一笑,小桥前横。"壬叔闻之,亟称其妙。

八日丁亥

薄暮往访筱峰。同寓者有一老邑侯,亦云间人,耳重听,语刺刺不休,所说无非功名之蹭蹬、宦海之浮沉而已。俗吏龌龊态,殊属可厌。钟鸣漏尽,夜行不止,深堪悯焉。

谈既不得意,遂与访艳。至全翠堂间有一二校书,皆不足以当一盼,所来者殊属落莫,弗甚款洽。古人诗云:"欲与冰心通款曲,难将冷面博温存。"读之生慨。

余乃别筱峰而归。其时雷电闪烁,势欲下雨。凉意三分销晚暑,电光一路送归人。顿觉胸鬲间三斛尘氛涣然冰释。

既归,于灯下读《东华录》。

九日戊子　　　申刻有雨

既夕正斋来舍。

余尝读东坡词,有"天涯何处无芳草"之句,辄为低徊久之。自至沪城,留心察访,当意者绝少,间有一二如宝儿者,则又丰韵有馀,丰腴不足,生平每以为恨。

荡沟桥侧有一姬,不知其姓氏。询之邻里,则曰鸳湖人也,归于粤商。姿态妍丽,风神荡逸,所居茅屋三楹,外则围以槿篱,杂植花卉,丛篁幽箐,六月生寒。予至墨海必过其室。一日,是姬晨起,探花于篱底，微见弓鞋半折，予不禁痴立良久。彼闻人声，四顾流盼。余乃以团扇障面而过，因微吟曰："篱外团扇白，篱内弓鞋红。弓鞋不露土，团扇可遮容。美人回盼若有意，摘花簪发何匆匆。一花落地待郎拾，愿郎持入怀袖中。"之子宛娈，固非无情，不知姻缘簿能为我如意珠否？

十日己丑　　未杪微雨

数日读施耐翁《水浒传》，胸鬲颇爽。

十有一日庚寅

申杪雷约轩葆廉、李壬叔善兰、陈循父来访，同至茶寮登楼啜茗，剧谈竟日。晋人好为清言，喜探玄理，谓有得意相忘处，恐亦不是过也。循父工铁笔。携李人同时来沪者，有少谷朱君，亦精篆刻，工书法，善画梅，颇饶妩媚态，且谙医理，赠余一笺，字以箸书，极有古意。今至乍浦，不能复与握手，殊为耿耿。少谷，名钧一，字次瓥。循甫，名世模。

十有二日辛卯

午后至林益扶老丈斋中，将往也是园。途遇约轩、循父、张云士，同诣尹小霞画室。复至许芝云舍。

薄暮同曹西生至县南寓斋访钱莲溪。莲溪以有事被控，未得剖白，殊有戚容。余闻之窃为不平，筹画良久，未获良策，乃别而归，已更馀矣。莲溪，名文漪，娄县诸生。

十有三日壬辰

薄暮至莲溪寓斋，莲溪沽烧春一卮，以破愁城。

是夕月色甚佳，予步月而归。往访蔼堂，与谋莲溪事。蔼堂以为事久必释，毋庸多虑。

途中多凉风，披襟当之，顿消烦暑。遇顾子秋涛，立谈片刻。

秋涛,名秉圻,上海诸生。

十有四日癸巳

薄暮往晤正斋,小集茶寮,蔼堂、长卿、子卿咸在,闲话良久。

顷之圆月已上,色甚皎洁。同正斋至大境往访壬叔,与之剧谈。壬叔徘徊月下,曰:"万里无云,上下一色,如此良夜,何以消遣?"予曰:"有此明月,对此良友,绝无杯酒,其何以堪?"壬叔大笑,乃命小僮沽酒对酌,出诗文,与正斋阅之。大境阁甚高,窗棂四达,清风徐来,尽堪逭暑。壬叔是陈元龙一流人,允宜卧此百尺楼也。

十有五日甲午

薄暮往集茗寮,同孙子正斋、顾子蔼堂、长卿、徐子子卿、钱子梅苑、张子秋槎,至姚子秋田斋中,置酒小饮,拈字飞觞,拇战醉月,良朋雅集,其乐无以过也。

十有六日乙未

至益扶老丈舍。

午后倦甚,假寐于楼。壬叔来舍,家人辞以外出,遂至不遇。

既夕子卿、正斋来纳凉,闲话片时即别。

十有七日丙申

薄暮小啜茗寮。

是夕正斋、少云设宴于酒楼,孟大为客,黄三为介,予亦在座。孟大不善饮,正斋为置醴酒。酒后同与访艳,迄无所遇,兴尽而返。

十有八日丁酉

未杪迅雷闪电,雨下如注。三茅阁西白杨一株,为雷火所毁,一犬毙于河滨。

薄暮茶寮啜茗,正斋、菊如、长卿皆在。菊如为言,鹿城邑宰征役烦苛,赋税繁重,室如悬磬,民不聊生,甚于毒蛇猛虎,慷慨激昂,几至泪下。正斋亦为田所累,因迫于征租,遁于沪上,尝有诗赠予曰:"不是催逋人太急,仲宣何事独登楼?"其感喟也深矣。闻鞠如言,亦为扼腕欷歔者久之。

十有九日戊戌

午后邵梅岑自南汇返,至舍访余,因遇微雨,留坐竟晷。

张鞠如来。

仲夏中澣同海昌李君壬叔诣宝儿室。

宝儿淡妆素抹,挽慵来髻,不施脂粉,自觉妩媚异常,见余至,惊喜殊甚,双眸荧然,盈盈欲涕,一儿趺坐于榻,视余而笑。

宝儿私谓予曰:"自郎别后,妾靡日不思,屡遣董妪藉达微波,而郎君门深似海,无由得达。继我家老仆遇郎于途,其时郎与数友偕行,又难启齿。妾每晨临镜理妆,辄为泫然,自恨命薄,不得复与郎相见,吐妾衷曲。妾家益无馀粟,桁无悬衣,惟郎君是赖。郎君独不怜妾乎?妾与郎君缘虽浅,情实深。妾非飞茵堕溷之流也,愿偕郎君坚曩盟,践宿约,永矢白头,郎君其勿弃妾也。"

余闻其言,为之潸然,执其手曰:"余何忍负卿?"

时将薄暮,余辞而出,宝儿以纤手携余,送至唐梯,嘱余复至,意依依若不忍舍者。余抚慰再三,乃始褰帷而入。

壬叔笑曰:"予从壁上观,犹代君魂销,况身历其境者。"宝儿其殆一往情深者耶!

二十日己亥

壬叔屡欲访宝儿,辄以事阻。是日耸余再四,遂与偕往。

宝儿着白罗襦,曳黑纱裈,拖绊屣,笼银钏,双腕如雪,见予至,喜甚不能语,为瀹嘉茗,情话絮絮。

壬叔微笑视宝儿，目不转睫。宝儿微觉，含羞俯首，拈余带曰："此非新人之所赠耶？"余曰："青楼荡妇，非我思存，所不敢忘者，惟卿而已。"壬叔亦代为解曰："此言良是，非口头语也。"

顷之，宝儿以纤手雪藕更以银刀剖瓜，色赤若琥珀，味甘若醍醐，汁凉若冰雪，食之溽暑顿消。

宝儿不日将为出谷之　，已于三牌楼侧新购数楹，颇为宽敞。设余不至，则迁乔之消息末由而通。宝儿与余，其或尚有宿缘也耶！

复同壬叔至源源寓斋，寻筱峰剧谈，吴桐君亦来合并。拟访约轩，以微雨未果。既夕筱峰留饭，特沽佳肴二簋，颇堪下箸。筱峰最好客，年五十，精神不少衰，高谈雄辩，彻夜忘倦。江左流风，其犹未泯与！

二十一日庚子

壬叔来舍。

莲溪之少君来，年十七，美秀而文，与伊同至县南寓斋。时莲溪在寓旬有三日矣。当事者极力周旋，奈夷官剔剔不已，故事犹未白。莲溪泣谓予曰："倚闾之母，泪眼已枯。执炊之妻，柔肠欲裂。羁縻旅馆，如坐针毡。足下有心人，能为余白不韪之冤而拔诸火坑乎？"余曰："当为君图之，恐急则生变。"

归时过益扶老丈舍，即以此事询之，益扶亦别无筹画。

正斋馈余以西瓜，曰："阁下是长卿再生，消渴之疾素惯，况乎溽暑逼人哉！兹馈西瓜一枚，当酒阑灯炧时，擘而食之，洵堪凉沁诗脾。"余爱其言颇有风趣。

二十二日辛丑

薄暮至正斋舍，纳凉闲话。

二十三日壬寅

午后邵梅岑、许芝云来舍，同至茶寮啜茗。

回至荷厅，得遇澹人，乃易盏更啜，卢仝七碗之量，无以加焉。

薄暮至大境阁赴壬叔宴，同席钱石叶、胡小桥、春帆炼师，以及筱峰、约轩、循甫、异馔佳肴，胪列几案。壬叔饮兴甚豪，欲作酒国之王。春帆炼师已颓然醉矣。是日立秋，筱峰为作《贺新凉》一阙，以纪其事。壬叔于梦中得句云："落花湖畔曾经过，经过何人问落花？"筱峰谓，笔意萧飒，似有鬼气。

二十四日癸卯

午后同王星堂、邹理渠至荷厅啜茗，澹人亦来合并。沈松云自天津返，亦在茶寮，相见欢然，得与话旧。同诣潘枕书斋中读画。

林益扶老丈来舍。

二十五日甲辰

午后至林益扶斋中，同至望月轩啜茗，谈米盐琐屑事，竟晷始别。

薄暮至正斋舍，同往东门访吴雪山，时已上灯矣。雪山性甚孝，父病剧，割股以进。其交友，亦以诚悫。虽不读书，而恂恂儒雅，有古人风焉。

是夕同访筱峰，吴桐翁尚未言，旋亦来剧谈。始知桐翁籍本西泠，曾作广福县尉，尝镌一图章，云"钱塘江上三间屋，邓尉山中九品官"，盖亦风雅自喜者也。

顷之约轩亦至，翦灯闲话，互举故事，以作谈柄，更馀始别。

二十六日乙巳 　　　大风

午后壬叔来舍，欲与余至西园啜茗，余以将雨不果。

夕过正斋舍，遇酉生、宾谷、秋田，茗寮小啜。

二十七日丙午

大风折林刮地,茅屋为摧。墨海邻于旷野,林木怒号,乱蝉声咽,听之顿有张季鹰莼鲈之感。

午后至雪山斋中,絮谈片晷,同往松云家中。松云方闭户独坐,以偿画债。余与雪山折屐同来,为觅诗,逋既至,瀹茗清话,展册读画,觉笔墨之间,颇有神韵,是瓣香于南田翁者。松云自牛庄回,携得佳酿,开瓮细酌,其味颇烈。归已更馀。

途中又与朱葵圃、周景堂立谈片时。

松云好画谙曲,所居有偎鹤山房,甚精洁,好客不倦,藏画颇多,异日将遍阅之。

二十八日丁未　　　风止,微雨竟日

二十九日戊申

薄暮至正斋舍闲话。

七　月

朔己酉　　　晴

过正翁寓斋。午后正斋来舍。

时潘氏有丧事,馈予蔬品二簏,即留饭焉。

饭罢与谙卿舍弟同至茶寮啜茗。途间遇枕书,把臂登楼,沽酒轰饮,已微醺矣。复与访艳,绝无佳者。归已更馀。

枕书,娄东人,善作艳体诗,不亚《香奁》、《疑雨集》也。

二日庚戌

既夕安徽殷蓉峰来,清坐剧谭,携《随园诗话》五帙还余。其友汪君能画,有范叔之寒,托予谋安研所,余未有以应也。蓉峰,新

安诸生。

三日辛亥

午后邵梅岑、许芝云来,同至茶寮啜茗。途遇蓉峰,清谈良久而别。复与邵、许二君小饮酒楼。

薄暮往访雪山,携诗稿一卷以归。

四日壬子

至林氏斋中访益扶老丈,不值。

既夕正斋来舍,翦灯小坐,纵谈一切。澹人亦来合并。辩论肆起,所说半杂夷事。

五日癸丑

至林氏小舍,适益扶老丈有事外出,又不获遇。

散步至大境阁访壬叔,不值。见壁上新粘雷约轩词一阕,笔甚豪放,是铜琶铁笛之声,非牙板檀槽之曲也。

归时路过少云寓斋,乃往闲话。益扶知余在,亦来合并。鞠如独出议论,叠叠数百言,殊少简洁,令人听之欲倦。

六日甲寅

午后读《前汉书》。

薄暮正斋来舍,与之散步城 ,至大境阁访壬叔。壬叔于前夕梦阁下有人吟诗,谛听之,仅得二句,曰:"几处楼台春寂寂,满天星斗夜沉沉。"觉笔下殊有阴森之气,阁中殆有诗鬼耶?

七日乙卯

薄暮正斋、少云、舍弟谐卿同至三牌楼,登楼饮酒,酱鸭醯鸡,殊有风味。正斋曰:"贫逃酒国真无奈。"余对曰:"愁寄书城亦复佳。"其时炎官虽去,残暑未销。饮后复至茗春楼啜茗。正斋去约蔼堂,不值。是夕薄醉,与正斋纵谈人物。余于申江诸子少所许可,正斋独不谓然,其言谔谔,余折其角,词锋安肯少挫也。

八日丙辰

午后正斋招余小酌,余与舍弟偕往,同席秋田、酉生、同邑颜君。余真老饕,见招必赴。灵芬诗云"肥肉大酒便结社",读之莞然。

是午有阵雨,雨后天殊凉爽。

酉刻徐子卿招余小集九间楼,正斋、谘卿与余持灯践约,蔼堂、梅苑亦至。座中不相识者吴大、郑五。吴大将至吴门,故特设此筵以饯之。是夕座中诸人俱能歌,为弄丝竹以侑酒,唱教头一剧,情致毕肖,备极诙谐,急管繁弦,庶几破此愁城乎!

九日丁巳

往访壬叔,不值。夜饭后再往大境,与壬叔剧谈。壬叔之友周石芗书来劝其应试,言及粤西人来谈跳梁小寇事,深可扼腕。吾辈白面书生,马惟恋栈,蠹只钻书,酒酣耳热之馀,徒呼负负,南顾堪虞,西泠无恙,人生行乐,正在此时。其言颇有奇气,惜乎余囿于局隅,不能与之抵掌快论也。

十日戊午

申刻往翼云师斋中,馈以脩金三枚。申江多扶乩者,有公事则询乩仙以剖决是否,亦间有诗词偈语,以为赠答。翼云师出乩仙诗示余。诗不甚佳,疑弗类仙,殆好异者为之乎?

至西园晤正斋,与祁翰苏闲话片晷别去。

十一日己未

诣翼云师斋中,携图章一柜归。

十有二日庚申

薄暮至正斋舍,与长卿、蔼堂茶寮小啜。后同蔼堂至兆三寓斋，与其似雪汀闲话片时。

十有三日辛酉

日长无事，读《李义山集》。

偶至西园散步，得晤华卿，欣然把臂，至其寓斋，闲话竟暑。华卿姓韩，与余同里。

十有四日壬戌

是日祀先。

午后至翼云师室。翼云有微恙解馆。

既夕以酒券取淳醪一石，薄具祭肉祀品数簋，招诸友小饮于西窗，期而不至者蔼堂、梅苑，不速自来者杏圃一人。蛮烛已剪，宾朋未集，乃折简招壬叔至，以破寂寞。壬叔将至西泠，即借此筵以为祖饯。是夕正斋辩论锋起，壬叔、长卿与之力争，余亦抵掌和之。旁人见之尽诧为痴，而此中人不自觉也。

十有五日癸亥

清晨甫里人陈大来舍，絮谈里中近况，与之同诣西园，登凝辉阁啜茗。是日有神会，士女焚香者不可胜数。妓家多着赭衣，曳桎梏，杂于会中，谓偿夙愿，以消灾谴。

遇雪山于庙。

午后至益扶丈室，同至县南访莲溪于寓斋，剧谈良久而别。

十有六日甲子

至益扶丈室，同往西园，啜茗于画舫轩。

是日往大境，壬叔已解经去矣。

十有七日乙丑

益扶丈来舍，以《文选》六帙相贻。余在沪渎无书可读，就彼借阅，稍理旧业，亦消闲之一计也。

十有八日丙寅

薄暮同子卿、正斋啜茗画舫。

十有九日

既夕至正斋舍,清谈片刻,借得《古今文考》卷。

是日丁卯,晴。

二十日戊辰

读《苏长公集》。

二十一日己巳

二十二日庚午

晨至画舫轩同谙卿舍弟啜茗,正斋、子卿亦来合并,谑浪笑傲,纵谈一切,大有淳于曼倩之风。

午后益扶老丈偕其长女凤龄来舍,同里陈大来,正斋亦来,剧谈良久。

至县南访莲溪,得晤曹梅生。莲溪为沽烧春一卮,对谈小饮。莲溪望救路穷,阿堵告匮,势岌岌乎难以度下,恳余筹画,予未有以应也。

归经西园,至文元斋,欲购《恽帖》二卷,而索价甚昂,亦姑置之。

遇子卿、吴三于茶寮,同至酒肆,约饮二斗,已觉微酣,归来已更深矣。

宵阑酒醒,胸膈间殊觉烦闷,转辗不能成寐。自后必当戒酒,即饮亦必以少为贵,不敢如长鲸之吸百川也。

二十三日辛未

薄暮至益扶丈舍。益扶为市酱脯醢鸭二簋,沽酒一壶,留余夜饭。余为招正斋至,小饮谈诗,剪灯共话,殊可乐也。

二十四日壬申

日暮正斋来舍,立谈良久。长卿亦来,数言即别去。

客去点灯,跂脚翻书,亦属乐境,味淡者长非热中人所能领会。

二十五日癸酉

长卿来舍,同至墨海。

午后陈静山至,同诣西园散步。时已夕阳,因登酒楼小酌。楼侧有一垂髫女子,颇静婉,从隙中窥之,不觉神移。是日饮甚少,犹未及醺。

二十六日甲戌

莲溪少君来舍。

午后陈大静山至,同往菊如寓斋。静山欲谋下榻所,不得隙地,殊费筹画也。

余胸鬲间闷甚,顿觉坟起,行动皆作隐痛,左臂忽肿,屈伸不利,不识何疾也。

既夕正斋来舍,与余往访益扶,清谈片刻,即复别去。兼晤少云。

二十七日乙亥

清晨莲溪少君偕其戚张若愚来舍。若愚,名日升,金山学诸生,人颇恂雅。

静山至。午后至县南。澹人以洋四枚贷于莲溪。时莲溪事已可了矣,因乏青蚨,难超黑狱。余与孔方兄久有绝交书,闻言徒呼负负而已。

诣西园,遇陶君星沅、陈子春林于茶寮,因共啜茗,剧谈往事。静山俟余于荷厅,余与之立谈数语。

长卿至余舍诊病,未值。

既夕余挑灯访正斋,兼晤秋田,谈良久始别。

二十八日丙子

清晨张若愚来舍,长卿亦来,诊余疾也。

午后登群玉楼,同益扶丈、菊如啜茗,间谈时事。

二十九日丁丑

静山来,饭后同往啜茗,兼晤景堂、陈五。

复同丹成、徐大至近仙处谈相,盘桓良久,始共别去。

晦日戊寅　　微雨廉纤,乍停乍止

午后星田来舍,絮话家常。

薄暮同访正斋,不值。归时遇正斋于途,立谈良久。

余僻处于兹,与世少合,龌龊苟且之流,日接于目,胸鬲间殊属愤懑,人情世故久已了了,行将入山为僧,脱此利名枷锁,不与此辈俗物为伍也。

八　月

朔日己卯　　微雨

是日至馆,无事。

二日庚辰

檐雨倾注,庭中立变为渠。

薄暮正斋来舍。

三日辛巳　　雨甚大

长卿来舍,诊余疾也。

四日壬午　　雨稍止

星田来舍。

五日癸未　　　晴

午后至正斋室中,同访益扶,至画舫斋啜茗,途遇祁翰荪。

夜,长卿来舍,同诣正斋室,诊其如夫人疾也。

复至如景园啜茗,剧谈竟暑。

是日可称茗战。

六日甲申

清晨正斋来舍,同往庙西啖面,谔卿舍弟亦预焉。还至画舫斋啜茗。

午后雪山来舍,同往啜茗。张少梅亦来合并。于群玉楼晤顾长卿,即别。

七日乙酉

午后往正斋舍闲话。

李子莲、曹梅生来舍,同至画舫斋啜茗,近仙、星田亦来合并。

八日丙戌

午后至正斋舍,清话移时。

九日丁亥

十日戊子

正斋来舍,同至画舫斋啜茗。复往庙中观剧。

至益扶斋中,不值。

晤张菊如,立谈片晷。

星田来舍。

薄暮微雨。

十一日己丑　　　晴

数日馆中不校秘书,殊觉闲暇。午后稍涉文史,然颇有倦意。

正斋、长卿来舍,同至荷厅啜茗,澹人亦来合并,剧谈军国大事。正斋颇娴于本朝掌故。

复至四牌楼听黼山、子卿倡《化沉香》一出，极淋漓尽致。途遇陶星源。余于音律一道颇不能解，间从雪山学之，未明其旨。至于抑扬宛转之间，殊乖音节，不识何故也。

十有二日庚寅

午后同星堂啜茗，细雨溟蒙。

至正斋舍闲话。

长卿、雪山来舍。至群玉楼，同长卿剧谈。

十有三日辛卯　　雨

正斋来舍，菊如亦来，剧谈竟晷。

午后陈少云来。

余逋负甚多，时近中秋，索者纷至，即欲筑九成台逃债，亦不可得，真为闷绝。前日正斋赠余诗云："珍重今时留息壤，也应早蓄买山钱。"盖劝余省稽而用之，为他时退步。其识见与莘圃略同。莘圃，余之内兄，吴县诸生，名引传，绩学能诗，别已二年，相思不见，酒阑灯灺，时念及之。

十有四日壬辰　　晨雨甚大

是日至馆，归已晚矣。就食于村店，市脯恶蔬，不堪下箸。

十有五日癸巳　　中秋令节，天放嫩晴

午后至正斋舍。正斋俗事冗杂，不克细谈。同谘卿舍弟至西园，啜茗于品泉轩。董锦翰与余晤谈，董晓庵、唐芸阁、张云士俱来合并，畅论良久始别。

薄暮往正斋室。正斋摒挡家事，见余至，倾身障篦，其鄙不啻王夷甫也。余始意约正斋踏月闲游，见其如是，遂怏怏而散。

归来窗底翻书，篝灯夜读，致有佳趣。微步庭中，见月色如水，

不忍负此良宵，因信足所至，独行踽踽，豪情逸兴，自谓不减髯苏当日也。世间名利之徒，营营扰扰，焉能解此乐乎？

庙中得遇益扶丈，以及少云、吴大，同诣景园小啜，间谈时事。少云识浅论鄙，不足与言。嗟乎！天下之大，尽如此辈，我岂有惬志之日哉？人生不能快意，无异居于枯冢。古人种白杨于门前，非无见也。

董晓庵工篆刻，唐芸阁善丹青，张云士书法极佳，皆僦居庙中，以笔墨为生涯者。

是日玉峰、蔡湘滨、徐杏林访余，不值。

十有六日甲午　　晴

午后蔡湘滨、徐杏林来舍，正斋亦来，同至绿荫轩啜茗。湘滨，昆之诸生。

蒿目时艰，见今之方面多不以民瘼为念。粤西小寇，名曰朱楷，改元明命，势益猖獗不可制。督抚诸大臣纷纷思去，欲报病休致者不一而足。无事之日则浚民膏以自奉，及乎事变猝来，仓皇失措。宦囊既盈，则解职旋里，以与妻孥共乐，受国厚恩，置诸度外。夫国家设官，本为患难之秋资扞卫备筹画也，而今朝廷之上，尽如若辈，社稷何所倚，民人何以为生哉！

湘滨与余论及时事，辄为欷歔欲绝，喟然叹曰："事不可为矣，惟有隐居以终老耳。"余亦厌弃世故，欲为名僧。家益贫，愤世嫉俗愈甚，终日於邑，惟涉书史，否则逐屠沽辈，诙谐谈笑，纵酒自晦，其实皆非余之所乐。余狂士也。才而狂，安得不贫？贫而才，安得不死？生斯世也，为斯人也，名利场中，非我侧足地矣。

日来阅《可信录》，见当世显宦，其祖宗必孳孳为善，积德累仁，何其子孙既显之后，皆贪黩无厌，削国贫民？爵秩愈崇，行事愈齷齪，然犹宠荣没世，富厚绵于数代。吾意天既报施善人，何不即报之于及身，或报之于子孙之贤者！

又有贫士未遇之先，拒奔女，完节妇，廉隅自励。及乎既仕，荼毒孤寡，陷害忠良，靡有底止。夫天既因其不淫，而报以高爵，何不见其奸慝而阴殛之耶？岂其不淫之微善，天必报施，而诬良戮忠，乃理数所使然耶？其理真不可解矣，吾安得叩九阍而问之！

余尝与正斋言，臣下气节之颓靡，本朝为甚。皇上屡开言路，且圣祖立制，凡诛戮谏臣者，不得入太庙，而举朝之臣，无一敢直言极谏者，即有所敷奏，皆谀词满纸，浮廓不中窾要，于国计民生毫无裨补。急其所缓，后其所先，黑白倒置，是非混淆，天下之吏员皆奉行故事，上下相蒙，苟安旦夕，求其兴利除弊，安可得乎？余当酒酣耳热之际，辄欲击碎唾壶，为之痛哭流涕也。

十有七日乙未

至正斋舍，聚首清谈。知蔡湘滨已解经去矣，如黄鹄翔于千仞，令人渺然莫接。

数日天气朗霁，真春秋多佳日也。薄暮以杖头钱百文，招正斋轰饮酒楼，藉消酒渴，舍弟谘卿亦从游焉。徐子卿、姚秋田亦相继至协盛酒家，无佳酿，味殊薄劣，诸人颇不尽兴，又顾至他。舍弟沽肴馔数品，差解老饕，三爵之后，微觉醺矣。因步月而归，庾公兴复不浅也。

余于城北僦屋数椽，与澹人偕居。近日澹人将至香港，下逐客之令，不免谋容郗之所，以免露处。困厄之中，何所不有，思之凄绝。

醉归之后，更送正斋至家，纵谈一切，亦不知其所说何话也。

十有八日丙申

午后至正斋舍，同往画舫轩啜茗。又至东门访雪山，闲话竟晷。

既别，经天主堂观剧，为《扫秦》一出，极佳。我佛点化奸雄，令其气短。又观《劈棺》一出，神情毕肖，觉千载之下犹如生也。

十有九日丁酉

正斋极喜彭甘亭诗，谓其工于运典故。其诗格律虽细而短于言情，绝少流利之作。一夕闲步月下，诵其《咏弘光钱》诗云："惨淡秦淮月，当头岁几更。一年新天子，两字小朝廷。"颇为沉着。《苦雨》诗云："积阴似作水云响，落叶疑闻风雨声。"殊觉阴岑可喜。

前日杨近仙将返吴门，至舍辞余。余感其意诚，送至百步外，珍重而别，期以腊底重复相见。近仙精风鉴，持斋断酒已三十馀年矣，年老而精神矍铄，为人诚至悱恻，亦有足取者。

午后至正斋舍闲话。正斋亦来余舍，同登群玉楼啜茗，痛诋吏胥之狡狯，积弊相陈，不能廓清。上海邑中倚衙署为生者，不下万馀人，民庶何由不病？为政者汰冗务简，则民困可苏矣。古之官吏，俸足养廉，自奉俭约，故多清正之名。今则不然，糈薄而用奢，势不得不取偿于民，横征暴敛，屯民之膏，侵渔国帑，上虚下匮，有由然也。张筱峰曰："君之立牧，本以理民事，事苟有益于民，则虽受利亦无害也。若外博廉介之名，而不为民理事，虽日饮一杯水，亦何取乎？"其言颇近于理。

二十日戊戌

侯家浜有一女子临窗刺绣，湘帘不卷。从帘际窥之，其容绝佳，不知何姓也。前壬叔谓予曰，西关外箍桶匠生一女，年才十五，丽绝人寰，犹未字人。天生美材，何不择地耶？由此推之，名才之沦落者，亦复不少。

午后至正斋舍，同往庙中观剧。

复至东关访雪山,不值。

过陈少云寓斋,与菊如闲话竟暑。益扶丈偕其友林会庵亦来合并。会庵,上海诸生,与先君子有旧,年已六旬馀矣。同至画舫啜茗,清言娓娓,至昏黑始返。

二十一日己亥

午后至长生库中,以布衣质钱,立俟良久,足为之疲。

归时途遇子卿、秋田,拉至酒肆小饮,余为沽肴馔。正斋亦蓦然而至。余引满三大觥,已觉微醉。

余此中恬淡自适,虽处窘迫,亦复怡怡如也。故即酒炉杂坐,与若辈欢呼,别觉翛然意远。诗人穷而后工之说,其理颇长。使余生长富家,则此性灵必日为声色货利所汩,欲求如今日之胸襟,不可得矣。

二十二日庚子

翼云师以《大悲陀罗像咒》一册赠余,镌刻极精,诠注极细。余小病初愈,颇欲逃禅,焚香蚤起,几净窗明,闭门自忏,琅琅诵经,亦属乐事也。正斋如夫人性慧侫佛,向余索是经,余即举以馈之。正斋亦以煮鸭一样为报。

清晨途遇益扶,立谈片晷。

午后同益扶丈至西关访宋大。宋大新徙,居室虽小,殊觉幽雅。自北至西,往返数里,深街僻巷,幽致泠然。

夜至正斋舍,剪灯絮话,以杯酒酌余。酒味殊烈,不减京江之制。

二十三日乙丑

至益扶舍,不值。

薄暮约蔼堂、子卿、长卿、梅苑、秋田、正斋,小饮于酒楼,舍弟亦预焉。持螯大嚼,不殊毕吏部之风流也。

二十四日丙寅

午后无事，往庙中观剧，《跌雪》一出，声情凄恻，令人堕泪。

至正斋舍。晤蔼堂于茶寮，同至酒肆小饮。途遇玉峰、颜大，拉之偕往，饮至三爵，已觉薄醉，归时已上灯矣。检书欲读，睡思杂然。甚矣，酒之乱性也。

二十五日丁卯

甫里人来，接得莘圃一札。余里中诗人，自术民师而外，推莘圃为巨擘。

余一日早起，偶见壁上有《白桃花》诗一绝，字亦苍古，阅之，乃里中潘子升所作，诗云："忆去瑶台缟袂分，燕支妆罢孰超群。却看露井枝横月，修到梅花尚有君。"味其词，兼有怀旧之意。

二十六日戊辰

午后至东关访雪山，与朱葵圃、费献廷酒炉小饮，归已夕阳在山矣。

上灯后至正斋舍。余数日青蚨飞尽，爨火将虚，正斋贷余以二洋，稍救燃眉。余初意，至此盖欲稍苏涸辙耳，而今困迫又若此，不知穷鬼何年送去也。

二十七日己巳

晨与正斋、颜大往林老家中，同益扶、少云至绿荫轩啜茗，抵掌而谈。瓯茗既啜，益扶特邀余辈至舍，是日其女凤龄生日，治面相款。菊如亦来合并。颜大先归。

午后至庙观剧，得晤枕书，拉至茶寮小啜。继而舍弟谙卿、沈子小良亦至，徘徊久之，乃始别去。

黄昏时邀正斋薄酌于酒楼，剧谈闺房琐屑事，听者神为之移。

归于灯下读秘书一册。

二十八日庚午

木樨已香,天气殊暖。夜来电影微闪,檐溜滴沥。余将迁居,乏于资斧,颇为烦闷,欹枕不寐,听此雨声,益觉愁绪坌集也。

是夕梦读古诗数十章,颇似选体。见说部中有《鹦媒》一则,词甚瑰异。曰某女子蓄一鹦鹉,性慧能言,朝夕饲以佳果。一日飞去,至数里外士人家,止其帘上谓之曰,某家女子思汝久矣,约以后日俟于河滨,特命致意,毋失信焉。既而飞归,告女亦如所云云。明日女子出游,果遇士人于桥,邂逅相悦,遂成夫妇,故曰《鹦媒》。余爱其意,梦中细读数过,及醒犹能默诵。

二十九日辛未

薄暮偕长卿啜茗。

正斋之四姬将归,正斋为之购澡豆、面药闺中诸品,余亦同往,归已昏黑矣。

夜饭后至益扶丈舍,并晤菊如。益扶询余宗牒。余谓,我家世代单传,至明已不可考,在他处又无别支,所谓衰宗也。衰宗欲盛,必当修德。余生平福泽已为轻薄孽所削尽,欲德之修,不其难哉。先君子辛苦立门户,至余而一败涂地,思之益泪下也。

三更时雨。

九　月①

朔日壬申

西风已起,天气骤寒,急雨终朝,重阳节近矣。

---

① 原稿前有题为"瀛壖杂记",署"蘅花馆主志"。前又有款署曰"蘅花馆日志,二册,咸丰辛丑三月下澣,后附《粤西杂记》,王子九书"。

薄暮至正斋舍。蔼堂、子卿、长卿、舍弟芷卿俱在茗寮小啜，顿觉寒意逼人，因至酒楼轰饮，黄昏时始散。

二日癸酉

是日余迁居于北城外，小楼数楹，颇绕幽致。其地僻静，人迹罕至，尽堪读书。

是夕益扶丈、正斋、少云咸来送余，长卿馈余洋一枚。困厄之中得此二三朋俦扶持之，慰藉之，亦足以消愁破寂也。

三日甲戌

午后至益扶斋中，剧谈良久。

归至正斋舍。正斋四姬之父，年八十七矣，手足便利，耳目聪明，犹如五十许人，真寿征也。

是夕得一梦甚奇。梦至一所，屋宇甚广，西庑半就毁圮。众捕一虎至，毛色纯青，四足俱被束缚，既闭以柙，稍解其索，饲以羊豕，虎即以爪攫取。余畏而走，登屋而观之，自觉身轻如叶，履屋如平地。忽见虎若人立，顿变为伟男子。余喜甚，与之同游，谓之曰："今天下人而虎者多矣，虎而人者则未之见也。"顷之，一人从小桥而至，神情汹汹，将摧辱余。予急避之，犹詈不已，意将报之，而力不能，归以告虎。虎大怒，长啸一声，仍变为虎，出门而去。予亟出追之，但见月暗星稀，天黑如　也。

四日乙亥

薄暮过益扶舍，复至北城茶寮，俟子卿不至。归时晤长卿、雪汀于酒肆，舍弟芷卿亦在，效康骈之剧谈，作刘伶之痛饮，引满三爵，已觉微醺，适可而止，其中自有至乐也。

五日壬子

天气朗霁，晓起栉发，兀坐小窗下，展阅稗史。

忽景堂折简招余,乃至凝辉阁上,煮茗细啜。景堂缕述同人演剧情事,谓将制新曲以娱听闻。顷之,子卿徐子、舍弟芷卿俱至。

有王大者与余初识面,意甚殷勤,邀余至五云楼小酌,赌酒拇战,饮兴颇豪。

复往群玉登楼啜茗,雪山亦来合并。

景堂、王大先别去,余偕雪山至葛仙翁祠观剧。

复往北城外天后宫,见蔼堂、子卿偕众羽士焚香礼斗,曹翁为坛主,留余小饮。

继与雪山迂道过松云舍。松云藏烧春极佳,以菽乳瓜蔬数品下酒,三人对饮,情话娓娓,归已更馀。

六日癸丑

益扶丈来舍。

薄暮至正斋舍,晤蔼堂于茶寮。

是日雪山来。

七日甲寅

午后往葛仙翁祠中观剧,啜茗食饼,乐自有馀。

复至画舫斋得晤子卿,同至酒垆沽饮,正斋亦来。

继过正斋舍,留余夜饭,所煮蟹羹,风味殊美。

八日乙卯

益扶丈来。

是日余理书籍,陈于几案间,颇觉楚楚。

九日丙辰

是日重阳令节,天气晴朗,余与正斋、少云、芷卿舍弟醵钱饮酒,持螯为乐,姚秋田亦来合并,剪灯剧饮,谈笑诙谐,此乐何极乎!

沪人多不好事,艺鞠者绝少,即读书子弟,亦皆俗氛满面,求其澹然远俗者,未之见也。

十日丁巳 晴

数夕月色甚佳,照几榻如水,静坐对之,万念皆寂。

十有一日戊午

薄暮往访益扶,不值,步月而归。西风吹面,顿觉寒意侵人。

十有二日己未

饭后往访正斋,与之啜茗,途遇澹人,同至荷厅,剧谈一切,后各别去。

独至酒楼,得晤严大、费二,置酒小饮。

薄暮至正斋舍。正斋特市豕脯,留余夜饭。

上灯后同至桂香庵,庵中有尼与僧淫媟事,为人所执,故特至彼一询奇闻。

复与颜大闲话,归已更馀。

十有三日庚申

晨至正斋舍,同诣宴晋升斋中。

薄暮同长卿、正斋至城北茶寮啜茗。顷之子卿、秋田亦来合并,群往酒垆轰饮,饮兴甚豪,为罄五爵。

长卿渴甚,特拉正斋与余小啜精庐,纵谈世事。正斋劝余习刑名,长卿劝余学医,余皆笑诺之。

十有四日辛酉

薄暮过王家酒肆,长卿招余小饮,正斋、舍弟芷卿俱在。市中有牛脯,舍弟为沽二簋,余素弗食,不能下箸。顷之子卿、蔼堂咸来合并,纵饮十馀觥,始觉微酣。数日以来游于酒国,万斛闲愁顿觉消释矣。

十有五日壬戌

薄暮过正斋舍,闲话后同正斋、舍弟子卿至协盛酒楼小饮。连日杖头屡空,因借酒兵十万破此愁城也。

是夕得一梦,甚觉不祥。梦一古镜,形制甚钜,忽然中破,余乃掘地成穴,瘗之土中。其穴临水,流泉汤汤,穴为所淹,余遂惊寤。嗟乎!梦蘅已死,破镜不能重圆。一棺浅土,露蚀风欺,弱魄又何以安耶?何日佣书事毕,择高原而安葬焉。碎玉零珠,自当加意护惜之耳。

十有六日癸亥

薄暮与丹成、严大小饮酒楼。继而玉塘、达高皆至,畅饮数觥,顿觉微醺。

复至茗寮小啜。玉塘馈余以茶叶。

十有七日甲子

雪山来,不值。

薄暮至正斋舍,即别。

是日得莘圃书壹函,劝余屏绮语而归禅旨。然余作《花国剧谈》一书,大旨亦无诡于正,以文人之笔墨,为名妓下针砭,浮云在空,明月满地,一片虚无,反属幻境,但法秀见之,不免诋呵耳。莘圃书中极道严桂生遗弃尘俗,修身养性,为不可及。桂生,余旧友也,数年不见,造诣乃如此耶!余迩来颇思逃禅,而海陬僻壤,绝无名僧,可与究禅宗之圭旨,二三朋俦,皆附腥慕膻之流耳,更不可与言,还山读书之约,徒成虚语,引领西望,无枝可栖,将来此志能终成乎?付之浩叹而已。

十有八日乙丑

薄暮偕舍弟至城北茶寮。

往访正斋,同诣酒楼剧饮。

是夕正斋购得稻蟹,留余夜饭。持螯置酒,剪灯清话,其乐何如也!

十有九日丙寅

午饭后往城中观剧,诸伶皆擅绝技,每一登场,满座倾倒。庙内有贤主人,瀹清茗,进寒具,使余凭阑而观之,殊觉心畅神怡也。

复诣东关,往访雪山,清谈娓娓。雪山特沽旨酒,相对共饮,出绢素一幅,倩余题诗。上画墨梅一枝,是松云所写,殊有清致。

是日月嫒姊氏从吴淞寄书于余。余与姊氏久不相见矣,今得此书,可抵万金也。余在于兹,亲懿间隔,厄穷日甚,困顿无聊,欲思自拔于泥涂,卒不可得。先君子在时,不乏密友,迄今门户衰迟,有同任昉欲求如刘秘书,其人未易遇耳。每念及此,辄为堕泪。

二十日丁卯

薄暮至正斋舍,并晤其舅郁子安。正斋之继夫人从鹿城来,携巨螯一篓,于是沽酒治具,招诸友小饮焉。同坐者长卿、秋田、少云、子安及余,暨主人而六。缕姜泼醋,风味殊佳,非故乡不能有此品也。

二十一日戊辰 是日天阴

余所作之事,无不可以告人。每有所作,辄笔于书,法司马温公之意也。

康甫家足自给,课徒之暇,尽可流览诸史,涉猎百家,以文章名世,而所造仅若此,其资禀可知。

桂生与余交时,骛名利,厌贫贱,绝无翛然远俗之心,今何变之甚速耶?不知莘圃亦尝微窥其人,与之深谈否?

发叔游幕华亭,偕其友来墨海,与余一见,眉间精悍之色亦少减矣。茸城张筱峰,雷约轩亟称其诗文,以为当今不可多得。彀叔之才已为人折服,若此横览四海,叹才难矣,能勿怃然?

余今年五月后,始涉文史,裒集旧作,暇则吟咏风月,陶冶性情,与正斋诸友瀹茗清谈,沽酒剧饮,可谓乐矣,而其贫较旧岁更甚,岂真诗能穷人耶?

莘圃好直言,时以书来规余过失,古有诤友,可无愧焉。

余功名之心久已如死灰,不能复燃,且为文纵恣负奇气,欲以此俯就有司绳尺而掇青紫亦难矣。今天下方有事,安用此经生为哉!

壬叔精天文,与彀叔为友,性亦倜傥,惜名士气太重,其提绫文刺曳裾侯门者乎!

余在兹日愈贫困,布衾莫赎,爨火将虚,待届明年,决计归里第,还家之后,无田可耕,恐作留侯之辟谷耳。嗟乎!天之厄余,不至于此极不止也。

余所娶泠泠乃闽人女子也,是女为林君抚养,非其所生。余后日旋归,必当别择佳偶,芦帘纸阁,著个孟光,亦属文人佳话。

汪君俊明,乙巳年与余同时入泮,今兹翩然而上,恍有云泥之隔。"同学少年多不贱,五陵裘马自轻肥。"读少陵诗,不觉感慨系之。

薄暮诣城北茶寮。偕正斋、秋田、芝卿、舍弟芷卿,同往酒垆小饮,灯炧更阑始别去。

二十二日己巳

微雨溟蒙,西风料峭,秋气深矣。嫩寒初厉,急欲装绵,而青蚨飞尽,无衣无褐,何以卒岁乎?

二十三日庚午

薄暮啜茗茶寮,与正斋、长卿同往酒垆轰饮。顷之施大亦来。

长卿纵谈一切，饮兴甚豪。余已颓然醉矣。

二十四日辛未

暮偕秋田饮酒，杏圃亦来合并。顷之严大、戎二、张八等群来纵饮，一罄数觥。后至城北复饮。微雨初止，街衢泥泞，不觉纳履踵决焉，于是同湘山跟跄而归。

二十五日壬申

是夕秋田购得稻蟹，酿钱小酌，同席有二徐、子卿、正斋，少云亦在座。对菊持螯，真属乐事。

二十六日癸酉

是日午后途遇沈松云，同至东关，往访雪山，清谈良久而别。薄暮益扶丈见招，同席正斋、菊如、少云，置酒小饮，更馀始散。

二十七日甲戌

与二徐子卿黄垆沽饮，三爵而止。

归时至吴氏小舍询澹人之疾，吴氏特留饭焉。

二十八日乙亥

薄暮同正斋、长卿酒垆小饮，因与剧谈，得罄衷曲。长卿精医理，劝余学之："予不能作良相以济世，深愿为良医以济人。"兹闻斯言，常恐其有志而未逮焉。

二十九日丙子

薄暮茶寮小啜，得晤丹成、达高，同往酒垆轰饮，已薄醉矣。

三十日丁丑

薄暮长卿沽旨酒，煮佳肴，招余小集，正斋、芷卿同往，集于城西草堂，并晤其姊丈钟君星槎，酒酣出《秋树读书图》命题。时已宵阑，微雨未止。蔼堂在座，拨琵琶以侑酒，长卿亦唱《板桥道情》以和之。窃自喜曰，沪城之秀萃于一席矣。夜深始别。

十　月

朔日戊寅

连日病酒,颇觉头痛,静坐不出。

山意冲寒,梅花欲放,苦无驿丈折寄一枝也。

二日己卯

薄暮与长卿、正斋饮于酒楼,间为北里之游。

三日庚辰

赋闲无事,午后与正斋携其长公子观剧,神志暇豫,颇觉自适。

既夕宴于徐品山家。品山迁于新舍,宾友如云,酒如渑,肉如坻,颇有田家景象。

四日辛巳

薄暮长卿、蔼堂、正斋小集茶寮,同至酒楼剧饮。

旋至正斋舍闲话。秋田沽酒,正斋市肴,因而再酌。蔼堂与正斋纵谈世故,长卿窃为不然,词辩锋起,余特唯唯而已。呜呼!正斋之言宜于涉世,长卿之言宜于持躬,揆之于理,皆失其平。余之绝人逃世,非无故也。

五日壬午

暮同长卿泥饮与酒舍,正斋亦来。散步林坰,送至城边而别。

六日癸未

天寒暑短,杜门不出,终日钞胥。所得青钱,藉以换酒,亦一乐也。

七日甲申

室近郊野,狂风乱吼,夜坐听之,殊有怀乡之感也。

暮偕壬叔饮酒。夕饭于林氏。

八日乙酉

既夕往访正斋,得晤蔼堂,煮酒闲话,饱饭而归。

九日丙戌

暮与舍弟芷卿、顾子长卿薄沽村醪,聊以御冷。复往正斋舍。

十日丁亥

微雨无聊,翻书兀坐。

徐君子卿折简来招余,同正斋、秋田、少云、舍弟芷卿偕往。是夕特设二席,肴核颇丰。有数友素不相识,酒量殊豪,皆属大户。余亦所饮无算,狂花病叶,几不自禁。甚矣,不为酒困之难也。

十有一日戊子

午后往东关访雪山闲话,旋至林氏小舍候益扶丈。益扶特留夜饭,时少云亦在。林女凤龄于归有日,因为之摒挡一切焉。

十有二日己丑

薄暮偕壬叔小饮酒楼。归至正斋舍,同诣林氏,益扶特为沽酒市肴,留余夜饭。少云亦在。

十有三日庚寅

午后壬叔偕余至酒楼泥饮,长卿、秋田、舍弟芷卿、陈子寿亭皆来合并。长卿善谈,辄与壬叔抵牾。余恐其攘臂,罄数觞遽别。

继经庙西见梅苑在肆纵饮,起拉余坐饮。

后共往青楼,房老为供片芥。余于此中久已绝迹,一见即别,不复萦怀。

复至城北再酌,已不胜酒力矣。

十有四日辛卯

是日林女凤龄于归,余往贺之。娇客顾君蕙卿习医,亦醇谨子弟也,余与同席。冰人朱梧岗喜谈吐纳之术,云绝欲已八年矣,颇有所得。夜间趺坐不寐,殊觉静妙。是说余未信之。世人妄冀成仙,求成内丹,徒自苦耳。

十有五日壬辰

薄暮同舍弟芷卿至正斋舍,正斋特蒻佳蔬煮面,豕脯醇醪,备极丰旨。是夕尽欢而散。

十有六日癸巳

严风料峭,就日钞书,殊觉手冷。数日无钱,悉以敝衣典库,其苦谁相谅也。

十有七日甲午　　微雨溟蒙,至午即止

午后壬叔以周石艼来,邀余小饮。既至寓斋,不值,沽饮酒垆以俟之。继而石艼同岳寿门俱来,一揖之后,翩然就坐,饮兴甚豪。因诣醉月楼,佳肴罗列,借以侑酒。余与石艼拇战辄胜,而石艼已醉矣。

十有八日乙未　　是日风甚大

十有九日丙申　　晨有大雾,至午始散

二十日丁酉

薄暮雪汀来舍,与长卿同至酒舍小饮。

往北关唁廷培之丧,送其槥至四明会馆。廷培姓费,在墨海为最久。

二十一日戊戌

天气殊寒,瑾户不出。

二十二日己亥

雪汀来舍。

薄暮至正斋馆中。

二十三日庚子

数日茹蔬,颇思佳味,因市羊羔,以解老饕。

二十四日辛丑

正斋来舍,同至画舫啜茗。复诣六露轩小饮,芷卿舍弟亦偕往焉。途遇潘枕书、鱼玉佳,拉往绿波廊啜茗。枕书出诗馀以相眎。继而石芗、壬叔、寿亭亦来合并。复至酒垆轰饮。

后枕书、壬叔与余共游教坊,绝无綮者。其貌则牛鬼蛇神,其心则魑魅罔两,余见之废然而返。

二十五日壬寅

同壬叔往访正斋。

二十六日癸卯

午后与壬叔、寿亭同往四美轩啜茗,茶再瀹,即往酒楼小饮。

继至壬叔寓斋,饮予以橘酒,笋脯蔬品,风味殊佳。

酒后复至角端听徐淑卿说书,容媚音清,殊可取焉。

二十七日甲辰

天气殊暖,敝裘亦觉其温矣。

二十八日乙巳

薄暮正斋来舍,留一餐而别。

二十九日丙午

静坐小窗,看书排闷。

十一月

朔丁未

日有食之,既。

二日戊申

午后往访正斋,并晤长卿,同至四美轩啜茗。

复至壬叔寓斋,瀹茗剧谈,黄昏始别。

三日己酉

薄暮至益扶舍。

后独往酒楼,得遇严六、张八,遂与饮酒,别已更馀矣。

四日庚戌

午后往澹人斋中。将出北关,得晤戍子,遂与登楼剧饮,已薄醉矣。

五日辛亥

薄暮同萃亭饮酒。

六日壬子

是夕地动,屋宇皆震。

七日癸丑

八日甲寅

午后同壬叔至天主堂观剧。

九日乙卯

萃亭来,同至西园登楼啜茗。

继至东关访雪山,至暮而归。

十日丙辰　　　晴

掩关却扫,潜心典籍,时作《海陬嘉话》,将葳事矣。

十有一日丁未

十有二日戊午

周石芗来,午后同往豫园,登探香第一楼啜茗。

十有三日己未

午后同石芗、壬叔往画舫轩啜茗,并晤雪山。后登酒楼剧饮。

十有四日庚申

十有五日辛酉

午后同石艻啜茗。

薄暮芝卿、杏村、正斋、梅苑、少云、秋涛、秋田,并舍弟芷卿,小饮于酒楼。

醉后同正斋、梅苑访艳勾栏,遍览数家而返。

十有六日壬戌

午后同正斋至庙中观剧。

十有七日癸亥

十有八日甲子

十有九日乙丑

二十日丙寅

二十一日丁卯

既夕至澹人斋中。

二十二日戊辰

至敬业书院,与枕书晤谈。至绿波廊啜茗,兼晤宋小坡、石艻、壬叔,并石艻令似熙伯。同至浙绍公所观剧,至暮而散。

二十三日庚午

饭后至正斋室,同往观剧。

二十四日己巳

二十五日辛未

午后与石艻偕往西园,啜茗于探香第一楼。后遇施大,同饮于酒垆,三爵始罄,而石艻已醉。

复至寓斋小坐,石艻攘臂以起,纵谈时事,不殊杜牧、郇模,虽在草野,亦抱愚衷也。

是日壬叔特市羊羔蔬簋,留余饭焉。归已更馀。萃亭因携灯相送,至墨海始别去,甚可感也。

二十六日壬申

午后偕熙伯啜茗豫园,石芗亦来合并。茶罢后同诣酒楼小饮,顷之壬叔亦至,复以蔬肴留余夜饭。

二十七日癸酉

午后同春霖至源源寓斋往访壬叔,不值,饮于黄垆。途遇萃庭,告余将归,拉至茗寮,闲谈竟晷。

归途遇雨,衣履沾濡。想当日郭林宗折巾一角,其风度从容,殊不可及也。

二十八日甲戌

既夕至正斋馆中闲话。正斋患目疾,倩余写家报二函。归时风甚大,灯为所灭,旷野昏黑,独行踽踽,殊觉怔忡也。

二十九日乙亥　　阴

十二月

朔日丙子

饭后往正斋寓室,同至探香楼啜茗,途遇萃亭,亦来合并。

正斋因目痛先归,予偕萃亭观剧。游人丛杂,苦不得前。

返至源源寓斋,见石芗独坐写字。

继至酒楼轰饮。邱兆三、董锦翰亦来,座中互有辩论。后至兆三寓斋,石芗已醉。复过酒家,又罄三爵,石芗已玉山颓倒,不能行矣。予为扶之翼之,推之挽之,始得至舍。石芗高唱大江东,声情激烈,同舍之人皆为惊愕。

遂往勾栏访艳,归已二更,萃亭送至墨海始别。

二日丁丑

午后同壬叔往正斋馆中,不值。

三日戊寅

薄暮至浙绍公所观剧。继与石艻、壬叔酒垆小饮,饮既薄醉,即至馆中啖饭,石艻饮兴甚豪。同往平康,着意寻春,迄无佳者。

归途遇雨,石径甚滑,殊觉窘于跬步也。

四日己卯

雨夜往正斋馆中。

是日贼攻陷武昌。

五日庚辰

是日北风凛烈,寒气萧森,特沽旨酒,与壬叔、石艻夜饮,聊以御冷。

六日辛巳

午后正斋特具墨沈招石艻书楹帖,余因与石香同往,得饮醴酒,惜止半罍,殊失所望。既归,石艻复解杖头钱,偕予往酒家纵饮。顷之壬叔亦来,尽兴而返。

七日壬午

薄暮同石艻、壬叔黄垆痛饮。天寒风急,雪花乱舞,殊可观也。饮后同登圣会堂,跻其绝顶,江天空阔,帆樯在目,真觉一览为豪矣。

初八日癸未

微雪,街衢泥泞,殊不可行。

午后着屐至城中,往访正斋。闻昨夕四牌楼被灾,焚毁庐舍五十馀椽,因往观焉。

至源源寓斋，同壬叔剧谈。石芗避火于水仙宫，犹未归也。顷之石芗至，即诣黄垆买醉。出城时已昏黑矣。

九日甲申　　　快雪已晴，檐溜犹滴

静读《黄庭》一卷，闭户不出，殊可乐也。

十日乙酉

市得蛤蜊甚佳，因沽村醪，与壬叔、石香小饮。

十有一日丙戌

雪山来舍，同至世公酒舍，纵谭情事。酒味殊佳，为罄三爵。

复登圣会堂凭眺。

过壬叔寓斋时，石芗沽酒自娱，余亦共饮。

夜饭后同至勾栏访艳，归来已更馀矣。

十有二日丁亥

十有三日戊子

裘卿来舍，至四牌楼访壬叔，约轩、小坡出《乞诗图》与余阅之。顷之蒋剑人亦至，共诣黄垆轰饮。座中联句多不成篇："著屐踏残雪，买醉黄公垆。相逢酒贤圣，载赓诗唐虞。时清束高阁，吾辈犹江湖。岁暮归未得，痛哭聊狂呼。"联至此，兴尽不能再属，乃往蔬馆中啖饭。

剑人欲嗜片芥，即至勾栏院中。剑人出院，将舆上玻璃击碎，壬叔在后，为人所执，一夕不归，消息杳然。余同石香至县署见蔼堂，托其切究。

是夕宿于寓斋，彻夜不寐。

十四日己丑

晨晤小坡。

午后至源源寓斋，石香犹未归，静俟良久，读《约轩诗草》。

继同石芗出北关,知壬叔已在余舍,羊裘已去,席帽亦无,形容殊狼狈也。余心为恻然。嗟呼!壬叔遘此无妄之灾,实所不料,欢乐未终,忧患及之。回忆前夕之联诗击节,饮酒高歌,适成祸薮矣。

是夕陈循父、卜筠亭亦来。

十有五日庚寅

至正斋舍吃饭。

既夕同秋涛、芝卿、少云、秋田、梅苑、蔼堂,并舍弟芷卿,往馆中小饮,递瑶觞以飞花,翦银烛而听雨,猜枚限字,其乐臻极。归已二更。

是日石香来舍。

十有六日辛卯

微雨溟濛,短窗兀坐,情怀殊觉恅愺也。

十有七日壬辰　雨

午后至石香寓斋,剧谈竟晷。读潜夫《梅花诗》百首。与石芗论及壬叔之事,知子箴明府已为之料理矣。

是夕壬叔宿于余舍。

十有八日癸巳

约轩来舍。

十有九日甲午

石香、药亭来舍,偶谈即去。

是日严寒,酤酒与壬叔对饮。风甚大,酒力不能上面也。

夜深翦烛论及兵乱事,为之怃然。

二十日乙未

午后闲步至庙,得晤舒塘、鞠如,茗寮小啜。继至酒垆买醉。

复诣源源寓斋往访约轩。石香以铁壶沽酒,留余小饮。约轩于市上购得铁壶一柄,制甚古雅,因倩梅伯作图,剑人作诗,自号铁壶外史。嗟乎!士相得则益彰,物因人而见重。当其弃置市廛,谁加拂拭?自约轩物色之而声价顿增,光华遂著,其遇不遇何如哉!

二十一日丙申

石香、筠亭来舍。

午后至源源寓斋,同石香、雪山至松云室。石香将归,缺于资斧,欲以古昼三幅鬻诸松云,而松云不欲售也。

既归,石香置酒共酌,约轩亦来合并。

二十二日丁酉

约轩来舍。饮以乳酪一壶,谓风味殊佳,不减醍醐灌顶也。同至依绿轩啜茗,小坡、枕书亦来合并。依绿轩本名绿波廊,既圮,后人重葺。小坡为之易今名,殊不雅驯。

二十三日戊戌

薄暮至雪山舍。

是夕四牌楼火,烈焰腾空,火势甚猛,顷刻间延烧数百馀椽,陆文裕宅几为灰烬。沪之火灾,数年来未有如此之甚者也。余同梅苑、馥山登杏雨楼而观之,历历皆见。噫!一片繁华之土,顿为瓦砾,可叹哉!

二十四日己亥

午后同循甫至舒塘斋中。复过益扶丈舍,即别。继往正斋家中吃饭。

二十五日庚子

午后至舒塘斋中,继往酒楼与诸友轰饮。归时复偕戎大饮于城北黄垆。

术民夫子抱丧明之痛，作《泪海集》一帙，特寄来索予诔词，并征海上名流题咏，研农、剑人皆有诗。予以岁事将阑，百端丛集，苦无诗思，乃作札以复之曰：

海上鸿归，惠我手书，并得《泪海集》一卷。临风雒诵，亦不自知泪之何从也。呜呼！蟫叔竟死耶！

始而淞水人来，偶言及此，犹以为传闻之误，今则识谶凶词自夫子而至矣。崭然头角，天促其龄，不知夫子何以自解。

岁事将阑，百端丛集，欲作一诗以哭蟫叔，而鲛眼已枯，欲哭而不成声，故欲作而犹未果也。除岁之夕，当登九成台上，东望歔歔，烟波浩淼，枨触于心，可为蟫叔一大哭。泪竭诗成，而宾亦从此返矣。

夫蟫叔以早慧而殇，宾亦以小有才至于此极，有同悲焉。然蟫叔虽死，或可重生，与夫子再结父子缘，如横山故事，未可知也。即或不然，夫子刊此集传世，使天下之人共伤蟫叔聪俊而卒，则蟫叔亦可不死。若宾则先君即世，台芳又殒，作客三年，亲懿间隔，老母弱弟，栖栖海滨，正不知何时可归，是更不逮蟫叔远矣。

况者夫子学道有成，乐善不倦，必非无子者。雏凤虽夭，石麟再降，亦意中事耳。卜之于天，即卜之于夫子，曷敢以无稽之词强为慰藉哉！捉笔匆匆，纸尽而止。

二十六日辛丑

是日母氏同舍弟返棹吴门。

午后至雪山舍，还至林家。

二十七日壬寅

午后同枕书、剑人茶寮啜茗。继至源源寓斋往访研农。

二十八日癸卯

是日将一切逋负略为摒挡,除夕九成台上可以毋庸逃债矣。

二十九日甲辰

晨同少云啜茗,饱啖馒头。

夜至林氏吃饭。

是日至东关往访雪山。

夜得一梦甚奇,梦余将往白门应试,祈签于神,以卜中否,乃掣得大吉之签,末句云:"能掉旱莲船,可以已世乱。"余不解其意。忽神起谓予曰:"汝此行必获隽,后当为宰莅岩邑,临战事而死于难。"余遂懼然而醒。

晦日乙巳

午刻至林氏斋中吃饭。

后同益扶老丈、少云至探香楼啜茗。

晚至城北孙家吃夜饭,少云亦在。正斋第二妾巧姬烹饪殊佳,尝鼎一脔,可以知其味矣。

咸丰三年(1853 年)

正 月

元旦丙午日 雨

是日吴澹人、郭嘉璧来舍,贺新禧也。

二日丁未 微雨

修《鸳鸯谍》。

三日戊申

四日己酉

雨窗闷坐。

五日庚戌

少云来舍,留彼午饭,同至林益扶丈斋中,不值。往庙中玉泉轩啜茗,枕书亦来合并,清谈半晷而别。

六日辛亥

七日壬子

初八日癸丑

九日甲寅

十日乙卯

---

① 原稿作"癸丑岁",前有题曰"瀛壖杂记"(第二册)。

十有一日丙辰

是日九江失守。

十有二日丁巳

十有三日戊午

十有四日己未

十有五日庚申

十有六日辛酉

十有七日壬戌

十有八日癸亥

是日贼陷安庆，蒋文庆被害。

十有九日甲子

二十日乙丑

与陈松亭啜茗，兼晤少云。

至庙观剧，途遇达高。

同枕书饮酒，后至世公酒垆小饮，归已更馀矣。

二十一日

午后同壬叔至竹林庵访剑人，清谈良久。

二十二日丁卯

午后同李壬叔观剧，复至舒塘寓斋。

后赴酒楼，董锦翰以子毕姻治筵款客。吴澹人亦来合并。

二十三日戊寅

至小东门访雪山，至凝辉阁下，与赵雨堂、韩华卿啜茗。

后晤潘枕书，至世公酒垆小饮。

二十四日己卯

益扶丈来舍，宋大、顾晴川亦来。至正斋馆中。

二十五日庚辰

贼陷芜湖。

二十六日辛巳

夜同子卿、秋涛饮于润源馆中。

二十七日壬午

二十八日癸未

是夕同胡舒塘、张菊如呼舟旋里。夜宿于舟,剧谈至二更始寐。

二十九日甲申

在舟,风逆行甚迟。是夜泊于黄渡。宵分始寝。

晦日乙酉

是午抵鹿城,即附航舟至里,到已黄昏矣。

二 月

朔日丙戌

晨至吟父斋中,情话移时,即至青萝山馆访术民师,馈以磁瓯、洋笺等物,剧谈竟晷。术民师留余午饭。青萝馆易名第二酸斋,陈设宛如旧时。

午后至自得堂拜见野龛丈。时星衢夫人因吴门避乱,亦在里中。莘圃新举一女雏,相见后悲喜杂生,絮话家常。

至殷氏斋室得晤莘圃,并见蒋君。顷之,怡卿亦来合并。晚与莘圃同归,小饮于话雨窗。

二日丁亥

至澧卿舍,并见其太夫人。

往邋喜斋中与友石丈晤谈,兼读其数年著作。余与友石丈不相见者倏阅两载,觉其神情举致仍如畴昔。其令似尧辅,余旧徒也,顷出拜见,顾然长矣。故乡戚友契阔,良多念念,能不依依。

午后至毓兰堂见竹安。余姑母年七十矣,起居犹若平时,不胜欣喜。

途遇陈侣梅,至镜莲居啜茗,谈及申江风景。余谓侣梅,精于术数,在沪可以致富。归时夕阳落矣。

三日戊子

至还读轩晤企陶,并见静甫。顷之,韩翰香亦来合并。企陶为设寒具,出星源梅花、湘云山水数十幅与余观之。有《桃花源图》,笔致工细,布置幽雅,不知何人所作。余谓企陶曰:"此间真可避乱,惜不能作图中人耳。"

午后过莘圃馆中,剧谈良久。术民师折简招余,遂别。

是夕小饮于第二酸斋,汤菊如亦在,同间诸子许君吟父、顾君玠生、曾子琴伯以及师侄伯威。所制肴馔甚佳,不减韦厨食品也。酒酣拇战,饮兴甚豪。归已二更。

四日己丑

至吟父斋中。吟父新筑蕤梦楼,甚觉精雅。午刻特沽旨酒,留余饭焉。酒后剧谈往事,枨触旧怀,觉杜牧之、韩致尧无此哀痛也。

未杪同往青萝,有一俗客在,与之纵谈。是客颇信因果,能风鉴,所说多不中綮要,真觉客气未除。是夕同饮于青萝。术民师至锦溪未归。余回家时已更馀矣。

五日庚寅

至竹安斋中。是日莘圃已至玉峰。

午后往自得堂,并至湘舟舍,江鞠生亦在。

六日辛卯

午后吟父来舍，剧谈竟晷。

术民师招余，遂往青萝，作诔词三章，题《泪海集》七古一首。术民师留余夜饭，至更馀始归。

七日壬辰

附航帆至鹿城应岁试，同舟张竹邨。抵城已午刻矣。

宗师何桂卿系云南人。是日考生员经古《众心成城赋》以"群下知胶固之议"为韵，赋得《摘藻为春》得时字，拟陆士衡《吴趋行》、《春阴曲》七古，《新柳》四首用渔洋《秋柳》韵，性理题《贤才辅则天下治》。

午后得晤颜星泉，同至正斋舍，见其继夫人，特市肉面以款余。茶再瀹，予即辞去。

散步至集街，得遇胡舒塘，同诣桥上茶寮啜茗。

申杪莘圃出场，余与之同寓。

夜同奉斋、莘圃饮酒。更馀往南昀斋室闲话。

八日癸巳

考童生经古《房谋杜断赋》以"笙磬同音经房与杜"为韵，赋得《偶听黄鹂第一声》得新字，《春风风人》七排得和字，《和陶劝农》，拟杜少陵《洗兵马》。

夜至酒家沽饮。

九日甲午

是日补文生岁试"居敬而行简，以临其民"。

午后至新庙啜茗。莘圃售兰花一枝，丰姿绰约可观。方献庭亦来合并。过庙中花神祠，诸像尚未塑就。旁有盲女弹词，殊觉可听。

是夕因莘圃进场,睡甚早。

十日乙未

清晨送莘圃至试院。是日考长元七学生员"子曰,不在其位,不谋其政。譬彼泾舟,烝徒楫之,周王于迈,六师及之",赋得《望杏开田》得开字。

辰刻蔡湘滨、徐杏林来寓。

午后舒塘来,同往山前,至其家中,舒塘特沽烧春,留余午饭。饭罢偕登玉峰,至抱玉洞侧,徘徊久之。余不上此山,已八年馀矣,今日风景依然,山灵无恙,余复得蜡屐一登,不可谓非幸也。至西山最高楼上,两壁涂抹恶诗几满。山僧为余瀹茗,余饮三杯,始与舒塘下山。

既往新庙,得晤瘿卿,与之散步剧谈,细询别后景况。

薄暮惺如、康夫至寓,偕往酒垆小饮。是夕乐甚,诸友皆醺然有醉意矣。

十有一日丙申

是日覆生员经古,拟庾子山《春赋》,拟《百花生日祝词》。

十有二日丁酉

考昆新太属七学生员。是日丑刻,余同惺如至试院,人甚拥挤,点名稍晚。卯刻,有题"在止于至善",经题"若济钜川用汝作舟楫",赋得《青山郭外斜》得青字。

余出场甚早,往瘿卿寓斋,不值。

是日同莘圃、惺如、根于、习之、奉斋、艺卿、康甫共饮于酒垆。

十有三日戊戌

清晨余偕惺如至鹤鸣楼啜茗,湘滨亦来合并,娓娓清谈,致有佳趣。

是日余趁航帆归里,同舟子仙、紫虞、简斋、旸谷、永哉、康甫六人,抵里门已黄昏时矣。

十有四日己亥

晨至第二酸斋,出试文就正于术民师。

便道诣永哉舍。复往吴氏,得见雪山夫人,询以申江近况。

午后至竹安舍,剧谈良久,至日入始散。

复往子仙斋中。子仙新卜居室殊精雅,颇有花石,围以竹篱,亦觉萧疏有致。

十有五日庚子

十有六日辛丑　　　雨甚大

十有七日壬寅

晨莘圃来舍,同访康甫,不值。

是日余祀先,即以数篚留莘圃午饭,旸谷亦来,计三人所饮止四斗,已觉微醺。

酒后同莘圃至湘舟斋中,得晤听涛丈,汪东方亦来合并。同往宝胜禅院,至斗鸭沼,揖陆鲁望之遗像。亭中栏槛焕然一新,旁有术民师联对甚佳:"绿酒黄花,九日独高元亮枕;烟蓑雨笠,十年长泛志和船。"

顷之惺如亦来,约莘圃与余同诣黄垆小饮。继到自得堂吃饭,归已更阑矣。

十有八日癸卯

晨棹小舟至锦溪,得见雪泉母舅,并瘴卿、友兰。复至张氏斋中,与兰姊、兰九晤谈,因得稍叙亲谊。返棹归来,夕阳挂树矣。

是日竹筠从兄到馆。竹筠授经于梅村,近日遘病,形容殊觉消瘦。余与之不相见已有二年,谈及家庭之事,辄为泪下。其似端甫大阮久在吴门,因省亲归里,亦得相聚。嗟乎!王氏之衰甚矣。苟得一枝森茂,接此薪传,亦我祖宗九原所深望者也。

晚时至黼卿斋室。

十有九日甲辰

黼卿来舍。

晚至东里,途遇竹安,立谈良久。

二十日乙巳

静甫至舍,剧潭竟晷,与之同游寺刹。

既至还读轩,与企陶闲话。

折简招翰香小饮,有盛馔。

午后至殷氏斋中访怡卿,不值。

晚时以《仕士》二幅,倩术民师题诗。

至蕤梦楼与吟父话别。余归家将一月矣。是夕有船至沪,故得束装而去。飘泊天涯,竟如萍梗,每念及之,辄为潜然,未识何年许我高卧故乡也。

二十一日丙午

清晨扬帆到沪,风逆舟迟,夜泊徐家墓。同舟者二人,朱拙轩、范静善也。

二十二日丁未

夕泊渔姬墩。

二十三日戊申

晨抵新闸,棹小舟至洋泾桥。

午后至林益扶斋中。

二十四日己酉

至吴澹人斋中。

二十五日庚戌

晨同拙轩、静善到画舫斋啜茗。

午后至雪山舍。

二十六日辛亥

二十七日壬子

二十八日癸丑

二十九日甲寅

三　月

朔日乙卯

二日丙辰

三日丁巳

同正斋至庙啜茗。

四日戊午

湘滨、杏林从玉峰来，因留一饭。

五日己未

同秋田至世公酒垆小饮。

六日庚申

是日正斋与湘滨先后开舟旋里。

七日辛酉

晨，母亲自里中至。

是夕地动。

八日壬戌

壬叔自嘉禾来。

午刻地动。

九日癸亥

午后同壬叔至玉泉轩啜茗，纵谭天下大计，以为天下之坏始于林少穆焚烟之举，启衅边疆，而又不能临事决断，奋翦逆氛，以安海内，迨乎王师败绩，舆尸启羞，而天下始知中国之无人，外邦亦窥朝廷之虚弱。此粤西贼匪所以阴蓄异谋，肆然无忌也。

是日清晨地动。

十日甲子　　晴

饭罢同壬叔散步西园，往玉泉轩啜茗，茶味甚佳。于时春光澹沱，景物暄妍，虽值世乱离，而游人仍复丛杂。壬叔拟往大境看桃花，余因连日嫩寒料峭，芳信迟催，花未尽放，且士女来者亦绝无，遂不果去，乃诣世公酒垆小饮。

继至绿波廊侧，得遇小坡，复往酒家，三爵而止，壬叔已微醉矣。

十有一日乙卯①

午后姚秋田来舍，同往画舫斋啜茗，复至世公酒垆小饮。

十有二日丙辰

十有三日丁巳

薄暮同壬俶散步西园，得晤剑人、枕书，偕往酒垆沽饮。

饮后与枕书至竹林禅院，读剑人《愤言》三篇，颇切时弊。

十有四日戊午

啜茗玉泉轩，得遇益扶丈，纵谭良久，偕至顾惠卿舍。

薄暮微雨。

---

① 原稿作"癸丑三月十有一日乙卯"，前有题为"瀛壖日志"。

十有五日己未

薄暮同戎子至秦楼访艳,校书巧菱容色差可。

继而遇雨,沽饮于酒家,雨势甚大,电光闪烁,因售盖而归,街衢水有尺许。

十有六日庚申

同剑人、枕书酒垆小饮即别。

十有七日辛酉

同枕书茶寮啜茗,顷之松云亦来合并,偕往南园散步,木石苍古,亭台幽敞,亦妙境也。继诣城外偎鹤山房,松云为市精粲旨酒,三人共饮,松云量不胜蕉叶而颇知酒味。

既夕与枕书至壬叔寓斋,往访月仙校书,得嗜片芥。噫! 自此一往,而青楼中又有蘅花之迹矣。

十有八日壬戌

同壬叔至茶寮小啜,茗味甚佳。枕书、松云亦在,顷之剑人亦至。

前夕食壬叔所煮双弓米。

往白栅访艳不遇,亦有别趣。

十有九日癸亥

张蓉圃、秦醉亭来舍。

午后偕壬叔散步,小饮黄垆,继登杏雨楼啜茗。

薄暮访友不遇,误入天台。有金玲校书,年才十四,尚未梳拢,容特秀媚,笑语既洽,小谦遂开。凤娟校书属意壬叔,亦沽酒相款。霞仙校书拨筝相侑,殊可聆也。

归家已三更馀矣。楼上一灯荧然,儿女辈犹未睡也。

二十日甲子

午后往访醉亭,与之啜茗,并见其戚顾子。

二十一日乙丑

王雨堂来舍,午后同至庙中啜茗,并晤剑人,顷之邱兆三亦来合并。

二十二日丙寅

散步西园,得遇枕书,拉至酒楼沽饮,继同王茝卿至月仙家,即别去。

薄暮访醉亭、蓉圃,与之同游花国,归已更馀。

二十三日丁卯

午后同王宇堂啜茗,至兆三寓斋,复晤月舫。

二十四日戊辰

啜茗玉泉轩,玉塘亦在,陶星沅亦来合并,继而林益扶丈、少云偕来,又顷之邱雪汀亦至,雨堂亦接踵而至。是日可称茗战。

茶后少云请予啖馄饨,殊有风味。复往茗元啜茗而别,过澹人斋中,读《独秀峰诗》三十首。

二十五日己巳

午后散步西园。是日庙有兰花会,游女颇盛。遇益扶丈、顾若舟,至凝晖阁啜茗,雨堂亦来合并。

松云、枕书在望月轩闲话,招余往啜,絮谈良久。

薄暮微雨,至兆三寓斋。

二十六日庚午

湘滨从鹿城来。

二十七日辛未

湘滨来舍。

午后散步西园,登凝晖阁,得晤松云,因共啜茗。

晚过四牌楼,遇壬叔,登酒楼小饮。

及归，复见梅园，拉至黄垆共罄三爵，孙子巂山亦来合并。

二十八日壬申

午后至庙，得晤秋涛，剧谈时事。松云、隽生、枕书、剑人麕至，往茶寮小饮，至七碗而止，正觉两腋习习清风生矣。

偶至城北孙家，其如夫人巧姬沽有烧春、馒头，因留余饮。梅园亦至，爰同往黄垆，特市嘉蔬，酒味殊佳。

归至三茅阁侧，忽遇戎子，复拉饮焉。

二十九日癸酉

秋槎来舍，不值。

至城北孙家见陆璞卿女史诗，诗亦不甚佳。正斋女公子韵卿亦和二首，有"庭院春残刚薄絮，帘栊雨过忽闻香。别后相思明月夜，城南城北共清光"之句，殊觉清婉可诵。

晦日甲戌

午后同壬叔小饮黄垆，蓉圃亦来，遂至勾栏。霞仙校书情甚和婉。夜阑剪烛，谶于阁中，漏尽而别。

四　月

朔日乙亥

午后同益扶、少云啜茗茶寮，得遇剑人，诉以近况甚艰。顷之壬叔亦至。薄暮饮于黄公垆畔。

归至城北，复与戎子沽饮于酒肆。宵分而寝。

二日丙子

薄暮同秋田至酒家小饮，三爵而止。继与戎子啜茗茶寮。

归时微雨，泥涂甚滑。

三日丁丑

薄暮同秋田饮酒,归至城北,复与戎子再饮。数日遨游酒国,别无俗虑著胸,真觉醉乡之可乐也。

四日戊寅

清晨至敬业书院肄业。

五日己卯

午后至正斋舍。是日正斋来自鹿城,有舟在沪,即将巧姬及女公子迁居故乡,为躬耕归隐之计。余见之不觉生感。

继至茶寮,偕壬叔啜茗,剧谈诗学。

薄暮复访正斋,见其一室萧条,残灯明灭,凄然堕作客之泪,爱剪灯留饭,絮话时事。寇氛未靖,杞人徒忧,不识何日复见升平气象也。

六日庚辰

饭后同壬叔至玉泉轩小啜,松云、枕书俱在。顷之正斋、剑人亦来,纵谈诗词。

后予往内园,凭阑观鱼,颇有濠上之乐。

晚时小集于偎鹤山房,饮酒谭文,剪灯话旧,分韵得"酒"字,限以五古,余未有以应也。

七日辛巳

薄暮同壬叔至酒楼小饮。

八日壬午

晨往正斋舍剧谭。顷之雨忽倾注,相对默坐,殊觉静妙。古人赏雨茅屋,真有会心。

后至西园,得晤陈大,与之啜茗。过益扶斋中啖饭,少云亦在。

继偕正斋及颜星槎复至茶寮小啜。是日庙中演剧,亦往观焉。

数日来闻贼势稍挫,阛阓间商贾复集,太平之景象渐复,是亦儒生所窃幸也。

九日癸未

薄暮同壬叔往黄垆沽饮,得食黄甲,味亦佳,在蟹谱中为上品。是日正斋来舍。

十日甲申

薄暮蓉圃来。同壬叔往街市散步,即返,至澹人舍。澹人将去申江而至香港,故往送别。归已昏黄。

是日雪山从甫里来,接得术民师手书并题画诗二首,灯下即书复函,振笔迅扫,顷刻间已得数十行,殊觉纸短词费也。

十一日乙酉

午后同正斋散步西园,往玉泉轩啜茗。

薄暮,澹人将至香港,特过余舍,论天下事不可复,为国家有三虫,皆足以病民。一曰蠹虫,官吏是也。二曰蛊虫,僧道是也。三曰瘵虫,鸦片是也。天下之利不过五分,而此三者各耗其一,民何以不病?国何以不贫?为人上者,宜改弦易辙,思所以善处之道,以培国本,以厚民生,则社稷幸甚,天下苍生幸甚。

夜送澹人至江浒,帆樯镫火,弥漫盈望,凉风吹衣,快人胸臆。归途忽遇微雨。

十有二日丙戌

薄暮张蓉圃来,同至勾栏。较书巧云颇擅姿艺,壬叔与余儗赠一楹联:"拟向天孙来乞巧,不知神女惯行云。"顷之遂开小谯,至暮而别。

十有三日丁亥

薄暮同戎子及湘山饮于酒楼,复至茶寮啜茗,归已更馀。

夜微雨。

十有四日戊子

同壬叔至画舫斋啜茗。

数日天气微冷,尚着木棉,余友人有句云:"殿春花外风如剪,四月轻寒似早秋",却与今年相似。

十有五日己丑

壬叔同陆瑶圃来,剧谈良久。

清晨戎子摘玫瑰花十馀朵相馈,余以蜜渍之,夜深酒醉时开瓶细嚼,殊觉香溢齿颊也。

是日特售鲥鱼,酾钱轰饮,正斋亦来合并。酒罢至玉泉轩啜茗,松云、枕书亦在,同散步诣南园,颇有萧闲之致。继至松云偎鹤山房,特市缩项鳊下酒。

归至东门,偕枕书访艳,不遇而返。

十有六日庚寅

陆瑶圃来,馈余红枣、海参诸物,同至酒楼小饮。

十有七日乙卯

薄暮陆瑶圃来,同至酒楼小饮。

是日午后,同壬叔、正斋往玉泉轩啜茗,继遇松云,同往东门,因得便道访雪山焉。

十八日丙辰

是日午后同正斋至茶寮啜茗,松云、枕书亦在。

薄暮至正斋馆中谈诗。

前晚偕壬叔啜茗杏雨楼,剧谈诗学。

十有九日丁巳

薄暮同壬叔至杏雨楼啜茗,归于灯下写扇,至二更始寐。

二十日甲午

薄暮同壬叔小饮酒垆，散步西园，往玉泉轩啜茗。

二十一日乙未

薄暮偕壬叔至玉泉轩啜茗，剧谈轶事。峡石镇施秋泉能诗。有陈愚泉者以剃头为业，作《落叶》诗甚佳，其警句云："僧归红寺秋双屐，客散黄垆雨满庭。"后以贫死。谢秀仙作诗法盛唐，《咏唐花》云："繁华不藉东风力，富贵还将冷眼看。"亦见身分。《咏塔》云："蛟潭云起晴还（疑）雨，鳌柱风围（回）昼亦寒。"语意阔大。尝过亭林镇，庄子庙题壁云："古庙无人（深藏）犹遁世，客如蝴蝶远寻来。"后不合于世，以狂死。愚泉尝作《秋影》诗，有句云"帘卷西风一雁归"，亦佳。其《落叶》诗中更有"空山先度一声秋"、"风围空谷聚秋多"句之用"秋"字，各极其妙。《登观海峰》云："人随归鸟盘云上，月送寒潮度海来。"又有绝句如"满眼落花春雨里，又随燕子到江南"，亦饶风致。

二十二日丙申

同正斋啜茗于画舫，顷之壬叔亦至，偕至黄垆沽饮，与舍弟共四人。壬叔特解杖头钱二百以供大嚼。

酒后复诣杏雨楼啜茗。午后再集茶寮，同啜者益扶、少云、壬叔与余也。是日极闲，散步园中，凭阑观鱼，殊有濠上之乐。

既而至画舫晤周云峰，与之谈诗，因得再啜一杯苦茗。薄暮始散。

二十三日丁酉

暮同壬叔至玉泉轩啜茗，剧谈诗学，举其《田园杂兴诗》云："扶杖叟酾烧麦酒，牵衣儿乞卖丝钱。溪无车水牛晨浴，门少（静）征租犬昼眠。"《塞下曲》云："万里黄河冻不流，朔风吹动阵云愁。

更将刁斗敲寒月，一夜征人尽白头。"其七律如："断桥剩础欹妨
棹，老树横枝暗过溪。"颇似北宋佳句。又其弟子作《典衣诗》甚
妙，于辛伯采入诗话中："异日或能仍我物，此时强半属他人。"颇
为确切。复如"老树黄撑枝，秋花红剩梗"，"野花买笑红分担，邻
树多情绿过墙"，皆宋诗也。

二十四日

薄暮同正斋至茶寮小啜，少云亦来合并，壬叔同剑人亦来，沽
饮于黄垆，饮兴甚豪，特至店中市鲟鱼啖饭。

后至烟楼吸片羿，别已更馀。是夕与剑人留连甚乐。

二十五日

暮同壬叔啜茗茶寮。是日午后闲步至庙，得遇芸阁、秋书，偕
往玉泉轩小啜。

二十六日庚子

暮偕壬叔散步街衢，甚无聊赖，乃诣黄公垆畔沽饮三爵，梅园
亦在。归往正斋室闲话。

二十七日辛丑

午后蒋剑人来，剧谈天下事，以文集相示。

薄暮小饮黄垆，壬叔同往，复至茶寮啜茗，芸阁亦来合并。日
暮凉风飒至，散步园中，颇有佳趣，因重往酒楼煮酒再酌。酒家有
女子凭栏微睇，略有态度，惜不令其当垆，而狂阮藉得醉眠于侧也。

酒后同剑人诣馆中吸片羿，分袂时已宵阑矣。

二十八日壬寅

至画舫斋啜茗，壬叔亦来，与云峰清谈，竟晷而别。

二十九日癸卯

正斋来舍，同往竹林庵访剑人。剑人有姊字昙隐，剃发为尼，

亦娴翰墨,故剑人居于庵中。啜茗于玉泉轩,剑人失约不至。余与正斋食馒头,味甚佳。

午后闲行庙中,得遇壬叔,偕其戚许桂山、费祝三往游西园,乃同往望月轩啜茗。

继至点春堂静憩片时,殊有乐境,堂中花石亦觉可人。

复出东关访松云,时松云因足疾不能至城。顷之枕书、芸阁偕至,松云沽酒市肴,欢饮而散。是夕壬叔已醉。

三十日甲辰

薄暮啜茗画舫,将剑人偕其友蔡骧伯小米,清谈至夕而别。

五 月

一日乙巳

薄暮同芸阁啜茗画舫,枕书亦来,即别去。

二日丙午

午后剑人来舍,因同至西园啜茗,壬叔亦往,继偕芸阁、枕书共五人,小饮黄垆。是夕下酒苦无肴馔,枕书欲沽无钱,讽予买之,刺刺不休,殊不可耐也。

酒后同壬叔至祝三家中,与桂山偕往勾栏。壬叔新择一相知,小字轻怜,有玉环之肥,容亦不甚可取。归来已三更矣。

三日丁未

薄暮应桂山之招,同壬叔至祝三斋中,是日余将有云间之行,匆匆解缆,虽有盛馔,不能细为咀嚼。

酒后至东关,航帆尚未开也。是夕微寒,细雨廉纤,时滴篷背,有风从窗隙入,顿觉衣单,肌肤生粟也。

四日戊申

午刻抵茸城,至莲溪舍,把臂欣然,为治肴馔,特市精粲四篑,旨酒一盛,临窗对酌絮话。曩惊时申江有东道主人,欲聘莲溪至琉球者,命余达其意,且为之劝驾,莲溪亦跃跃然愿往,有乘长风破万里浪之志。

饭罢同莲溪着屐访友,至朱瑞轩家。瑞轩精岐黄,亦恂恂读书子弟也。

是夕下榻莲溪舍。

端午己酉

是日王韵琴来。薄暮即同莲溪、韵琴买舟至沪。午时微晴。夜泊钥通桥畔。

六日庚戌

薄暮抵沪城。是日莲溪宿余舍。

七日辛亥

同莲溪至馆中。是日莲溪即将开帆至琉球矣。余曰,此地可以避兵,地虽远于故乡,实有世外之乐也。

八日壬子

午后蒋剑人来舍,偕至茶寮啜茗。剑人自言,昔时削发为僧,慕铁舟之名而自称铁岸,继欲追踪寄尘,故亦名妙尘。如吟铁舟之诗曰:"青山本自乾坤骨,红粉无非造化才。"语意阔大,殊弗类僧。剑人少有文名而貌不扬,江淮间多呼为怪虫,及其为僧,自作祭发文,遭壬寅之警,作诗曰:"头颅惜少冲冠发,肝胆犹馀斫地歌。"尝有句云:"渌酒献花诗献佛,青楼听雨寺听钟。"为僧而能作此诗亦奇,是真绝无蔬笋气者。

是夕莲溪至琉球,余送之江浒,临别依依,殊有不忍之色。噫!

饥来驱人,真可叹也。

九日癸丑

许桂山来。

十日甲寅

剑人来舍。

五月中旬

夜纳凉得句云:"疏帘隔著奈愁何,圆月晶莹似镜磨。翻要一分未圆好,清光不及昨宵多。""罗衫凉透已深更,独立闲阶句未成。忽见流萤帘外过,堕侬衣上不分明。"

六 月

初旬

与壬叔书云:

昨夕桂山来舍,纳凉闲话,清风飒至,荡我襟灵。桂山特索《英华通语》,弟敬赠之。去后瀹茗翦灯,展书排闷。忽忆昨过阁下寓斋,阁下炫以鲁壶,弟艳羡之心勃生,鄙吝之态复起。弟憨人也,俗士也,请带求剑,有加无已。日前板桥之畔,共吃鲥鱼,馀芬尚留齿颊,岂敢再生妄想。然窃自揆,弟待桂山,不谓不腆,谅不徒以肥肉大酒供我醉饱已也。昨夕弟以此戏谓之,桂山忽言:"将来当赠君以绵,惠君以帖,馈君以鼠须笔,送君以鹊尾杯。"艳词徒费,虚愿难偿。弟笑止之曰:"余近患咯血症,子云吐胃,长吉呕肝,病日深,寿弗长矣。先生苟有心,一陌纸钱报我于九京可也,毋舍近而图远,使我心痒。"是语桂山未有以应也。

阁下旷达人,亦颖敏人,必知其中曲折原委,决不訾弟为阿戎一流人。夫投桃报李,朋友之常,故纻衣缟带,物虽小而情通,弟岂真欲桂山馈物,不过聊以谑之耳。昔者弟承阁下之命,竭力以图,即有以报,弟不敢居功,亦不任受诟。食言而肥,不如食蛙而瘦,愿以此言告之桂山,并求阁下图之。宵来缺月娟娟,北窗静坐,以养沉疴,不敢如龀龇子触暑往还也。清恙已痊可否?念念。

六月中旬

壬叔回槜李,馈以蕹菜一槃。

七　月

初旬

夜大风,房屋震动。

是月中应雨耕来,自言曾至英国,览海外诸胜,余即书其所述,作《瀛海笔记》一册。

七月十九日

慧星见,因作《慧星说》一篇。

八　月

五日

上海小刀会起事,戕县令,劫道库,据城以叛。元帅刘丽川,粤东人。因作《小刀会起事本末》一篇。

九 月

官军结营新闸,不作进攻计,释甲执冰而嬉,其与贼相持,不过恃枪炮轰击而已,绝无一谋可以制胜。噫! 真所谓腹负将军矣。

是月避兵住我家者亦复不少,潘研耕、林益扶、林藐官、江伶、张景山、蒋剑人,群聚一室,颇得纵谭。居楼上者,研耕夫人及澹人夫人。弹丸之地,仅可容膝,可谓逼仄之至矣。

粤西杂记[①]

道光二十九年己酉七月,广西贼起事,永福县邨民之无赖者从而应之,劫掠邨乡。

十月贼扰上思州,分股流劫广东灵山县。

贼党分攻湖南新宁县,破其县城。

三十年庚戌正月,贼扰广西象州。

四月,贼踞守湖南新宁县,自称抚江王,扰楚粤交界十馀州。县总兵裕泰破之,湖南贼平。

广西贼攻破贺县城,知县自缢。

七月,命湖南提督向荣带湖兵二千,赴广西剿贼,户部奏西省军兴自此月始。

广西巡抚郑祖琛、提督闵正凤,以养贼玩寇均革职。

十月,命告病总督林则徐为钦差大臣,带兵赴粤西剿贼。初二

---

① 原稿此部分与下一部分《沪城见闻录》,皆录于本年三月十日甲子之后,兹移至本年末。

日由福建起程,十八日行抵广东普宁县,卒于军营。

十一月,命告病总督李星沅接钦差大臣关防,赴粤西剿贼。

贼分股扰广东翁源县等处,徐广缙、叶名琛督兵剿捕。

贼目陈亚溃攻破广西龙州,夺印劫库,州同殉节。

贼劫庆远府,扰窜索潭、八旺、忻城等处。

十二月,贼扰横州、金田,提督向荣剿杀数百名,复调湖南、贵州兵六千三百名赴广西军营。

辛亥二月,东西两省设局捐米,每米一石作银一两二钱。

贼攻太平府,文武官被害者数员。

四月李星沅卒于军,奉旨赏其母陈氏银两、人参。

贼攻破西林县,劫夺仓库,火药、军器俱为其所得。

广东贼劫清远、英德二县,叶名琛督兵剿捕。

五月,命塞尚阿为钦差大臣,赴粤西剿贼。

命东副都统带满兵一千,赴西办理剿务,即乌兰泰是也。

贼攻破象州城,驻兵守之。

贼欲窜入贵州古州,为官兵击败,复回广西。

贼扰思恩府,百色同知带兵击败之。

调四川兵四千、贵州兵一千,赴西省军营。

广东绅士招募乡勇七百名,赴军营投效。

贼扰北流县及岂侣、新墟等处。

八月初一日,贼首洪秀全率大兵攻破永安州,占据仓库,衙署驻贼,众坚守,其知州、参将各官及幕友、家人死节者数十人。

西省贼目凌十八带兵数千,占踞广东罗镜山中,立营树栅作为巢穴。徐广缙带兵往剿。

九月,贼扰贵县,复窜那陈大塘。

贼踞永安州，以永窦、莫邨为前后门户，分贼立栅守之。乌兰太督兵焚毙贼七八百名，贼退，复回州城。

贼分股攻扰桂林省城。

东贼何名科等聚众数千，流劫信宜县，官兵击败之，贼退走西省岑溪县。

贼扰东省灵山县等处，踞那洞为巢穴，贼党数千人。塞尚阿、徐广缙合两省官兵击之，斩贼首颜品瑶，馀党悉平。

贼扰思恩府，占踞白土山为巢，滋扰南宁、太平等处。藩司劳崇光督兵剿平之。

壬子正月，梧州府河面贼党千馀人，号波山艇匪，流劫两省地方。

二月，官兵收复永安城，杀毙贼三千馀名，阵亡总兵二员，参游以下十六员，获伪军师洪大全，槛送京师。

徐广缙、叶名琛各捐银一万两，以助军需。

波山艇匪流劫至封川江口，官兵击沉其船数百只。

贼众围攻桂林省城，都统乌兰太力战，受炮伤股，逾半月卒于军营。

命徐广缙带兵赴西，叶名琛带兵赴罗镜。

三月，贼久围桂林不下，至廿七日，官兵奋勇进剿，以火焚烧，贼兵死者甚众。

四月初一日，贼众解围而去，分股窜入湖南界。

四月十四日，贼攻破湖南郴州，戕官劫库。

四月二十五日，贼攻破道州城，提督余万清先出避贼，奉旨革职。

命赛尚阿带兵驰赴湖南。

六月，徐广缙奏，两省官军剿除梧州河面波山艇匪净尽。

七月，叶名琛奏，官军剿除罗镜山贼匪凌十八等净尽。

命徐广缙带兵驰赴湖南，署理两湖总督。

贼攻湖南桂阳府嘉禾县，破之，搜虏仓库，弃城而去。

贼沿路攻永兴、安仁、醴陵、攸县，皆破之，旋复弃去，于七月二十八日直抵长沙省城，四面环攻，占城外之妙高峰扎营。

八月复调贵州、四川、河南、湖北等省兵八千，赴长沙援剿。

九月赛尚阿革职解京，徐广缙接钦差大臣关防。

贼匪屡攻长沙省，地雷火炮连次力击，终不能破，互有杀伤。十月十九日，因连日夜风雨，贼遂解围，由西岸偷渡而去，共计贼围城八十馀日。徐广缙奏，追剿贼匪，擒获翼王石大军师黄为祥，解至京师。

十一月初三日，贼攻岳州府城，破东门而入，驻兵守之。

初四日，贼匪四万馀人复抵长沙省城，兵勇对仗，不分胜败。

初五日，贼匪三千馀人劫宝庆府粮台，劫银二万八千馀两。

初六日，红头贼匪万馀，忽抵岳州府。

初九日，贼匪分股攻破益阳县，入城驻扎。

十一日，贼党五千人忽抵汉口，放火抢劫，烧去铺户五千馀家，掳女子数百人。

十二日夜，抵汉阳府，火焚城外铺户一万五千馀家。十三日，城陷，叶名琛家族被杀。

贼率众围武昌省城。

命江督陆建瀛带江南兵，赴武昌援剿。

命河抚琦善带本省兵，及甘、陕、直隶、吉林、黑龙江等处兵，赴武昌合剿。

十二月初三日,贼进攻武昌,向荣带兵对仗,毙贼二千馀名。

初四日,武昌城陷。初,贼久困武昌,官兵驻营城东,贼窥城西、平湖、文昌等门系临大江,暗挖地道,用火药轰陷,文武官弁多被戕杀。

颁发钦差大臣关防二颗,交陆建瀛、琦善二人祗领。

刑部议岳州失守文武官罪名,知府、知县、参将均儗斩。

广东曲江贼匪由西省散窜滋扰,叶名琛督兵剿平。

宗人府、内务府、户部等合奏,共计军兴两年以来,发出内帑及户部拨项共银一千八百万两。

癸丑正月十一日,贼陷九江。

十八日,贼陷安庆,巡抚蒋文庆被害。

二十五日,芜湖失守。

二十八日,贼陷太平府。

二十九日,贼至下关。

二月初十日,贼陷江宁省城,总督陆建瀛不知所之,关防印信俱陷,城中杀戮满人殆尽。

二十二日,贼攻镇江,破之。

二十三日,贼陷扬州。

　　申江有客久飘蓬,征逐诗坛酒国中。慧业几生防堕落,不如认取此真空。

　　绝代红颜花见羞,多情忘却粉骷髅。才人第一风流薮,忏悔须教未白头。

　　识得前因与后因,百年元是梦中身。六如已证金仙果,我辈如何堕转轮。近闻诸友人,唐六如已证大觉金仙之果。

小春中院接到此册,披阅一过,题三绝句于此。兰卿先生见之，以为何如也？独悟庵主人杨引传识。

沪城见闻录

　　咸丰三年岁次癸丑夏六月，予患咳血疾，来诊者玉书张君、梅苑钱君、长卿顾君。顾谓肾虚主补，而颇不对症。张及钱皆用犀角，以祛热清心，服十数剂始愈。予病时解馆十馀日，闭门养疴，亦足消愁。

　　是时正斋有归耕之想，其四姬已往生田，种田半顷，谓纳太平之税，可以优游卒岁矣。

　　应雨耕，名龙田，直隶人，籍本浙江金华府，六月初旬从海外来，持其居停威君札，谒见麦公，谓将入教，服膺耶稣。嗣是每日来读圣书，正斋亦来合并。麦公为之讲解，娓娓不倦。

　　雨耕言海外风景以及山川草木，述英国伦敦之事甚悉，因作《瀛海笔记》一卷。

　　七月赋闲之日，正斋特具扁食，邀同侪小饮，同席者雨耕、少云、予及芷卿舍弟也。正斋赁小屋三楹，邻于城堞，门外即街市矣。正斋眷属居此者，继夫人及韵卿女公子，并其二子闰生、酉生，馀则一老媪，以供驱使而已。

　　是时闽粤人歃血结盟，谋为不轨，以东门外羊毛衔为巢穴，植党横行，不下千馀人，名曰"小刀会"，地方官知之，畏而不敢诘，至是势垂成矣。

　　七月中旬，特在正斋舍醵钱饮酒，杏圃拨琵琶以相侑，促管繁弦，别有怅触。夜阑灯炧，忽闻门外甲马洵洵，众皆惊起，从门隙窥之，乃知逻卒也。正斋谓予曰，外边人言籍籍，观察虽严设守备，然止分段巡查,而不肃清党羽,非防乱未盟之道也。此地不可以久居矣。

自七月以来,赋闲之日,都与雨耕偕游,啜茗之馀,继以小饮。雨耕饮兴甚豪,一掷千缗,无少吝色,不烦予一解杖头钱也。

于时会党已成群,不逞之徒咸乐为用,聚众数千,以小刀为号。刀径一尺七寸,有布一方,上书"彪　　　",以为记志。又刻木戳,上镌奇异之字,不可意解,有类图谶。时青浦邑境黄渡间,亦多结党横行,以周立春为魁,与小刀会通,隐为声势,约克期举事焉。

浙闽广与本邑之人,分与七党,曰兴安,曰泉漳,曰广安,曰潮州,曰嘉应,曰宁波,曰上海,皆有头目,有故辄械斗,闻厦门之变,遂思作乱。又讹言长发将南下,人心益摇,城中富室间有避往乡间者,先幾远害,明哲取之。

先是兵备吴健彰办团练事,皆募闽粤无赖入行伍,跳荡拍张,漫无纪律,顾器械甚精利,时至校场演习,以耀威武。予曰:"此辈皆非土著,贼未至,则凌弱暴寡;贼将至,则劫财掳物;贼已至,则弃甲曳兵以走,何益于事?"宝山蒋剑人《上兵备书》亦云:"古之言兵者谓召外兵不如募土著,固也。外兵主客之势,痛痒无关,生事滋累。土著则室家自谋保聚,子弟必卫父兄。今浙、闽、广各为一帮,本地亦非一处招募,此其势无以异于外兵。本地懦而多诈,闽、广悍不畏法,近已小有斗狠,一旦临敌,非惟徘徊观望,难以救援,且恐积为猜嫌,贻误非浅。此之不可不深虑也。夫乡勇固曰团练,不徒受工食,持器械,分段巡街,按名点卯而已。"其言颇有见到处,惜兵备不能用。兵备、团练、乡勇皆各处招徕,及防堵事纾,遂罢去之,又不递解归籍。既无所归,难以糊口,遂入会作乱。

咸丰四年(1854 年)①

杂　录②

甲寅新正

赋闲无事,特令厨娘烹鱼脍肉作迎春筵,招二三知己,共醉良宵。时同席者研耕潘伯勋、雨耕应龙田、潞斋曹树耆、芸阁唐禄也。小谦一开,觥筹交促,言笑既洽,酒饮无算,席散已更馀矣。

沪自红巾滋事,予足迹不至城市已越半载,赋闲之馀,则同雨耕、潞斋酣嬉淋漓于酒,惜懒于捉笔,旧事都忘,偶追忆之,不过得其大略。

自乱后城外绝无酒家,偶思大嚼,辄唤渡至虹口,然所作羹汤殊恶劣,不堪下箸,而雨耕犹以为适口,真作老饕之属餍已。

入春以来,嫩寒料峭,阴雨连绵,街衢间泥泞异常,无一日干燥。予不惯着屐,罕喜出门,公馀之暇,焚香静坐,殊有佳趣。

花朝蚤起,不见客来,微雨廉纤,垂帘不卷,因濡笔弄墨,作数十字,觉手腕松脱,书致正浓,忽遇俗人强挽之去,比之催租败兴者正复相似。

余性最清寂,喜静恶嚣,今日下榻于予舍者不下数人,喧闹殊

①　原稿无此题,为编者所加。
②　原稿无此题,为编者所加。

甚,故予晨夕常不下楼,暇时惟临池遣兴而已。

夏日闺中杂咏

多病多愁强自宽,不情不绪更无端。更深枕簟犹如炙,愿祝苍天六月寒。

长日偏因刺绣忙,临池喜学董香光。为嫌腕弱除金钏,戏仿兰亭一两行。

蠹书仙窟寄闲身,纨扇初题墨尚新。新著单纱还怕热,细揩香汗避生人。

高柳无风水满塘,炎官火伞半空张。旧家池馆多萧瑟,惟有蝉声噪夕阳。

刚送微风已夕阳,雨馀添得一番凉。懒拈湘管寻诗句,才倚阑干月上墙。此种小诗无甚会俩,一新字可之矣。诸首锤炼未精,似多浅语。

纳凉帘底坐深更,拥髻微吟月正明。只有小鬟偏解事,问予几首好诗成。

疏桐阴底小庭幽,帘外溟濛雨未收。凉杀夜深花影瘦,海棠总带一分秋。

轻云薄水一重罗,耿耿银河欲作波。留得芭蕉偏不翦,要听夜半雨声多。

新秋明月影团栾,如雪罗衣耐早寒。今夕凉灯差可近,读书才倦卷帘看。

碧纱窗外月昏黄,小阁疏帘惯贮凉。独坐无人心更怯,微闻雏燕落空梁。

偶然小别动经年,事后追思多可怜。暗炷心香花下祝,何时翦烛话缠绵。

阶前小立语依依,花影都从月上衣。玉骨自怜无一把,比来还算菊花肥。

皎洁中天月色寒,豆棚闲话暂盘桓。隔邻小女殷勤问,月里姮娥可许看。

朝凉贪睡偏起迟,眉带闲情只镜知。静坐无人常绣佛,重帘垂地晚晴时。

孤影疏镫怕上楼,泪珠常向枕函流。秋来心事谁能晓,诉与天孙不解愁。诸作都系少作,今概从删弃矣。

至吴淞访侣梅丈不值,即用其壁间元旦韵

饥驱出门走,久别故园竹。枯蝉时禁声,寒雀噪晨旭。况复遭乱离,空把升平祝。江山叹陆沉,庶几天心复。书生抱杞忧,无才笑粥粥。我欲明农哉,会饱侏儒粟。扁舟海上归,买田思种玉。间道来相访,历历邨边屋。访君既不遇,又嗟尘网缚。中流击楫歌,慨彼楚氛恶。何年息壤盟,及时而行乐。

沈松云正标以《秋灯读画图》乞诗,为题三绝句,余索画甚,经年未报,末章云云,聊博一笑

小阁疏帘耐夜凉,一痕灯影淡于霜。一丝灯里漏秋光。宵阑吟罢无声句,落叶声干走暗廊。

满林风雨暗模，展卷焚香兴未孤。怕蹋欧阳老窠臼,不教人写读书图。

吾识体父已二年,从渠索画久迁延。要留真迹毋相迫,法派寒家有嫡传。

四月六日集于偎鹤山房,同人壬叔李善兰、剑人蒋敦复、枕书潘莹、正斋孙启榘,分韵得"酒"字

吾与体父交,曾不二年久。落落眼中人,沪城大如斗。干愁不出门,行乐复何有？消闲一卷书,排闷百壶酒。今春忽已过,笋老不适口。乱红拥万花,浓绿围众柳。时光满眼非,招隐共良友。蒋诩天下士,李顾世无偶。宾也虽不才,未敢居人后。今日集此堂,小饮辄及酉。酒酣愁更来,岂曰扫愁帚。方今寇氛恶,骚扰遍淮右。六代好江山,竟作豺虎薮。我辈徒经生,无能展一手。毋笑孙樵痴,反思归陇亩。正斋有归耕之想。市上问荆高,吾其为屠狗。

题朱蒗卿《焚香读易图》

近世谈经九十家,遍搜奇字学侯芭。无言危坐参真谛,不问庭前有落花。

乍寒微雨下疏帘,香烬熏炉懒自添。消息个中谁领略,东风袖手一巡檐。

梦里三爻曾徧读,今朝展卷费凝思。从旁拍手应相识,即是君家玉雪儿。

风来忽听韵琅琅,雨过微闻檐蔔香。禅榻鬓丝疏懒惯,假年我欲问京房。

从海上归宿生田赠正斋三首

吾识孙樵久,(明农)躬耕明农二字断不可轻用,明农者句,必宰相致仕方当得起。返旧林。暂归沧海楫,重见故园心。酒作平原饮,诗联下里吟。荆州今已得,展卷走书蟫。正斋有书籍在海上,予为携归。

养病来兹地,耽闲趣可寻。树头风乍寂,山脚日初沉。筑室宜临水,招凉可脱簪。友朋闲话好,知是已宵深。

今宵拼不寐,相坐话深更。月影天边没,星光水上明。扑萤嫌扇小,怕暑换衣生。暂息征人辙,归耕志未成。

有　题

娟娟缺月半钩生，照着离人倍有情。槛外星光乍明灭，窗中镫影最凄清。灵犀一点通非易，好梦三更醒始惊。欹枕静听时起坐，庭阶寂寂悄无声。

十二阑干响屧廊，更深绕遍意彷徨。三生名字心中记，一卷诗篇袖底藏。帘外风来人独立，庭前露下夜添凉。姮娥可遂侬痴□，自理熏篝爇瓣香。

凭窗相视欲传词，先是心惊执手时。灯灭不教留影在，话低生怕被人知。但销魂处身无主，最可怜宵漏亦迟。侧听有声檐外响，微风吹过碧纱橱。

情多底事也愁多，才到欢娱蹙黛娥。兹夕相逢缘未了，天涯此去怨如何。偶然分别秋深见，休使今生恨里过。但得相期偕隐遂，年年书札托微波。

重有题

翻书帘底坐宵深，黯黯痴云竟夕阴。檐溜已停人寂寂，　花欲烬夜沉沉。依稀似隔三重幔，宛转潜通一寸心。自说昨宵眠不著，忘携薄被被寒侵。

衫子轻罗薄似云，窗前并立共论文。情从别后多千缕，人比秋来瘦十分。风警雪□人起粟，宵阑冰簟冷生纹。往时无时深愁处，软语星星悄不闻。

枕函斜倚倦难支，薄赪佯羞理鬓丝。啮臂定盟三载约，扪心私誓两人知。生生世世为夫妇，岁岁年年弗别离。手出锦州笺一幅，泪痕和墨写新词。

蓦然吹灭一灯红，多谢微云掩玉容。疏槛隔如千里路，巫山遮断万重峰。明知此别愁中过，多恐前宵梦里逢。切莫夜深花不坐，风寒衣薄露华浓。

双璧行　为延陵两公子作

草堂方报梅花开,今朝吴质翩然来。握手相迎争倒屣,瀹茗小坐且徘徊。阿连昆季皆俊秀,前身应是谪蓬莱。文章并美称双璧,姓字联辉著八垓。辟门吁俊珊网阔,方今济时需奇才。英姿竞爽庙堂器,交柯珍木非凡材。君家观察莅兹土,民风丕变俗敦古。去年祷雨廑焦劳,分明恺泽及农父。堂前相映看璧人,阶下成行粲玉树。双丁两到已足夸,况兼三凤尤能舞。从兄小峰亦隽才。和鸣云路争翱翔,秋高俱展凌霄羽。竭来省亲到瀛壖,高轩过我快先睹。入春七日景物新,春风识面偏相亲。琄璪自怜仍故我,扶摇直上岂犹人。佳士凤毛可无愧,世家麟角原有真。即看一举得高第,定知早岁称闻臣。跨马京华去射策,多少青云逐后尘。芙蓉镜里联花萼,珍重泥金报我频。

送墨与红蕤女士

学写黄庭悄掩门,然脂弄笔度晨昏。借将王勃三升墨,写上蛮笺似泪痕。

赠红蕤女史小镜一枚系之以诗

枣花帘外雨如丝,苦忆妆台临镜时。别后容光消瘦甚,想应不惯画双眉。

团　小镜制偏工,百样蛾眉画不同。惟愿此身相倚傍,一生常在镜鸾申。

戏咏牙嘴即赠红蕤

牙管长盈尺,烟云出此中。吹嘘应有意,呼吸可相通。檀口常凝碧,樱唇欲染红。绣馀茶罢后,聊以助诗筒。

夜　坐

新月初生夜气清,罗衣纨扇坐深更。一钩未有团栾意,照着侬来分外明。

以笺笔赠红蕤各系绝句一首

不与闺人斗画眉，谢家书格笔双枝。蚕眠细字挑灯写，定有簪花绝妙词。

廿幅蛮笺分外明，迷离五色笔花生。新诗倘有应须寄，不要题诗寄不成。

春日有怀

镇日相思倍可怜，东风料峭雨连绵。木樨香里初分袂，屈指而今已半年。

春寒犹　夹衣边，帘幕深沉思悄然。独坐黄昏人不见，孤灯如墨雨如烟。

泊舟鹿城外作绝句二首欲寄未果

几度思量泪欲流，别来一日像三秋。不堪记取前时事，新月楼头恰似钩。

阿侬愁绪满腔生，屡欲题诗寄未成。料得妆台应倦绣，惘然小坐到深更。

石经考文提要

有它吉　张载《易说》、郭雍《大易粹言》、朱震《汉上易传》、李衡《周易义海》。

系于包桑　监本苞字非。

刚健笃实辉光

明辨哲也　监本作晢，王廙作晰，同音。

可与祐神矣

日以晅之

降水儆予

虁虁斋慄

北过降水

东迆北会于汇

太甲中视乃厥祖

厥德匪常　　坊本作靡常。

盘庚上　则惟尔众自作弗靖　　武英殿本作汝众。

乃祖先父　　监本作乃父。

予有乱十人　　监本乱字下有臣字。案，此凡四见。

明作晳　　坊本作哲。

太保乃作旅獒　　监本作大保。

厥心疾很

文侯之命汝克昭乃显祖　　监本作绍。

善敹乃甲胄　　监本作穀。

勿敢越逐　　监本作无。

锺鼓乐之　　监本作鐘。

何彼襛矣　　坊本作穠。

昔育恐育鞫　　坊本作鞠。

扬且之晳也

不能辰夜

不我知者

七月鸣鵙　　监本作鴂。

约　错衡

其下维谷

爰其适归

幅陨既长

诗序仕于泠官

生子

僖负羁

鄂不韡韡

焉用亡郑以陪邻

及荥泽

溴梁

不皇启处

乐旨君子

降杀以两

而曝蔑宗周

愿车马衣裘　　皇侃《论语义疏》。

将以衅钟

不肤桡　　从岳珂本。

井地不钧

有攸不惟臣

则有馈其生鹅者

万钟则不辩礼义而受之

比天之所与我者

见且由不得亟

足以无饥矣

亦不殒厥问

夫予之设科也

来者不距

人能充无穿踰之心

勿视其魏魏然

蘅花馆印谱

　　蘅花馆藏书　蘅花珍赏　二印皆鹿城陈友梅刻。甲寅冬日于骨董铺购得，二石甚莹滑，适友梅来沪，即倩其捉刀。

　　琴月楼　是印仲瞻陆氏得于骨董铺，因以赠予。

　　禀封　得于吴门。

　　王子九印　甫里许锦父刊。

　　兰卿　是印宋小坡得于围城中，以为适合予字，诧为前缘，即举以相赠，是亦一奇也。

　　蘅花翰墨　亦系锦父所镌。

　　兰卿　仲瞻之弟所刻。是印送于金子镕斋。

　　利宾　陆氏所刊，送于金镕斋。

　　写意　上镌"梅庵上大人画师属　乙巳八月"。

　　紫眉　是印剑人所赠，石既工致，字亦古媚，深得刀笔三昧。

　　但愿生生世世为夫妇　是印陆氏所镌，私札往来用以示信，亦佳谶也。

　　牛榻琴书　是印芸阁售予者。

　　王子不痴　忏痴盦主　蘅花馆主　林氏泠泠　泠泠私印倒钤

　　蘅香女史　红蕤阁女史　愿作鸳鸯不羡仙　上八石皆潘惺如所刊。以此顽石殊难奏刀，故印边多残缺，惺如以为甚不惬意。

　　修竹居

　　杏林　此印亦磨去。

家住吴淞第六泉　　乙卯中秋恂如寓沪所刊。

兰卿手笔倒钤

云麓山房

兰卿诗古文词之印

兰卿手笔

臣利宾印

海棠香窟　　此印已磨去,改作"家住吴淞第六泉"。

申江居士　　此印已磨去,改作"兰卿诗古文词之印"。

红杏成林

红豆词人

小梅花庵

研兰馆

书诗半榻

大雅

【此处接录药方一副,略。】

甲寅夏五回里日记

端七日

解缆启行,午前抵引溪,饭于王氏小舍。

饭罢同星堂至邨北禅寮散步。是夕热甚,即下榻其舍。

八日

清晨檐雨如注,风甚猛,不能放舟。

午后天气稍晴,风亦少止。

薄暮下舟。夕泊黄浦。

九日

晨抵吴淞，帆樯如林，诚商贾会萃之所也。风甚利，几不得泊，舟次嘉定城外。

十日

西北风，舟行稍迟，宿昆山东门外。舟过白墙，夕阳欲下，湖光如黛，邻舟小童唱棹歌，呖呖可听。故乡已近，转觉心忙，竟夕不能成寐。

十有一日

命舟子移棹至生田，自晓发，至午始得达。彼舟子颇不识途，迂道而行，故远，其实沿小澶以行，不过八里耳。

母氏暨舍弟并苕仙皆在生田，一载不见，悲喜杂并，辛酸泪落。正斋眷属咸聚在一处，故乡素好，相见欢然。

十有二日

正斋从七千湾至，故友相逢，复聚阔悰，亦一乐也。

生田屋颇仄，临流种树，可以钓鱼。田低瘠，逢大水即为河矣。

十有三日

正斋特出家酿，杀鸡炊黍，留余小饮。席间清话偏长，谈别后景况并沪城近状，藉以下酒。同席殷宪亦健谈者。房主徐云峰，恂谨人也。舍弟在生田授徒，亦赁其屋。

十有四日

同母氏、舍弟放棹旋里，舟甚小，头为之晕。抵里日已亭午，即至青萝山馆，不值。

十有五日

莘圃来舍剧谈，暮亦过其室。

十有八日

附航帆至苏,至葑门日将西矣。见詹老翁年已八十六岁,须眉苍古,精神矍铄。顷之正斋亦来,为其妾四姬作佛事。又顷之吟斋亦来,把臂欢然,如旧相识。既夕置酒小饮。

十九日

吟斋别无所好,惟耽麹蘖,醉则醺然睡矣。

是午正斋稍得闲,同往玄妙观啜茗,又往勾栏访艳。吴门校书近时多以行为字,有二官者,容颜不俗,惜予少阿堵物作缠头费耳。

是夕佛事满散有盛馔,吟斋已入醉乡,正斋即入睡乡。

二十日

晨,正斋放棹归,吟斋苦留,予乃止。

二十三日

吟斋特市佳肴,斗酒赏雨,礼意优渥,愧无以报。

吴门景况亦觉萧条,衢市间非复昔时之盛。吾谓繁华少杀,未始非斯人之福也。

二十四日

买舟而归,抵里已是午后。詹翁与其孙泰峻送至江边,殷殷执别,殊可感也。

予在观前散步,途遇沪人周云峰,异而询之,知其娶如姬于娄门外。因妻反目,不安于室,故旅居于此。因共啜茗情话,至晚而别。

馀事另载《生郲小住日记》中①。

----

①　原稿此后另册,有题曰"蘅花馆日记"。以下即接序文及词作两阙,后又题曰"甲寅笙郲小记",即此处所云"生郲小住日记"。

人生数十年,倏忽如飘风。庸庸没世,泯无闻知,大千世界中何一不是?予犬马之齿二十有七,前之所经,茫不记忆,心为形役,情随境迁,如浮云之过太虚,不著一迹。释氏谓之空诸所有,而吾儒则以为寡情。达观之士,往往流连景物,歔歉陈迹,朋辈往来,诗词酬酢,载笔书之,展卷可得,作日记。

满江红　瓜步守风

白浪掀空,似万马、脱缰而逸。其咫尺、中分南北,断流无术。海若天姿相对舞,问谁解、鼓湘灵瑟。剩十年戎幕老青衫,来摇笔。　　沤泛远,花飞疾。春有几,三之一。望金丝但见,乱帆斜日。如此江山经八代,降幡复见纵横出。问新亭、洒泪与何人,忧王室。

祝英台

凤钗斜,蝉鬓瘦,星语痴情逗。笑浅愁深,痴梦隔年又。半生立马关河,蒲龛挥手,才看到、苏台新柳。　　展吟袖,还□诗酒尊前,娇莺待人否。忍负欢场,天气摘樱候。剧怜点点蛾灯,皆花窥,也学枝、东风红豆。

帆初挂,酒初酤,来江北,望江南,江云漠漠柳毵毵。莺解笑,花欲语,好春□,盼春到,春易老,江水流,春去了。松江月,醉江潭,江上住宅谁结,□庵□草渗。

咸丰乙卯,余年二十有八。

五月七日

解缆启行,午前抵引翔港,饭于王氏小舍。主人字星堂,贾人也。饭罢至邨北禅寮散步。是夕即宿其家。

八日

晨雨,檐溜如注。风甚猛,不能放舟。午后天气稍晴,风亦少止。薄暮登舟。夕泊黄浦。

九日

风甚利,几不得泊。晚舟次嘉定城外。

十日

西北风,舟行稍迟。夕宿昆山小东门外。竟夕不成寐,梦中得二绝句:"几度相思泪欲流,别来一日像三秋。不堪记取前时事,新月楼头恰似钩。""阿侬愁绪满腔生,屡欲题诗寄未成。料得妆台应倦绣,惘然小坐到深更。"及醒,于枕上又得一绝:"疏帘小雨镜惝惝,又展芭蕉几尺阴。偏以黄昏人静后,一灯如豆坐宵深。"

十一日

舟抵笙村。

八　月①

朔日

晨起诵经。

午后至潘氏小舍,秋槎亦来。

薄暮过唐芸阁寓斋,清谈竟晷,返至医院,门已闭矣,乃迂道而归。时恰李壬叔、钱莲溪在舍,因与纵谭。

饭后登楼焚香静坐,一灯相对,万虑俱寂,时于此间得少佳趣,读《南唐书》一卷。

连日阴雨,时复清冷。

---

①　原稿作"咸丰四年岁次甲寅八月",前有题目"蘅花馆日记",署"子九王利宾随笔"。

二日戊戌　　　天气晴霁，仍复和煦

薄暮散步，途遇应雨耕，因同陶星源至酒炉小饮，复往孟春农寓斋，归已更馀。

三日己亥

清晨，同俞碧山至英署，与雨耕谈良久。

午后偕雨耕散步洋泾。彼处陈设骨董颇多，迄无一佳者。途遇曹潞斋、邵兰如，同至馆中饮酒。

薄暮往潘氏小筑，与兰生闲话，即别。

四日庚子

晨起腹痛殊甚，想因昨食蟹羹所致。

薄暮至潘氏小舍。

是日得红蕤手札，甚慰。

五日辛丑

晨，唐芸阁来舍。

数日来俗客坌集，多以烦恼事相役，胸中颇觉俗氛如斗。摩诘诗云："杜门不复出，久与世情疏。"窃羡其心逸也。

潘枕书来。

六日壬寅

晨至洋泾浜，见红巾赴市买物者往来不绝，甚为心悸。

是日包氏夫人卒，晚出灵榇，余往观焉。举榇者以营兵八人，送丧多系男子，丧服色主玄，无一举哀者。夷礼不同于中华，亦属见所未见。

薄暮往潘氏小筑。

七日癸卯

晨往英署，寄家书至吴，得晤雨耕，同往啖面，复同往春农寓斋。

薄暮偕汤大散步洋泾。继至潘氏小筑。

八日甲辰

薄暮至潘氏小筑。

是日兰生从吴淞归。

九日乙巳

薄暮同星垣至英署。

是日吉抚军来会包公使,仪从甚盛。

后偕应雨耕、曹潞斋、孟春农至黄垆小饮,星垣特为东道主焉。

继往春农寓斋,归已更馀。

十日丙午

晨至会堂听英人说法,讲者操彼处土音,不甚可辨。

午后,应雨耕、孟春农、曹潞斋来,同偕酒垆小饮。继至春农寓斋闲话。

十有一日丁未

晨至英署,得见雨耕,孟尚未起,因往潞斋寓舍,硕甫亦来,同往啖面。

暮至潘氏小筑,剧谈竟晷。

十有二日戊申

潘氏旧宅近于北城。是日有红巾四五十辈至其宅取物,其仆奔告余,予特同英人戴君驱逐之。

暮往潘氏室。

十有三日己酉

薄暮往潘氏小筑。研耕从吴淞归,相见欢然,剪灯留饭,更馀始返。

十有四日庚戌

暮往潘氏小筑。是夕月色甚佳。

十有五日辛亥

晨至英署,与雨耕、春农剧谭,莲溪亦偕往。

既暮小集余舍,同赏佳节,玩月传觥,极人生之乐。莲溪特为东道主人,同席者应雨耕、孟春农、蒋剑人、俞碧山及余也。

十有六日壬子

同陶星源吸片芥。

薄暮至潘氏小筑,研耕在家,特留夜饭。

十有七日癸丑　　微雨溟濛

清晨无事,因作札致红蕤。

午刻往春农寓斋,雨耕先在,同诣洋泾散步,买醉黄垆。候东耘不至。

既夕,复集于余舍,蒋剑人亦来合并,饮至更馀始散。是夕雨甚月黑,应、孟归时,想不易走也。

十有八日甲寅

晨至英署,在潞斋旅舍中小憩片时。继见雨耕,同往春农寓斋。

薄暮往潘氏小筑,研耕特招予饮,肴馔甚精。同席张秋槎、潘大、金大及余也。招而不至者应雨耕也。

是日遣德全到吴淞,赍家书、银两至生田。

十有九日乙卯

薄暮至潘氏小筑,研耕絮话家常,翦灯留饭,归已更馀。

二十日丙辰

清晨汪月舫过舍。

薄暮至英署,后途遇应雨耕,因与散步剧谈,同至砚耕家,即别。后往三和栈,得晤月舫,归已黑矣。

二十一日丁巳

韩华卿来舍。

薄暮汪月舫到舍,偕至茶寮啜茗。

二十二日戊午

薄暮同应雨耕、孟春农、曹潞斋、潘研耕至硕甫家赴喜席也。是夕饮甚乐,观其合卺而返。

二十三日己未

晨至硕甫家,与陶星垣同饮,即别。

暮至研耕舍,煮肴留饭,极尽款曲,更深而归。

二十四日庚申

是日赋闲,至医院听英人说法,受主餐。

午后同华卿茶寮啜茗,途遇应雨耕、孟春农,同往散步。

后至英署,于春农寓斋小憩片时,即别。

二十五日辛酉

薄暮至潘氏小舍,时研耕已至吴淞。

二十六日壬戌

是日麦、慕二牧师将至云间、洞庭,令予从之往游。于申杪解缆启行,过小东门外,天色将暝,见颓垣败壁,苍凉满目,城堞上人须发皆见。噫!官军焚毁庐舍,殊为失计也。

夜行数十里,泊舟于周浦塘。夜微雨。

二十七日癸亥

清晨微雨,晓雾溟蒙,村舍都不可辨。

巳刻日色隐隐,渐即开霁。

午刻抵闵行镇,维舟上岸,分送圣书。是日风色甚顺,约行百里。

薄暮抵松江,不及入城。夕泊泖河口。

四更雨甚大，声滴(蓬)〔篷〕背，顿起怀人之想。窗隙漏天，风雨飘入，枕角稍为沾濡，殊觉其苦。

二十八日甲子

清晨微雨，晓出泖口，余尚未起，九峰山色，不能领略，殊为可惜。

是午经周庄，未及登岸，询之土人，云陈墓离此不远。盖由薛淀河出，即可由陈墓至甫里矣。故乡甚迩，不能一省老母，殊觉惘然。

申刻至屯邨，从麦、慕二牧师上岸分书。彼都人士竞来听讲，所携之书顷刻都尽。

暮泊同里，余登岸散步即返。是夕宿此。

二十九日乙丑

晓雨，天色阴霾不开。舟发经同里时尚早，店铺居民俱未启户。镇尽有陈王道冢，系是南京河南监察御史，匾上书清朝侍御，殊不得体。

午刻出花泾桥，即至太湖，一水汪洋，浩无涯涘，诚大观也。湖中见飞凫数百成群，盘旋贴水，继而风作浪大，水浊不清，舟颇倾侧，幸即收江，得以无恐。是日余坐船头纵观，为风吹去一帽。

抵洞庭山已未刻矣，居民咸至船侧聚观，称奇弗置，所分圣书，争来攘夺。夜泊是邨大水桥，邨名叶巷。

三十日丙寅　　天已放晴，风色殊横

早饭后，同麦、慕二牧师登洞庭山，从新庙外盘折而上，登莫釐最高峰，遥望湖中，烟波缥缈，峰峦杂沓。昔人云，太湖汪洋三万六千顷，七十二峰沉浸其间，洵不虚也。麦、慕遍历群峰，探奇造幽，不惮险阻，山石荦确，殊不易走，余从其后，足茧腰折，几不能上，默念"寇往我往，彼入我入"之理，奋力追随，始能相及，于后山观音庵小憩。抄出万松丛中而下，曲径通幽，松篁苍翠，见石匠数十，磨

石镌字,巍然巨冢,询之,为潘氏所作,盖此邦富室也。是处坟冢累累,地下人反得领略山趣。洞庭岭颇不少,而荒芜弗治,尽为鬼境,殊可叹也。余同麦、慕二牧师绕俞坞邨陟前岭而回。是日游山,共行二十馀里。

归时,东山司来谒,辞以未暇而去。晚饭后,至东山司署,司官姓陈,字作臣,平湖人。复往都司署,都司亦姓陈,名作霖,安庆人。至夕,都司来谒,饮以洋酒,剧谈而散。

> 扬舫竟抵太湖滨,陟彼高山眼界新。合沓群峰微有路,苍茫孤岛绝无人。扪萝直上穷其险,镵石应须辨厥真。得上莫釐最高顶,狂风吹折郭公巾。

是日作诗,仅得一首,时纪于此。

九 月

朔日丁卯

风色甚横,不能启行。

是日礼拜,麦、慕二牧师登岸讲书,予同坤官游山,未及到巅即下,因足力疲乏也。予记昔人登山,每折屐齿,予谓“上山欲俯,下山欲仰”,庶为得诀。洞庭人家,依山结篱,离太湖不远,未至十月,已觉森寒逼人,夜间拥絮被,犹不能煖。水国先寒,斯言洵然。

二日戊辰

晓即解缆。

午后至吴江城外,人来聚观者不少,东西两岸如堵墙。舟行吴江塘,处州兵丁沿途询察。

申刻至平望,分送书籍。有宁波人到舟来谒,能效英语,自言旧岁二月领勇来此。

夜泊平家墙。饭后麦、慕登岸散步，同邨人闲话。此乡人情亦颇不恶。

是日由洞庭至此，已行百馀里矣。

三日己巳

风顺天晴，舟行如驶，风帆十幅，竟抵茸城。申杪从南门入，至普照禅寺讲书。

是夜刚值潮退，舟顺潮而下，至闵行镇始泊。

四日丙午

顺风扬帆，直抵黄浦，波浪奔越，舟甚颠侧，余觉头晕目眩，不能起立矣。

巳刻至上海。

芷卿舍弟从生田来已四日矣。

陶星源来舍，饭后同往英署，至茶寮啜茗，应雨耕亦来合并，偕往酒垆小饮，剧谈而散。

复往春农寓斋，更馀而归。

是日硕甫亦来。

五日丁未

晨至英署，雨耕特留一饭。是日署中公事甚繁。

予在春农斋中闲话，即别。至潘氏小筑，研耕在吴淞未归。是日即在潘家啖午饭。

薄暮同星源、仲瞻、潞斋至黄垆小酌，潞斋为东道主，招雨耕不至。

继至吴校书室，情话缠绵，留连竟晷，特设片芥。夜既深，别去。

至雨耕寓斋,时雨耕怏怏不乐,余亦无言而归。

六日戊申

是日天气和煖。

七日己酉

星源来舍,同往散步,途遇潞斋,复集于黄垆,仲瞻、雨耕亦来合并,更馀始散。

八日庚戌

星源来舍,同诣硕甫家,特沽酒市肴,相对小饮。

继至山氏斋室,往访易斋,同至茶寮啜茗,剧谈而散。

后往潘氏小筑,竟晷始行。

薄暮遇壬叔,同往散步,至秀英校书室中小憩,片时即别。

晚往洪容斋头,读《圣经》一章。

九日辛亥

薄暮同壬叔暨芝卿舍弟散步老闸。许桂山从吴门来,亦与偕行。继往茶寮小啜,月舫亦在。

二日来皆作清游,殊觉俗意尽扫,优游自适,真乐可娱。甚矣,逐队成群、狂呼乱叫之足以妨性情也。

十日壬子

薄暮,同壬叔暨芝卿舍弟至茶寮啜茗,许桂山亦来合并。

继往潘氏小筑清谈,竟晷即别。

十有一日癸丑

晨至英署,与应雨耕、曹潞斋、陶星垣、陆仲瞻酒垆小饮。是日忽忽不乐,借酒浇愁而愁更来矣。

午后同星垣诣宋美牧师处,继应雨耕、孟春农、曹潞斋、陆仲瞻俱来,小集黄垆,仍复轰饮。醉乡虽可乐,而殊愁转结,幽恨方深,觉此身在世，真如泡幻，一切都非我有。噫！席中人悟此者谁乎！

晚往春农寓斋，归已更馀。

十有二日甲寅

晨同陶星垣诣宋美牧师处。

继往英署。星垣拉予啖面，予因心绪棼乱，不辞而归。

薄暮往潘氏小筑，研耕从吴淞归，剧谈而散。

是日桂山来舍，即与同往茶寮小饮。

十有三日乙卯

薄暮至潘氏小筑，研耕特出寒具供客，味甚甘美。

是日周羧甫、汤果卿来。

十有四日丙辰

午后至庄氏室，里正庄瑞东为子授室，特洁喜筵招予往焉。是夕顾秋涛、钱竹里亦在其室，二更馀始归。

十有五日丁巳

是日礼拜，予至会堂受晚餐。

午时偕星垣渡虹桥，往钱氏小斋，梅苑新构初成，特备佳肴，与二三友朋小饮。是日同席者曹子健、秦石亭、金馥山、唐绪卿、黄近霞、陶星垣、吴介年、陈少云、吴云谷也。酒酣拇战，极尽欢乐。归已夕阳西匿矣。

十有六日戊午

薄暮往英署，与景玉塘啜茗。

继至春农寓斋，一谭即别。

复诣潞斋处，清言竟晷，归已更深。

十有七日己未

周羧甫来舍。

晨同陈少云至馆中啖面。

薄暮同弢甫茶楼小啜,剧谈良久。

复往潘氏小筑,研耕特留夜饭。

十有八日庚申

是日甚为闲暇。薄暮散步林陬,殊为得物外趣。

十有九日乙酉

薄暮应雨耕来舍,即同俞碧珊至酒家小饮,肴馔甚佳。是日雨耕为东道主。归已昏黑矣。

是晨同研耕至馆中啖面。

二十日丙戌

至牧师戴雅各斋中。

午后研耕来舍,特沽数篑,留伊小啜。薄暮造其斋中,亦留夜饭,归已更馀。

二十有一日丁亥

午后研耕来舍,同伊散步。夕阳在山,人影历乱,见西人驱马怒骋者,如风飙电闪,瞬息已过,殊羡其速也。

二十二日戊子

俞碧珊来舍,同诣英署,与应雨耕、孟春农往游。继至茶寮啜茗,舍弟亦来合并。是日碧珊为东道主人,拉予数人至黄垆饮酒,剧尽欢乐。

薄暮至潘氏小筑,研耕特留夜饭,剑人亦在。时兰生方从吴淞归,相见极欢。归已更深。

二十三日己丑

薄暮,同陶星垣、许桂山至英署访应雨耕,不遇。

继至茶寮,得遇春农,闲话片时即别。

二十四日庚寅

薄暮至潘氏小筑,与研耕情话竟晷,特留夜饭,芷卿舍弟亦在。归已更馀。

二十五日辛卯

午后至虹口访胡少文,不遇。继而雨耕、春农、潞斋至酒肆沽饮。

归至潞斋寓室,适章东耘自天津归,闲话片时即别。

二十六日壬辰

星垣来舍,约至虹口赴婚筵。

午后研耕来舍。

薄暮余至景玉堂家,同席者黄近霞、唐绪卿、陶星垣、黄硕甫、陶养和、景玉堂也。是夕即宿其舍。

二十七日癸巳

薄暮至潘氏小筑,研耕特留夜饭。时柳谷从法华来。予归已更馀。

二十八日甲午

研耕来舍。薄暮同往其室,留饭而归。

二十九日乙未

是日礼拜,至会堂听英人说法。

午后往潘氏小筑。时研耕已至吴淞。

继而汤大来邀余,同至虹口访局员胡枚。枚字少文,浙人。清谈数句即别。

至陆椿山医室,留连片时。归时莲溪在舍,因与纵谭。是日艾君归自西泠,壬叔未回,云为浙抚羁留,殊可诧也。

十　月

朔日丙申

许桂山来舍。

晨同汤大啖面。

薄暮至潘氏小筑,柳谷在家,闲话片时即归。

初二日丁酉

至潘氏小筑,至晚而归。

三日戊戌

陶星源来舍。

暮至潘室闲话。

四日己亥

是日遣德全至生田。

五日庚子

同陶星垣往茶寮小啜。

六日辛丑

往潘氏小筑。

七日壬寅

杪秋时候,天气和煖,仅着绵衣,尚觉其热。

屠墉偕其子新之来舍,同往茶寮小啜。

归至礼拜堂,听麦牧师讲解圣书。

许桂山来舍,即偕伊往英署访雨耕,不值。后往酒垆,见陶星垣、曹潞斋、孟春农、应雨耕都在,三杯之后即别。散步衢市间,自饶逸致。

薄暮至潘氏小筑。兰生从吴淞归,与之剧谈,留饭而归。

八日癸卯

兰生从吴淞购得肥蟹,特招余往,作持螯饮酒之雅事。与兰生谈甚乐,至更馀归。

九日甲辰

是日麦牧师至湖州览天目山诸胜,艾牧师又至吴淞,予得赋闲,同徐杏圃、程研香、芷卿至茶寮小啜。瞿少陵亦来合并。同伊至勾栏访艳,迄无佳者。复至茗楼小啜,留连竟暮。

午后往唐芸阁寓斋,见其陈设骨董颇多,价值颇昂。归已更馀。

十日乙巳

雨横风冷,裹足不出。夜与剑人、枕书清谈良久,以遣寂寞。

十有一日丙午 天稍放晴,而陡觉寒冷

夜朱西园携酒肴至舍,作长夜之饮,藉以消寒,时在席者蒋剑人、林益扶、潘枕书、徐杏圃、余及芷卿舍弟也。

是日晨,同枕书、杏圃至茗寮小啜。

十有二日丁未

晨同益扶至少云旅斋。时少云遭疾甚重,予故往询之。

午后陶星垣来舍,因同往茶寮,枕书、杏圃前来合并。继往酒垆小饮,三爵而止。返至芸阁寓斋,又至潘氏小筑,黄昏时踏月而归。

十有三日戊申

晨同枕书、杏圃至馆中啖面,杏圃特为东道主。继往茶寮清谈啜茗,作卢仝七碗之饮,晋人风流殊觉不远。

午后同星垣茶寮小啜,复往阛阓间散步。

薄暮至潘氏小筑。

十有四日己酉

同钱梅苑至少云旅窗,询其疾也。返至茶寮啜茗,蔡云浦亦来合并。继至酒垆小饮,酒味殊佳,当垆者亦颇解事。后往馥山寓斋。

薄暮至潘氏小筑。

是午同雨耕、春农小饮。

十有五日庚戌

午后陶星垣来舍。同汤鸿山至虹口访胡少文,清谈竟晷,特出寒具供客。

晚至少云寓斋。

十有六日辛亥

饭后同陶星垣、张丹成、芷卿舍弟至黄垆小饮。酒至三爵,已觉微醺。至茶寮啜茗。

薄暮至潘氏小筑。兰生从法华来,沽酒相款,更馀乃归。

十有七日壬子

陶星垣来舍,同至茶肆啜茗。继往酒垆小饮。两人对酌,清话偏长。归至潘氏小筑,为彼作札。更馀始归。

十有八日癸丑

是日午后闭门写字,殊得清闲。

薄暮德全从生田来,知母氏因家事未毕,无暇至申。是夜挑灯同德全至酒肆中沽饮。

十有九日甲寅

午后陶星垣来,同伊至茶寮小啜,水浊,茗味不甚佳。

继至黄垆沽饮,舍弟芷卿亦来合并。

酒后散步衢市间，得遇曹潞斋，复往啜茗。继而应雨耕、陆仲瞻陆续俱至，乃同诣春农寓斋，清谈竟暑。雨耕特为东道主，沽肴市酒，小宴重开，更阑而散。是日痛饮。

归时吴雪山从甫里来。故乡老丈，久不相见，不觉欢然。

二十日乙卯

晨同雪山、芷卿舍弟、鸿山、秀山至酒楼小饮，情话片时。

午后，陶星源来舍，同诣茶寮小啜，雪山及舍弟都来合并。

暮至潘氏小筑。归后沽得一壶酒，与雪山对饮，藉以解渴。

二十一日丙辰

曹潞斋、陆仲瞻来。继至英署访雨耕、春农，不遇。继至酒楼，共席者八人，雨耕已盛馔以待矣。

酒后散步洋泾之侧，偕雨、春二人至林见龙斋中，吸片芥而返。

薄暮又至春农旅舍沽酒更酌，宵阑始散。噫！余真老饕，一见酒肴即流连忘返，食雨耕嘉惠已三次矣，愧无以报也。

二十二日丁巳

是晨尚卧于床，益扶、懋堂来言，少云于昨宵已西逝矣，予即靸鞋披衣而起。其时萧锦安亦来，同至酒楼小饮。是日未至馆，为少云筹办丧事，迨暮始归。

夜挑灯写信致正斋，告以少云之事。

二十三日戊午

薄暮至潘氏小筑。是日潘枕书来，同至茶寮小啜。

夜修书寄于雨耕。

二十四日己未

午后至茶寮小啜，枕书、芷卿舍弟俱来，复诣黄垆小饮。

是日慕、麦从天目归。

二十五日庚申

午后少云之戚朱润卿、韩幹庭并其从昆弟汤又邨前来领柩。

暮至潘氏小筑。砚耕从吴淞归,特留夜饭,归已更馀。

二十六日辛酉

午后同枕书、林益扶登永江楼小饮。

陶星垣来舍,同至茶寮啜茗。

二十七日壬戌

午后偕枕书至茶寮啜茗。

二十八日辛亥

晨同枕书至涌江楼小饮,陆仲瞻亦来合并。

午后应雨耕、孟春农、陶星垣、曹潞斋同诣黄垆小饮。后途遇瞿少陵,拉至茶寮啜茗。

薄〔暮〕至潘氏小筑,特留夜饭而归。

二十九日甲子

晨至英署,于雨耕旅窗小憩。继见威司税,清谈片时之许而退。

暮同枕书啜茗,小饮黄垆而返。

三十日乙丑

十一月

朔

十二日　　晴

至医院听书。

午后同鸿山进城,从小东门入,见城外屋俱焚毁,已为一片瓦砾场。城中人皆有菜色,发长数寸。路上陈什物者不少,恻然悯之。

至顾惠卿舍,出城已薄暮矣。复往研耕斋中,特留夜饭。秋槎亦来合并。

十三日　　　晴

是日英国元旦。天气殊冷。

诣雨耕寓斋闲话,同往老闸散步。

午后往鸿江楼小饮。

后至研耕斋中,偕诣茶寮啜茗。是夕即在研耕处啖饭。

是日吴雪山从吴淞来舍。

十四日

薄暮偕吴雪山、谭秀卿、芝卿舍弟至酒楼小饮,聊以御寒。

十八日

雪山在舍。

风殊尖冷,重寒逼人。

是日法兰西翼助官军同城党鏖战,约计四时之久,先进后退,官军死者数百人,法之兵死者亦数十人。予友胡枚首先登城,不能复出,遂死于难,惜哉!午后王勉斋来,嘱予致书辅元堂收其骸骨。

鸿山亦来,往店中同啖馒首。

十九日　　　晴

礼拜,至讲堂听讲圣书。

午后同鸿山入城,觅胡少文之尸。闻人云,官弁咸骈死于北城,同城中忠良骸骨已在灰烬之中。有林朋者,系伪先锋,欲同余往视,予窥其意不善,遂辞不往,即至城西惠卿家。

二十一日

晨至英署,雨耕特留饭。

薄暮至潘氏小筑,留饭而归。

二十二日　　　雨

午后研耕、柳谷来舍。同鸿山至英署,后绕道至老闸见胡蕊史,留饭而归。

二十四日　　　大风,天甚寒冷

夜醵钱饮酒。

二十三日　　　大雾迷漫,疾风竟日

晨瞿溪云来舍,至林永贵斋中,同往啖面。

午后陶星垣来,同至茶寮小啜。

夜于蘅花行馆醵钱小饮,作消寒会,戏联字作绝句,亦一乐也。

二十五日

晨同潘枕书至馆中啖面,汤大亦来合并。

午后同枕书、秀卿冒雨至酒肆小饮。

夜至潘氏小筑,留饭而归。

二十六日

礼拜,赋闲。瞿企云来舍,同诣永贵斋中,复诣潘氏小筑,时研耕尚未起也,因同企云诣黄垆小饮。

午后散步洋泾浜。

暮往研耕斋中,留饭而归。

二十七日

顾惠卿之夫人及其妹从城中出。闻城中绝粮已数日,草根以食。城党薙发去者不少,逆首亦不能禁。

三十日

是夕招李壬叔、张南坪、张艺斋同饮,鸿山亦来合并。酒酣拇战,殊可乐也。

十二月

朔①

初六日

予同德全乘舆至南翔,将作归计。是日抵南翔已将薄暮,即宿于旅斋,秉烛作书,不能成寐,思及伊人,真凄绝也。

初七日

晨,天气殊冷,河中为冰所阻,不利行舟,予即步行至马陆镇茗寮中小憩。抵嘉定已将亭午。至庙中访杨近仙,与之同至城外觅舟,登楼啜茗,以俟其至。迨暮舟来,予即附之以行。是夕宿于舟中。嘉定城隍庙虽有幽致,然室多倾圮,有荒芜不治之叹。

初八日

舟抵太仓,途中遇见陈井叔将返甫里,即与之同行。

至城外见曹琴伯医室在彼,遂往访之。其父懋堂亦在,雅意殷拳,特设寒具。

抵昆已斜阳挂树矣。

是夕宿于寓斋,特遣德全至生田。

初九日

同陈井叔附航帆至里。

是夕至雪山家,时雪山尚在沪未归。

初十日

同许庆云至酒楼啖面。

---

① 原稿"十二月朔"排于二十六日、二十七日之间,编者移于此处。

至第二酸斋访术民师,不值。

至自得堂,得见薪圃,谭数刻即归。

午后买棹至生田,命德全前往。

是夕泊舟于南新,霜寒被薄,殊觉其苦。

十有一日

从南新返里,已将午矣。

饭后往第二酸斋,剧谈竟晷,术民师特留夜饭,颇有佳肴,宵深而归。归时伯威世弟持灯送予,殊可感也。

十有二日

同德全附航帆至昆。至时即遇雪山从海上归,同往酒楼小饮。

薄暮又附航帆至嘉定。是夕宿于舟中。

十有三日

晨抵嘉定,即于城外啜茗,步行至南翔。午后至真如镇。是日共行五十馀里,足力疲倦,几不能举。因乘舆至老闸,天已昏黑矣。

以上皆事后补记,旧岁尘事碌碌,无暇捉笔,事多遗忘,兹特记其大略如此。   蘅花馆主手志。

咸丰五年(1855年)^①

正 月

元旦乙丑　　天气晴明

屠新之来舍,馈予番银一饼,辞之不获,受之增愧。

巳刻往潘氏小筑贺新禧也。

复至张秋槎斋中。饭后散步马路侧,途遇应雨耕,同至茶寮啜茗,俞碧珊亦来合并。

继同雨耕至家,因倩碧珊持壶沽酒,聊复小饮。

将暮又至研耕斋中。时研耕从吴淞归,相见剧谈,秉烛夜话,留饭而归。

二日丙寅

是晨官军克复沪城,党匪各鸟兽散,斩馘五百馀人。从虹桥获黄衣贼目一名,不识何名。

巳刻金祝斋、瞿企云来舍,同赴克勇营,见官兵旗帜遍立城上,生擒馀党约数不计,皆骈斩于新闸。

午后诣黄硕甫家小饮。

继偕勇目冯和进北门。时城中火焰未熄,广厦千万间都为灰

---

① 原稿前有题曰"蘅花馆日记"(二),署"子九王利宾随笔"。

烬,堪为触目伤心。

至辅元堂得见经芳洲,谈片刻即返。出小东门,天已昏黑,颓垣败砾中,几不能辨昔日繁华,不堪回首,惜哉!

三日丁卯

金祝斋、瞿企云同至城中,先往西园,见得月楼、点春堂俱已焚毁。

继往江翼云师家,容貌清羸,非复昔时。复至辅元堂,馨山、子多俱在,一揖即别。

后诣郁泰丰斋中,王冶三亦来,闻是日抚军将至其家。

继出小东门,微雨路滑,同秋槎、祝斋茶寮啜茗。

四日戊辰

潘枕书来,至唐云阁旅斋,蒙其留饭。

午后至潘氏小筑,同研耕入城。

五日己巳

饭罢至茗寮小啜。雨耕来,不值。

六日庚午

饭罢至潘氏小筑,沽酒小饮,情话缠绵,更馀而归。

七日辛未

途遇陶星垣,拉至研耕斋中。是日研耕特设盛馔,置酒相迓,共席者金祝斋、陶星垣、黄良甫、陆仲瞻、瞿企云、张秋槎、芷卿舍弟、研耕、柳谷及余也。是夕银烛乍翦,高朋毕集,飞觞醉月,酒政初厉,予已中圣微醺。继复拇战,予出奇兵以胜诸座。宵阑而归。

是日母氏从甫里来。

八日壬申

夜饮过多,微觉病酒。至绿波廊啜茗。

九日癸酉

星垣来舍,同至城中登楼啜茗。

枕书来舍。

雨耕来招予饮,因同星垣偕往,至则剑人、碧珊、潞斋已先在矣。是日碧珊特为东道主,呼酒相侑,意颇殷勤。继至茶寮小啜。

十日甲戌

是日予特设小酌,折简招友,集于蘅花行馆,来者雨耕、潞斋、研耕、良甫、硕甫、星垣、剑人。猜枚捣战,逸兴遄飞,客散已更阑矣。是夕微雨路滑,甚不易行。

十有一日乙亥

十有二日丙子

十有三日丁丑　　　晴

同蒋丽堂入城,偕访蔼堂。阅吉抚军奏稿,满纸浮词,殊可一噱。

复至惠卿斋中,特留饭焉。

复诣善后局,见馨山、子多,清谭良久。言及善后事宜,最要一着是扩清夷务,闽、粤人不得入城居住。

十有四日

午后至蔼堂寓斋。

十有五日己卯

薄暮往潘氏小筑,特留夜饭,更馀而归。

十有六日庚辰

鸿山来舍,同至新闸访蒋铨,不值。

薄暮入城,至蔼堂寓室,途遇姚梅伯。

十有七日辛巳

午后同剑人、壬叔往访梅伯,清谈良久,至酒楼小饮。

继复抵至勾栏访艳。是夕往老闸,得见许春山,导至福云校书室。福云颇有媚态,惜芙蓉面上多生桃花点矣。

十有八日壬午

同雨耕、潞斋、星垣入城。是日吉制军大设筵宴,西国官员乘舆赴席者纷如也。继往茶寮啜茗,蒋丽堂亦在。是时已近午刻,乃诣黄垆轰饮。

午后同星垣至潞斋旅舍,雨耕特具扁食。夜阑剪烛,清话偏长,归已更馀。

十有九日癸未

前日致书正斋云:

> 别来半载,叠枉手翰,带水莫杭,远鸿未翔。裁报时疏,衷情纤轸。凌价来沪,即复一函,想邀洞鉴。尊裘一领,已在云霄,反复此案,终成疑窦。德全所赎典阁之衣俱在余舍。少云没后,即转徙他所,其中不无首尾,岂"敢谓子面如吾面,未必彼心如我心"。阁下默喻可已,何用言焉?

> 正月元旦,官军克复沪城,流离之众复睹升平。是夕也,贼踪潜遁,官军继入,烧而后走,是其下策。粤首刘姓,幸即骈诛,斩馘馀党,不可胜计。人心至是,始得一快。惜乎西园花木,已成墟莽,东里繁华,变为瓦砾。世事沧桑,曷禁浩叹。即阁下旧时庭榭,亦付劫灰,有心人闻之,应为心酸泪落。回首昔游,徒增怅触,欢场酒地,曾几何时,不堪复问。惟是岩疆虽奠,而黎庶孔艰,或家室化离,或栋宇焚毁,破巢之下,几无完卵。集哀鸿于泽中,驱猛虎于邑外,剿抚兼施,在在需关紧要。

一切善后事宜，非大才人不能猝办，阁下可有　谟以苏此困？若仆者，飘泊天涯，有同王仲宣；衰迟门户，有如任彦升。买田之愿，卜邻之想，至今未遂，应为阁下所笑。

我家甫里，本陆天随所隐处。仆嫌其近市，不能避世，未若荒邨僻处，艾茅作檐，刳竹成屋，持玉壶以买春，驾扁舟而捉月，与渔夫樵子、耕童牧竖相往还。烟迷云遮，林密水深，有呼予为老农者，呼则诺。悠悠此心，未知何日可成。能偕隐者惟阁下，故敢奉告。

仆今年颇欲留意诗词，剑人、壬叔、梅伯咸在此间，不忧独唱无和。阁下东皋农事之眼，定耽笔砚，遥相赠答，亦可排闷遣愁。倘有南来之雁，幸惠好音，无寂寂也。

午后入城至西关顾氏，时惠卿已回，特设寒具。继同诣城南访雪山，不值。

晚至潘氏小筑，研耕已至吴淞，柳谷在家，剪灯沽酒。是夕食河豚，味不甚美，岂予舌本木强乎？正斋时卜居生邨。

二十日甲申

薄暮鸿山来舍，夜留夜饮，偕其友三人俱至。三人者，朱研香、徐及钱也。彼皆携具来酌，所破费主人者，只有一样鸡、一壶酒而已。席散已更馀矣。

二十一日乙酉

午后同程研芗入城，至辅元堂中，与馨山闲话片时。后至西城顾氏，一茶即别。

夜读近人诗集。

二十二日丙戌

饭后接得一札，个人心事，无限含愁，惜青鸟不得其使耳。

薄暮微雨,同吴式如小饮黄垆。

二十三日丁亥　　　雨

天气甚冷,御裘尚寒。

午后入城,听英人说法。

致书正斋云:

利宾白:宾寄海壖,已历七载。倦游之翩,凌风不翔。自遭丧乱,裹足不出。日与异类为伍,暇惟饱食而眠。瓮无浊酒,叩门而沽;箧无异书,仰屋何益?年齿日增,岁月云迈。昨已入春,馀寒犹厉。室本近郊,狂飙撼屋。枯条为摧,林木怒号。夜半梦醒,倚枕而听。灯寒漏静,凄戾万状。乡里亲懿,尺素久绝。老母无恙,差以自慰。然恶谶凶词,一月杳至。竹筠老病,以至奄忽。端甫壮年,竟复短折。言念吾宗,既弱一个,桐枝又枯,陨其长条。惠连不来,时而入梦;阿咸长别,谁与清谈?骨肉衰逝,门户零替。此一痛也。先君徂谢,以华屋作山邱者,几越六稔。旧岁丙舍粗筑,坏土始建。结槿为篱,短不及肩;植松于旁,长才盈寸。思欲徙家近冢,为就耕之计,而此处瘠田,无异耕石。因念足下曾有偕隐之言,酒阑灯炧,私谓余曰,先蓄买山之钱,早遂卜邻之约。而今东归无日,西望徒劳,窃自悲已。伊宾始愿,志在归耕。谁则同心,惟有足下。当复筑五亩之庐,买一顷之田。鸟语怡魂,山光悦性,酒饮邻叟,诗教牧童。莳竹满园,　笋为脯;种鱼盈池,选鳞作脍。蔬果供客,可以谋醉;鸡豚养亲,可以承欢。东皋农事之暇,或棹扁舟,茶炉酒碊,载以自随,依树而宿,寻花而语。有得则书,倦则隐几。以此没齿,聊以云达。身后之名,安问千秋;生前之乐,惟有一醉。辱同嗜好,故以为言。勉力加餐,毋堕宿约。利宾白。

二十四日戊子　　晨微雨，午后阴

是日泥潦载涂，着屐访砚耕。时砚耕从吴淞归，特沽甘酒，炮鳖脍鱼，风味殊佳。

夜致书竹安曰：

话别十阅月，未寄只字，疏懒之状，以此概见。腊底旋里，留家仅两日，仓猝解维，不及一面，纤轸之情，难以言述。

弟遭家多故，骨肉沦丧，眷念吾族，涕泗滂沱。竹筠老病，缠绵已久，其死犹可测料。端甫正在壮年，尚望其克绍前业，为先人光，何亦遽迩奄忽，从乃父于九京耶？闻信骇悼，为位而哭。吊彼夜台，汶汶漠漠。延颈以望，川路迥隔；抚膺而吁，幽冥异途。呜呼！端甫媚龄廿七，竟尔殂逝。有母已老，白发飘骚；有妻方艾，青灯黯惨。强干已折，枯枝讵荣。王氏之衰，于斯而极。先君之墓，僻在淀邨。远客海陬，缺于祭扫。春间必增坏土，始可无患。新阡虽筑，马鬣未岢，深为疚怀。

鹿城应试，未识可有定期？弟于桃花放后，当挐舟至家，复与故乡戚友，一聚阔悰，兼吐私臆。弟近抱幽忧之疾，离怨填胸，遇物怅触。庚兰成无兹哀痛，江文通逊此悲凄。慕长卿之才，守尾生之信。每念是事，辄欲忘生，非真土苴周孔，蔑弃礼法。侧闻情至者圣人不禁，义重者烈士所难。阁下于此中素有阅历，自必领略于言外。如能使明月不缺，散沙再抟，不啻生死而肉骨。

至于巫臣为桑中之期，本所不可，且其害有三。小港必以舟通，彼姝必以夜出，或起篙工之疑，致为匪人所劫，此一害也。未离虎穴，遽为狼吞，桎梏横受，鞶带旋褫，此二害也。掌珠已亡，必兴巨波，藏娇不密，遂来惊谶，此三害也。有三害而无一利，即愚者知其难为，况乎鸩媒已泄，鱼书又阻，奇事皆知，芳踪易蹶。虽有昆仑健奴，黄衫侠客，能善其始，不能善其终矣。

嗟乎！痴念虽灰，深情未死，尚望阁下终始玉成，则身受者沦肌，感恩者　首。二百里外不能觐止，辄写往翰，略陈鄙意，惟垂察之。

利宾韬顿首。

补元宵前所作七绝八首，偶见《疑雨集》中有《劝驾词》，戏效其体，以示红蕤：

药炉茶灶已安排，西面窗棂不许开。晓得怕风兼避客，不能遂愿沉于心。重帘不卷等卿来。

轻寒昨夜上妆台，料得熏笼倚几回。漫把心香焚一饼，冷灰拨尽等卿来。

蛮笺几叠未曾裁，小研红丝试麝煤。密字珍珠原惯写，手钞诗卷等卿来。

重门深销郁离怀，谣诼蛾眉事可哀。寂寂江干舟未至，梅花开后等卿来。

传讹青鸟事难谐，反惹相思两地猜。即有尺波谁可托，诉将离绪等卿来。

记曾相识有诗媒，隽逸岂输咏絮才。城北清光仍不减，画栏看月等卿来。红蕤诗有"别后相思明月夜，城南城北共清光"。

旧时院落长苍苔，忆着前游首重回。满目凄凉增感触，沧桑细阅等卿来。红蕤旧居已付劫灰。

无端小病瘦于梅，怕冷憎寒倚镜台。为叠重衾温宝鸭，浓香浅梦等卿来。

二十五日己丑

天雨不能出门，兀坐无聊，展梅伯骈体文读之，藉以驱愁祛闷。夜沽酒消寒。

二十六日庚寅　　天阴

灯下接得吴门一札。

二十七日辛卯　　天晴，风狂如虎，著木如吼

午后散步太平里，得晤林永贵及江伶，清谈良久。继至酒楼小酌，颇有盛馔，永贵特为东道主。

晚诣潘氏小筑。

夜徐杏圃从吴淞来舍，留宿。

余于丙午冬曾作一书未成，今当宵长漏永，展帧视之，怅触旧怀，聊复忍痛，濡墨以续成之：

> 江浙为名胜区，山水甲天下，中多隐君子。太湖汪洋三万六千顷，水阔连天，树低无岸。濒湖之邨曰莳鱼港，树色郁然，曲折通幽，片石孤云，皆有逸致。人家随水比屋，依山种篱。

> 太始蕳珊卜居于此，潇洒有出尘之想。其子芳，名诸生，痼癖山林，膏肓泉石，亦不求闻达者。芳子名䋻，别篆小豌，少即颖慧，及长负才不羁，尝曰："区区之富贵功名，乃为学业累乎？为儒生者，显则铭勋金石，功震当时；隐则托迹林泉，名传后世，是亦可耳。"

> 生贫，别无长物，而室宇结构颇雅，芟茅作檐，刳竹成屋，石磴精洁，花木萧疏，中构茗寮，专命童子瀹茗，以供寒宵清话，长夜读书。窗外种梅四五株，冬来著花霏拂，琴床书案。闲暇时，必招友小饮，山色湖光，豁人眉宇，望云树之苍茫，睹

峰峦之隐现,每俯仰感慨,作不平鸣曰:"世无知己,老是乡矣。"读文君、红拂传则曰:"世尚有闺阁女子物色英豪,具风尘之巨眼者乎!"

时张蒂督学江南,生往应试,案发,褒然居首。是岁入学,急雨飘风几竟日,生曰:"蚊龙得云雨,非池中物也。"生性放诞,不合于时,而生亦不求合。侍史画倩颇狡黠,善伺生意,载酒谲游,必令挈壶以随,闲日则供扫地、焚香、种花、煮茗之役。

一日紫阳书院甄别,生入城赴课,将归,途遇萧雨苎、苏芙卿、秦梦琴。以久不见生,把臂欢然,共饮黄垆,杂坐于小阑干侧。

生曰:"波滑于油,山远若黛,睹兹景不嫌饱看矣。"

萧曰:"值此佳境,对斯良友,不可无诗。昔昌黎联句,著为美谭,吾辈今日何妨效颦?"

苏曰:"蔺兄诗思甚捷,何必探囊觅句?今请别张汉帜,一角优劣,如诗不成,自有金谷之故例在。"

秦曰:"君言良壮,然刻烛以期则太缓,击钵以催则太捷,不如限半炷香成八叉韵,为不疾不徐间耳。"

生曰:"然。友朋小集,雅近风流,斜阳话旧酒家楼,非今日韵事乎?于时古渡云苍,乱流霞紫,鸦点翻红,鱼纹漾碧。"

萧曰:"不知谁探骊珠,压倒元白。"

生曰:"惨无鞠部阿鬟来,以续画壁佳话耳。"

语未毕,猛听远处音娇声细,箫管并奏,苏曰:"是撷笛搊筝者,聊当催诗羯鼓。"

生曰:"何处暗香,沁入诗脾?"

秦曰:"想是隔院倡家,沉水甲煎,故馨欲熏衣耳。清飙徐来,鹦哥低唤,风送馀声偷度处。"

只闻"来了"二字,诸人侧耳聆之,但见垂杨疏影里,微露红楼半角,亚字横排,绮窗犹掩,久之绣帘斜卷,一垂髫女子倚风凝伫,恍惚有思。忽俯见隔河诸少年,即避入碧纱橱中。旁立小婢一人,犹掩映窗前,笑指天边雁字曰:"此非传书鸿耶?"顷亦逡巡而下。

萧曰:"无意间得遇楼头美人,想是诗意所催,且可藉以催诗。"

秦曰:"只恐诗被美人催去耳。"

时生方低徊独盼,若有所怀。

苏曰:"环佩声杳矣,兄何倚朱阑而神注耶?"

生曰:"才遘丽人,不觉心折,我见犹怜,正使人之意也消。"

秦曰:"丰神宕逸,自是身有仙骨,参此禅者,谁能破之?岂止意消,真个魂销!"

萧曰:"刘郎何恨蓬山远,蓬山直咫尺耳,岂隔几万重耶?"

秦曰:"蓬山虽不远,而蔺兄望眼几穿矣。"

生曰:"折脚雁咄咄逼人,妄肆讥锋,恶传语刺,若使丽人见却子之登,当动褰帷之笑耳。或不幸适汝,何止天壤王郎之慨也。"

苏曰:"是妖娆儿淡远有致,半蹙春山,芙蓉如面柳如眉,秋水为神玉为骨,真谢家咏絮才也。"

生曰:"此刻一番清话,胜于拈韵撚髭者百倍。若再狂吟铁笛,高唱铜琶,恐文通有才尽之叹,而为巾帼所笑。"

众人翘首仰望,见一天明月,几点疏星,回顾楼边,灯光透隙,檐马微鸣,悄无人语。众以晚近黄昏,都各别去。

生是夜乘酒兴,买舟归太湖。月彩流波,露华团草,生思日间所遇,如有所失,慨然曰:"天下果尚有人乎? 吾始以为西子臂冷,合德唾残,飞燕香消,玉环艳褪。织锦之机旋焚,回纹之诗半逸。良史莫续,班蔡不生,久已绝望于不栉进士,扫眉才人,而不落深闺脂粉,想今天下乃尚有人乎? 吾误矣。操是念以往,无怪蛾眉为之痛心,粉黛为之减价,而欲求青眼于绿鬟,订香奁为相知,亦难矣。虽然事出无意,似为有意,惜只见一面,未识姓氏,徒于梦寐间依稀凭阑不语时也。"

生自是忽忽不乐,掩关却扫,视人世浮荣如飘风过耳,闻秋夜笛声,则曰:"仆本恨人,奚堪怅触,追忆影尘,曷禁怊怅。"

馀杭麹苑梅名尚,又字小野,名儒宿彦也,见生文异之,曰:"此未易才也。"询出何人手,有龠曰:"是蔺生作也。"麹曰:"是子将来所造有何限量,金马玉堂非异人任也。"因问蔺生何如人,有与蔺生友者曰:"生系出名门,髫龄秀发,同学皆推为畏友。然愤时嫉俗,泥涂轩冕,无意于功名矣。"麹俯首久之,顷又问兼及里居,答曰:"今小隐太湖之湄。"麹喟然叹曰:"仆阅人多矣,如此者百无一二,忍令其天假之才长以青衿老?"

翼日,麹棹舟访生,并招致其家,谓之曰:"士子欲建不朽功,必以科名为先。自来才人恒薄视时文,为不屑学,不知时文亦从古文出。以君才取青紫如拾芥,愿毋自弃。"

生曰:"纫本杜门谢迹,无意于斯。既蒙垂盼,敢不勉旃,但恐子安命舛,李广数奇,无以仰副期望耳。"

麹出精选课艺百馀篇,示生曰:"秘箓也,仆生平得力于此,不啻益智粽。"因扫绿筠轩,命生处之,朝夕论文,而生亦乐相往来云。

此第一折也，词意肤庸，殊无足取，存之待改。

二十八日　　雨

杜门不出。顾蕙卿来舍。

二十九日　　阴

是日入城至西关，顾氏其女周岁，特设饭面。在座者宋雪汀、金镕斋。归已黄昏。

夜雨。申刻地震，有声。

二　月

朔甲午

是日礼拜，至五老峰听英人讲解圣书。

午刻至城西，顾氏蕙卿特留饭，设火酒。

途遇蒋丽堂，拉至茶寮啜茗。继又遇蒋剑人，同与往虹桥左侧访艳勾栏。二宝校书扬州人，容不甚媚。

后往庙中与宋小坡谭，同诣黄垆沽饮，陆仲瞻亦来合并。

王勉斋从城中来，留宿。

二日乙未　　阴

键户读书。

入春一月，寒气犹劲，柳眼未青，花事尚靳，今年芳讯想迟迟矣。

三日丙午　　天稍放晴

孙艺珊来，不值。

薄暮至潘氏小筑，柳谷、兰生皆在，留饭而归。是日杏圃亦来合并。

四日丁酉　　晴

潘枕书来。孙艺珊来舍。吴雪山来,留饭而去。

沈松雪从三林塘至沪,特来相访,同入城诣茶寮啜茗。吴式如、陆仲瞻、金祝斋皆来合并。

暮至祝斋室中,特设寒具沽醴酒,情意缠绵,馈予以佳壶一柄,牙麈一帚,蒙其嘉贶,愧无以谢也。归已近黄昏矣。

五日戊戌

午后金祝斋来,闲话片时即去。至西园散步,途遇松筠,同往茶垆小啜,清谭良久,枕书亦来合并。

后诣虹桥访雪山,不值。

六日己亥

松云、枕书来舍,同往西园茗寮小啜,途遇唐芸阁,同之出城,往潘氏小筑,柳谷在家,沽酒留饮,极尽款洽。

归家后又往壬叔寓斋闲话。壬叔梦中得诗二句,甚为奇诡。诗云:"铁公临铁岸,带血唱箜篌。"此未识是何恶谶也。

七日庚子　　晴

午后同陶星垣、芷卿舍弟至西园啜茗。途遇李壬叔、张艺斋,散步虹桥,继至城西顾舍,惠卿在家,清话片时即返。

八日辛丑

是日赋闲,至医院听英人讲贯圣书,即同剑人至城登酒楼小酌,继遇蒋丽堂,同往蔼堂寓斋。蔼堂新迁居。后诣翼云师家,清谭片晷即退。复至善后局中得晤子多,继而剑人,至茶寮小啜,夕阳在山始别去。

予独诣晓峰寓室,又访祝斋,出城已薄暮。其往潘氏小筑,柳谷、兰生咸在舍,秋槎亦来合并,剪烛飞觞,谈笑款洽。归已更馀。

雨耕来访,不值。

黄昏微雨。

九日壬寅　　阴

芳事未浓,嫩寒袭人,兀坐短窗,触我前愁也。

十日癸卯

午后入城,闲步至宋小坡寓斋,倩其作字。

诣城西顾舍,一谈即别。

十有一日甲辰

午后蔼堂同数友来馆,谈移时,同至洋泾浜散步。宝盛洋行中多畜禽鸟,以铁丝为笼,亦一巨观。

薄暮往城西顾氏小舍。

十有二日乙已

往西园散步。

晚至祝斋书舍。

十有三日丙午

薄暮至金祝斋室,特具小酌,沽酒劝饮,雅意殷勤,蒙其佳贶非止一次,愧煞老饕,无以酬酓。

继同至西园啜茗,瞿企云亦来合并。夕阳在山,茗话留连,作别出城,北门已将下键矣。电光闪烁,小送雨来,走至兴安义墅前,雷益迅急,雨粗如豆,顷刻即止。

是日晨,雨耕、潞斋来舍,同至酒楼小饮。酒间雨耕自言将随居停至伦敦,不能复留与诸故欢,当尽乐一日,藉以作别。噫!友朋云散,闻之黯然。

十有四日丁未

是晨郁泰峰来,同诣各园游玩。戴君特出奇器,盛水于杯,交相注易,顿复变色,名曰化学,想系磺强水所制。又出显微镜相畀,一发之细,几粗如拇指,皎白有光。呈巧献能,各臻其妙,洵奇观也。

巳刻麦公往龙华,予得赋闲,同星垣、芷卿舍弟诣城中游览,往城西顾舍啜茗。

薄暮往潞斋旅室访雨耕,适值他出,静坐俟之。雨耕、星垣、潞斋自黄垆归,已更馀矣,予闲话片晷即别去。月色甚佳,步之而返。

十有五日戊申

至会堂受主餐。雨耕、潞斋、陶星垣来舍,同往城中登萃秀山绝顶。城堞残缺,民房虽经兵燹,而北城一带闾井依然,往来者肩摩毂击,阛阓间渐有生色。下山诣茶寮啜茗,茶罢往酒垆小饮,异馔佳肴,洵堪适口。雨耕为东道主人。予蒙其厚惠已屡次矣。其将至伦敦,时不知将何以饯别也。

薄暮往潘氏小筑,柳谷在舍,特留夜饭,归已更馀。

夜雨。

十有六日己酉

午后诣林永贵斋中闲话,继同林见龙往勾栏。双喜较书特设片芥,小坐即去。予于此中意阑情懒,春婆梦醒,禅心已作沾泥絮,肯逐东风上下狂。

晚至潞斋旅舍,同雨耕剧谭,宵深而别。踏月归来,殊有清致。

十有七日庚戌

薄暮往雨耕寓斋,壬叔亦来,剧谭久之。继诣黄垆小饮,同席者潞斋、星垣、春农也。予特为东道主,飞去青蚨壹千五百头。

夜同壬叔访梅伯,不遇。

十有八日辛亥

同壬叔往访梅伯,偕往茶寮清谭啜茗。夜月未上,即去访艳,着意寻芳,迄无所遇。继同梅伯、壬叔、王仲英黄垆小饮。仲英系梅伯同乡也。予与王叔为东道主。肴馔甚佳,不减韦厨食品。

宵阑复诣梅伯寓斋,特出所作《苦海航》相眎,穷极情态,刻画酷肖,不觉令人失笑。

十有九日壬子

是日麦牧师同艾君往游山阴,穷探禹穴。

午后至城,得遇壬叔、南坪、毅斋,同诣黄垆,芷卿舍弟亦来合并。继往茶寮啜茗。出城已是夕阳欲下。复过其闲斋剧谭。

二十日癸丑

午后散步西园,得遇芸阁,同往茶寮小啜。秋槎、艺珊、望春咸在。继至城西顾氏小舍,闲话竟晷。

二十一日甲寅

周立甫来,同诣西园散步,啜茗茶寮,芷卿舍弟亦来合并。

午刻至城西顾氏小舍,与蕙卿闲话,特留一饭。

薄暮往潘氏小筑。研耕从吴淞归,置酒小酌,极尽欢乐。蒋文陶亦在座。更馀而归。

二十二日乙卯

是日赋闲,至会堂听讲圣书,于老闸得遇陈养吾,同诣黄垆小饮。往访芸阁,不值。

午后入城散步,途遇雨耕、潞斋,同往茶寮啜茗。继至马道侧见梅伯、壬叔、小坡在酒楼对饮,特招予上。梅伯纵谭狭邪之游,谓在甬东无一日不坐拥群花,凡名姬艳姝愿为夫子妾者无数。后同壬叔往英署,与雨耕、潞斋旅窗剧谈。雨耕特市鸭一样,置酒复酌。是日甚饱,虽珍错亦厌矣。归已更馀。天气微冷,单袷殊寒也。

二十三日丙辰

午后散步老闸,访艳无踪。途遇芸阁,即至其斋中剧谭。李仙根、子堂、钱吉生诸画师俱在。煮茗对花,殊有雅趣。静坐移时,默与神会。几上有《金瓶梅》数册,展阅之,觉淫艳之态毕露纸上,虽写生妙笔,亦无以过此。

二十四日丁巳

午后星垣来舍闲话,饭罢同往城中,良甫、陈大、芷卿舍弟皆来合并,茶寮小啜。西园游人颇众,觉甚嚣尘上。

予至西城顾氏小舍,与慧卿手谭静坐。予不弹此调已十年矣,今偶为之,心思殊觉窒塞。

薄暮至马路侧散步,得遇闽人,招致其室,以片芥相敬,意甚殷勤。予为吸三管,已觉微醉。

晚往潘氏小筑,柳谷在舍,谭数语即别。

二十五日戊午

周立甫来舍,同往茶垆小啜,剧谭故乡风景,良久始散。

至潘氏小筑,柳谷将往泗泾,同与闲话,留饭而归。

二十六日己未

薄暮往雨耕斋中,清话良久,特留一饭。继同散步浦岸边。

暮杏坡来,留宿。

二十七日庚申　　雨

芳事正浓,春寒尚　,一段闲愁,何时消释也!

午后着屐过金祝斋舍,其家于是日出柩,故往吊之。以雨故未往执绋送葬。奕芳特具小酌留饮,企云亦来合并。出城已晚。

二十八日辛酉　　雨

午后周立甫来,同至茗香茶寮小啜,闲话竟晷。立甫将返吴门,缺于资斧,向予筹画。立甫居于吴之葑门长洲县署后泗井巷中,亦系世族之式微者。

是日春窗坐雨,颇无聊赖,得一绝句云:"连朝小雨黯霏微,蓦地轻寒上夹衣。睡起不知春已晚,落花一瓣隔帘飞。"壬叔谓是南宋人诗。

夜徐杏圃来,留宿。

是夕雷雨,彻晓方止。

二十九日壬戌

是日病疝,兼以微雨泥滑,闭户不出。午后伏枕少睡,颇得静中趣。春窗坐雨,枨触旧愁,漫哦诗句,以遣闷怀,亦短歌写哀之意也:

> 闭户焚香忏绮情,花朝过了又清明。今年花事阑珊甚,二月都无十日晴。

> 暗尽窗棂六扇纱,恹恹镇日客思家。不知春睡几时醒,但听流莺骂落花。

> 旧时情事怕重提,制泪人前不敢啼。闻说春来多小病,绣鞋一月未霑泥。

> 袖将香字已经年,展阅幽窗便惘然。底事近来诗更少,行间字迹异从前。

> 连朝小雨黯霏微,蓦地轻寒上夹衣。睡起不知春已晚,落花一瓣隔帘飞。

代红荭作龕词云:

> 憎寒嫌煖退绵衣,恼煞秦嘉书札稀。花外东风真似翦,翦将花片满园飞。

> 妖梦无凭不自由,十分心事到眉头。红钤小字私封好,欲寄无人更觉愁。

> 碧纱窗外月如钩,小阁疏帘惯贮愁。独坐无人心更怯,黄

昏鸦响上空楼。

对镜无端损故姿,伤春情绪怕提诗。绣窗无暇朝临帖,为报郎书夜睡迟。

多病多愁强自宽,不情不绪更无端。枕函晓起偏嫌冷,却是宵来泪未干。

前诗意有未畅,复作问词云：

销魂私语立花南,情到真时死亦甘。维愿与卿供役使,画眉调黛事粗谙。

红蕤盦云：

一笑休将此语提,去年情事最酸凄。近来消息无凭准,柳外流莺恰恰啼。

蘅花问云：

垂丝柳下小庭幽,转绿回红芳事休。只有海棠清影瘦,嫩寒微带一分秋。

红蕤盦云：

垂帘一月诵心经,贝叶闲翻手未停。不觉病中春忽过,雨馀檐蔔送微馨。

蘅花问云：

强诵楞严欲学禅,卷中难字费搜研。从头须倩檀郎读,要废摩登第一篇。

红蕤盦云：

绣佛非同佞佛愚,误将梵字读南无。禅宗内典凭君熟,若较阿难定必输。

夜微雨。

三　月

朔日癸亥　　雨

夜至雨耕寓斋,翦灯共话。春农亦在。雨耕特市佳肴二簋,烧春一壶,以供雨夜清谈。继而电光闪烁,迅雷疾起,雨下如注。雨耕谓予曰:"今夕恐不能归矣。"予曰:"冒雨冲泥,素所习惯,待雨止而行可也。"

二日甲子　　微雨

晚同杏坡散步马路侧,泥滑殊不易行,往芸阁寓斋闲话。

三日乙丑　　阴

星垣来舍,同至西园散步,至凝晖阁啜茗。兼晤沈松筠。

往城西顾氏小舍,惠卿特设寒具,清谈片晷即别。

同金镕斋往金祝斋舍,情意甚殷,特具面供客。是日殊饱。归已薄暮。

四日丙寅　　雨

薄暮同镕斋着屐往老闸街衢间,泥滑殊甚,至没胫也。

至吴玉君女史室,特瀹佳茗,供寒具,清话久之。

复往潘氏小筑,别无人在。正是"连朝小雨初晴,一桁疏帘常下"也。归时遇研芗、蓉春,拉往茶寮小啜。

五日丁卯　　雨

是日薄暮,母氏附褚氏舟旋里。

六日戊辰　　阴

庭前新种数株鸭脚桃,渐有生意。晚雨初歇,新绿满庭,此景殊觉穆穆然。

是日寄一札至吴门。

七日己巳　雨

午后雨下甚狂,未曾止点。

同壬叔、剑人着屐访梅伯,不遇,即至西园啜茗。顷之,梅伯、小坡亦来合并,相对剧谭。梅伯欲往访艳,而雨师为恶,竟不克行,即复别去。

爰同壬叔、剑人、小坡往酒垆小饮。归家衣履沾濡,殊觉其苦。

八日庚午　阴

薄暮应雨耕来舍剧谭。同剑人往黄垆小饮,肴馔甚佳,雨耕特为东道主。酒三爵后即饭。既夕松筠、枕书从高桥来,留宿。

九日辛未　雨

天公久不肯晴,沟浍间积水已盈,麦将烂矣。是日留松筠在舍,特治六簋,置酒为乐。同席枕书、杏圃也。剑人因病不与。

傍午,雨盆倾注,予曰:"玉壶买春,赏雨茅屋,正今日之佳景也。"

午后同松筠、枕书、杏圃、芷卿舍弟,同至西园登凝晖阁啜茗。汤大鸿山、朱大研香皆来合并。

薄暮往潘氏小筑闲话,片时即别。

十日壬申　微云淡日,天气嫩晴

午饭时,壬叔来闲话,言有一女郎,十四岁,能诗,有"巷冷屐声孤"五字最佳。予谓是女将来必然薄命,诗笔太尖冷矣。

予近日因凤娟女史乞诗,聊作数绝,附纪于此:

连宵疏雨又斜风,一簇野花隔水红。何处人家丝柳下,读书灯里好帘栊。

朝来无事起偏迟,听雨房栊暗最宜。笺乞天公晴十日,轻云淡日养花枝。

偏因小病有馀闲，斜倚熏笼香懒添。最爱窗纱浓绿徧，邻家杨柳已过檐。

用笔较前似不如，小窗懒作瘦筋书。琉璃研匣经年闭，才写黄庭两页馀。

一丛浅草上阶青，嫩绿成阴护小庭。冷巷屐声将欲断，夜阑灯灺却愁听。

一窗竹影自团团，落尽桃花尚薄寒。一事近来差可慰，郎君书札报平安。

小姑倦绣把针停，相对无聊倚画屏。欲语忽然又复止，始知人在隔帘听。

持斋非为乞长生，闲掐菩提念佛名。不是春来偏减膳，猫头风味胜鱼羹。

未妨清绝学孤眠，绕榻瓶花自斗妍。昨夜挑灯眠不着，自题幽怨写红笺。

伤春又是落花时，懒把牙梳理鬓丝。愁杀绿阴情杜牧，怀人诗句断肠词。

孤梦灯寒雨一帘，回廊独自步纤纤。宵深强坐无情思，为卜归期把镜占。

曾订归期在月初，楼头新月恰如梳。天公未肯有晴意，先遣灯花来报予。

湿绿如云压一窗，垆烟懒出暗银　。夜来残梦恰初醒，深巷无人悄吠尨。

是日薄暮，街市稍干燥，同壬叔散步，共饮黄垆。小楼清寂，颇可清谭，解杖头钱百馀，即堪谋一醉，亦娱情之法也。

晚访雨耕,不得其门而入,徘徊良久,惆怅而返。盖雨耕新徙于沙逊行中,门径甚多,歧中有歧,询之粤人,无一知者。

夜壬叔来,剧谭。

十有一日癸酉　　　下午微雨

是日慕牧师馈予庐橘一枚,礼意殷优。

十有二日甲戌　　　微雨,下午稍晴

顾慧卿来舍,剧谈良久而去。

是日同杏圃醵钱沽酒,藉以浇愁,壬叔特来合并。将予前诗略为点窜,附纪于此:

　　鸳鸯怕绣把针停,闲对青衣倚画屏。欲语无端忽中止,防他鹦鹉隔帘听。

　　梦醒依然雨一帘,回廊弓印没纤纤。鹊声一月檐前断,空复朝朝把镜占。

　　小庭雨过昼惜惜,又展芭蕉几尺阴。最是黄昏人静后,一灯如豆坐宵深。

　　偷诵楞严大乘禅,就中奇字费搜研。教郎细与从头读,粗了摩登第一篇。

　　近来谣诼更如何,绝代蛾眉见嫉多。铸铁六州成错字,此生拼在恨中过。

汪月舫自旧岁负予钱,久不还,作札催之:

　　久雨不止,街衢泥泞,阮孚之屐齿为尽折。小价从城中来,飞到朵云,回环雒诵,不觉距踊三百。玉趾苟降茅庐,则金钱必盈敝箧,得季子一诺,可无忧矣。从此沽酒有钱,山荆头上之钗,可以无庸再拔。是以昨夜灯花报喜,室人青芬谨合掌,朗声念阿弥陀佛。灯下涂鸦,寄此以作文旆先声。

十有三日乙亥　　晨晴。天气殊热,不能容夹衣

是日麦牧师从天台山归。

薄暮微雨,往雨耕斋中闲话。

十有四日丙子　　晨晴

雨耕来舍,为设片羐,情话竟晷。林永贵亦来,即别去。

已刻同雨耕、芷卿舍弟至城,往西园散步,啜茗茶寮,继登酒楼小饮,雨耕为东道主。酒饮三爵即饭。

十有五日丁丑

午后雨耕来舍,同往马道侧散步,往黄垆小饮,予为东道主,飞去青蚨六百馀头。是日二人对酌,得遂清谈,绝无俗氛扰吾胸鬲。归家设片羐,留连竟晷而别。

十有六日戊寅　　晴

午后顾慧卿、林永贵来舍,剧谭良久始别。

是日因威君司税欲向郁氏借书,致札泰尌云:

　　春寒多雨,花事阑珊,三月韶光匆匆过半。兀坐小窗,焚香习静,正不欲负此好春也。屡欲奉访,以雨师败兴而止。昨日威君来舍,谈及近从蛟川购得二十四史,中多脱简,思欲雠校,而苦无别册可观。因思阁下家素藏此书,可否借来一校,俾成全璧,想荆州亦易借,不必一瓻之馈也。

薄暮往访雨耕,不值。夜雨。

十有七日己卯　　晴,西北风

午后枕书、玫甫来访。玫甫居三林塘,亦邑诸生也。

薄暮雨耕来舍,同往购物,偶过酒家,见肴馔殊佳,即携至家中,煮酒小饮,剑人、芷卿舍弟皆来合并。酒罄数壶,更阑始散。

十有八日庚辰　　午后雨

是日星垣因雨阻不能归,下榻予舍。

薄暮雨耕乘舆来访,携肴大嚼。有蒸鸭一桦,颇堪下箸。是夕睡已更深矣。

十有九日辛巳

壬叔来舍。持所删诗五篇还予,附纪于此:

记得归期订月初,楼头新月已如梳。无聊暗把银 骂,连夜花开尽子虚。

宵来檐溜渐无声,花影横窗似写生。正恐明朝晴不得,雨馀月子太分明。

嫩绿成阴护小庭,丛丛浅草上阶青。檀郎深爱弓弓响,教着莲靴踏与听。

连宵斜雨又斜风,零落残花隔水红。何处人家丝柳下,读书灯护好帘栊。

泼帘浓绿湿于云,绕榻炉烟袅篆纹。长日深闺无个事,此中清味要君分。

清晨汪月舫来舍,许以所负一项,期于二十一日定必珠还合浦。

薄暮往酒家检佳肴六簋,复开小谦,同席雨耕、壬叔、剑人、芷卿舍弟。饮酒欢呼,醉乡可乐。更阑客散,方始就枕。是日予为东道主,飞去青蚨一千五百头。

银笺泪点字染红,无限伤心托雁鸿。既讶扁舟沪上去,须将消息致闺中。

母亲带回衣物帐

蓝绉纱大袖夹衫、大红裙、黑棉绸裙、深濮绸夹紧身、藏青呢夹披风、羽毛单披风、如意、练条、玄色绉纱棉领衣、银帽花、银钩、银小洋二、蓝线绉夹裙、夹马褂、大袖洋蓝布衫一件、旧罗衫、罗夏布衫一件、川纺夹衫、青布大袖衫、白布短衫、吉庆小圈一付、白布单被二、青布大单被一、印花被面三个、布二十五匹、发蓝银圈一付有珠二粒、红羽毛一幅、单剪衣一件藕带、蓝濮绸苎夹袄一件、印花红洋布裤一条、蓝洋布裤一条、本色洋布一丈二尺、印花洋布四尺。

吴门画舫录

余性不喜竿牍当事。

皋陶钓于雷泽,虞舜举之。

正斋赠予诗云:"已分甘蓑笠,伊谁羡缓簪。耦耕□早决,相约入山深。"

何殊李谧坐拥百城? 程知节,一字咬金。来瑱善击贼,贼呼,曷来嚼铁? 见赵瓯北《陔馀丛考》。

有人字凤梧,谓其父梦凤集梧桐而生,故以为字。险哉! 若其梦鸡在芭蕉树下而生,则将成何如?

地狱之说见于《梁书》,刘萨何暴亡,有两吏引至十八层地狱。

百孔千疮是俗语,而出韩文。

九月四日余自洞庭。

闵子骞二弟名蒙、名革。

《钦定春秋汇说》廿四本,价洋四元。

《西域同文志各国字样》廿四卷,价洋八元。

《八旗满洲氏族通谱》廿六本,价洋四元。

俱系京板。

《廿一史》四百元。

阊门内马大箓巷画粉铺施静波先生。

松江西门外里仁衖后斜桥北首墨池前□县左堂公馆黄少□先生便是。

欠汤鸿山眼镜一千文，衣找四角一千二百文。

洋布一百七十文，欠一千四百文，又八百七十文。

邂逅青山，曾无华槛酒船、围场赌墅、佳山水、脆管弦，陶写襟灵，只落得，不官不隶不农不贩不英雄，尽百年疣赘人间，翻嫌后死；飘骚白发，略有牙签玉轴、丹灶茶炉、贮诗囊、画眉笔，安排福命，休说道，如露如电如梦如尘如沤泡，阅几劫轮回世上，胜似今生。

韩华卿　高桥镇唐家桥塊厉裕春槽坊内，交寿生洋货宝号转交。

寄角直信　吴淞西栅恒记盐货行，即交潘启翁先生收下，即交孙老永兄带至角直。

借给吴雪山一洋，又钱一千八百文。又百文。前付过八百文，布两匹，每匹一百二十文，付孙永家钱一百文。

蒋剑人欠二百二十文。还过。

韩华卿四百二十文。

王老大三百五十文。

□子琴一洋。

陆仲瞻三白文。还过。

甲寅秋季置办文房器玩帐[①]

瞿壶　一柄。上刻垂柳，恽字，子冶所制。价六百文。

---

① 原稿前有题曰"蘅花山馆杂录"。

印色盒　一个。大明万历年制,有座。价二百文。

红木方盘　一个。价三百五十文。

紫檀笔筒　一个。价三百五十文。

铜香炉　一个。大明宣德年制,有座。价七百文。

小花瓶　两个。价一百五十文。

紫檀帽架　一个。价一百文。

挂瓶　两个。价一百六十文。

翡翠搬指　一个。卖于汪月舫,得洋八元。价洋三元五角。

磁器自斟壶　一个。价八拾文。

白窑磁器盒子　一个。应雨耕送。

天然几　一只。价洋一元。

安息香匣子　一只。价一百文。

红木印箱子　一只。价一百五十文。

白窑密缸　一只。价五十文。

水仙盆　一只。价一百文。

磁面盆　一只。价二百十文。

古铜笔架　一个。价一百文。

插镜　一座。价二百四十文。

挂镜　两个。价一千二百六十文。

磁油盏　一只。已被人窃去矣。价八十四文。

石菖蒲盆　一只。送于杨墨林。价一百三十文。

斗鸡碗　两只。一只已为小价正和所碎。价七十文。

鸡缸杯　四只。尽碎矣。价一百二十文。

挂瓶　青花白地,一个。送与姚梅伯。价四十文。

紫檀匣子　一只。价一百八十文。

象牙笔筒　一只。价三百五十文。

书箱　一只。价二百六十文。

香橼盆　一个。价三百文。

榻几　一只。价五百文。

锡灯台　一只。价二百文。

弥陀榻　一只。价洋一元。

方桌　一只。价一千一百文。

白铜水烟袋　一只。价三百七十文。

紫铜暖锅　一只。价五百六十文。

蘅花馆印谱

眉珠小盦华曼居士印　此印乃甫里曹氏旧物,余售之于淝人师。手纽刻一狮,极为细巧。字乃许锦父所镌。壬子仲秋灯下志。

蘅花溪馆　是石体质润泽,乃寿山之最佳者,亦曹氏物也。字为吴门老人陈拙生所刻。辛亥仲冬下瀚志。

子文　甲寅年馈于蒋剑人,以"颠倒梦想"一颗来易去。

子文　此二印乃先君子所藏,不知刻于何人手,牙色明润。

护封　此印馈于黄硕甫。此印乃购之于市中,笔力既弱,石亦不佳,聊以适用而已。辛亥孟秋下旬志。

王氏利宾　兰卿　是印乃许锦父镌,石亦是其所馈。壬子九月朔志。

绿水青山夜春风明月时与君相别后无日不怀思　此印于乙卯秋中,送于金子镕斋。是印乃市侩所刊,戊申秋杪购之于玉峰,因其字多,故仍存诸柜。壬子秋日志。

濂溪　是印乃咏莪所赠，不知系何人手笔。石莹澈如玉，真堪宝也。甲寅秋将字磨去另镌。

戊子生　此余故人陈子仙所刻，笔力殊劲。壬子重阳后三日志。

平安家信　是印乃叶文照所刻，余以百文得之，印诸书札上，使老亲见之，喜动颜色也。亦馈于黄硕甫。

红豆词人　是印乃周渊如所镌。渊如与余同研六年，今睹此章如见其面。此印送于金镕斋。

清风明月是相思　此是咏莪所镌。壬子冬约轩见之，甚爱其润泽，因即举以赠之。

护封　此是陈子仙所刻。

行素园居　王利宾印　兰卿　此三印俱子仙所镌，见之者以为何如？

远离颠倒梦想　绿杉垫屋此印送于程子研香　此二印俱系蒋剑人所赠，刻工甚佳，石无可取。乙卯春仲蘅花志。

七　月①

朔壬戌

日长无事，惟事读书。偶翻筱峰《绿雪馆词》阅之，笔致　径，洵系作家，惜未极纤秀耳。

二日癸亥

清晨，吴星堂从甫里来，说及里中近事，同至挹清楼啜茗。因

---

① 原稿作"咸丰五年岁次乙卯秋七月"。

缕述菊如已行徙居,杨氏讼事已罢,驭涛师为兑钱一款,为粤人讹诈千金。渠亦不得志,欲于海上觅生活,而墨海馆中人浮于事,无可谋食,饥鸿嗷嗷,将何处求稻粱乎?午后,同式如、镜人、芷卿舍弟偕往茶垆小啜,兼话鹿城风景。镜人为式如之兄,初至沪上,亦求馆者。茶罢,往寻酒家,黄公垆畔,三爵而止,已觉薄醉。暮,微雨。

三日甲子

午后,往潘氏小筑。既暮,研耕自城中归,因蓻小灯,欹枕共话。是夕,颇有佳肴。鸡肉鱼虾,不过寻常之物,而亦经会心者手调,遂觉别有风味。闻近日有禁烟之说,谓出自外国领事之意,恐此举未必能成也。

四日乙丑

午后,入城同式如、研香啜茗荷厅。镜人亦来合并。清谈既剧,凉风徐来,庾公兴复不浅也。往访星垣不值。

五日丙寅

午后,同星堂茶寮啜茗,镜人、介生俱来合并。剑人来剧谈,言少时有论诗三十首。论袁简斋云:"香山诗派仓山坏,此病江南软脚多。"论厉樊榭云:"神仙病骨清如许,难觅人间獭髓方。"论赵瓯北云:"忠雅堂开首正声,风云八阵少纵横。乱流而渡全军覆,纸上空谈赵括兵。"后皆删去,盖所交多其子孙,不欲毁乃祖父也。

六日丁卯

为研耕铭茗瓯云:"驱睡魔,解酒醒,清风习习,涤我襟灵。"又铭云:"竦精神,荡牙齿,君子之交味如水。"予最嗜茶,更阑酒醒,进一瓯苦茗,觉凉沁肺腑。忆昔年馆畏人小筑,春时则啜碧萝,春食则有莼羹,今此清福不可复得,胶胶扰扰,徒为衣食所累,偶一念及,怅惘竟日。

七夕戊辰

双星渡河日,雨下如注,鹊桥波溢,想应湿透凌波袜矣。午刻至讲堂听书,是日玉峰吴式如袛受洗礼。式如绝志进取,俯首皈依,或非无见。噫！中国贫困极矣,安得广厦千万间,大庇此寒士也！往怀迥楼访唐芸阁,瀹茗清谈。述及意如校书致声问候,惓彼闲花,春风一度,而已情重如斯乎？出城时,道经竹林禅院,与剑人闲话,特出翁树培所书墨迹,与我观之。

八日己巳

薄暮,往挹清楼啜茗,见唐绪卿、张沁梅在焉,同移瓯共啜。候星堂不至。是日,研耕以茄饼惠予,风味殊佳,堪供老饕大嚼也。

九日庚午

晚,时潞斋来舍,奉翻译官星公之命,以佛饼三枚归缴。予为报金一事,大费唇舌,盖潞斋于此中有首尾也。夫利者人之所趋,而非我有者,一毫不敢轻取,应为我有者,亦不容不取,潞斋未免不知此义。噫！小人罔利行私,又何足责哉！致书孙道南云："晨诣史君寓斋,知阁下已移榻公署矣。潘氏山石给价一事,乞广长舌为我说之。秋雨萧疏,渐有凉意,宵来灯火,差觉可亲,时于此间,得少佳趣。世间焚香静坐之乐,胜于驰逐在外者百倍,不敢独享,用告阁下。一笑。"

十日辛未

风甚狂,凉袭襟裾。薄暮,往潘氏小筑与研耕剧谈。翦灯煮茗,为征古事,作解闷计。张艺珊一字珊泾,亦来合并。研耕特嘱厨人沽酒,而味颇酸薄,真劣品也。同诵吾里曹雉叟赠内诗,云"略有三分侬气味,再迟几日尔心肠",其语甚有风趣。饭罢,即归,一路西风送我。至门,家中灯火团坐,老母弱女喁喁笑语。解衣登楼,刚听残钟十下也。

十有一日壬申

午后,同星垣啜茗。天生以佛饼五枚来,盖缴报款也。是夕,留星垣饭。恶草具,殊不堪下箸也。

十有二日癸酉

薄暮,同研香散步马路,蓉村亦来合并。登挹清楼啜茗,临风披襟,胸膈皆畅,卢全七碗,不足为豪也。

十有三日甲戌

麦牧师偕其夫人暨女公子　　从福州归。麦君为言福州民情浇劲,尚沿械斗之风;状极贫苦,现行铁钱,民颇不便,街市间诸物踊贵,大小衙署几清如水;波处肩舆担水,皆以女子;服饰亦异江南,跣足善走,着裤至膝,而性颇喜花,鬈间插戴几满。噫嘻! 是又一罗刹国也。午后,同程砚芗、金镕斋至荷厅作茗战。

十月四日乙亥

晨往会堂,祇受晚餐。酒味清洌,香流齿颊,真如醍醐灌顶。午后听麦牧师说法既毕,同研萍、香村、芷卿舍弟登凝晖阁啜茗。往金祝斋舍不值,其母特具粗妆,款留甚至。复诣城西顾氏小筑,至则双扉阖焉,乃击扉者三,扉启则镕斋已先在矣。始知只文新在家,惠卿则往张氏食祭肉,其夫人则往归省父,予静坐无言,即别。

十有五丙子

午后观《金陵摭谈》一卷,纯载逆贼事。害民渎神,真堪发指! 其待妇女淫乱惨毒,尤为目不忍睹,耳不忍闻。

十有六日丁丑

星垣来舍,清谈良久,始去。

十有七日戊寅

屠者汤鸿山来舍,同至茗楼小啜,话刺刺不休。薄暮,往潘氏小筑,与研耕剧谈。一榻一灯,淡然相对,亦有静中趣。继留饭,所煮菽乳一瓯,觉别有风味。酒亦清圣,非复前日之劣品。饭后,吸片芥一管,则肺腑通灵。予谓片芥一物,偶食则益人,嗜此则受其害。

十有八日己卯

薄暮,雪山从甫里来,剧谈里中近事。沽烧春一卮,与之对酌,情话娓娓,致有佳趣。知星堂已返吴门,里中人托其觅枝栖者甚夥。家食堪嗟,都有糊口四方之意,第海外咫尺地,岂真能扬眉吐气耶! 言之实为黯然。是夕,下榻于舍。

十有九日庚辰

午后,微雨,街衢泥滑。阮生殊懒,不肯一蜡屐作出游计,惟裹足不出,终日习静而已。暇时将书架上残缣断编略为整顿,亦殊足观。惜芦帘纸阁间,不能有拥髻人作双声唱和耳。每念是事,令人辄忆红蕤也。

二十日辛巳

是日为杏圃五七期,予肃衣冠而往拜之。别只一月,人已千古,朝菌不知晦朔,蟪蛄不知春秋,与之将毋同耶? 午后,同砚香、芷卿舍弟同往荷厅小饮。秋槎亦来合并。

二十一日壬午

是日礼拜,诣会堂祇受圣餐,入城讲解圣书。听者甚众,为言真葡萄树之譬,反复开导,颇有信者。午后,同蓉村啜茗绿荫轩。七碗之后,习习风生。往芸阁寓斋,剧谈良久而别。偶至吴老之舍,及门被叱而出。噫! 吴老绝人太甚,其心老而愈毒矣! 归家后,有阵雨。

二十二日癸未

往访芸阁,见其有松泉所作画,殊佳,别有　径。清谈良久,始别。复遇香谷,欲拉至勾栏,往访如意校书,予力辞不往。芸阁曰:"如意有两绝,肥如凝脂,白如截肪,令人作肉屏风想,君何弃此温柔乡乎?"予曰:"花浮絮薄,匪我思存,况予沦落天涯,阮囊羞涩,安能以阿堵物供彼挥霍耶?"

二十三日甲申

星垣来舍,同伊入城啜茗。是日,闻吴老至英署控予。噫!为鬼为蜮,则不可测,彼之谓矣。

二十四日乙酉

同砚香入城啜茗。薄暮至潘氏小筑,时研耕偶患清恙,故往讯问。渠服郭东皋药,得少痊,因清谈竟暑乃别。

二十五日丙戌

星垣来舍,剧谈良久,乃始别去,因同砚香诣荷厅小啜。情话娓娓,殊足乐耳。

二十六日丁亥

往潘氏小筑询疾,静坐久之,研耕疾已痊可,特不能起立耳。

二十七日戊子

王星堂来舍,剧谈良久,留饭而公。星堂居引翔港,舣舟而至,舟子亦以饭款之。午后入城,同砚香啜茗茶寮。数日心绪恶劣,不能静坐,故日事驰逐。予颇有季鹰莼鲈之味,奈故乡无田可耕,为可虑耳。

二十八日己丑

晨以蟾肩月饼馈于研耕,自往讯疾,谈数语即别。潘惺如从甫里来,相见欢然。携莘圃手札一函,为言惺如欲至海上谋升斗粟,以奉老母。铤而走险,急何能择?不禁惜其才悲其遇也。午后即同至会堂,听英人讲解圣经,后诣黄公垆畔,煮酒轰饮。薄暮出北门,往游泉漳会馆,见益扶丈,略谈数语。馆中房室新构,花石布置亦觉楚楚,清风徐来,荡我襟灵,此乐不让楚王也。

二十九日庚寅

午后,同惺如小饮酒家,三爵之后,已觉微醺,因谈里中近事,聊佐酒。

八 月

朔日辛卯

偕惺如诣黄垆小饮。张隐谷从真如来,回言愿入教受洗,每晨在慕君处祗读圣书。恂如亦往读焉。予为惺如谋寓斋,竟不能得。隐谷曰:"长生禅院斗室颇精,尚无人居,下榻其间,亦堪容膝也",恂如因遂徙居其中。

二日壬辰

吴式如从鹿城来,颇有小疾,尚未健饭,同研芗、芷卿舍弟、惺如、式如至城北茶寮小啜。因微雨廉纤,不能进城。继往酒垆小饮。

三日癸巳

同研芗、蓉村进城啜茗,娓娓清谈,庾公兴致亦复不浅。

四日甲午

同恂如散步马路侧,往酒垆索饮。恂如曰:此间酒味醇烈,颇解老饕,他处所不逮也。莘圃亦称海上酒远胜吴门,拟作十日游,为刘伶痛饮也。

五日乙未

薄暮,至城北禅寮,往访恂如,即同伊啜茗荷厅。七碗之后,习习

风生。茗战既罢,复整酒兵,闻世公酒垆为海上冠,乃往饮焉。恂如颇
不以为佳,曰纯盗虚声耳。晤钱梅园,立谈片晷,出城已上灯时矣。

六日丙申

清晨,恂如来舍,同往啖面,颇堪大嚼。继入城听慕君说法。
午后,诣黄垆饮酒。予从恂如来此,靡日不游酒乡,曲秀才风味,竟
如习惯,所恨者杖头青蚨日日飞尽,呼之不来。曲生曲生,毋乃与
我王戎有衔怨乎? 真堪一笑。

七日丁酉

薄暮,同隐谷、恂如至茶寮小啜。来合并,沈子,会稽人。清谈
良久。继同恂如至城外酒家小饮,味薄劣,真鲁酒也。

八日戊戌

研芗以图章请恂如奏刀,因同往禅寮访之,偕至荷厅小啜。后
诣黄公垆畔,饮酒三爵而散。

九日己亥

薄暮,同芷卿、研芗往访恂如,同至茶寮小啜。凉风飒然,哀蝉
继响,园中树木萧萧,觉触耳无非秋声。夕阳已下,爰诣世公酒垆
痛饮,解杖头百钱,连尽数觥,亦足为豪也。

十日庚子

午后,同舍弟进城,访恂如不值,乃诣莲舫居啜茗。得晤姚秋
田,与之剧谈。继而恂如亦来,即偕彼至山凤酒垆小饮。着椶鼻裈
者,意甚殷勤,酒味亦醇厚,所煮郭索,亦堪下箸。

十有一日辛丑

薄暮,偕研芗往访恂如不值,同至西园散步。恂如同芷卿舍弟
忽于于而来,遂诣荷厅啜茗。七碗后,胸鬲皆清,将邀酒圣,为一洗
此中块垒。予近患目疾,不肯戒酒,亦不剧。郭东皋谓予体不宜于

酒,比者日日饮酒,亦无所不适。郭又语秋分后当谨身节欲,恐将致疾,而予亦不以为意,未识其言能验否。恂如一罄四觥,已觉微醺。予同研香出城,人家都上灯矣。

十有二日壬寅

薄暮,恂如至舍,同往马路散步,忽遇潞斋、星垣,遂偕登挹清楼啜茗,茗味亦佳。对门居者皆粤东女子,凭阑凝睇,殊有可观。茶后即邀至酒楼小饮,同席潞斋、星垣、恂如、芷卿舍弟及予也。肴馔亦佳,颇堪大嚼。是夕,恂如下榻予舍。送潞斋至英署,黄浦边樯帆林立,皓月初升,碧天无际,水色涛声,可悦耳目,胸襟为之一开。恂如见之,跃然喜曰:是可为大观矣。

十有三日癸卯

晨,潞斋来舍,偕至城中往访星垣,不值。静坐移时,乃至。星垣以冗俗事,无暇散步,乃偕潞斋至荷厅啜茗。对谈竟晷,殊有静趣。继予至会堂,祗受晚餐,同论隐谷入教之事。竹生等以为不可,予独以为可,两不相合,颇有龃龉。午后,同研香、式如、恂如、隐谷、芷卿舍弟啜茗茶寮,座中群议纷纷,无非为隐谷受洗一事。噫!所见如此,隘亦甚矣!隐谷固不足惜,而深为吾华人惜也,亦为吾党惜也。复偕往酒家小饮,啖面以当饭,聊作李翱之一饱。薄暮至黄垆沽饮,舍弟特解杖头钱劝酒焉。

十有四日甲辰

午后,至长生禅院访恂如,不值,遂诣会堂听艾君说法。继同竹生至荷厅啜茗。顷之,恂如、镕斋、芷卿舍弟皆来,述陶春江邀至酒楼大嚼,颇解老饕。

十有五日乙巳

中秋佳夕,颇有畅游之意,而天气微阴,时飘疏雨,月色沉晦,殊败清兴,负比良宵。是日,恂如下榻予舍。

十有六日丙午

薄暮入城,遍访恂如不值,乃惘惘而出。至藩氏小筑,研耕清恙复剧,不能畅谈,遂别。既夕,同恂如、芷卿舍弟、镕斋往黄浦侧散步,月色朦胧,水气微茫,船上灯火两三,人语龙杂,此境恰是可喜。

十有七日丁未

晨,隐谷以镜囊馈予,固却不获。予笑曰:此梁其　之所为,我不敢受。午后,同恂如、芷卿舍弟散步西园,往茗寮小啜。西风一起,即有寒意,予夹衣尚在典阁,何以御此新寒乎?茶再瀹,即诣黄公垆小饮,三爵之后,觉有暖意。出城已上灯时候矣。

十有八日戊申

壬权来剧谈,述浙闱有题诗于卷上云:“记否花荫立月时,背人偷赋定情诗。这番亲试秋风冷,冰透罗鞋君未知。”“黄土无情玉骨眠,欢情回首涉秋烟。何须更作登科计,修到鸳鸯便是仙。”署尾书吴门细娘题。又言陆次山颇有狂名,尝于西湖寺壁画松,枝干劲伟,题诗于侧云:“一瓯墨气向空喷,化作西湖壁上云。袖里烟霞乱飞起,千秋抹杀李将军。”“曾将造物拜我师,乞惠惊人笔一枝。叮嘱山僧勤护惜,不逢奇士莫题诗。”是日,陆仲瞻来,忽得研田,亦属意外事。薄暮,同恂如、研香、蓉斋、芷卿舍弟同往荷厅啜茗,陈香如亦来合并,娓娓剧谈时事。后偕恂如、舍弟芷卿诣黄垆小饮。城门水溢,几不可涉,幸得琴高负我,作凌波之步耳。

十有九日己酉

林永贵来舍剧谈,竟晷始去。午后,同恂如登挹清楼啜茗,话里中文翰兼优者,寥寥无人,吾辈又乞食他乡,不安于室,里门人物更渺然矣。茶罢，往黄垆小饮，两人对酌，颇不嫌寂寞也。

二十日庚戌

清晨，张隐谷来舍，邀至酒家小饮，同饮者恂如、舍弟芷卿及予共四人。隐谷为东道主人。酒味殊佳，已微醺矣。午后，同往茶寮小啜，借七碗水洗此胸膈间俗氛也。薄暮，往城西顾氏，惠卿、晴川皆不在家，闻往法华去矣。静坐移时，即复出城，夕阳挂树，群乌哑哑，酒楼灯火，已有两三家矣。是晨，往潘氏小筑，询研耕疾也。

二十一日辛亥

薄暮，同恂如、舍弟芷卿往挹清楼啜茗，茶味清芳，心舌俱香。继往酒家小饮，三爵之后，恂如即别去。

二十二日壬子

晨，香谷同周荫南来舍。荫南宜兴诸生，以其父《介存斋志古文词稿》四册赠予。邀至挹清楼啜茗，娓娓剧谈，颇倾肝鬲。为言其婿久困金陵围城中，今秋得间逸出，一家十馀口，无所依归，咸仰给于荫南，故荫南不得已出外作稻粱谋，托予为之介绍。茶罢，往酒楼沽饮，肴馔亦颇佳，略可供老饕一嚼耳。顷，芝卿亦来合并。午后，同恂如至东门，与林永贵剧谈。林为催逋一事，殊费唇舌，欲予代为之谋，予亦无以应也。进城适值吴雪山，方与闲话，则传海已从甫里鼓棹至矣，接得竹安一札，乃与恂如及舟子同诣世公酒垆小饮，三爵而散。

二十三日癸丑

晨，江韵楼从吴门来访，予尚未起。闻其至，乃披衣靸鞋而下，一见如旧相识。韵楼散浪江湖，足迹半天下，善丹青，工诗词，为人亦颇洒落自喜。同至挹清楼啜茗，见楼中所悬扁额联对，曰："嘻！是梅伯所书者也。"予问曰："足下与梅伯相稔否？"韵楼曰："予与梅伯为生平第一知己,今彼在此,可无忧囊罄矣。"午后,同悃如、研香至长生禅院,见韵楼方踞床吸片芥。立谈片时,即同访剑人,数语即别,乃往西园至荷厅啜茗,作卢仝七碗饮。茶罢,张隐如亦来,偕往酒垆,三爵而散。是日,母亲同舍弟芷卿旋里。

二十四日甲寅

晨,韵楼、悃如来,同诣挹清楼啜茗,剧谈吴门风景迥非昔比,研田生涯者,颇有欷歔之叹。午后,同悃如、韵楼登茶寮啜茗。后至绿荫轩,为韵楼觅得一寓室,窗明几净,纸阁芦帘,夜凉人静,灯火青荧,画兴诗情,棋筒烟管,可于此间得少佳趣也。继诣茶寮啜茗,又至黄垆小饮。茶神酒星,日与周旋,殊觉寡味矣。

二十五日乙卯

晨,同悃如、韵楼至挹清楼啜茗。韵楼嗜片芥,颇有瓶罄之忧,请予谋之。午后,同隐谷、仲瞻、韵楼、悃如至茶寮啜茗。继诣黄垆小饮。予因戏改杜集一联:"酒债寻常行处有,人生三十事无成",与予今日之境恰合。

二十六日丙辰

是日,韵楼移寓绿荫轩。予偕悃如、仲瞻入城,管遇吴老,挥拳欲殴,予急走避之。噫!此老死期将至,而又所为如是,愈速其辜耳。往韵楼寓室,见书篋行囊已整理楚楚。继同悃如诣黄公垆侧,饮三爵而别。出城后,至天生家赴宴,因伊生子弥月也。是日,锣鼓喧阗,宾朋毕集,同席徐芦仙、曹潞斋、陶星垣、邱兆三也。肴馔丰盛,足供大嚼。他席皆闽粤人,所操者皆英国土语,蛮音　舌,臭味差池,不与之谈,吾饮吾酒而已。归家,已二更馀。

二十七日丁巳

晨,林永贵来舍。至会堂,祗受晚餐,酒味清冽,齿颊俱香。午后,同林君往酒楼小饮,林君特为东道主,佳肴异馔,联络而至,几作侏儒饱欲死矣。又同诣益扶丈家,庭中桂花大开,香满一室。午后,独自入城,于途间得遇韵楼、恂如、隐谷,至茶寮啜茗。壬叔、棣香、子湘皆来合并。棣香出《秋夜读书图》,请韵楼作书。各剧谈良久而散。得偕恂如登酒楼小饮,三爵之后,乃始言别。出城遇微雨。韵楼在寓斋同惺如联句云:"烽火曾经在眼中,乱离身世思无穷。暂违乡里成游子,来就林泉作寓公。好梦不成今夜雨,寒衣未授已秋风。联床最是伤心语,霜鬓高堂两处同。"予栖栖海滨,七年不归,无非欲谋升斗粟,以奉老母耳。读此诗,欷歔欲绝矣。

二十八日戊午

薄暮入城,同恂如诣酒垆小饮。韵楼为棣香题《秋灯读书图》云:"钩寒残月,林叶萧萧脱。山远云低银汉阔,谯鼓沉沉敲彻。　　夜长坐对孤檠,凄凉空忆前盟。可惜霜天人远,短窗愁听书声。"恂如有酒癖,予无日不与之沽饮。醉乡日月,亦有真乐,能常与二三知己,盘桓其间,可以忘世,可以解愁。

二十九日己未

晨,吴老岸然来舍,以索旧逋为辞,予漫应之。即复一札曰:"仆与君游,七年于兹矣。曩者居同室,作杞菊比邻;出与偕,为诗酒逸侣。嗣后风流云散,踪迹阔绝,以菶菲之谮,遂来徯耳之嫌,交情中替,药石成仇,良可叹也。惟君之报复,亦太甚矣!控仆于英署者二,窘仆于道途者一,仆法颜子犯而不校之意,置之不问,非有所畏而不敢也,以君老矣!仆又非郁郁久居此者,人生百年,等归于尽,如水花泡影,露电尘梦,千古英豪,同作一邱之貉,又何苦与人争此闲气。仆负不羁才,非终身丐食海滨者,今日之栖栖不已,徒以有老母在耳。行将买半顷之田,于淞水之侧,为归耕计。故乡可乐,蔬食亦甘,未始非吾人之退步也。如君者,沪渎羁栖,有王仲宣之感慨,乡关迢递,有庾子山之悲哀,苟一念及,能勿伤心?又何苦与人争雄竞胜哉!仆比来栖心静谧,留意词章,暇惟偕二三友人,啜茗东园,作卢仝、陆羽之饮,以漱涤尘襟。断断然与人角口舌,非雅人所为,仆不屑也。君如得暇,可在荷厅作茗战,若欲挥老拳,则致谢不敏,惟有走避而已。君家所寄储箱箧,遣价来取,无不立与,仆所居在廉让之间,严一介不取之义。所负阿堵物,亦当渐次清偿,仆岂九成台上逃债者耶?诗逋酒券,乃为韵事,此种钱物,断弗久假不归,使籍口者骂我王戎为龌龊也。更有启者,君扬言于外云:将上控道宪,俾仆授首北城。此甚无妨,吾载吾头,刀锯斧钺,仆请受之。仆颈固甚痒,尝揽镜自照,笑谓:'好头颅,谁斫我',不意乃得君利斧以劈之也。噫!国家锄奸诛暴,自有常刑,非为小民快其私忿也。君姑已矣,无扰我虑。西风已起,珍重装棉,饮食起居,尤宜自玉。处心积虑,徒自损寿,戒之慎之。"薄暮,偕恂如、仲瞻入城,往绿荫轩小憩,恂如、棣芗俱在。棣芗出其《微波阁词》相示,略阅一过,未能知其妙也。顷之,吴子湘来,久坐不去,语言无味,面目可憎,对之殊有龌龊气。将晚,同恂如登酒楼小饮,香谷亦来,三爵而散,即同研香出城。

三十日庚申

是日闻英人入洋捕盗,获得盗船一,枪炮皆具,泊于新关左右,欲往观之,未果。荫南偕香如来,予荐之往四明校书。握手言欢,席尚未温,临歧感慨,不禁何如耶?薄暮,研耕以熏鸭奉赠。屡食嘉惠,殊自愧也。

咸丰八年①（1858 年）

正 月

朔日 雨

敛门不出，与壬叔及家人辈拈骰子为戏。青萝馆主所制红楼梦筹，真为雅俗共赏。略仿会筹而小变。其法谓骰子自唐宫赐绯以后，以红为贵，故四合巧即可得宝玉也，且宝玉正宜夺也。其间位尊齿高者不与，故贾母、元妃，概不阑入。俟俗事稍暇，当作红楼梦筹谶，以供骚人、韵士、名姝、闺秀之清玩也。

二日己卯 天放嫩晴，街衢尚滑

□□□□□□□□梅一枝，盆内则水仙怒放。青白石□□□□□□□□人意。诗人比之寒女神仙谢月，然想亦因其□□□□□□远俗耳。夜，掷骰子为戏。

三日庚辰

关门习静，与壬叔谈诗。壬叔喜学北宋，予则取汉、晚唐。顾久不作诗，心思拙塞。今年思重理旧业，出与名人角逐。头颅三十，未能成名，殊自愧耳。

四日辛巳

---

① 原稿后有"岁次戊年"。

同壬叔遄游南园,士女如云,肩摩踵接,斗鸡走狗为戏,集茶寮中,几无隙地。噫!赭寇方炽,南岭堪虞,金陵残破,尚未恢复,而此处繁华胜昔,恐盛极则衰,天道有循环耳。啜茗后,访芸阁不值。

五日壬午

饭罢入城,至怀迥楼访芸阁,见铁耕之外舅及其夫人、女公子皆在。对门有□笋征逐者,殊清婉可听。静坐移时而别。

二十二日

午后,会祝斋招饮,同席邵子馨名珪,吴门人,唤歌者侑酒。明珠、素云两校书,颇艳丽。翠怀殷勤,捧杯相劝,为之罄三大醺。明珠为邵君子(罄)〔馨〕所眷,尤为明慧寡俦,曾请画工绘影,遍征名士题咏。酒后亦乞诗相赠,为作七律五章,并撰楹联云:"明眸皓齿清如玉,珠箔银屏望若仙。"是夕,下榻祝翁斋中,剪灯剧话,殊有友朋之乐。

二十五日

梁阆斋来,同遄勾栏访艳。见有小憨校书,□□人意。顾年才十四,尚未梳拢,而一种娇憨之态,真觉我见犹怜也。

二　月

朔日

阆斋、芸阁同来相访,往酒垆小饮。近因捐役繁兴,酒亦陡贵,解杖头钱,不足以谋一醉矣。薄暮,同壬叔往访胡公寿。公寿名远,云间华亭人,工书画,在梅伯之上,人亦潇洒倜傥,诚隽才也。乙卯春间,公寿许为予画海天三友图,久未掷与,今将作札催之,使其了此画债。

四日

同小异茶寮啜茗，剧谈贼中情事，并以所著殉难诸君小记相眎。且言贼至时仓猝办团练事者，共有十人，今九人皆从容引决，或颠连遭病而殁。惟小翁独存，深以为愧。予谓天之不与小翁死者，亦使其为死君发潜德之幽光耳。殉难诸记附录别册，他日当采辑成书，为寇氛小志，俾近时事实不至湮没无闻也。

十一日

午后，同邓子明及其弟子衡往南园啜茗。二邓皆金陵人，逃难来此，得西士慕君力，暂借一枝，藉以糊口。子明名文钦，江浦诸生。子衡名文铃，读书未成，弃而学贾。暇时与谈贼中被陷苦况，惨不忍闻，堪为堕泪。

十有二日

因金陵董瞻云来访，言南门外新出灯谜，颇有心思。如"月钩"猜唐诗一句："此曲只应天上有。""杨妃瘦损旧腰围"，猜四书人名一个："瘠环。""夜半无人私语时"，猜官名一个："玉环同知。""马上相逢无纸笔，凭君传语报平安"，猜四书三句："子路行以告"、"求其放心而已矣"、"吾不信也"。"挑灯闲看牡丹亭"，猜古文一句："光照临川之笔。"

二十五日

老母从甫里来，祉卿舍弟、茗仙女儿俱至。剪灯相对，絮语家常，知曹友君近得一孙，征诗属和。涤安师于正月十日间已飞进佛头数百枝，何艰于嗣而易于财也？萃圃别来半载，音信颇稀，老母自里中来，又无一字相寄，笔墨疏懒，以此可见。因作二十八字寄之："花开不见杨汝士，忆著家园兴味孤。病里去年强作别，今年书札一行无。"是夕，雨声甚恶，耿不成寐。三更始乃熟睡。

二十七日

薄暮,散步马道,则见怒马轻车,飘忽如电;西人女子,便服丽娟,仿佛霓裳羽衣,别有逸趣。壬叔酒渴欲死,乃同往黄垆小饮。所煮江瑶柱,味颇鲜美。是夕下箸,儿青蚨二千头。忽有英署内阁陈锡者,闯然来,相揖就座,罄爵无算,各以巨觥拟战争胜。解彼杖头,供我大嚼,亦可谓李翱之一知己也。

二十九日

同壬叔、小异黄垆沽饮,特出僻令相谑。小异虽不嗜酒而颇知酒味。有友人以所画仕女见示,颇有丰神。为题一绝句:"沦谪红尘几岁年,心肠冰雪颊神仙。孤寒人影凄凉夕,诉与梅花也惘然。"

余近来笔墨疏懒,日记一役,屡作屡止。自丙辰春正以来,无竟一月者。诗古文词久束高阁,花场酒国,意兴迥非。昔时所交,亦无浮薄少年,世味渐淡,心计转拙,于势利龌龊,绝不萦念。顾尚未能忘者,名耳。何时能自拔于泥途,遍游天下,啸嗷风月,为宇宙间一闲人乎?

近得新知数人,乐数晨夕,旅窗得此,聊以破除烦懑。一江宁管小异,一吴门梁阆斋,一姚江周双庚。小异名嗣复,江宁茂才,家乡残破,避难邓尉。西士艾约瑟至吴遇之,与之谈禅,极相契合,载之俱来,同合信君翻译医书。一载之间,著有《西医略论》、《妇婴新说》二种,俱已锓版。合信自谓二百年后,此书可不胫而走矣。梁清字阆斋,工篆刻,为人偶傥负意气。少时曾习拳勇,固武世家也。现寓城中,而旅食殊艰,岌岌乎难以复下。嗟乎!穷途落魄,谁为哀王孙而进之食者?双庚名白山,卖文来沪,迄无所遇,乃作君平卖卜,谓撤帘沽名而亦无问津者。与予初不相识,至墨海与伟烈君索书,始见一面。继以所著时艺相示,光怪陆离,沉郁顿挫,别创一格。所作古诗，直抉韩孟之精，亦隽才也。顾有奇穷，予与壬叔供其旅食，为之谋安砚地，乃与慕君佣书，仅月馀即分手。不得已赠以资斧，令作归计。从此一别，不识何时相遇，可谓萍蓬之暂合也。

予至海上，所交接人士亦颇不少，顾十年之间，未得一真知己。或面誉背诽，或相轻相侮；小室周旋，仅同世故，暂时暌隔，已昧生平。思既往直如已逋，殆不少追其姓名居里，皆茫昧不能记忆。交道之衰，人心之薄，至今日已不堪问，而我身亦从俗浮沉，良可慨已。嗣后当效戴宏正故事，作金兰谱，庶以后可按谱而求之耳。

自戊午二月后，事迹有可记者，略载别录。今以八月十有三日为始，期以自后不复间断。誓以管城，盟诸即墨，有食此言，诗名不昌。

八　月

十有三日乙卯

为西人安息日。晨起无事，翻读《归田诗话》一卷。邓子明来，欲同入城闲步。予尚未食双弓米，故不及待而先往矣。子明之弟子衡，人颇诚实，惜于夏间染痧症而死，不过数时之病。人命脆弱如是，可为浩叹！粥后，同壬叔、小异入城，往访周羧甫，不值。人云已至武林，应曾君之聘矣。羧甫负经济奇才，有澄清天下之志，皇上因御史宗稷辰之荐，下诏征之，卒不就。今同山东庶春如至沪，猥蒙见访，抵掌剧谈。言国政人心，俱当丕然一变；若赭寇扰乱，犹小患也。午刻，往讲堂听慕君说法。慕君以"上帝"二字出自儒书，与西国方言不合。且各教进中国，其所以称天之主宰，称

名各异,犹太古教为耶和华,景教为呵罗呵,挑筋教称为天,天方教
为真主。明时,利玛窦等入中国,则为天主,而间称上帝。然当时
国王颇不谓然,以上帝之名与儒家相混也。及本朝嘉庆时,英人马
礼逊至粤,所译之书称为"神天圣书"。合众国教士于道光末年,
又称真神,是一主而有数名也。今华民最佞佛,寺刹香火遍天下,
欲称天主为真佛,以挽其颓波,而教可广行矣,然道之兴废,其间自
有数存,不系乎名,慕君犹未见及乎此耳!午后,至阆斋寓楼,壬
叔、小异亦来合并。阆斋出《玉台秘册》十二页相视,摹写极工。
继同往茗寮小啜,剧话至晚而散。

十有四日丙辰

午后,雷雨。晚,至小异处闲话。偶阅宋姚宽《西溪丛话》,言
祆神即波斯火祆,在佛经即摩醯首罗。又引《左传》"次睢之社"杜
预注:"睢水受汴水次有祆神,民社祠之。"然按杜注系妖字,恐姚
宽误视之耳。近时桂未谷著《札朴》,代为之辨。然祆字不载《说
文》,不入诗韵,仅见于《玉篇》及徐锴《说文》,则祆教自六朝后进
中国明矣,春秋时安得有祆神哉?况用人以祭,尤与波斯祭火之例
不符。摩醯首罗译为色界究竟天,有谓祆神即天主摩醯首罗,即西
国至尊之神。考玄奘《西域记》、法显《佛国记》所云天祠天神者,
即属祆神而皆称为外道,共有九十六种,即婆罗门派,则耶稣教亦
天竺之支流也。其说有近乎佛,惜其天旨已昧,所译书都不雅驯,
苟加以润色,或可与释、老比肩耳。

十有五日丁巳　　　晨,阴。午,晴

是日母氏六十一岁生日,薄具鸡、豚、蔬果,折简招阆斋、小异、
壬叔、黄吉甫。夜集蔺华行馆猜枚射覆,备极其乐。继击鼓飞花,
限以僻字。夜间始散。复至黄浦边踏月,见一葡萄牙人言,夜半有

彗星见,壬叔复举灯谜以解嘲:"八只眼,九个面,七个阳物,十九只脚,除是神仙猜不着",猜一用物——八仙桌。"两眼开着,两眼闭着;两脚缩起,两脚紧跑",猜四书一句——窃父而逃。"看去有节,抚去无节,两头冰冷,当中百热",猜一用物——历本。"八只眼睛,十二□□",猜四书一句——牛羊父母。是夕,至吉甫斋中啜茗,两碗后犹未解渴也。

十有六日戊午

薄暮,同阆斋散步马路侧,忽遇微雨,襟袖沾湿。吉甫来招夜宴,同席邓子明、顾芃园、黄硕甫。芃园,云间人,名槭,业儒。三爵始馨,即与拇战。窗外雨声甚急,暗无月光,深觉败兴。

十有七日己未

小异来,为言天下非无经济才,患人主不能搜罗耳。道光六年始行海运之说,时有旗丁康济以为漕运良便,绘图立议,确凿为据,谓河南有一处可以通浚,为粮艘入运河之捷径。以其议上之河台,河台不从,特诣京师献之。宣宗成皇帝特命督臣柏龄按其事,且谕之曰,如河督刚愎自用,可据实参奏。康济入见菊溪,长揖不跪。柏君怒呵之,即对曰:"小民此来,非犯罪干法也,所言乃军国大事耳。今大人不平心以察,徒厉声色责以拜跪,草野布衣不知礼节,未尝谒见官长,大人先以威慑之,将何以措辞?"柏君乃改容礼之,遽延之上座。后以浚河工巨,仍用海运。康济著《漕河驳辨》,以明其说决可行。夫以一旗丁而怀才如此,安可谓天下无才耶?昔一士人谓今昔异治,未可执一而论,作《鼠捕鼠说》一篇,洋洋数千言,切中时弊。谓:"善为宰者,窃贼不必擒治,讼师不必锄抑。古时,地甲给口粮,足以自养;今地甲并无公食,不过恃窃贼、讼师以牟利耳,而窃贼实为地甲耳目。试观有贼之处,大盗不至,以贼先为之告也。乡里小民，是非茫昧，任宰官之颠倒，而莫知有讼师以持清议，则宰官不能妄为。是养窃贼者借以备大盗也，容讼师者借以肃官箴也。此虽非纯王之政，亦救时之一策。"陆阆夫已采入《切问斋文集》中。然予谓：窃贼易为土匪，讼师易欺良善。土匪聚则足以召外寇，良善灭则不可为政矣。是在上者锄奸去暴，化莠为良，使一物无不得其所，庶可无憾。执是以论，浅之乎为治矣。

十有八日庚申　　　阴雨竟日

夜，往小异处剧谈。余言近时为政之难，官小而任繁剧者尤不易为。小异曰：非也，亦视其人何如耳。苟其才能干练，学识充裕，措之亦易易。请即以二事征之：安徽泾县翟维善楚珍进士，由翰林出为江西新喻知县。其俗刁悍健讼，思岁抗粮，逋负纷积。所控之讼，诬捏株连，毫无端绪，令听讼者不能剖决。至征粮时，空室他徙，无可踪迹，稍缓其征，又至讼庭催讯矣。一若讼不结案，则纳粮亦无日，借以挟制官长。公下车后，凡有诉牒皆收，而概置不理。日惟步游闾巷，与父老纵谈，问其年齿居里、家常琐屑事。或遇老诚者，则招之入署，所言亦只及其亲戚、交游、执业、嗜好而已，未尝一询及政事。如是者半载。一日开堂，见有投状者即系之，谓之曰："汝非良善者。前日，汝与某酒后争殴，有之乎？汝讹索某钱，有之乎？汝亲串非即某乎？汝与某非朋比为奸乎？汝某岁欠粮若干，今岁又亏负若干，有之乎？且先纳汝粮，后听汝讼。"历历指其隐事若见，群惊以为神，而不知其何术也。嗣后，凡遇讼者悉施以是法，无不慑服，而宿欠为之一清。盖公于平日所询某之事实，悉录于簿，即其姓类分四部，曰："江山一统以人姓，总不离乎点画撇竖也，遇人至，只消对簿诵一过耳。"此亦草刁息讼之一法。震泽张渊履甫先生为句容教谕。句容士习，素称窳懒。先生至，严饬月课,诸生有不赴者面加训督,无敢视为具文者。暇至街巷,辄令门斗携铁短链从,见有妇詈姑、子忤父、卑幼逆尊长者,即以链系之。每祠宇间赛神演剧,或涉淫亵之戏,立拘班首,桁杨警众。先生曰:朝廷设立是官,本以整饬风化,文章其末尔。始而邑宰、绅官惮其严正,皆侧目;而民间有为不善者,唯恐为先生闻。后邑宰以折粮增价,几激民变,赖先生一言而定。夫教谕在今日真为闲曹末秩,无足重轻者耳,而先生为上官钦企、下民仰望如此,岂非在自为哉?

十有九日辛酉

薄暮天晴,同壬叔放步马道侧,见岭南人以属对之,佳者粘在墙上。所取冠军句未妥惬,以"月高搏影记花移"对"夜半闻声随月落",虽无疵,亦庸手耳。其馀芜杂俚,真堪喷饭。闻属对者于交卷时,先付青蚨二十二枚,是粤人明借此以射利矣。风雅扫地,为之一叹。

二十日壬戌

晨,与壬叔、阆斋至城,时庙中演剧,人颇丛杂。阆斋匆匆即回寓中,予与壬叔往绿波廊啜茗,得晤宋小坡。因言粤人又出一联,为"中秋风雨云遮月",未得的对;又言"六木森森,松柏梧桐杨柳"一联,对者率不佳。近得下联云:"一竹个个,笛笋箫管笙篁",颇以为可。小波名希轼,太仓人,卖字为活。顷之,陈香谷、顾晓侯皆至,剧谈竟暑而散。午后,至阆斋寓闲话。阆翁习静不出。继散步西园,偕宦秋苹、陈香谷啜茗,壬叔、小异亦来合并。香谷刺刺不休,殊觉可厌,因避往萍香樹小憩。见天色殊早,复诣茶寮。是日可称茗战。小坡言,少时为厉骏谷赏识,呼为小友,有"射鸭堂开识正声,黄梅花下拜先生"句。今日思之,如梦寐也。

二十一日癸亥

同壬叔散步马道侧,忽遇朱筠伯,拉往勾栏,恶俗不可耐,匆匆遂别。是晨,慕君谓予曰:"吾人事天为己之学,修身立命之功,弃圣教得其大全。余皆仅得一偏耳。儒、释、老三教,流行中土已二千馀年,几于家喻户晓,然儒者犹辟释、老为异端,甚者目为民心之蟊贼。无他,以其各立门户,趋尚殊异也。其有通人达士,则谓三教实殊涂同归,大旨总要于明心见性而已。不厚彼而薄此,最为通论。而吾谓西天圣教亦有与三教相为表里者,同源合流,本归一致。儒者所重,三纲五伦,以人治人。五伦之中,首重君父,而乡里小民有终身无事君之责者。独家庭之间,人各有父,故圣王以孝治天下,孔子教孝之言,别为一经也。大哉父乎,比之于天,羲《易·系辞》以乾为天、为父,两者并立,诚重之也。然彼言乎人事,而未及天道,未免有缺略之憾。吾圣教为补其失,则曰:天父非舍而求诸远也。盖感生成之恩于罔外耳。由是观之,儒者之言孝厥父,与吾教之言崇事天父,其大旨同。近世羽流专事符箓、咒术、醮坛、法事及烧丹炼汞,怪诞不经之谈,大非老氏初旨。老子著《道德经》五千言,发明道之阃奥,首言'道可道,非常道',是于无可名之中,强而名之曰道。道也者,手不能指其端倪,目不能穷其向往。散之于物,而载之于人。其体清净无为,其用神化莫名。道不可见,见之于人,则微而显。《圣经》曰:元始有道,道与上帝共在。道即上帝。此道之不可见者也。耶稣曰:我即真理。此道之有可见者也。盖基督即肩承古今之道统,而为载道之器也。凡老氏之所谓道,与吾教之所谓基督,皆共此浑浑沦沦之真原,则其大旨同。佛固西极之化人也,言乎化则变化不测,神化不可方物。故析其字体,则为弗人,不由乎人而出神之至灵之极也。译其梵义,为觉悟群生,神灵之感无所不在也。是以人言曰：即心即佛。又曰：佛在方寸。扩而言之，推而大之，其即吾教之圣神乎？圣神之为物也，无形无象，无远无近，触而即应感而遂通，与佛之于一刹那、一瞬息间遍览阁浮提者无异，则其大旨亦同。盖以三教分之，则为一偏；合之，则为大全。乃吾教中三位一体之真诠妙谛也。"慕君为此说，纯属附会，而颇有精义，与诋毁儒理、摒斥佛老者迥异。

二十二日甲子　　晴

天气爽朗，颇豁游览。薄暮，同壬叔、小异往马路侧散步，酒兴陡发，往酒楼小饮。折简招阆斋俱至，酒醋射覆为乐。所煮肴馔无真味，远不逮前矣。惟鱼鳖一味，差堪下箸耳。酒后，同阆斋诣吴氏小室调吸片芥，两管之后，骨即通灵。此物多嗜，则耗精血，结为症瘕；偶一为之，亦可驱睡魔，消宿食，利气解闷，未始不益人也。更阑而归。颇患腹疾，沽酒市脯，圣人不食，养生之旨微矣哉。

二十三日乙丑　　下午，天阴

往小异斋中剧谈。小异言："近欲作《洋泾浜海市缘始考》及《各国教门进中国表》，二者皆苦无征佐，安得博雅好学之西人而问之？"予曰：西人来此通商者，虽不一国，要皆偻指可数。其设立领事衙署，与华官文移往还者，如英吉利、法兰西、米利坚三国，其最著者也。其虽设有领事而徒拥虚名，但查核商务者，有若葡萄牙、荷兰、西班牙、小吕宋、瑙威、瑞颠、大黄旗、日耳曼、卢卑各诸国是也。其并无领事，船税事务兼为英辖者，如印度、包社、葛罗巴诸处是也。但其至之先后，即西人亦无从核究。初至时，皆赁民屋栖止，查和约中北门外地，皆得任其与民间租赁，惟当时道宪申画疆界，准于何处起、何处止，则当校核官簿，不能臆断矣。予于戊申春正省先君子至沪，洋行寥寥无几，至明年己酉秋杪复来，则渐增构。

然民间旧屋犹栉比而居,所构仅在浦滨。逮癸丑八月,会匪滋事,沪城失守,城外民屋陡增,木土之工无虚日。英、法、米援和约条例谓西商地界中华民不得再建房屋,与抚军吉尔杭阿商酌,必尽毁除。抚军亦虑附城民居,或有匪类与贼接济也,亦利其毁。于是自北至东,民屋数千万间无论新旧撤弃靡遗。违令者,西兵以长绳曳之;稍近贼巢者火之。乃与英、法、米三国谋筑长围以困之,城赖以破。而城外之地,尺寸土非民有矣。西商之射利者,多画地营建屋,略仿华制以赁于民,昂其租息,今新街及马路侧连甍接栋者皆是也。西人之谋亦狡矣。所设洋行亦数倍昔时。顾近时呢布等货销售颇滞,价减税重,其利亦微;茶、丝、大黄购往外洋者亦少,极盛即衰之机乎!每月贷船进沪者,英为最多,米利坚次之,法国尤次之,他国仅一二艘而已。所开设洋行,英国亦居其大半。英人于诸国中最桀黠,工心计,贸迁有无,靡处不到。自壬寅议和设埠后,颇自居功有德色,诸国实阳和而阴忌之。法国因伐俄之役,缔好已密,旧隙渐忘,惟米利坚人日思以英为事,上下议院筹画无虚晷,然未敢骤发也。而英自印度携贰,帑饷縻费,东粤义愤,未有已时,乃复勤远略,毋亦外强而中槁耶。今新议章程中,又增设牛庄、登州、海南、台湾、汕头五口,内地通商则自镇江溯流至汉口为止,西人足迹几中原。然而中原之利,只有此数,彼之货物利于吾民者,不过呢、布、羽毛、哔吱、铅、铁、锡而已,钟表、远镜等巧捷之器,非尽人能购者也。而况中国之民自有木棉、丝枲以供用,中国商贾皆已拥载洋货,远贩北地,又加以售货者非一国,争利者非一处,英人虽设多埠,决不能邀厚利也明矣。

近闻英国公使将去广州、汕头二埠,而于浦口、九江两处设埠通商,特令李泰国请于桂中堂。中堂执不可,以为浦口系江南之门户，浦口一去，则苏、皖二省无险可守；九江系北数省之腹地，去之，则雄视之势为其所据。若必欲通商，则宁背城借一。又闻葡萄牙亦欲通商，星使不得专主，已上达天听矣。葡人与中国互市，惟在澳门一处，自明以来将三百年，其沐我皇恩，可谓厚矣。前定壬寅和约时，葡萄牙亦与焉，兹之上请者，盖欲援旧例也。从此中原疆土，夷夏杂揉，侏　遍市，形胜之地，与我共之，真心腹之大患也。

　　蓝鹿洲言，澳门一岛，实为海疆门户。明季与荷兰、葡萄牙为通商互市之所，甚为失策。荷兰与葡人最工心计，习于舟楫，不惮行远，在欧洲中货物进行，市舶往来，实自荷兰创始。葡于明时为欧洲一雄国，国王造舟四出，尽历阿非利加东西两境，后历印度及麻喇甲，遍阅东南洋诸岛国，所至辄留葡人营立埠头。隆庆时，抵粤之澳门，请地建屋，岁纳租饷。疆臣为之代请，许之，葡人遂立埠头于香山县之濠镜，是为诸国通市中国之始。后西班牙、荷兰东来，佛、英续之，而祸害蔓延，遂不可制矣。夫海口雄峙之岛，所以为中国屏蔽，亦天以严华夷之辨也，岂可以尺寸与人，吾不解明之疆臣何以必为之请，而在廷诸臣何以竟许之也？臣见明之中叶政务宽弛，纪纲不振，文恬武嬉，而绝无一深谋远虑者。其后利玛窦入中国，播煽邪教，蛊贼民心，一时无识者流，俱从之游，尊之曰“西儒”，流毒以至今日，靡有厄止，为碎作俑者之首，犹不足以谢天下也。

　　天主教、耶稣教外，其久入中国者，有挑筋教、回教、景教。挑筋教于西国为最古，即犹太旧教，尚在耶稣之前。犹太始祖为以色列，曾夜与天神搏，不胜，击伤其髀之巨筋，故犹太人食肉必挑去其筋，挑筋教由是而名。其入中国，约在汉时，今在河南开封府藏有羊皮《旧约经》十馀卷。道光庚戌，英教士麦都思遣人至彼取经六卷归，将二千年而羊革不少损坏，想神物自有呵护之者也。顾其人虽聚族而居，而世代久远，仪法渐忘，浸染华俗，七日礼拜，徒有其名，教中之言语文字已久废不讲。其姓赵者，系宋太祖所赐之姓，其馀以俺、金、石、高四族为最繁。读书应试，无异华人。景教入自唐时，以《大唐景教流行中国碑》为证。回教之祖为穆哈默德，起自天方，即曰天方教，亦曰清真教。

二十四日丙寅

晨，同小异、吉甫往岭南估楼食鱼肉粥，别有风味。双弓米本取清淡，以养胃气，而粤人偏取浓厚，真为嗜好不同。薄暮，雨，即止。夜，见彗星甚朗，其行甚疾。闿斋来闲话，对坐无事，因以射覆为戏。射覆中名目甚多，两本字在上者谓并头，花在下者谓并蒂，花在中者谓开口玉合子，止有一本字而首尾各加一字谓之闭口玉合子。虽席间赌戏，颇见心思。前致应雨耕书一函，今为录出，聊以志往来鸿爪：

一别三年，素心人远，思念郁陶，无时或释。以途辽势阻，觌面未由，胸中千万虑，非寸楮尺幅所能尽。是以并不寄书，非属唐棣寡情，木瓜　馈也。临风怀想，良用喟然。坠欢天末，渺焉莫拾，不知何日重与阁下开北海之尊，剪西窗之烛，前席谈心，联床话雨，而一罄别来积愫耶？犹忆乙卯夏五，阁下行有日矣，凄然谓予曰："我此行不知作何地人？"言之极为沉痛。送行时，临歧执手依依，有不忍之色，相见恨晚，相离恨透，岂仅江文通所谓黯然魂消为足尽此时别况哉。噫！瀚来海上，以文字交者，固不乏人；以意气交者，阁下一人耳。十载瀛壖，愧无知己，自得阁下，窃谓无憾。不料又舍我去矣，何命之穷而缘之悭耶？自君别后，益复无聊。酒阑梦醒，灯绝更残，忽忽若有所失。三千里外，胸鬲间物不能掏以相视，言念及此,辄为泛滥弗止。丙辰秋间,以檇李人张君之便,附呈一札,不识可作殷洪乔故事否?嗣后,瀚即患足疾,敛门不出。遍谒良医,罔能奏效,药饵所费,箱箧一空。跬步之地,不能自主,几无复有生人之乐。丁巳四月,养疴返里,不遇折肱之良技,将为凿齿之半人。自分槁饿穷乡,沦落朽壤,九死馀生,无所冀望。然白发高堂、红颜弱妇,皆今生未了之缘也。况复米珠薪桂,家食殊艰,不得已重来沪上,作旧生活。幸而西人犹思往谊,加意体恤。粤东施医之合信先生,特出良剂治此顽疴。数月之后,霍然若失,殆天犹未欲死我也。敝居停麦牧师于丙辰八月中旬返国,冬尽得抵伦敦。至仅三日,溘焉而逝。闻信骇悼,潸然出涕。此瀚海外一知己也,悲真刻骨,痛欲剜心。精契所在,存没无间,人琴之感,幽显迥殊。粤氛不靖,时切殷忧,烽烟满地,炮火殷天。我良友出入其间,能勿心悸。想时与章君、区君磨盾赋诗,下马草檄,蹴刘昆之舞,徒奋雄心,著祖逖之鞭,难抒壮志。时事至此,尚复何言。盖此虽义愤,徒启衅端,既损国威,无裨实效,不待智者而知之也。惟阁下在沪时,眷属久无消息。闻经大水,邮筒不通。阁下至时,想俱无恙,现必迁往香港,得家庭团聚之欢,敦琴瑟雍和之好,其乐何如!定符私卜。瀚近况无善可述。依人作计,学道无成。嵇叔夜疏懒依然,阮嗣宗穷愁如昔。僻处海陬,欲归未得,家有八口之累,室无半年之馀。种桔武林,难偿素志;买田阳羡,徒托空言。即欲舍此他适,而此间无可谋者,郁郁久居,殊为寡味。伥伥何往,谁则多情?想知我者必能为我图也。此番公使至沪,满拟阁下同来,乃使节虽临而玉音竟杳,欣喜盼望,付诸东流。因叹良朋聚散因缘,冥冥之中,皆有定数,不可强也。三月中旬，途遇贵居停，翌日往谒，已从公使北行。闻有手翰在章君东耘处，亦未之得。噫嘻，一见之缘既不可致，而一纸音书又难得如此，真令想煞人、闷煞人也。现在和局大定，新议已成，想粤东不日可以撤兵。公务稍闲，幸赐回示，诸维珍重。

雨耕名龙田，祖籍浙江兰溪人，固武世家。其父谒选至京，遂家焉。后为广东副将，又徙于粤。为人慷慨，以胆略自负，待友诚至悱恻，意气激昂，亦奇男子也。

二十五日丁卯　　　阴

薄暮，同吉甫、小异往岭南估楼啖鱼肉粥，颇足供老饕一嚼也。顷之，壬叔亦来，因话鱼生之妙。谓皖中叶翰池最嗜此味，胜于粥百倍。惜侏儒已饱，不能再往试之矣。

二十六日戊辰

同壬叔、小异、吉甫遄吃鱼生，活剥生吞，几难下箸。岭南濒海，以渔为业，每啖生鱼果腹。鱼生一味，尚沿此风。薄暮，偕小异散步东关外。寄家书。浦滨一望空阔，颇豁眼界，襟怀为之旷远。吾人于天地间风雨晦明、阴晴变态、虫鱼生死、草木荣落，皆有一种芬芳悱恻缠绵凄戾之致，死后恐堕情劫中，回至吉甫斋中小饮。

二十七日己巳

晨，同小异、阆斋往吃鱼肉粥。即同入城购书，得戴东原《考工记图》，仲圃徐文范《东晋南北朝舆地补》、《四书人物表》，吴郡李瑶《南疆绎史》，白石姜夔诗词，《花镜》、《医宗必读》、《词律》，及梁章钜《浪迹丛谈》，吴楚材《纲鉴易知录》，共九种。午后，偕小异、壬叔、吉甫往会仙楼啖面，所煮蟹羹殊有风味。是日，小异为东道主人。薄暮，出城复食鱼粥，可谓得李翱之一饱矣。闻星使桂良、花沙纳已抵渔姬墩，明晨将入城。

二十八日庚午

晨，购鱼生一盘、双弓米一锅，同小异、壬叔、春甫据案大嚼，颇餍老饕。暮，往小异斋中闲话。

二十九日辛未

下午，邱伯深来舍剧谈，即约安甫、壬叔同往岭南估楼啖粥。入城访阆斋于寓舍时，已上灯，街市间人颇丛杂，肩毂摩击。询之，知何制军已泊舟东门外矣。出城后，阆斋拉予同壬叔往酒家小饮，三爵之后，已微醺矣。是日，购宋刻丛书十种。

晦日壬申

夕，与壬叔观天，见彗尾光态熊然，直扫天市垣，荧惑星将入北斗。闻捻匪势极披猖，已陷庐州、六合，将顺流渡江，维扬戒严，金陵贼巢，倏又蚁聚，一时又难克复。天象见于上，人事应于下，真为愤闷。又论晦朔弦望之理，壬叔谓：古人多望月以定日，故《尚书》多称哉生明、哉生魄、旁死魄而不称朔，盖其时历法未密，而以目见为准。泰西古犹太国亦然。犹太人常登山巅望月，见月初生即为月之首日，乃吹角或举烽告众。每月或二十九、或三十日，三年置一闰，与中法同。可知古时中外历法亦有不异者。予近作《中西通书序》，即畅衍其说，置之卷首，序云：

> 泰西文史之邦，夙称犹太。自开辟至今，五千馀年，历历可稽。其最古老之书曰《旧约全书》，所用历与今历大异。古时犹太人定年月以太阴为准，于历法疏而于月验密。常居山候月，以初见月为月第一日。余谓古犹太历与中国夏、商之初不甚相远，特彼有《旧约》书可证，而中国载籍自毁于秦火后，几无完书。古史之可信者，莫如《尚书》所纪之月或日哉。以

再生魄为月之一日、或曰以旁死魄为月之十六日，或曰既望，或曰蚀，亦多从月测验而罕用朔日者，如《大禹谟》之"正月朔日，允征之季秋月朔"皆系伪书，乃东晋梅赜所撰。班固《汉书》所引《伊训》十二月朔乙丑，或系固所私增，亦未可为据。其有书日食者，则系以朔，如周幽王时，乙丑冬十月朔，日食。《诗经》云"十月之交，朔日辛卯"是也。且犹太古时，分日为朝、午、暮三时，又分为十二时。分夜为三更，略与中国古法相同。三代以上，分昼夜各为十时。昼多辨晷以测时，夜多望星以验候。如《书》所云"日中昃"，《春秋传》所云"日旰"，《诗》之"三星在隅"，《传》之"降娄中而旦"是也。后世历法渐密，于是在朔言朔，在晦言晦。汉、魏以来，渐以十二支纪时，始见于《南齐书·天文志》"夜则自甲至戊为五"。《颜氏家训》谓"斗柄所指，凡历五辰，故曰五更"是也。犹太三年一置闰，所置闰月有一定之时，皆在亚华月后，与《春秋传》所云"归馀于终"，汉以前多置闰月于岁终者，其法相同。由是观之，中外算术，古时皆未造其精。而至于今，中法每不如西法之密，何哉？盖用心不专，率皆墨守成法，未能推陈出新。今西士航海东来，与海内畴人家讲以新法，纽绎各书，明古今历算之源流，代有沿革，嘉惠后学不浅。艾迪谨所著中西历已阅七年，今岁暂返英国，继其事，伟烈亚力先生也，见予所说有足与犹太古历相发明者，将刊己未历，即命以是说为序。

中西历法，俱以太阳所行之椭圆道为准，朔望弦晦，西法推算亦密，但不似中法之必以初一、十六等日同。中法以太阴之朔望定月，而以地球绕太阳一周之日分为二十四气，每年气朔相较，约多十一日强。故每十九年有闰七月，此历来历家不废之法也。古法以平定立三差,推日月经度迟速,以定朔望。自崇祯时,另立新法,以椭圆动时动面积,以定日月迟速。本朝历官亦准此以推,以古法多疏,而新法密也。若泰西近日历法,亦与犹太古历异。

九 月

朔日癸酉

夜午无事,读《晋纪》一册。王衍等脱略仪节,清谈误国,后迁江左,浸成习尚,遂置气节纲常于不顾。沿至五代,视君如奕棋,颜事仇,恬不为耻,如长乐老辈真堪痛詈。今天下竞尚势利,金气熏灼,谄诈百出,几不可问,安得有豪杰起一振顿之?

二日甲戌

午后,蒋剑人来访,携《古诗源》、《唐诗珍》数帙去,云:"英公使翻译官威君 玛倩渠选历代诗,将流传西土,俾知中夏诗学之盛。"是亦可谓风雅主人也。特剑人不求专集,而仅就选本撮取,真属模糊了事矣。

三日乙亥

星使桂良、花沙纳张示于城闉,谓两国永敦和好,共享乐利。其意因外边人言籍籍,谓和议未达宸听,必将更张。星使之来,盖将用兵于海疆耳,故特出此示,以释群疑。威 玛来,以圣上特赐耆英自尽一谕见示。耆英本属备事之员,皇上以为或明夷务,特加简用,乃大局未定,潜自逃回,亵国体而负宠命,真属自速其辜矣。所谕几千馀言,而尚未定其罪案,军机处票拟者真属词费。案耆英前于壬寅年所议条约及往来文移,皆蒙蔽圣聪,匿而不告。今西人据粤城时尽得旧时案牍,乃知其诈。耆英至天津,西人特举此问之,耆英即惧而去,故罢于罪。

四日丙子　　　晨,雨

静坐不出,翻书遣闷。午后,同小异、壬叔往岭南估楼啖鱼粥。街衢泥泞,不能远行,废然遽返。

五日丁丑

下午,小异来邀往食粥,吉甫、壬叔亦来合并。薄暮,阆斋来访,同往景阳馆啖面。酒味颇佳,醺然薄醉矣。

六日戊寅

下午,孙君正斋从云间来访。三载不见,容色如旧,须发略苍,而丰采胜前矣。相见欢然,各道阔怀。因知此来为其戚赵氏子执柯,将联姻于王竹溪家,泊舟于西门外。茶罢,即同往环马场馆中小饮,佳馔数簋,咄嗟而办。酒后,访艳勾栏。至一家车马寂然,谓昨宵有无赖子痛打鸳鸯,以致尽行飞去。败兴而返,一路剧谈,送至舟中,天已薄暮,珍重而别。

七日

晨,梁阆斋临舍剧谈,以新镌图章相馈,笔法直逼汉人,殊可宝也。午后,邱伯深折简约予于十一日午后小谦,且谓春秋佳日,不可多得,人生行乐,正在斯时。伯深名希浚,闽人,人颇风雅。道光二十八年曾客此间,与先君子相识。先君子谓其人醇谨,颇与深交。三十年春,于兆三席上一见之,即投缟纻。秋间,渠即回故里。今岁夏五,同其乡人章君来此,一别九年,相见欢然。其须发渐苍矣,老大催人,殊可浩叹。附记于此,以见其缔交之始。

八日戊辰

小异邀予往景阳馆啖面,壬叔、春甫亦来合并。午夜,剪灯读梁茞林所著《浪迹丛谈》。

九日辛巳 　　重阳。晴

是日购鳌一篓,小如蟛蜞。夜间沽烧春一卮,特邀壬叔、小昇,持鳌为乐,聊应佳节。

十日壬午

昨日重阳,已空过矣。闽人黄莘田先生诗云:"讫能令节都无负",读之可为一叹。是夕,在壬叔处,借得俞仲华《结水浒》来阅,聊以消闲。仲华本自名《荡寇记》,暗指今杨秀清而言。而吴门陈奂硕甫先生谓之《结水浒》,失其本旨。奂记中谓:罗贯中续《水浒》,大昧施耐翁之初意,是直奖盗,乌可示后?所以传中一百八人或诛或擒,无一漏网者,以见渠魁剧盗之终归于尽也。然观宋正史,宋江三十六人实为张叔夜所招降,《侯蒙传》:"宋江寇京东,蒙上书言:宋江以三十六人横行齐魏,官军数万无敢抗者,其才必过人。今青溪盗起,不若赦江,使讨方腊以自赎。"则宋江之受降也可知矣。特使讨方腊之语,事无可考,而据《徽宗本纪》及《童贯、韩世忠传》皆所述异词。特宋江以二月降,方腊以四月擒,或借其力,未可知也。贯中所记,非尽诬耳。

十有一日癸未

晨,同小昇往四牌楼书坊检阅书籍,继往绿茗轩啜茗,邱伯深已先往矣,吉甫、春甫亦来合并。茗罢,同诣叶萃馆小酌,烹饪颇佳,宴饮极欢。是日,购得《宋元通鉴纪事本末》一部,价止一金。

十有二日甲申

午后,同小昇入城取书。邻有新设饼饵铺,因共登楼食馒首。晚,往环马场散步。

十有三日乙酉

晨,同小昇、阆斋、吉甫往景阳馆小饮,春甫为东道主。佳肴异馔，纷沓而至，足供老饕一饱。午后，伯深来访，同往环马场闲步，小异亦来合并。继诣青楼访艳，鸨母特设片芥，情意优渥。顾所见之妓，无一佳者，如入罗刹国中。二家之后，不敢问津矣。

十有四日丙戌

海防署内阁胡雅堂来，购泰西医书数种去。阆斋来，言樵李有杨某在此，与钦差随员颇稔，且知江南人朱镇、潘霞纬皆在此，若有泰西奇闻异书，可投其所好。钦差处关防严密，议税之事无可缉听，惟知新加烟税，每箱需四十金。公使仅许三十，议尚未妥。另议牛庄、登州通商之处，仅可携带洋货；若油豆等物，自有华商贩运，西商不得专其利。若干此例，货物一并入官。抽烟税之论，道光末年已有奏之者，以格于部议不行。今日征取此税，亦可以稍赀军饷，乃理财之末策也。鸦片之害，近日愈烈，势不能禁。一征其税，则其价必昂，小民之吸食或寡耳。

十有五日丁亥

晨，同小异、春甫至景阳馆小饮。闻仪征失守，捻匪势极披猖。扬州、六合被围甚急。镇江戒严。捻匪惨酷无人性，所至屠戮。春间陷浦城，老弱皆膏白刃，壮强者尽裹胁以去；收复后，一城仅存二十七人。至妇女则老者杀，少者淫，将去，尽驱入房屋付诸一炬，奇惨异祸，目不忍睹，耳不忍闻。每掳壮者，则以朱漆髹其肩发。吾于此知天心犹未厌乱，实斯民杀运之未终也。今月有三咎征长庚，昼现彗星，经天荧惑侵帝座，准西法言：众星之行，皆有轨道，无关乎休咎。然天象虽远，而其应如响，彗星之现，在中国已屡验，殊为抱杞人之忧也。

十有六日戊子

晨，同小异、春甫往景阳馆啖蟹羹面，别有风味。薄暮，至环马场侧闲步,见西人怒马驰骋,有夫妇乘一车,飘忽而过。马场一片空阔,畅目娱情,被渠占尽矣。

十有七日己丑

晨,同小昇、春甫往万福楼小饮。有烂煮羊肉一瓯甚佳,烹饪之手,独步城外。

十有八日庚寅

梁阆斋招予午饭,设旨酒。饭罢,往乐茗轩小啜,春甫亦来合并。在茶寮中候邱伯深不至。三牌楼有片玗小室,甚为精雅,阆斋与予往吸三管,骨节通灵矣。

十有九日辛卯

杨君雅涵来舍,言将与予同至馀杭,约作半月之行。予亦得借此以览湖山之胜,欣然从之。午时,封昼三来,言将附舟返里。陈萃亭、刘益斋从檇李至,来访。萃亭,予故交也。渠于咸丰二年冬间至沪,在伟烈君处钞胥,与予有数日之聚,此刻已荏苒六年矣。因同往法人李关郎舍,关郎善照影,每人需五金,顷刻可成。益斋照得一影,眉目毕肖。其法以圆镜极厚者嵌于方匣上,人坐于日光中,将影摄入圆镜,而另以药制玻璃合上,即成一影。其药有百馀种,味极酸烈,大约为磺强水之类。薄暮,往小昇斋中,得见陈子瑶。人极谦厚,精于天算,善圆光,江宁人。惜渠将往浦东诸乡,为使汤云轩画地图。予亦有武林之役,匆匆遽别,殊为怅惘。上灯时,阆斋来,同往吴氏小室吸片玗二管,欹枕对谈,其趣殊永。

伟烈君得明命通宝银钱一枚,云来自台湾。询铸于何代,予按:明命系伪造之品,历代钱币中无可稽考。今所有明命钱俱系铅质。或谓是安南国年号,而何时所铸,亦不可知,姑阙疑以备考。伟又得漳州官铸银饼,系道光年间颁发军饷者。上錾寿星像,暮文则印一鼎,不知何义。想饰外观取佳谶耳,亦无甚深意也。

　　小异言昔年陷贼中情形及出虎穴事,不禁为之动心荡魄,而叹其得邀天佑也。初,贼陷金陵,壮者皆隶为兵列之前茅以冲锋镝,文弱者则令司笔札、会计,老病者另设一馆,专拾街衢字纸。小异亦夤缘入馆中。后贼缉知其非废病者,强令学书记,数日而逸,获之,杖几殆。自此防诘益严。一日,其渠出扰安徽,与小异偕行,日夜关置舟中。小异自念,若此首为官军所断,则无以自明,何面见祖宗于地下?逃,死也;留,亦死也。计不如为贼所杀为愈。时泊舟江边,天寒夜黑,小异伪为私焉,潜遁匿丛芦中,贼竟夜踪迹不得,乃开帆而去。有乡人见有人蒲伏泥中,异而问之,小异实告以故,乃引之家中,与之食,与以百钱,小异乃得渡江而南。小异自言此时已置死生于度外,但求薙发而死,得洗贼名则幸矣。至妻孥团聚,室家完好,真梦不到此者也。小异有一子,名鹍保,亦在贼中,随母逸出者。贼掳妇女,以二十五人为一馆,令作重役,力不胜者扑之。疲癃怨抑,死者道相属。小异如君亦在役中,一日与众妇力作时,忽有老妪携饭筐至,遍饷役者,顾取食甚众而筐不空,群妇奇之,询以何时得出,老妪曰:"但看地上黄、墙上红时,即尔全家相见日也。"倏忽不见。后城外稻熟,贼驱群妇往刈,小异如君因得乘间逸出。既至官军营,则见墙上通粘红纸,乃城中脱难之民告眷属以居址,使易于寻觅也。回忆老妪所言,适相暗合。或言老妪系观音化身,救度苦厄,亦未可知。

二十日壬辰

　　晨,梁阆斋来,携致王安伯书一函。小异、春甫、壬叔都来送行。午刻,同杨雅涵先生放舟启行。舟舱甚迫窄,殊为局促。附载者有东瓯人封昼三,颇稔于杭城道里风景。舟中与谈,亦不寂寞。

薄暮,抵闵港镇,同昼三登岸啖馄饨。街市萧索,食物粗恶,乃一小集也。夕寐甚早。

二十一日癸巳

三更解缆,重雾迷濛,不能前进,至明乃行。辰刻,抵松江西门外,泊舟金沙滩畔。同杨君往钱莲溪家见诸友。欲进教者群集其舍,杨君为之讲书解道。散后,同莲溪往鸿椿楼啜茗,茶味殊烈,且价甚廉,远胜申江。莲溪市鸡相赠。鸡系回民所煮,别有风味,远近著名。午饭得此,稍解老饕。夜泊顾家村口,距平湖四十里。是日,同杨君往游超果寺,额为"茸城第一山"。支持方丈者,系明慧大师。同寺僧登观音阁,见石刻像甚细致。俗谓泼水观音。

二十二日甲午

晨,抵平湖,同昼三往觅许、尤二子住址。遍问城中人,无知之者,乃出小南门,诣丁舍,见主人湛楼,初云不知,继其妹云,仿佛闻在西关外。予即迂道往彼,数问路人,始得至。其屋虽不宽敞,而窗明几净,庭前修竹数株,萧疏有致。乃命许、尤往诣杨君,而予同昼三至城中博寺东升楼啜茗。寺中磁器铺十馀处,索价殊贱,以匆促未及购也。午刻至舟,以李仁斋托寄青蚨五百头付尤子。平湖人信教者殊少,来与杨君樊桓者,惟贾瑞卿一人而已。夕,泊舟十八里桥,距嘉兴二十四里。

二十三日乙未

清晨,舟过嘉兴城外,烟火万家,鳞次栉比,诚一大集也。惜以杨君急欲至杭,未得一登。辰刻过郭外,登岸闲步,见茶禅寺前有三浮图,不甚高耸,离数武有岳鄂王庙,殊壮丽。夕,泊石门湾镇,同昼三往茗春轩啜茗。茶味清淳,颇堪解渴。自嘉兴一路至此,沿河皆种桑树,养蚕取丝,其利百倍,诚东南生民衣食之源也。

二十四日丙申

清晨,舟过石门县,城外短堞周遭,民居不过数家,甚觉僻陋。昼三谓予曰:此间多盗,夜劫客船,以为常事,故石门邑宰殊不易为。其故因近行海运,山东粮艘人丁,多致失业无归,昼则群聚赌博,夜则相率为盗。捕之则党羽甚多,每易滋生事变。予闻之怃然。行十余里,果见河中有一盗尸,两手交缚,尚未朽坏。劫财未获,反丧其身,亦其自取而已。夜,抵杭州。关上门栅已闭,遂泊舟于外。同昼三登岸至桥侧小茶寮啜茗,见关前街道亦开广,民气淳静,无獧薄浇劲之习,食物亦不甚贱,而小民得钱殊难。宵深归舟而寝。

二十五日丁酉

清晨,移舟至松毛场,人来聚观者如市。饭罢,同杨君及封昼三往游昭庆寺。寺左右设肆鬻物者,皆僧也。大雄殿后有戒坛,规模宏大,系是新葺。闻明崇祯时,寺已被灾,坛基侧青草茸生,野牧纵横,牛羊不敢上寺。寺僧筑坛发土,得碑,题曰"燃灯古佛诞生处"。宜乎此地之灵,历久不替也。是说见陆云士《湖壖杂记》。从昭庆寺出,即见西湖,烟波浩渺,弥望空阔,层岚叠峰,变态万状,诚一大观也。沿堤曲折而行,至大佛寺。佛只半身,而大已塞殿,相传是秦始皇系缆石,谓始皇东游泛海,舣舟于此。西湖旧通江海,故少舣舟,语殊荒诞,殊堪喷饭。宋时,有喻弥陀者,儿时指多宝山大石发愿云:异时当镌此石为佛。及长出家,精于画佛。垂老凿石为大弥勒头,以偿宿愿。或曰:弥勒在天,何用凿此顽石?师曰:咄哉!顽石头全凭巧匠修,只今弥勒佛,莫待下生求。师一名思净。复上弥勒院啜茗。屋宇精洁,花木萧疏,疑为仙境。从十三间楼眺望湖光山色,尽在目中。静坐久之,殊觉身非我有。惜杨君不知领略此景,匆遽催行,至桥畔见断桥残雪碑,有乾隆御制诗在上。行里许,至照胆台,瞻仰圣像,想见当日英雄犹在。惟本朝祭典跻于中祀,与孔子并列,殊觉过分耳。寺僧出汉寿亭侯玉印相示,光采黝润,的系古物,把玩不忍释手。按:是印由来,《湖壖杂识》中已载之,而未甚详核。寺僧另有"玉章考正"一纸,系廖文源所刊,颇悉本末,因录之:

> 按《蜀史》:东汉建安己亥,川人献玉一颗,中有井环,汉中王命上下镌文,篆曰"汉寿亭侯关羽之印"。遣益州司马费诗赍至荆州,赐前将军为佩章,假节钺督九郡。及帝归神,吴将徐盛得之。《吴志》曰:"黄龙己酉,盛过鄱阳,舟覆失之。"相沿千四百年,迄明之万历丁巳,鄱湖昼夜放光,渔人获得是宝。有司观篆文,乃帝生前名爵姓讳,进于朝。越二岁己未,帝显照胆台三字之兆,神宗命翰林董其昌赍送照胆台崇奉,一时灵应昭著。爰考史志,以备为之正。

瀹茗后,即至圣因寺,观石刻十六尊者像并乾隆御制碑。栋宇崇宏,非凡境也。午后,同杨君进钱塘门,见满人颇不少,男子皆有纠纠武夫之象,而妇女所涂脂粉多不匀净,如戏场小丑,真堪一笑。遇张桂山于途,立谈良久而别。出城后,至昭庆寺侧茶寮啜茗,闲步湖壖,领取夕阳光景,更觉甚佳。何日能摆脱俗缘,结庐此间,优游终老乎?思之慨然。

二十六日戊戌

晨,饭罢,即往湖边唤一总宜船,同杨、李二君及其夫人往游西湖。先登孤山,览放鹤亭诸胜。壁间有石刻林和靖小像,此山宛在中央,一苇可航。昔有梅花三百树,今存无几矣。然树木森秀,眼界空阔,登之觉心旷神怡,别有所会。山上虽无居人,而修葺颇整。祠中楹联,都未及观,而杨君已敦催下山,因其夫人感风而病也,将返棹矣。予遂废然而回。下舟即问舟子：“苏小小墓在何处？”答曰：“绕孤山行数百步即是。”见墓在山麓，建亭其上，远望不甚了了。闻坟近为特鉴堂将军所修治，题曰“慕才好事者尽歌咏之”。接苏小小为南齐名倡，见何遰《春渚纪闻》。墓在钱唐县廨舍后。考旧县治在钱唐门边，距西泠桥不远，似即今之苏小小墓。另有郎仁宝《七修类稿》所载於潜官绢一事，则宋之苏小小也。朱竹坨据元人张光弼诗注“坟在嘉兴县前”一语，遂力辨苏小小墓在秀州，而以钱唐之墓为附会。是尚不知钱唐名娼原有两苏小小也。经苏小小墓下，即向昭庆寺而回。尚有岳坟、雷峰、净慈、灵隐诸处，皆未得游。从此一别，不知何日再来，而杨君徒以妻孥小病，匆促返舟，置诸名胜于不顾，不甚可惜哉！予见西人，每登名山游古刹，皆不能静心体会，领略闲趣，亦不知披萝寻幽，扪石览胜，徒有腾踔向前，如猿玃玃，一往而已。噫嘻，何其俗也！午后，同昼三往湖壖赁屋，有施姓福隐庄临湖一楼，宽敞明洁，瑶天阁中陈设精雅。开窗一望，全湖在目，几不知身在尘世。索价仅十千之数。因闻西人欲赁，皆有惧色，说遂中止。惜予囊中不名一钱，不能卜居此楼，坐享湖山之福也。看屋后，即入钱唐门，往游贡院，见多士云集购书，鬻物者肩摩踵接。因时已薄暮，匆匆出武林门，过鲁济堂，访王安伯，不值。即以阆斋书一函托其阍人转达，并馈以西书二种。登状元楼，同昼三小饮，肴馔都不甚佳。是日约行三十馀里。

二十七日己亥

　清晨，同杨君往观赁屋，都不能成。有朗缘上人不惧浮议，颇有肯意，后见杨君不甚置怀，亦不愿为戎首矣。饭后，唤船往游城隍山，进涌金门，观者塞途。杨君奋足捷走，顷刻数里。予与昼三流汗相属，终不能及。继同登山，予仅及半，以足力疲软，不欲复上。山虽不甚高，而雉堞民庐朗如肩列。钱唐江如带，西湖若盂，江天空阔，顿豁吟眸，览此亦足为豪矣。回顾杨君，已迅涉山顶，倏忽不见矣。予见山腰有茶寮，甚整洁，棐几明窗，堪称精舍。啜茗小坐，尘虑顿消。待杨君良久始至。徐行下山，至清河坊购书数种。出涌金门，日已西斜，往湖壖茶寮小啜，临窗闲眺，山气葱郁，波光淡荡。触目无非诗料，惜俗肠未洗，枯吻不生，有辜此当前佳景耳。于隔座得晤江戣叔，剧谈别后景况，知渠因秋间小病回里，近亦初来，宦兴不佳，不及作幕下宾，尚有馀蓄也。寮中一对，系"欲把西湖比西子，由来佳茗似佳人"二语，久已脍炙人口。时已夕矣，戣叔偕其同侣入城，予亦作别下舟。疏星淡河，渔火两三，微风不波，舟去如驶。予此游以未至岳坟为憾，舟子遥指其处，约略不可细辨。乃吟明人所作《满江红》词一阕以吊王之忠烈，声情激楚，扣舷而歌，当令湖山答响也。夜，叩昭庆寺门，与寺僧售玩物数事。继同昼三饭于黄垆，所烹醋鱼，甚为鲜洁，顿令廉颇作健饭将军矣。昼三曰："此味不让五柳居也。"予此行虽未至其地，然得食此，归时亦得夸于小异矣。惟壬叔于予临行谓予曰："韬光占西湖绝胜处，不可不一游。"而予因杨君敦迫再三，不能遍览。俗物败兴，殊不可耐；惟有屡呼负负而已。予夜行湖滨，见湖中隐隐有光，倏现倏没，因念苏东坡"湖光非鬼亦非仙"之句，深为惊讶。昼三曰："此渔火返照入湖故耳。"予拱手谓山灵曰："从兹一别，相见不知何时？如能遂重游之愿，当以清酒一盏，酹于孤山梅花之下，与逋仙浇一抔土也。"遂快快回舟。

二十八日庚子

清晨，解缆出关，遥望半山，葱蒨扑人。予于武林风景宛似旧游,想前身系此间寺僧,亦未可知。是日,昼三已辞别登岸而去,予独坐舟中,更觉怅惘。午后,过蟪栖镇。夜泊斗门。三更得一梦,甚奇。梦予前生系姓贾,亦士人,筑屋西泠桥畔。娶妻美而慧,能歌咏,伉俪甚相得。后妻卒再娶,容亦丽而才不逮,因此郁郁寡欢,诣云栖大师处祈梦,以卜终身。梦云栖授以一钱,上镌"云阶万里"四字。贾受钱而寤,旋应省试获第。予醒后,历历不忘,心甚异之,不知何解也。

二十九日辛丑

晨抵石门县,予同杨君入南门散步,继出北门,仅里许耳。真偏僻小治也!夜泊双林。是日舟中无事,阅《红楼梦补》,将"苦绛珠魂归离恨天"以下尽行删去,谓黛玉重得返魂后,林氏遣人接归维扬。宝玉获第后遁迹空门,有一老僧试以幻术,知其于情字尚未勘破,未能证道,即令放归。途遇柳湘莲,赠以鸳鸯宝剑,同至扬州,舍于甄氏。倩甄宝玉求婚于林,且曰:婚不许,不复还家矣。宝钗因宝玉出亡,忧郁以死。袭人嫁于蒋琪官,琪官得知系宝玉姬妾,即复退婚。晴雯出椁,至郊,气回复活。其后宝、黛卒合,伉俪和洽。宝钗借张氏女郎体而重甦。委婉斡旋,无非欲宝玉之情十分圆满而已。嘻!《石头记》一书,本属子虚乌有,而曲曲写来,自能使有情人阅之堕泪,实由于笔妙意妙也。后来续者,如画蛇添足,均无可观,如《后红楼梦》、《红楼梦复梦》、《绮楼重梦》、《红楼圆梦》、《红楼梦补》,皆浪费笔墨,适为多事而已。

晦日壬寅

晨,至嘉兴东门外,予登岸为杨君购张炉二具,价殊廉也。午后,至嘉善。雉堞周整,民屋栉比,不亚于檇李,惜未及登览耳。夜泊张泾湾,距松江八十里。

十　月

一日癸卯

辰刻,舟抵松江,泊于金沙江畔,往访钱莲溪。既至,则知于前日往申江矣。盖伟君将乘兵船至扬子江,特倩慕公作札致彼,令其往为通事。书中语意甚急,不知何事。予遂同江秋泉往鸿椿楼下啜茗。时集于莲溪家,听杨君讲道者,共有九人:唐九翁覃春、张藕汀东庭、王杏香东海、祝春泉志祥、陈啸园肇基,及孙静庵、杨研山、屠俊卿、陆君。如是夕饭于钱氏小舍,有盛馔。研山、啸园为介,礼意殷勤,更深而归。闻孙正斋已在云间,将于明日访予。予特留一札转致之,云:

> 春申浦上,重拾坠欢,煮酒剧谈,稍抒阔怀。旋奉手翰,感承倚注,知故人相念念忱,不以形骸而间也。所索和议五十六款,已行钞竟。因弟适有武林之游,故未及寄呈耳。今弟返棹过此,途遇啸园,知阁下亦在此间,极欲维舟奉谒,暂为一日之留。奈西儒杨君,急不及待,殊觉败兴。人生聚散因缘,迹如萍蓬,真不可定,为之怅惘而已。相见有日,诸维珍重。夜泊舟于泖河口,中宵潮至,如万马奔沓,喧咽枕角。侧耳听之,凄然不寐。

二日甲辰

四更,趁潮落放舟,蒲帆风急,其去如驶。辰刻已过闵行镇。午后,忽转西北风,浊浪排空,阻不得进,乃移舟泊石矼守风。饭罢,登岸散步,以道路询其乡人,云至申江,尚有五十四里。闷坐舟中，无可排遣，翻绎《金刚经说论》，颇有会悟。语虽浅近，实有精义，苟能遵此，即可为超凡入圣之基矣。薄暮，风小潮平，解缆放舟，行至周浦塘泊焉。

三日乙巳

清晨，至黄浦登岸，归家。晤西士慕君，知伟烈君于昨晨已随公使北行，将至汉口申画通商界址。薄暮，梁阆斋来舍，同往万福楼小饮，为予洗尘，殊可感也。又往勾栏访艳，鸨母芷芳特设片斧。所见之妓无一可者，因话杭州城隍山游女颇盛，容貌装束皆雅而不俗，昼之谓夜合之资不过二金，惜予匆促返舟，不及一往，有负此游耳。酒罢归来，已上灯后矣。

四日丙午

晨，邱伯深从云间回，来访。闲话久之而去。暮，同壬叔往小异斋中。继偕至环马场散步，春甫亦来合并。小异酒思忽发，共诣万福楼小饮。所烹羊羔，味殊鲜美，得以饱啖，真不负党太尉之腹矣。是日予生日，家人为烹肉煮面，聊以解嘲。堕地以来，寒暑三十易。精神渐耗，志气渐颓，而学问无所成，事业无所就。徒跼天蹐地于西人之舍，仰其鼻息，真堪愧死。思之可为一大哭。

五日丁未

馆中校对毕业后，甚闲无事。饭罢后，邱伯深同其友谌香谷来舍。香谷系金陵人，谌姓甚罕见，都中只此一家。询其始祖支派，殊属茫昧，真溯典而忘其祖矣。同伯深往环马场散步，特诣洋铺中，为温明叔购嗳矮镜。明叔名葆淳，固金陵名下士，少年科第，名重一时。博学多闻，近日馆阁，当屈一指。与伯深颇交契。伯深寄赠合信医书数种，明叔以为见所未见，闻所未闻，于灵素书外，别创一法。是日清晨，春甫来招予小饮，小异亦来合并，烹羊颇佳。

六日戊申

梁阆斋同杨见山来访，壬叔约往环马场，观西人驰马。杨、梁先往，予饭罢始去。见妓女乘舆往观者，群集一处。天气和暖，粉汗蒸淫，游人都啧啧评骘妍丑，追逐后尘，几忘为观赛马来矣。途间，得晤董晓庵、唐芸阁、张倜卿，并立闲话，殊不寂莫。继拉往酒楼小酌。予在环马场侧，遍觅壬叔三君不得，而忽与芸阁煮酒话旧，真属意外之遭，亦可不负游兴矣。薄暮，往东关访邱伯深、谌香谷。伯深将有吴门之行，故往送之。剪灯话别，意殊凄然。伯深气谊极笃，温文尔雅，盎然有诗书之味。绳墨自检，而不蹈拘墟陋习；为人悱恻诚至，为近时交友所难得。握手言欢，席尚未温，而又将欲别，令人能不怅惘。寓斋主人邱谦，亦系粤人，亦颇知风雅，留予夜饭。特设旨酒肴馔，多以粤法烹煮，别有风味。甘苦异趣，辣舌膏唇，真觉嗜好不同也。饭后，吸片芥，殊佳。闲话至更深始归。伯深以吴门朱酉生《知止堂诗文集》六册相赠，更与香谷持灯送至洋泾桥畔而别，意致殷拳，甚可感也。人生最难得者知己耳。若友朋待我之厚，亦不可忘。琐屑志之，他日请念。

七日己酉

晨，访西儒好君，小坐闲话，知美魏茶旧疾未愈，且贫甚，知渠此生不能复至中土矣。追念曩时情好，为之怅惋。午后，同壬叔去访秦次游、李静宣。适值次游他出，静宣独在，出近作相眎，七绝有渔洋风致，孤芳自赏，神韵独绝。清谈竟晷而别。伯深来舍辞行，不值。

八日庚戌

晨，壬叔邀往景阳楼啖面，特解杖头百钱，供予一饱，真难得事。继同访次游，刚值初起栉发，几上炉香乍爇，对之觉俗虑俱没，因出所著《悟微堂笔记》相示，上记黄均珊《海上蜃楼词》十馀首，皆述洋泾浜风景。予记其《泳墨海馆》一绝云："榜题墨海起高楼，供奉神仙李邺侯。谓壬叔。多恐秘书人未见，文昌光焰借牵牛。谓印书车以牛曳。"次游名光第，工书，直逼晋、唐，名噪浙东。诗词皆擅长，以孝廉官中翰。静宣名涵，工诗，明医理。为人颇自负。午后，往南门曹西生家，访孙子正斋。至则已解维往云间矣。西生亦同去。数里远候，艰于一面，殊为怅快。因迂道出东关，往访伯深、香谷，同至西楼啜茗。楼中菊花百十盆，叠如陵阜，黄紫夺目。对名花，瀹佳茗，接良友，亦大快事。留连情话，薄暮始散。昨日晨，予为东道主，同小昇、春甫往黄垆小饮，烹羊煮蟹，其味殊佳。小昇颇有蟹癖，予因近患腹疾，不敢多食。

九日辛亥

晨，同小昇、壬叔往东关外访邱伯深。寓斋主人谦六特设片芥。伯深已买舟将行，待潮至即发矣。闲话久之始别。小昇、壬叔往候祝桐君，而予欲往五老峰，遂与分道。午后，访阆斋不值，复遇壬、小二君，同诣西园群悦楼啜茗。薄暮，偕阆斋访艳。平康有瑞福校书者，肥白如瓠，丰硕秾粹，真大体双也。阆斋特怂恿再三，为撮合山，遂与定情。阆斋甚誉其洁白，抚摩久之。瑞福意颇坦然，毫无抵拦羞涩之态，真所谓尽人调戏、弹著香肩者也。上灯时，匆匆而别。

十日壬子

清晨，小管子携《骈体正宗》四册来，谓其友人许鹤巢愿以《李义山诗笺注》、《汪容甫集》相易。予久觅此集，得之甚喜。鹤巢致筱昇书云："穷乡闻见日罕，接诵手教，如获秘书。阁下寄身沪城，目击华夷近事，比事属辞，寓情兴比，何不效《秋兴》八首，一写缠绵之思。《骈体正宗》在子琴处，可往取之。"辰刻，谌香谷来，与之同往西人包君舍，闻已延师，败兴而返。薄暮，静宣来访，同壬叔往挹清楼啜茗。静宣座中娓娓谈诗，殊有别趣。因述檇李有一女子，甚才而贫，有自悼句云："似弓新月初三夜，如翦春风廿八年。"可想其哀婉矣。又有归安女郎谈步生，字印莲者，亦能诗。其寄外诗云："趋庭难慰北堂违，去住知君计总非。两度羽书劳问讯，十年烟雨难分飞。团栾犹记灯前话，宽约难裁别后衣。一幅花笺和泪□，抵他苏蕙锦璇机。"爱姑劝夫，隐然言外，不独为才女，兼可谓贤妇矣。静宣本隶军籍，尝从粮艘北行，游历之地颇广。曾记镇江陈东祠中楹联云："青史流光，诛六贼，锄七奸，遗疏犹存，远过秋霜烈日；丹忱抱憾，陷两宫，迁九庙，中原未复，空馀剩水残山。"语亦卓然可传。

十有一日癸丑

午后，次游、静宣来访，不值。入城，同潘恂如、黄吉甫啜茗。晚鸦集树，疏星渐明，暮景极佳。夜饭罢，偕壬叔往访次游，并答其见枉之惠。茶馀，出《行军法戒录》相示，有识有笔，真为名世之言。其论时事，婉而多讽，不为灌夫骂座之概，亦为有见。静宣《出西湖遇雨诗》云："泼墨谁临好画图，数声沙鸟冷相呼。秋来十日闲风雨，湖上山光淡欲无。""堤边可许住年年，雨笠烟簑泛钓船。只恐被他猿鹤笑，先生来办买山钱。"又《京口夜泊》云："寄奴宫外雨冥冥，一叶扁舟此度经。铁瓮城荒秋草碧，大江潮落远山青。中流击楫人何在，岸帻临风酒未醒。惭愧年来成底事，书生琴剑怅飘零。"《题散花图》云："返魂无术驻残春，一笑相逢恐未真。枉向妙莲猜密谛，难从泥絮证芳因。幻来龙女生前劫，悟彻维摩病后身。

底是至今忘不得,画罗纨扇亦成尘。"其五古如《题放鹤洲》云:"郊原霁春雨,幽兴林泉好。步屧向前溪,言寻裴公岛。一径断人行,深林何窈窕。昔贤狎胎仙,遗迹犹堪考。苔藓蚀残碑,落花聚芳沼。缅怀著书人,高风惜已渺。不见鹤飞还,夕阳淡林杪。"苍雅淡远,可入王、孟、韦、柳之室,即此略见一斑。敦泰栈主徐听香来,谈良久。听香为君青先生族弟,旅此已一载矣。

十有二日甲寅

孙次公从檇李来,至舍枉访。一别经年,极道阔愫。言近得假舍于席华峰,可作数月之聚。同访次游、静宣,偕至挹清楼啜茗。壬叔亦来合并。静宣为吟七律一首,颇有感慨无聊侘傺不平之概。诗云:"何时江上息干戈,空向秋风唤奈何。绮岁自伤为客早,穷途转觉受恩多。飘零身世哀鸿似,迅速光阴野马过。来日大难愁不寐,挑灯试咏五噫歌。"壬叔极赞其妙。谓昔年亦有一作,与此仿佛,因朗吟云:"海上干戈感乍停,当筵重话泪星星。酒杯欲吸寒潮尽,诗句犹馀战血腥。合座名山夸著述,有人浪迹叹飘零。明朝风顺扬帆去,回首云山几点青。"格律雄浑,不减静宣作也。

十有三日乙卯

孙次公、李仪庭来访。次公名瀜,檇李诗人,执骚坛牛耳者。仪庭名祥鸾,金陵人,前为朱述之司马记室。近家乡残破,旅居檇李。次公患目赤,同诣春甫处诊治。夕,同壬叔往次公寓斋闲话。室颇静僻,非如次游寓之甚嚣尘上也。徐古春同其友张梦龙、汤子静来访。

十有四日丙辰

次公来访,清谈竟暑。午刻,往环马场散步,同壬叔诣万福楼小饮,三爵而止,不及醑也。酒罢入城,往竹林庵访剑人不值。复诣古春药室,则古春已往南翔,梦龙亦同去。梦龙为乍浦诗人,沈浪仙之后一人而已。年止二十五,而诗稿已哀然盈尺。今年不欲赴秋试,故游沪以避之,亦潇洒自喜,别有胸襟者也。药室中,惟子静在,因同往凝晖阁啜茗。阁中游女颇多,然皆不堪注目。子静生长东粤,游幕北方,近日研田不耕,南来依戚,颇有贫无聊赖之概。予问曰:"足下生平有所好乎?"曰:"好酒,可饮一石。生平凡醉三次,几为刘伶荷锸之埋,以后则不敢如长鲸之吸百川矣。"既夕,月色甚佳,同小异、壬叔往环马场步月。一派森寒之气,逼人毫发,当头团栾如镜,朗如白昼。想琼楼玉宇,益高不胜寒矣。因顺道往访次游,剧谈良久,剖析医理。次公亦来,偕至抱清楼啜茗。静宣技痒,屡欲谈诗,为次公所抑而止。其实诗味、茗味,本相得也。

十有五日丁巳

静宣来访,同至东关访其乡人程醴泉、陆云台。同至茶寮小啜,静宣抵掌谈诗,如山泻瀑,滔滔不绝。其得意句云:"阴廊虫咒月,坏壁鼠窥灯。"颇极冷峭。置之《西青散记》中,殆不可辨。又言其同里有朱紫仙女史名薇,工诗。断句如《铜陵道中》云:"乱山藏小苑,险浪坐归沤。"《偶得》云:"入秋燕似无家客,过雨花如堕泪人。"读之觉心脾凄恻,其薄命可知矣。《游湖堤有感》云:"只馀一队红心草,苏小坟前尚作春。"《同姐荇仙联句》云:"月仍去年月,人异去年人。远别已千里,清辉共一轮。慈云江上隐,芳草梦中春。此夕难成寐,萧然独怆神。"紫仙已赋寡鹄,家无一人。从事于诗,未尝辍业,对客挥毫,无有怍色,真巾帼而有须眉气者。午刻,同静宣往桂仙楼啖面,聊充饥肠。蟹羹味亦不恶。面罢,往竹林庵中访剑人,剧谈良久。剑人近著《词话》,已得二卷,颇讲宫调。予于此实门外汉,不敢妄赞一辞。薄暮,至小异斋中闲话,壬叔亦来合并。因话近日稻蟹颇肥,团脐者更妙。壬叔酒兴忽发,偕至万福楼食蒸蟹,擂姜拨醋,风味殊胜,觉鱼肉腥膻,皆可摈斥不御矣。共食十六枚,俱觉果然,真足属餍老饕也。酒后步月,兴复不浅,噫!今日中原,豺虎纵横,干戈扰攘,得享清福,领略闲趣者,能有几人?能有几处?思至此,不禁慨然有澄清天下之志。

十有六日戊午

晨,同春甫入城,听慕君说法。讲席将半,忽有款关至者,则一绝妙女郎也。秀骨珊珊,天然斌媚,从有两婢,倏然而来,翩然而去。此何人哉?午后,同吉甫、春甫至茶寮小啜。寮中有菊花百十盆,皆带憔悴可怜之色,亦犹士之怀才不遇,而偃蹇于名场利薮中也。茶罢出寮,得遇阆斋及其友吴仙舟、卫文行,皆在啜茗。复入座纵谈,忽见小异同其弟鹤巢亦来,偶然合并,亦有因缘。小异言:“取友之道,人品为先,学问文章,其末事尔。顾交友最难于知人,其有熏灼名利、驰骛势要者,虽才不后人,学可名世,罗织风雅,交接贤流,亦不脱于俗。无他,以其妍皮裹媸骨耳。”予谓:“知人有数端:或以深交而见;或以一见而知;或浑浑不能窥其涯涘,而时露棱角;或城府深密,机诈百出,久交则受其害而知之者。究之浅者易见,深者难窥;暂则莫辨,久则自露。‘知人则哲,维帝其难’,此大禹之所以兴叹也。今之交友者,意气伪也,学问谬也。广通声气者,以喧寂为轩轾;趋慕势要者,以荣悴为亲疏。花月谈笑之场,则知心莫逆;风露飘零之地,则觌面皆嗔。失势相凌,加呵斥焉,等诸仆隶,求所为褫袍而赠者,已无有矣。见色忘义,佯殷勤焉,涎其妻孥,求所为闭门以拒者,安可得哉!噫,如此之人,岂非人头而畜鸣者耶!恨不得专诸匕首,手刳其腹也。故以势交者,势败则散;以利交者,利尽则疏。品高行直者,既已罕觏,则唯有取其气谊融洽、性情投合者,斯可耳。羲《易》有曰:"同声相应,同气相求。"《礼》曰:"营道同术,合志同方。"皆可为取友之法也。呜呼! 论交在今日,抑亦末矣! 揆其本原,朋友居五伦之一,固与君臣、父子、夫妇、昆弟并重,故士得一知己,可以无憾。推而上之,尧以不得舜为己忧,舜以不得禹、皋陶为己忧。成汤之于伊尹,文、武之于太公,皆有心心相印、念念相通者也。三代而下,如汉昭烈之于诸葛,秦苻坚之于王猛,皆可谓推心置腹、沦髓浃肌者也。古今来帝王之兴,类皆有出类拔萃之士,拨乱应变之才,以为之先后辅佐。或于闾巷中贫贱交知,或在兵戎间意气相识,盖其人有芬芳悱恻之怀,然后有恳至笃忱之谊。原非可以寻常庸俗中求之也。苟其独学无闻,则遁世无闷。盖儒者所学,本当尽其在我,原非汲汲焉求闻于人,世不我知,亦无所憾。显则为伊、傅,风云霖雨,即文章也;隐则为巢、许,泉石山林,皆经济也。若在己无特出众人之操,则举世谁施以国士之知,故予于今日,惟有婥阿渳渱,深自敛抑,而不敢仰首伸眉,论列天下人才矣。至于乡党周旋,诗酒酬酢,大抵于流品别其雅俗,于性情区其厚薄,其略可得而言焉。俗多而雅少者则臭味殊,外雅而内俗者则谈吐伪。其托业卑贱而神志清洒者则可交。在古则如长卿之沽酒,伯鸾之赁春,嵇康之锻灶;近则如周青士之隐于米肆,皆是也。此其人或有托而然,或迫于贫窭,欲为身谋,而其胸襟旷逸、牢骚阔达之意,时见于言外,虽于纷华器扰之际,亦不失其淡泊之素志也。其于风雨阴晴、山川游历,别有神明入乎其中。予虽不敏,旨趣弗远,天资刻者蹊径狭,庸行亏者交谊疏,富贵而多穷友,岂狷性者所能。身后而念遗孤,觉古风之未远。若其猝逢显士,则首下尻高,偶遇寒丁,则颜骄色变,此乃名利之奴,岂是人天所尚。或有矫情以博誉,饰伪以欺人,则举动之间,总可微窥而得之,厚薄之故,以此晓然矣。若夫择交贵慎,滥交多累,浊交丧誉,清交怡情,则在乎由衷独断已"。偶与小异论及交友,放谈如此,小异亦以为然。茶罢,同往四牌楼唊馒首。于书肆中,觅得《李义山诗集》,系江都程梦星午桥所注,首卷附《诗话》、《年谱》。见之如获异宝,足以报许鹤巢矣。出城已是上灯时候。夜饭后,见月色皎洁,同壬叔往访次游、静宣谈诗,孙次公亦来合并。次游案上有沈伯虞《冗馀笔记》一册,笔墨庸俗,薄弱无味,唯所记慎芙卿毓林在京师日赠小香录事楹联,巧隽可取。联云:"门前柳色藏苏小,扇底桃花识李香。"静宣亦以为妙。次公曰:"未若予赠寿福校书一联,尤为因难见巧。句云:'寿阳春色梅花额,福邸新声燕子笺。'"次游曰:近日作章台联句者多,以妓名嵌入,以为工巧,其实刻画有之,跳脱未也。因忆昔年赠韵卿女史句云:"瘦影自临春小照,好诗诵与落花听。"静宣亦有赠妓句云:"人比黄花应更瘦,情同明月愿长圆。"皆遗貌取神,别有神韵者也。他如赠素芳云:"素心不易得,芳草偶然生。"又云:"卿如素月刚三五,我有芳心满大千。"赠梅仙云:"梅是几生修得到,仙从何处谪将来。"赠凤珍集梅村句云:"凤鸟自歌鸾自舞,珍珠无价玉无瑕。"皆不脱不粘,自然佳妙。

十有七日己未

饭后,往访次公不值,怅快而返。薄暮,同小异、春甫往环马场闲步。小异曰:"月色甚佳,何以遣此良宵?"因往酒楼酤饮,仍作持螯大嚼。酒间,小异偶述金陵旧事云:"昔蔡世松作山长时,性鄙酷,颇招士怨。有撰联局以嘲之,曰:'藏文仲居蔡,夏后氏以松,其间必有名世者。'"虽涉诙谐,而亦尖刻。又述一广文殉节事颇壮。上元校官夏观宝,扬州人。见贼已陷城,乃服朝衣冠,端立学宫外墙上,大书一诗云:"苜蓿何堪继采薇,坦然全受复全归。半生养就凌云志，化作贞魂一片飞。"贼至，呵之不屈，乃交刃之而死。其死光明磊落，兀然不惧，更难于自经仰药者。

十有八日庚申

晨，至小异寓斋，见其案头有寄叶调生札，述纪通商新章十款。其略云："商船日用所需，如米粉、面包、西国米、肥皂、笔墨、纸张、衣服、行李等，向例征税，今皆免税，但报船钞。硝磺、军器违禁各物，今皆弛禁收税，但准洋商在各港口售卖。既入内地以后，听华商贩往各处，洋商不得护送干预。鸦片改名洋药，亦照此办理。米谷准在通商各口流通，两口监督，互相知照。出口时报税，进口时仍报船钞，不准贩往外国。铜钱出口报船钞，进口免税。豆饼、豆石除牛庄、登州两口，不准洋商贩出，亦不准代华商运贩。此外悉听贩运，一经纳税，不问所之。其馀各款，不过增减税饷旧章而已。孙次公来访，剧谈竟晷。饭罢，同次公、壬叔往诣新关，访孙澄之，见其室中古画颇多，皆自加题跋。澄之名文川，金陵上元诸生。避难来此，赵静山观察延至新关，司会评。为人倜傥，工诗词。别后入东门，往辅元堂中，见江翼云师与经芳洲，询问彗星休咎，答以："天道远，人道迩，虽以占验望气之学，亦有所不明。《传》云：彗者，所以除旧布新也。盖否极则泰，治极则乱，其验或远或近，不可得而预知，在为上者，修德以禳之耳。道光壬寅年秋间之彗中华，只见其尾光熊熊，殆将竟天，而其星体则在地球下。以理测之，咎在西国。其后英、法、土与俄攻战，死伤如积，虽卒成和议，而已劳兵三载，国几疲矣。继以波斯背盟，印度叛乱，英国兵端至今未弭，则其应在十年之后。今者赭寇未歼，捻匪又炽，皖、豫、淮、浙之间，罹锋镝而死者，不可胜纪，上天垂象，或将厚其毒而歼之，未可知也。善人为邦，百年可以胜残去杀，此盖残杀之末运、生民之大劫也。"翼云师亦以为然。复至西门访贾云阶,不值。闻邑令黄荷汀欲修邑志,故招贾云阶、江馨山往集蕊珠书院议之。继访杨见山,亦不值。见山名岘,湖州归安孝廉,寓程味兰家。所居为小桃花源室,极幽静,小憩片刻,几忘尘市之嚣。是日访友多不遇,乃迂道往清桂堂,忽晤邱谦六亦来,同登楼上,见金珠校书,颇可人意。既出北关,次公腹颇枵,乃往酒家小饮,继啖面,粗得一饱。复往双庆堂访艳,有爱卿校书,容虽中人,而谈吐诙谐,妙解人颐,亦颇不俗。壬叔遂与定情,缠绵久之而别。归时步月而回,霜华满地,颇有寒意。

十九日辛酉

晨,诣小异斋中闲话。言近日新例,附生增廪均不得捐教,因不得为士子表率也。因忆旧有谐语一联,讥切时事云:"附生捐教,增生捐教,廪生亦捐教,天下从兹皆苟苟;白鬼通商,黑鬼通商,红鬼也通商,人间自此尽非非。"颇可解颐。

二十日壬戌

午后,为孙次公致书贾云阶,云:

王瀚顿首云:阶兄丈执事,自我旅此,于今十年。出入城市,初无相识。窃揆行诣,远逊今贤,不敢与之敷衽接席,抗手论心。自悦野性尚友,古人百里之长,不通笔札;再命之士,久绝苞苴。虽处氛杂之场,不损淡泊之志。天寒夜永,时复一灯自怡,稍理旧策,奈年月递增,心绪愈乱,境遇堙塞,才华零腐。犬马之齿,仅少潘岳三岁,虽二毛未见,而引镜自照,精不泽肤,气不充骨,销铄之验,殆已见端。况复佣书西舍,贱等赁舂,闭置终日,动遇桎梏。学蒙庄之牛呼,为史迁之马走,因此懵懵自甘,惘惘不乐,每一念及,行坐都忘。犹幸海内名流,不加摈弃，昌黎之车，枉道及门，子猷之舟，冒雪维岸，诗酒流连，谈谐间作。唯此二三朋好，相为性命，聊以自慰，差胜羁孤。孙君次公，固檇李之诗人，执骚坛牛耳者也。兹从浙西来，道过三泖九峰间，见其友张啸山先生，询以海陬物望，特举执事以为古之风流，今之谨饬士也。其诣则诗文峻洁，其人则肝胆轮囷，盖海上之首领，早为云间所心折矣。然次公方且以李膺之门，有愿莫攀，孺悲之见，无介堪虞。苟贸贸投刺，或将讶其何来；仆仆求知，甚者诋其自贬，而视若今之所谓名士者矣。瀚与李君壬叔独曰否否，以为松柏具相悦之性，苔岑有结契之缘，气如磁引，言同兰臭。昔孙崧方觅于邴原，休源见访于顾云，类皆素蓄钦迟，深其欣瞩。是以叔向之于羭蔑，能知其心；季札之于子美，如识其面。两贤之合，异地之知，可操券而必者也。次公闻言，奋然晋谒，先睹为快。岂知室迩人远，望衡徒叹，云白山深，回车靡乐，徒切心期，犹虚手握。夫次公为学，固非今之名士也，所为幽拙，大与时阔，　首　面，不亏贞素。近欲刊同人百家诗选，仿南宋江湖群贤集之例，立体必纯，摭言必高，不分朋甲，贵集众长。搜牢殚其深心，退访虚其雅尚，极知执事稿未断手，书已等身，欲乞所作，以为弁冕。深憾昭明所选，不登兰亭，岂有唐一代，竟遗李、杜？复箸《申江采舫录》，志惟法古，事异猎名，岂仅扬绝学于丹青，务必摈虚声于朱紫。一材一技，有闻必书，某地某人，按谱可索。是亦诗家表彰之微旨也。此间禺　骈罗，华夷互市，车毂摩击，金气熏灼。有心者方且兴极盛之思，过盈之惧。瀚曾撰《瀛壖杂志》一书，略道其意，仅得二卷。会楮寇构乱，业遂中辍，然于沪城掌故，略稔一二矣。大抵乾嘉之间，人才蔚起，学问文章，抗衡宇内。近则鹭洲学博子冶明经，亦一时之隽也。左映鼎彝，右陈书画，契赏必古，精鉴入神，四方都士，停车其门，踵趾相错。而二君者，皆虚怀若谷，延纳拂拭，唯恐不及，闭门投辖，殆无虚日。是以学盛当时，誉流众口。今继起者，舍执事其谁哉？因次公相托之雅，聊布所怀，词不宣意，伏唯起居万福。

午后，孙次公来访，清谈竟晷。薄暮，同次公、壬叔往访澄之，不值。澄之所居小楼，为船舫武，极为精雅，陈设颇不俗。其戚王君，特设片荞。晤慈溪人桂鉴湖，略谈数语而别。往馨美酒垆小饮，酒味殊不恶。次公于是日无所遇，怏怏而返。

二十一日癸亥

午后，次公偕李仪庭来访。同入城，觅一枝栖，聊以托足。顾西园苦无隙地，莫肯为徐穉子者，因诣福泉啜茗，复往怀迥楼访唐芸阁，剧谈片晷。董晓庵、钱云门皆在。次公因夕阳已下，匆匆出城。夜挑灯作书，呈江翼云师云：

一昨偕孙君次公、李君壬叔，竭诚晋谒。道经梅街，知夫子在辅元堂中，公事旁午，不揣冒昧，毅然入见。岂意化雨所润，尚及枯井；春风所嘘，弗遗朽木。获聆训言，顿发渊悟。彗星之见，所以除旧布新，盖否极则泰，理或有然。今者狂寇未枭，捻匪又肆，所过之地，血肉膏于原野，性命等于虫沙。残杀之惨，耳目不忍睹。闻上天垂象，或将厚其毒而殄之，未可知也。邑志之修，诚为盛举，然立体必纯，务去驳杂；叙事必洁，毋取冗复；措词必当，弗尚浮滥。孙可之云：文章如面，史才最难。故所贵有三长之手、如椽之笔也。瀚前著《瀛壖杂志》二卷，曾经夫子训正，许为有神于世道人心。后以会匪构乱，奔命俗役,心绪堙塞,笔墨遂废。今馆务之暇,稍加编缀,间有增损。倘得续成,当缮写定本,借呈清诲。不材之木,必待大匠而裁成;跃冶之金,尚赖洪炉之鼓铸。以夫子掉鞅词坛,领袖瀛海,问字之车,突过杨子,及门之士,不少刘义,四方名彦,噬肯来游,皆愿获见颜色,以为光宠。是以怀才抱能之士,仲宣、公干之俦,皆亲炙左右,翔集庭宇,或且有望尘仰沫、攀鳞附翼而唯恐后者。今之次公,即其一也。次公道不偶今,学惟媚古,远拟逋翁,近方竹垞。凡有群书,靡不溯览,出其馀绪,乃为词章。所著《始有庐诗》十卷,谨尘几席,欲以就绳削亲指授,非如妄击布鼓、自珍敝帚。然诗虽小技,亦见一斑;性情之用真,而学问寓其中焉。次公在沪所交,如王叔彝、李小瀛,皆诗酒友也。已采其所作,入同人《词选》中,而独以未识夫子为憾。昔者子由入都,急谒庐陵;居易作诗,先投顾况。岂仅欲通声气、广名誉哉?盖以桃李之门,雅流所萃;兰臭之言,欣赏必真耳。外呈《词选》四册,意欲鬻去,寄存夫子瓮中,定当发箧而售,自可不胫以走矣。次公近将刻《同人百家诗选》,欲集剞劂之资,以付手民,鬻此佐之,亦不得已耳。捃书徙宅,未可笑杜老之穷;冒雪求诗,或不愧灞桥之雅。惟望夫子玉成,终始不摈诸门外,所深感也。入冬煦暖,节候殊乖。崇护维时,词不宣备。

二十二日甲子

天气晴暖,殊无冬意,着棉衣犹觉其热。午后,孙次公、李仪庭来访,剧谈竟晷。予以涤庵师诗一册赠次公。盖渠意欲采入同人诗选也。薄暮,壬叔招小异、次公及予往万福楼小饮,肴核数簋,颇堪下酒。次公酒量甚窄,仅得三斝,予亦不及畅饮。酒罢,往访爱

卿校书,吸片芥三管,觉肺腑通畅。流连久之而别。次公言:是日
观印书房中印书车,叹其机轮巧妙。又至秦氏室,见其缝衣之器,
轮轴圆转,运针若飞。得二绝句以纪之。云:"车翻墨海转轮圆,百
种奇编宇内传。怔煞老牛浑不解,不耕禾陇种书田。""鹊口衔丝
双穗开,铜盘乍转铁轮回。纤纤顷刻成千缕,亲见针神手制来。"

二十三日乙丑

晨至小异斋中闲话,钱云门来访。云门,槜李画家,工绘花鸟,
旅沪一月矣。同入城啜茗。下午,陡发大风,寒甚,觉敝裘不暖。
蒋剑人题《丁小农蕉山梦隐图》,同孙三澄之均辞旨激昂,急为录
出。云:"淮南招隐生桂树,终南充隐山灵怒。君今吏隐梦焦山,便
与白云商出处。白云未必悭宿缘,几朵芙蓉青入船。如此一幅好
山水,可怜四海多风烟。不横马槊非英雄,指挥玉帐看元戎。男儿
作健且快意,杀贼那复争奇功。林曦朝起听禽哢,客游古洞呼猿
送。夕阳疏磬度松寮,夜半老梅清入梦。梦中恍遇古丈夫,异境写
入名山图。似闻浮玉荡兵燹,兹山何幸逃于虚。隐居今日非君事,
百里他时民命寄。出山心似在山泉,应有江沤知此意。登高怀古
情所忻,题诗我忆蕉隐君。幽人几辈尚高卧,还向山中问白云。"孙
次公亦题七古一首,云:"焦山山顶堕残月,一色凉凝兵气白。楼船
照耀横江来,有客枕戈眠不得。孤城一士气如虹,翻然投笔起从
戎。杀贼已邀天子赏,梦魂犹恋山之中。潮声汹涌撼林屋,屋角青
青浮片玉。愿结茅庵住此间,游仙莫问黄粱熟。馀生虎口险曾经,
烽火还从梦外惊。指点仙人埋鹤处,他年左券证山灵。"次公又题
《钱鲈香十三间楼校书图》云:"层楼幽敞枕山巅,约客同游手旧
编。时与张君啸山同游。一研松风依古佛,半床萝月梦诗仙。爪犹
昔日鸿泥印,心恐他年亥豕传。点窜丹黄摊卷坐,丝丝落叶下庭

前。"题《西安将军就园焚香读画》云："将军好武不用武，古鼎烟云耽静坐。将军好武兼好文，爱从翰墨收奇勋。西安将军古儒将，偶学骑驴到湖上。竺雨凉拖鹫岭云，天开画景留新样。对景流连信手摹，空濛写入米颠图。五日一山十月水，篆烟消得几工夫。剡藤幅幅惟神领，巨董荆关谁与并。留付他年画史传，请歌杜老丹青引。"次公于近日题图之作，多信手涂抹，殊少精心结撰也。

二十四日丙寅

午后，李静仙来访，诵其所题《丁小瀛焦山梦隐图》云："何年江上熄烽烟，依旧岚光扫碧天。倘向山中赋招隐，有人曾作枕戈眠。""金碧楼台惨欲无，劫灰红处半模糊。中流浮玉仍无恙，付与词人作画图。"闲话久之，同静宣至环马场散步。往次游寓斋，偕诣茗寮小啜。次游近日书兴大佳，求书者接踵于门。予笑曰："斋中户限，恐将踏破矣。"啜茗后，往访李仪庭。仪庭新迁寓于泰来，室颇雅静。刚画《岁朝图》未毕，笔致工细，仿北宋正派。薄暮，孙次公来访。天寒，稍饮杯酒。夜饭罢，同作北里之游，所见无一佳者，令人作数日恶。予曰："此真香粉地狱也！"次公他日回里，可以告人曰："归家夸与诸君说，曾向阿鼻无间来。鼻读作皮。"次公短视，辨色不甚了了，见龋齿蓬发者，皆以为可。余嘲之曰："有妓皆从海外至，此花只好雾中看。"次公不禁拊掌狂笑。

二十五日丁卯

饭罢，次公来访，将迁寓至东关外矣。约作北里之游，为竟日欢。遂同壬叔至四牌楼双福小舍，有巧珠录事，容色颇可，宛转随人，为此中翘楚。予遂与之定情，拟赠一联云："慧心自具千般巧，媚骨能消百琲珠。"顷之，宝玲校书亦至，欢谑竟晷。抵暮，乃出东关，送次公至厘捐局中。李小瀛已往南翔，其倩周君在焉，寒暄数语即别。

二十六日戊辰

薄暮，往小异斋中，见其从弟子英自金陵营务中回。初相识面，即复剧谈，同往环马场散步。途遇仪庭，偕诣茶寮小啜。仪庭话昔日乱离之况，心目惨伤，读庾子山《哀江南赋》，真堪泪下。因上灯已久，匆匆别去。小异同其从弟及予登万福楼少饮，稻蟹殊肥，得以饱啖。子英不善饮酒，仅罄一壶。是日，小异为东道主，予以无钱不能与子英一洗尘，殊堪愧也。

二十七日己巳

午后，徐古春来，以《桂林从军图》乞题。孙次公来访，言《海上蜃楼词》已得三十八绝矣。

二十八日庚午

饭罢入城，至竹林禅院访蒋剑人，赠以涤庵师诗集一册、泰西医书二种，求其题《无我相图》，闲话久之而别。往东关售洋布，得晤吴雪山，知孙荣货船从甫里来，寄至醒逋手书，借稔故乡近况。同往世公酒垆小饮，罄无算爵，出东关已昏黑如墨矣。夜至小异斋中，见其弟子英，剧谈片晷即返。

二十九日辛未

晨，作书复醒逋云：

　　瀚再拜，辱惠手书，殊深欣慰。比维履祉康和、眷属安聚，定多胜也。前月，曾有武林之游，得览西泠胜境，湖光山色，荡豁胸目。惜以竟无一诗，负此佳景，匆促解维，未免为山灵所笑耳。舍弟子卿，供养烟云，已成痼癖。迩来为之赁屋一椽，聚徒三五，脩脯所入，仅供租金。然放心未肯遽收，犹且典研鬻书，质衣卖物，以作片茮之费。劝之不可，徒唤奈何而已。

　　中外和议已成，永敦辑睦。星使至此，惟增减税饷章程，申画通商界址,非有他意。比者英酋乘兵舶五艘,溯江而上,将至汉口,行抵芜湖,为贼所阻。始则运铜炮以轻舟,继则入贼巢而轰击,狂寇狃于数胜,悉不畏死,亦一劲敌也。据英酋额尔金之意,必当助我国歼除此贼,共享升平。以长江之寇一日不灭,则通商之局一日不行。审如是,则彼御于江,我剿于陆,彼抗其下,我攻其上,灭之诚易易耳。

夏间虽甚烦热,瀚体尚属平善,足以健步远行,可二十里许。作客春申,将及十载,里中诸友,日渐疏逖,老辈故交,凋伤殆半。每一念及,涕堕垂膺,悲从中来,拔剑斫地,四顾茫然。嗟乎! 年华航脏,身世飘零,既悲逝者,行自伤也。涤庵业师虽不得意,频年丧子,伊郁寡欢,然卖药馀资,堪娱晚景,诗坛酒国中,岿然一鲁灵光矣。春间岁试,当至鹿城,与诸故好作平原十日之饮,非欲炫技于名场也。帖括一道,久庋高阁,阿婆老矣,岂复能作时世妆,与三五少年争妍斗色哉? 求名之心,久如死灰,不可复燃。瀚视片时浮荣如秋风之吹焉耳,所争者千秋耳。梅厂朱君,与予同入泮,今渠蜚声云霄,升沉迥异。此其间盖有数在,不可幸而求也。总之夺我研田,假我饼金,已失朋友通财之雅,当赎而缓期,非得已也。醴园书来,乃以虚词恫喝,抑何鄙哉! 腊底,家慈意将旋里,当先为料理。即不然,瀚应试归来,亦可了此一段公案。如云意在炫售,借偿逋项,则直有挟而求要,人以必得矣。虽昔王戎倾身障簏,亦无此龌龊也。此研虽非至宝,乃泰峰先生从围城中寄赠者,方当传诸世世子孙,用志其惠,岂肯以青蚨五千头而轻于一掷哉! 翠钗一股,乃梦蘅奁中旧物。玉碎香消,仅仅存此,以为记忆。虽与我万金,不易也。寄语忍之,且体此念,毋使儒林腾笑也。规生已矣,思之寝食俱废,行坐都忘。去年,瀚僻处穷乡,进退维谷,赖渠十金,得以束装。不谓布帆开后,凶谶遽来。既为伯道无儿,又叹惠开短命。玉树长埋,芳龄竟促,天道无知,岂犹可问。俗役稍息,当作一传诔附刻集中。瀚文虽不足以传,亦聊尽区区衷曲尔。规生夫人,既有还书之命,而不索其偿,其落落大方,为近时闺秀中所难得。夫既能结穷交之知,妻又不望豪士之报,此岂守钱虏辈所能同日语哉!秋间西成大稔,而米贵如故。研田仍有恶岁,谋食愈难,其故盖由师道日坏,世情渐浇,粗识数字,仅诵一经,即复谬主 比,希取廪饩,而具真实本领者,反无啖饭处。此辈筋骨脆弱,不能力役,心思笨拙,不通会计,好为人师,贻误非浅。圣王在上,当与惰民同其罚也。迩来意兴,迥非昔时,一切俗学,谢绝殆尽。日耽于酒,或偕二三伦好,买醉黄垆。秦次游、孙次公卖字卖赋,皆来此间,是固橋李诗人而一时之隽也。友朋之乐,颇不寂寞,旅中消遣,赖有此耳。猥承询问,谨布所怀。瀚白。

午后,许伴梅从云间来访,言前岁科试,幸得冠军。云间太守雅重其名,延课二子。今渠二子北归,馆中无事,欲另觅安研所,托予谋之。所说刺刺不休,令人听之欲倦。夜,至小异斋中闲话。

十一月

朔日壬申

晨,同小异入城,先往东关寄家书,知孙荣货船尚未开也。往访祝桐君,剧谈竟晷。继偕小异、春甫、封昼三诣乐茗轩小啜,茶味甚佳,足以洗涤尘襟矣。午后,得遇壬叔、次公、阆斋于茶寮中,抵掌雄谈，及暮而别。予与壬叔、小异送次公出东关外，路滑殊觉难行。既至环马场，知馨美酒楼所煮牛脯初熟，同往大嚼。予素不食牛，此第一次破戒，不知五脏神赞叹其妙否，抑如食羊者之踏破菜园否也？

二日癸酉

秦次游、李静宣来访，剧话良久。壬叔特为东道主人，邀往景阳馆小饮，肴馔殊佳，颇堪下箸，三爵既罄，已觉微醺。次游言，在槜李设有放生会，月朔一举，乐善者捐资不少，易以集事。昨过万福楼，见笼中鸽子十数头，交颈鼓翼，情状可怜。悯其将就汤火，特购而蓄之。即此一端，已足见仁人之用心矣。午后，同小异入城访次公，宋小坡亦来合并，同往山凤酒楼小酌，聊谋一醉。继同次公出东关，访邱谦六，特调片苈相款，意殊殷勤也。归时，小异颇患腹枵，特于小肆啖饭，以充饥肠。所煮之馔，味亦不恶。

三日甲戌

午后，江翼云师从瞿子仁处寄一札来，言"读次公诗词，真为名士。托售《词选》，必须言价。海上多俗人，非强之不肯受也。《瀛壖杂志》他日续成，速借一观。以弟慧根夙具，加以博览群书，其所著当必有大过人者"。夜，同小异往泰来栈访仪庭，以扇头乞画。赠以西书二种。是日，笔客李馥斋来，购笔一千三百头，濡墨试之，甚佳，毛齐颖尖，诚兼有四德者也。

四日乙亥

午后，次公来访，同至小异斋中，则黄子慎在焉。坐谈片晷，即同小异出东关，往访邱谦六。谦六，粤东人，售片苈为生。次公两访之者，冀其攀附风雅，以财贿交结也。既夜，匆匆而归。

五日丙子　　阴，午后微雨，天气煦暖，有似春时

晨，试李馥斋羊毫笔。徐芹泉、张子和来访。芹泉工书法，篆

隶结体尤精,旧为张叔未代笔。子和久在沪上,明金石学,为近时镌刻名手,常主王叔彝家。夜,同壬叔往小异斋中闲话。小异言:金陵多古砖,台城遗址尚存,砖甚坚致,皆六朝时所筑。今惜为狂寇所毁。前时有人偶掘地稍深,辄得古器。今闻贼困城中,多耕田自给,旧时遗迹,荡无复存。予问:"贼至金陵,何陷之甚易,且速民之罹难而死者,为数几何?"小异云:"城中粮饷,足支三月,可恃无恐。雉堞高峻,土厚水深,原属猝未可下。奈贼偷掘地道,轰破城垣,蚁附而进。守城兵寡,力不能御,所有团练乡勇,一时未集。贼枪炮迅利,城缺处旋筑旋塌,以至失守。是由天意,岂系人为。总计金陵一城之民,约一百有二十万。城陷后,捐躯殉难,阖室自焚,及阵亡被杀者,不下二万人。满城中死尤惨烈,五万人仅存四百数十人而已。咸丰二年,藩署琼花盛放,远近聚观,藩司以为祥异,绘图令诸名士题咏。数月后,即遭此大变,是直花妖耳。当贼初至,守土官吏仓猝集事,撤兵退保城中,而城外不设一营,以至得行地道之谋。按魏默深《海国图志》中载:教匪守滑县时,圳城之处,掘地数丈,以瓮倒埋。其中瓮底凿一小孔,立一瞽者于内,上用板遮蔽,令其于瓮孔边倾耳细听,虽数里之外,凿掘声历历可辨。候其所掘垂成,则以水灌之,无有不倾压死者。当时虽有人献此议,奈行之具文,终不济事。向荣援兵迟至者,以沿江一带无舟可渡。此皆气运使然,不得为向公咎也。"又言:"近时事局愈出愈奇,为千古所未有。官军与贼接仗时,并不开放枪炮,每遥相痛詈。领兵员弁,相离数丈,以旂指挥,喧片时许,各鸟兽散。若不战时,于茶肆酒垆,互相交结,欢如兄弟。军中多有妇人。时出焚掠,亦置不问。所为法令严肃、韬略精深、谋画优裕者,皆无所用之。非惟有心人不欲见,并不欲闻也。狂寇之兴,首尾九年,踞窃金陵,已越六载。

令官军攻围得手，渐附城垣，毒焰稍熸，势将瓦解。奈捻匪张乐形结连滋扰，上游复通，贼粮得以援济，而恢复又无时矣。天乎！何斯民之重不幸也？"

六日丁丑

闻英酋之舟已抵汉口。贼人在岸虚放枪炮，英舟已稍损坏。贼已于江口严设重兵，以备堵截，未知英舟回时能出险否？若能借此驱除，亦一机会也。薄暮，同小异、壬叔入城，街衢泥滑，步履殊艰。小异购纨扇二柄，将以贻合信也。出城后，往黄垆小饮，食牛脯殊美。

七日戊寅

饭罢，李仪庭来访，所倩画之扇已就，仿瓯香馆法，亦殊不俗。顷之，徐芹泉、孙次公来，余即以仪庭所画扇求其作书。薄暮，偕芹泉、次公、壬叔往世公酒垆小饮，三爵微醺，聊以解渴。夜，小异来，拉予及壬叔往环马场踏月，一弯眉子，分外有致。往把清楼啜茗，闲话片时，殊有晋人风味。

八日己卯

清晨，往小异斋中，不值。因独自入城，往茶寮小啜。遇一浙东人，与之闲话，聊以破寂。午后，往福泉楼，得见次公、近泉、小异、壬叔皆在，纵谈一切。寮中女士如云，流目送盼，妖态百出，惜到眼差可者，卒无一人。啜茗后，同往会仙馆，孙君澄之亦来合并。宋小坡闯然而至，沽酒轰饮，饮兴殊豪。小坡自吟其诗云："痛饮屡躯或有妨。"言酒为大户，一举十觞，不能节饮也。是日，壬叔特解杖头钱为东道主。酒罢，往东关杏雨楼啜茗，作卢仝七碗之饮。茗罢，往访祝桐君，清坐移时而别。夜，微雨。

九日庚辰

饭罢，往访秦次游，见其独坐寓斋，神情洒然。顷之，蒋剑人、陈同叔至，闲话片时即别。予同次游往挹清啜茗，得见静宣、仪庭，遂与合并，清谈良久。次游言：前以鸽十八只寄养壬叔处，嘱其善为护持，不意一夕为鼠狼食尽。静宣作诗忏之曰："朝与鸡同栖，暮为狼所食。流浪生死中，哀哉十八鸽。"孙澄之闻曰："君仁矣，而术未精，不得为李仆笞也。壬叔其为郑子产哉！"薄暮，往小异斋中闲话。继同小异、春甫散步环马场，诣万福楼小饮，封昼三亦来合并。昼三至此觅食，而西人处人浮于事，无少为谋。近日几有吴市吹箫之虑。天下多穷民，安得十万贯大布施之。

十日辛巳

静宣、仪庭来访，言将束装归去，令人闻之默然。夜饭后，往访次游，则次游他出，而静宣亦不在，惟仪庭据案看书。因与清谈久之。次游、静宣偕澄之至，谓自黄垆沽醉而归。澄之袖出古文一篇，记田玉梅三入贼巢事，读之觉忠义之气郁勃纸上。人为千古并传之人，文亦千古不朽之文也。余谓此等文字，有益于世道人心，况记载实事，他日可为正史考证，当仿《虞初新志》之例，萃刻十馀册附于野史稗官之末，亦表彰忠孝之一端也。

十有一日壬午

钱寿同来访，剧谈竟晷。寿同能画，工篆刻。前年曾客王江泾，所交亦多名士。薄暮，同壬叔、小异往酒楼小饮，烹鱼甚佳，但味稍咸耳。酒罢，往访秦次游，闲话片时，仪庭亦来，知船尚未有归期，又缓一日矣。静宣出示吴少海、陈山春集图，渠题二绝句，颇觉淡远有致。

十有二日癸未

祝桐君来，立谈数语即去。沈松云、施竹琴来访。薄暮，途遇小异，同往酒楼酤饮。是日迟次游不至。既夕，偕小异诣挹清楼啜茗。

十有三日甲申

西医合信将行，以书数种相赠。闻英船行至芜湖之鸡窠，与贼接仗，互有胜负。船已坏其一，将驶至汉口修理。薄暮，同小异至酒楼酤饮。

十有四日乙酉

午后，送合信至黄浦边，珍重携手而别。从此开帆远去，不知何日再相见矣！合君精于医理，为人浑厚朴诚，亦泰西医士中之矫矫者。所著有《博物新编》、《全体新论》、《西医略论》、《妇婴新说》、《内科新说》五种，笔墨简洁，讲论精核，真传作也。

十有五日丙戌

微雨，不能出门。静坐观书，清福不浅。安得有人馈予千金，俾可遂归耕之愿。当买田一顷，每岁所收，纳太平租税外，足以自给。酿二石酒，为冬日御寒、宾客酬酢之用。长夏则闭户不出，临池自乐，亦可终老是乡矣。

十有六日丁亥

午后，同小异入城购物。继至绿荫轩啜茗，闲话良久。

十有七日戊子 天欲作冷，阴霾不开

壬叔言昨得一梦甚奇，乞我记之。梦一羽士容貌清古，须髯疏秀，谓壬叔曰："君来此土已二百年矣，一世为高僧，再世为功臣，尚忆之否？再三百年，候君于凉碧馆也！"袖中出一诗云："小谪尘寰二百秋，偶抛瓢钵梦封侯。而今托迹侏 馆，翻尽奇书又白头。"阅诗后遽然而醒。午后，雨。夜，检旧箧，得鄱阳陈松秋麓题《金陵管异之寒灯课读图》一阕，调寄《贺新郎》，音节苍凉哀婉，为录出之："丙夜鸡声早，闲看取西风，堂户执经人小。朗朗都如瓶泻水，座上

端严一媪。那畔又剪刀声悄,两世梵梵藐孤在,算当时止有灯花笑。梧桐树,此枝好。　　　泉鱼篱粟都休道。廿年来频伤风木,露零萱草。君有文章惊海内,堪作春晖之报。便人镜芙蓉相照。为问床头短檠子,比三条昼炬光多少？收不住。泪双掉。”异之先生为小异之父,文章学问,海内宗仰。所著书籍等身,自经兵燹,靡有存焉。小异现将遍处访求,俾一腔心血不致随劫灰泯灭,而身后之名,借以不替,是亦可见孝思不匮也。

十有八日己丑　　微雨初晴,街间尚湿

徐近泉、孙次公来访,同往新关,见孙君澄之。见其案头,每日札记,真如束笋,留心世事及用笔之勤,令人叹未曾有。闻安徽颇失利,邓绍良、戴文英皆临阵捐躯,没于王事。此二人皆宿将也,身经百战,懋著勋劳,今日临难不避,见危授命,大节凛然。得斯消息,不禁为之扼腕。同澄之三君往挹清楼啜茗,娓娓剧谈,觉晋人风流,犹未远也。茶罢,往访次游,知仪庭、静宣已去。静宣有书至,言全家在粮艘中,俱陷贼巢,其妹已为所杀。文人奇祸,抑至此耶！既夕,同壬叔、次公、近泉往万福酒楼小饮。近泉人极肫笃恂谨,为近时文士中所难得。工诗、书、画,居新篁,里名荣宙里,距平湖二十里,隶嘉兴府属。酒间,极道企慕之私,愧予无才,有负所知耳。

十有九日庚寅　　雨

闻北行之舟,留滞淤沙中,或言为贼所困。道路纷纷,究无确耗也。濂溪从伟烈君行时,天气尚暖,未置棉衣。此时想在炮火声中,忍冻受饥,百倍凄楚。视予安坐家中,饱饭弄笔,隐几看书,何啻天壤！

二十日辛卯

许伴梅复从云间来访,急谋一枝之栖。且愿贬节以求合,娄鬵

不休,真恶客也!

二十一日壬辰

有合众教士欲售合信医书数册,寄至日本,此书流传甚广,真可不胫而走矣。午后,许伴梅又至,偕往邓士明处,令其同谒慕君,未知有所遇否也。夜,子明来舍,言伴梅在云间颇有美馆,以喜嗜片芥,故沦落至此。噫! 小有才者,苟犯此疾,必至为人白眼,伴梅何亦堕此魔障,不早悛,必为废人矣!

二十二日癸巳

晨,同小异入城,诣茗寮小啜。午后,玉塘、吉甫亦来,同诣黄垆轰饮。雨急风狂,不得归家,避往五老峰小坐,殊觉闷绝。

二十三日甲午 雨,静坐短窗,真觉奇闷

壬叔言:昔年同艾约瑟至杭,乘舆往游天竺,为将军所见。时西人无至杭者,间阎皆为惊诧。将军特谕仁和县往询,县令希上意,立逐艾君回沪,而将壬叔发回本州。壬叔因献诗州守,曰:"游山不合约波臣,奉遣还乡判牍新。刺史风流公案雅,递回湖上一诗人。"州守见之大喜,立赠以金遣之。

二十四日乙未 雨

合信君所有之物,尽将售去,西人谓之拍卖,还价最高者可得。予得橱架、肩舆各一事,吉甫昆仲因肩舆之价甚贱,欲攘为己有,断断与争。鄙夫之鄙,一何可笑,余亦不屑与之较也。

二十五日丙申 雨

时小异将返邓尉,而霪雨不止,弗能放棹。旅窗闷坐,殊觉岑寂。午后,往彼剧谈,聊以消遣。小异言,往来于洋泾浜者,大抵皆利徒耳。贪、争、诈三者,无一不备。目中所见言端行信之人,卒未一遇。盖贤愚杂揉,品类不一,天资稍厚者,日变浇薄,利之所在,

则不知有友谊矣。其风视衙署尤坏，生生世世，不愿与此辈伍。

二十六日丁酉　　雨

以金笺求芹泉书画。予昔第求芹泉作隶篆，次公曰："芹泉画亦甚佳，何不并请为之。"午后，江西谷来访壬叔。西谷，名开泰，杭之仁和人。善铁笔。前祝桐君谓予曰："钱耐青在此间，何不求渠刻石。"耐青，人甚冷峭，予与之未识一面，不敢冒昧请之也。西谷为赵次闲后起之隽。

二十七日戊戌

柴伯廉从沙溪来访，剧谈竟晷。伯廉，予旧年相识，锦溪柴晓岩之同族也，名文杰，壬子举人，时年仅十八耳。年少科名，令人欣羡。所著有《伯廉诗稿》十一卷，《咏明史》百首，诸体毕备，光怪陆离，令人不可逼视。充其识养，何难躏古人堂奥哉！

二十八日己亥　　天气晴朗

是日为西国元旦，同壬叔往琴娘处贺岁。此风盛行于米利坚，不殊中土也。自十五日至此，寒雨浃旬，街衢泥泞，不能出门户；至此始得放晴，真觉黄棉袄子出矣。阳光乍暖，病体皆苏，令人心鬲皆爽。闻汉口之舟已回吴淞口，与长发交仗仅二次，于观音门外毁其一炮台，群贼尽窜，匿迹不出，此真乌合之众也！

二十九日庚子　　天晴冻解

着屐入城，遄访柴伯廉，清话良久。偕诣叶萃酒楼小酌，酒味甚醇，肴核颇堪下箸，价亦殊廉。解杖头数百钱，足谋一醉矣。酒罢，同访金祝斋，不值。乃往凝晖阁啜茗，抵暮乃别。

晦日辛丑

晨起入城，往访伯廉。在渠寓斋，得见徐近泉，剧谈良久，邀往凝晖阁啜茗。茶味清淳，胜于他家。茶罢，坚邀至叶萃楼小饮，近泉为东道主人,殊可感也。继至茶寮,得晤次公,握手欢然。知渠于出月初旬将返棹矣。怆然赋别,情况依依。次公欲购医书八种,以半价付予,其馀价即作刻词费,他日或能坿骥以传,未可知也。复同次公往酒楼沽饮,借以饯行。酒罢,匆匆出城,则伟烈已从汉口回矣。登楼相见,略话别绪。薄暮,钱君莲溪来,言在兵船目击攻战情形。贼匪死者不少,西兵亦有杀伤,于仪凤门外毁其三炮台,贼尽遁去,西舶径过至芜湖,又与接仗,行抵安徽旧县,为沙所胶,不得进。公使及罗领事威 玛、李泰国并作一舟而去,留伟烈君于彼署翻译事。旧县督兵者李姓,颇有纪律,一切军需,皆系百姓供亿。莲溪谓:"民穷兵众,虑其不能持久。"李君曰:"已五年于此,兵民相安,毋相扰也。"营中司案牍者为萧勋,字小丹,金陵茂才,与小异素相识。回时舟过芜湖贼境,伟烈君同莲溪入城。贼人设肆射利者甚众,首上裹各色花布,短衣赤足;贼目则以绣花绫缎。时天气殊寒,皆着单裈,形容俱如魑魅。城外流离妇女,转徙无乡,欲求随人而去,亦不可得。闻之伤心酸鼻。继抵金陵,贼首伪太平王遣伪指挥晋天燕朱雄邦奉伪诏到舟,称英公使曰"西洋番弟",词甚倨傲,公使亦不怒也。贼官各目,愈出愈奇,有曰晋天燕及蔡天燕、祥天燕、益天福等名号,不知作何解,适成其为贼而已矣。既夕,同莲溪、壬叔、昼三至馨美酒楼啖牛脯。高谈雄辩,四座皆惊。莲溪亲从贼中来,又扩一分眼界矣。酒后,饭于余舍。复往挹清楼啜茗。

十二月

朔日壬寅

薄暮,同壬叔至东关往访孙次公。次公在局中殊觉寂寞,自李小瀛外，无可谈者。而小瀛冬间督办海运，无一日闲，不能剧谈。惟近泉近在咫尺，足可消遣耳。坐久之，小瀛亦出见，剧谈良久而去。继同次公、壬叔往访近泉，偕至酒垆小饮，共罄二壶，已觉醺然。别后，往邱谦六寓斋，得伯深从吴门邮寄之信，知渠近患湿疮，不能动笔，故来札仅寥寥数语而已。

二日癸卯

午后，孙次公来言，明日将同次游解维返里矣。予所抄词稿尚未竟，只好别后寄去。次公至此五十馀日，得诗词已如束笋。所作《洋泾杂诗》六十绝，洋洋洒洒，亦杰作也。略采数绝于左。《洋泾杂事诗序》："洋泾者，上海县之北郊也，今为西洋通商马头。戊午冬孟，来游兹土，居旬有馀。日见夫巨桥峻关，华楼彩辂，天魔赌艳，海马扬尘，琪花弄妍，翠鸟啼暮。以及假手制造之具，悦耳药曼之音，淫思巧构，靡物不奇。虽穷极奢欲，暴殄已甚，而以之佐谈，屑拾诗料，诚得所宜。爰作杂事诗如干首，文言道俗情，不足供大雅一噱云。""桑田沧海倏惊心，华屋层层簇若林。地下不知谁氏冢，忍将白骨换黄金。地本桑田坟墓，今为西洋所买，悉已铲平。""花冠羽帔坐深宫，握手君臣礼数崇。自是女娲传派远，歌风不逞大王雄。"

三日甲辰①

天晴而颇有寒意。薄暮孙次公来，泊舟洋泾桥畔，特来走别。乃同小异、壬叔往黄公垆侧小饮三爵，同送至江边。约以明年正月偕作邓尉之游，小异为东道主人。顷之，次游亦至，闲话数语，执手而别。夜，小异饭于余舍，村酿甚甘，堪以御冷。

---

① 原稿作"咸丰八年岁次戊午，十二月三日甲辰"，乃分册起首处。

四日乙巳

午后,柴伯廉来舍剧谈竟晷而去。予近日留意诗馀,知昔年所填,音节舛误颇多,因于灯下细加校正。

五日丙午

饭后,徐近泉携金笺二来舍。隶书苍古浑老,直逼秦汉,梅华疏秀,妩媚而有劲骨,不愧书画名家也。近泉以岁暮,匆匆将返棹矣,特来走别,清话久之而去。

六日丁未

清晨,入城,遇阆斋于涂,约作消寒会。偶过酒垆,见有蛤蜊甚巨,因酤酒独酌。午后,小异、吉父、春甫俱集,同阆斋登鸿顺楼大嚼,酒罄数壶。顷之,壬叔亦来合并。洗盏更酌,酒兴勃发,嘉肴并俎,旨酒盈罍,令人属餍,不能下箸。阆斋曰:"今日为予生日,特开寿筵,与诸君消遣耳。"酒罢,同诣凝晖阁啜茗。恂如亦偕去,茗谈娓娓,抵暮乃别,是日可谓畅游矣。夕,同封昼三挑灯往访近泉不值。

七日戊申

静坐不出,江西谷来访,剧谈竟晷而去。西谷偕姚子箴来沪,寓茶栈中,旅费可以无虞。子箴名辉第,沪之旧令尹,今宦囊贫甚,复有出山之想。

八日己酉

晨,诣江翼云师家,清谈竟晷。知次公托销之词,仅售去一部,真可谓名士不值一钱矣。又往柴伯廉寓斋,见近泉为渠画梅花六幅极妙。伯廉极欲访研耕,因与偕造。研耕倒屣出迓,相见欢然,即嘱厨娘煮羹沽酒相款,意殊厚也。饭罢归家,日已斜矣。夜煮鲈鱼,招小异饭于余舍。

九日庚戌

饭时,沈松云、施竹琴来舍,以风雨针相询,剧谈良久乃去。江西谷见过。夜致周弢甫书云:

弢甫阁下:申浦西风,布帆远去,江天在望,思念为劳。比者阴雨浃旬,重寒袭裘。伏想君子摄养维宜,福履康豫,定多胜也。瀚识阁下,于今六年,见未尝衔杯酒接馀欢,别未尝通一札抒积愫。天下奇士,交臂失之,岂尽顽钝无知、疏陋自域哉! 以瀚托迹侏 ,获罪名教,羞与雅流为伍,敢厕通人之班。日惟闲置一室,玩愒岁时,每有所作,动遇桎梏,形神俱废,生趣索寞,岂复敢仰首伸眉,侈然论天下人才、谈千秋箸述哉!自惭不肖,文章小技,犹且未底于成,学难餍于己心,名不挂于人口,三十年,忽焉已至,精神意兴,迥非昔时。兼以病足三载,备历坎轲,世味益淡,酬应愈懒。屡欲息影蓬庐,潜心邱素,迫于饥寒,困于衣食,欲罢不能,所怀未遂,良用喟然。昨于李七几案获见手书,得稔阁下金闾留滞,延访维殷,近将税驾京口,返辕里舍。且言若游邓尉,愿为主人,行李往来,无忧乏困。忆弟去年束装不果,梅花笑人,今东道无虞,游踪顿决,命吕安千里之驾,留平原十日之饮,其乐何如也。小异尝云其地山水绝胜,可以筑庐偕隐。何年摆脱世虑,遂我初衷,置五亩之宅,买半顷之田,葆真养素,共乐邕熙,撷蔬栗以供宾客,洁鸡豚以娱慈亲。人生得此,亦复何恨,徒托空言,为可叹耳。西书五种,借尘惠览,略布鄙意,多不宣悉。

十日辛亥

薄暮同小异、昼三散步环马场,至挹清茶寮啜茗,清谈良久。夜沽村酿,留小异饭。

十有一日（癸丑）〔壬子〕① 雨

薄暮，小异至舍剧谈，以地湿无屐，饭于余舍。村醪甚酽，堪佐清话。

十有二日癸丑

辰刻，施蕙庭从生村来，袖出玉人前后二札，词旨凄惋欲绝，读之令人堕泪。午后，同蕙庭至顺兴茶室，闲话竟晷，又款之于酒楼，聊以酬青鸟之劳。蕙庭又欲代予觅小室于鹿城，意殊倦倦，甚可感也。既夕，挑灯作复书。夜漏三滴始眠。闻是日胡舒塘来访不值而返。

十有三日甲寅

清晨，入城，见施蕙庭于茶室中，即与之同诣酒楼小饮。蕙庭弗嗜酒，席间殊觉寂寞。酒罢，与之作茗战，清话良久。蕙庭亟欲旋归，送之至北城而别。午后，涂遇梁阆斋、吴仙舟、徐安甫，拉之至黄垆沽饮，所煮醋鱼，风味甚佳。仙舟酒量殊豪，可为大户，特出杖头钱，为东道主人。愧予老饕，又得一饱。继又往福泉楼啜茗，出城已夕阳西坠矣。

十有四日乙卯

饭罢，入城，往候金祝斋，不值。于冷摊上见有许淞渔所选《宋诗三百首》，殊便览阅，出钱二十文购之归。薄暮，江西谷来访，言天寒思酒，且往黄垆轰饮。涂遇小异，拉之偕去。酒家煮牛脯初熟，索得一盘，举箸大嚼，殊快人意。西谷饮兴甚豪，酒罄无算爵。壬叔颇有醉意，乃乘兴往访姚子箴，子箴方踞床吸片芬，清话良久

① 原稿从本日起干支漏算一日，直至咸丰九年正月二十一日；正月二十二、二十三不误；正月二十四日至二月十四日又误。今仅于首次误记处校改，以下径为改正，不再校标。

乃别。是夜月色如水,冷彻毫发,步之而归,殊不胜寒。

十五日丙辰

晨,入城访金祝斋,不值。午后柴伯廉来舍,剧话竟晷而去。薄暮,同小昪、壬叔往茶寮小啜,同至酒楼煮酒小酌,聊作饯行。筵酒罢,予独访金少枚,清谈数语,匆匆即别。夜,挑灯作书,呈前任观察吴健彰道普:

南武王瀚上书观察大人阁下:震铄隆名,七年于兹,自分草茅疏贱,不敢执贽进谒,故怀刺不投,及门而返者屡矣。非真介然自守也,盖惧渎也。况往者沪上寇氛未靖,大人寄军国重任,军书旁午,而下士以文字不急之务来相干渎,未有不遭呵斥者。今者考槃退养,泉石优游,方且延揽英豪,流连诗酒,又筑别墅于城西,为娱老计,将见地以人传,树同德重,载诸志乘,足为海滨嘉话矣。然瀚窥大人之心,虽不在位,而洞规事势,默运经纶,冀以上答圣主特达之知,下酬当事倚畀之重,邑中利弊所在,知无不言,言无不尽,谆谆为来者告,岂唯官吏素钦,华彝共仰哉。羁旅之人,实嘉赖之。

顾瀚窃有言者:政事文章,其为报称一也。政事泽及一时,文章功流千载,其可以鉴得失、纪善恶、辨贤愚、定褒贬、别是非,信今而传后者,莫如邑志若矣。修葺邑志之举,非有势位者不办。而当今之有势位者,案牍劳其形,税赋烦其虑,地方繁剧艰巨之事,且未暇一一条理,安能搜罗轶事,采访旧闻,为此从容可缓之役哉!若大人则时足以搜闻,力足以集事,且宏奖风流,情殷吐握,又足以收群策群力之用。况沪虽弹丸之地,而禺 所骈罗,中外所互市,肩摩毂击,金气熏灼,苍牛青虎之间,沧瀚横流,耳闻目见,书不胜书。瀚昔著有《瀛壖杂

志》一卷,自谓于沪城掌故,略有所知,惜以荐更多故,业遂中
辍,近时事实尚未编录,倘能假以岁月,或有所观。瀚屡欲陈
诸左右,而苦无其端。今闻荷汀黄先生欲修邑志,此不可失之
机也,故谨缮写上呈。如蒙大人不弃,采厥刍荛,赐以刻资,俾
付手民,则感且不朽。瀚非敢冒昧上干,以大人平日乐煦恩于
寒素,又昔年辱与二公子有樽酒之雅,故以为言。坿呈西书六
种,幸留赐览。其《双璧行》一章,即始见二公子时所作也。
冒渎尊严,无任主臣。瀚谨状。

十有六日丁巳　　　天甚清寒

薄暮,江西谷同姚芳洲来观印书车,时工役已散,不及见而返。
上灯时,小昇来辞行,舟子已候于门,匆匆话数语即别。小昇约予
明岁春正为邓尉之游,不知能果否也。

十有七日戊午

晚,遄石元茂栈访胡舒塘。清话竟晷。始知舒塘为石氏西席,
课砺如之孙。挈眷来此,将一载矣。今岁暮将作返棹计,不能长聚
谈诗,为之惘然若失。别去后,至英署中。得见阆斋,小憩片时,见
阆斋方有馆事,乃辞之而行。浦滨水气迷濛,都作寒意。月黑泥
泞,艰不可行。想明日将雨矣。

十有八日己未　　　雨

夜作书,呈锦溪朱雪泉舅氏:

　　瀚再拜言舅氏先生阁下:寒江雁远,古驿梅香,心旷望以
为劳,书修阻而莫达。昔在淞滨,日饮碧水,今居海曲,时餐黄
沙。意境所历,迥不同矣。揭来西风正劲,冷月又圆,回思故
乡,又得春新谷以供餐,酿醇醪以谋醉,加棉劝食,摄卫维宜。
先生以古稀之年,应圣明之诏,三征不起,十赍频颁,而先生方

且抑然退下,如逾素分,晦不图荣,辞非邀誉,求之当代,实罕其人。况乎家庭之间,棣棣穆穆,幼稚之辈,秩秩怡怡,固已极人生之真福,而得天伦之至乐者矣。迩维杖履优和,起居康豫,甚善甚善。

忆我不见,于今五年,迥隔懿范,时廑素心。去夏以病足返辕,蹇卧蓬庐。既益顽疴,洊更多故。承先生拯拔于垂绝之时,厚施于不报之域,饮德铭恩,衔感何极。冬间曾泐尺一之书,拜十千之贶,骏鸟迅兔,倏已岁阑。道路既乖,闻问又隔,非季布之诺不践,郭重之言竟食也。盖以溯风之鸿,经泖峰而辄回;识字之犬,过洛川而不辨。或急于邮递,托非其人,则将为殷洪乔之寄书,供其投水,顾长康之取画,托为通灵。虑虽过当,事则或有。故瀚思于鹿城试文之时,为赵廷完璧之举。以此迟回,幸勿为罪。瀚自来海上,绵历岁序,虽亦时命之限,初非意计所料。第事已至此,不得不安之而已。视厄境为亨衢,等秋荼于甘荠,其近况略可述焉。托迹侏　,熏莸殊臭。传曰:"非我族类,其心必异。"饮食者欲固不相通,语言动作尤不可苟。每日辨色以兴,竟晷而散,几于劳同负贩,贱等赁春。疏懒之性,如处狴犴,文字之间,尤为冰炭。名为秉笔,实供指挥。支离曲学,非特覆瓿糊窗,直可投诸溷厕。玩时愒日,坐耗壮年,其无所取一也。同处一堂,绝少雅士,屈身谋食,岂有端人。本非知心之交,不过觌面为友,虱身其间,时有牴牾。不得已呼听马牛,食争鸡鹜,随行逐队,竽滥齐庭;问舍求田,箫吹吴市。至于出而订交,品类尤杂。久涸势途,面目都变。一溺利薮,谈吐可憎。性情既殊,踪迹斯阔。其有稍知笔墨,攀附雅流,则又若郭、李之徒震盛名,季绪之妄诋人作。更有自称名士,谬托通人,诩势矜才,分用隶甲,入其党则裸壤炫为龙章,逃其门则琳瑜等诸燕石,徒高标榜,无当学问,反不若却轨潜修、闭门枯坐之为得也。其无所取又一也。此邦氛浊之场,肩毂摩击,腥膻萃坩,鸦雀之声,喧訇通衢,金银之气,熏灼白日。聆于耳者异方之乐,接于目者扰杂之形。每值垫梅酿润,枕簟皆湿,当秋吼风,窗棂欲飞。只堪下箸,已费何曾之万钱;聊欲容身,仅胜王厄之片瓦。独处一室,嗒焉若丧,前尘如梦,新雨不来。偶欲豁目云萝,潜心邱素,则阮屐不蜡,无半仞之山可登,邺签未储,无一瓻之书足借。几于桎梏同楚囚,闭置如新妇矣。其有钿车曲巷,飞尘散香,绣榻红灯,销金若土,则皆裙屐少年、乡曲狷子所遨游耽好者也。驰逐之游,素非所乐,鸩毒之嗜,尤为深疾。其无所取又一也。况乎暌违故里,留滞遐方,良夜自凄。殊愁顿起,寒潮春枕,只搅乡心,落叶满庭,皆含秋意。密亲离逖,懿好日疏,或经年而不通笔札,或数岁而未觏容颜,欢庆丧故,皆不可知。欲宰狞杀鸡、剪蔬剥果以拾坠欢,赠缟献纻、馈脯牵牲以敦凤好,幸团聚之有期,庶形骸之无间。思之思之,了不可得。且也老母则波路往还,伯姊则吴淞间隔。荒园花木,皆含凄而待归人;远浦烟波,亦入梦而悲游子。每念羁孤,动增凄楚,所以常触景而欷歔、临觞而太息者也。其无所取又一也。凡此四端,皆由一误。使当日者却三聘之金,以为污我,严一介之义,不妄干人。鸡林之使,标诸门外,乌溪之行,绝诸意中。决然辞谢,舍之他图。养素邱樊,葆贞衡泌。画粥断斋,安之而不悔;质衾典研,视之而如怡。安见脱粟不甘于粱肉,韦布不耀于丝罗,破尾坏床,不适于栖迟异地,贫交索友,不乐于征逐浮荣。娱闲情于简素,奋逸志于云霄，上可以博功名，下可以垂著述，计不出此，悔焉已晚。

不知事不及己者，口易腾其嘐嘐；身当其局者，情自伤夫默默。况其时寄以全家之仰事俯育，曾无大力之左提右挈。困苦交攻，鹿思走险，寒饿所迫，燕惯依人，所以遽为幕之巢，而不为荫之择也。今者已沉苦海，久困焦阽，去之愈远，反之愈难。用情皆旷，戚谊更疏，外无胶漆之交，内少松萝之托，任昉之子不见怜于故人，刘峻之文反被斥于到溉。深恐退居穷隘，更益颠连。好事难遇，谁为送米；学书未工，讵肯换羊。将雀去纥干，觅穷檐而不得；鱼思江汉，求涸辙而且难。我知援手者无人，而姗笑者蜂起矣。且目论之士，以此为获罪名教，有玷清操，或则肆其妄谈，甚者加以丑诋。苦衷莫谅，初志谁原。举世悠悠，怜才者殊不少得耳。此瀚所以颔首悴面，倒行逆施，经十载而靡怨者也。呜呼！留则百喙莫辨，归则半顷未置。名誉不立，谁欲停侯芭之车；汲引无闻，孰肯赁伯通之庑。左右都非，进退维谷。坐是匆匆若忘，惘惘不乐。思先君子见背以来，缔构门户，艰劬倍至，折桂炊玉，裹盐乞醯，琐屑之事，惟恃一人。中间筑圹营葬，为弟授室，心力耗瘁。是以阮籍不名一钱，仍嗟垂橐；刘备空绕三匝，犹欲觅枝。所谓耕三馀一，损益积赢，为他日退步者，仅成虚愿耳。兼之舍弟读书未就，学贾不能，呼吸烟霞，已成痼癖，迷津难返，凡百堪忧。埙篪乏迭唱之欢，手足无交推之雅。三十之年，又艰举子，无以遂老亲舍饴之弄，退处闺闼，左顾鲜愉，命也何如。要难相强，境遇之厄塞既如彼，家门之所值又如此，人生乐趣，泯然尽矣。何时遗弃网罗，逍遥陇亩，烟蓑雨笠，迹溷老农。月夕花晨，简征近局，与风月为知己，以杞菊作比邻。出则与燕、许争文章，抗踪一代;处则与皮、陆同志趣,并轨千秋。此固恒情之所慕,而吾生之大快者也。曰归曰归,实获我心,优哉游哉,聊以卒岁矣。罄此委琐,略尽所怀,想亦先生所乐闻也。伏愿时赐训言,备加崇护,引领企瞩,无任主臣。瀚谨状。

十有九日庚申　　雨

复致朱癯卿书云:

楫别高斋,凉暄已易。吴淞弥渺,跂望为劳。伏想履安吉,侍祉暇豫,定如私颂。去岁冬间,沙溪柴孝廉持手书至。临风雒诵,如觏良朋。柴君年少即获高第,才藻耀而人玉立,固翩翩佳公子也。近又致力诗词,为传世之学,所造正未可量。承命为其说项,极声而呼,迄无应者,有辜盛意,殊耿耿尔。此邦但识金银之气,不辨文字之祥,苟得观察名柬,尚易为力,否则闭门拒客,如韩昌黎之见辞于阍人耳。然弟观柴君有田少耕,家足自给,何必为秋风钝秀才,仆仆侯门,贬节求利哉。柴君于郁丈泰峰处稍有所获,弟以邓尉探梅之行,泰翁亦以四金为贶,然束装仍未果。想青山竦诮,绿萼含讥,必将以俗士笑弟矣。天寒,诸维珍重无既。

二十日辛酉　　雨

天极寒冷。因命价酤酒至,聊以浇愁。饭罢,着屐入城,往竹林禅院访蒋剑人不值,晤其妹昙隐大师,坐谈片时即别。闻是庵为昙隐出己资建造,以作清修习静之所。昙隐本系俗家,嫁夫早卒,薙发入空门,颇识字,建庵后尚有馀蓄。癸丑城陷,将金埋于庵后山石下。事平无恙,惟庵中器皿窗棂,皆为贼析作薪矣。今复出馀资葺理,焕然重新。剑人为题额曰"海上湖音"。或有云是系萧氏家庵,想当时萧亦捐资助建耳。

二十一日壬戌　　雨

夜阅《西青散记》,漏已三下,倦甚。伏几假寐,时一灯荧然,窗外雨声甚恶。离愁别绪,搅怀如捣。忽闻有弹指声。问之,则曰:"予即见在之双卿也。"方惊愕间,则户不启而已至。缟袂翩跹,丰姿绰约。手出一书,曰:"此即渠字也,君识之否?"谛视之,乃以粉书于蕉叶上,随读随灭,仅记数语云:"妾忍强暴以待君,而君不至,何负心耶? 若明岁春归人不至,则桃花泣雨梨花月,即是葬妾时耳。生为情人,死为情鬼,天涯地角,冥冥此心,幽明迥隔,永从此辞。"予读至此,不禁呜咽失声。母氏从隔房呼予,曰:"儿殆魇耶,可速醒!"予揉眼而起,见泪痕已湿透书角矣。犹觉人影亭亭如在窗外也。其殆倩女之离魂耶? 予谓一切梦境,皆由心造。其占有吉凶者谬也。或人有非常之事,先现于梦,则其人之神明预为之告也。西人谓人记事皆归于脑,睡后其气上冲,故旧所阅历每入于梦,说亦元妙。

二十二日癸亥　　寒,雨虽止,尚未放晴

云间韩箓卿应陛来访,以所刊《几何原本》相赠,得之如获拱璧。箓卿为云间名孝廉,塾于诸子,作文奇奥诡邃,几不可读。《几何原本》八卷,系伟烈君与壬叔所译,而箓卿以其特探秘钥,西法大明,特出资授梓,今已藏事,因携一册来饷予,殊可感也。夜挑灯将此书略展阅一过。因忆昔年郁君泰峰,曾垂问西人天算各书,何不举以赠? 乃走笔致书云:

　　泰峰先生阁下:经年暌隔,寤想为劳。久未作书,奉询动止。邓尉寒梅,又著花矣。回忆赠赆束装,风雪解维时,犹昨日事耳。今日箓卿韩孝廉从云间来,以所刻《几何原本》相饷。几何之学,素重于泰西。自利玛窦入中国,与徐文定公译

成此书,其学乃大明。然原书十有四卷,所译仅得六卷,有未全之憾。定九梅氏谓精奥处皆在后八卷,前数卷略备轨法耳。匿其所长而不以告人,犹有管而无钥也。今西士伟烈与海宁李君,不惮其难而续成之,功当不在徐、李下。先生素讲西法,获之必喜。况藏书之富甲一郡,算学之书亦不可不备一格,敢为芹献,幸勿却焉。予在西馆十年矣,于格致之学,略有所闻,有终身不能明者:一为历算,其心最细密,予心粗气浮,必不能入;一为西国语言文字,随学随忘,心所不喜,且以舌音不强,不能骤变,字则更难剖别矣。壬叔谓少于算学若有天授,精而通之,神而明之,可以探天地造化之秘,是最大学问。予颇不信其言,算者六艺之一,不过形而下者耳,于身心性命之学何涉。

二十三日甲子 　雨,午后清寒殊甚,朔风如吼

薄暮,曹价送书郁氏回,知泰峰于是月四日失一子,意绪懊丧,闭门卧病。夜复作一书慰之:

泰峰别驾二丈先生阁下:寒雨微零,闭门愁坐。走使初回,述令子深甫孝廉恒焉殂化。闻信骇悼,感叹弥襟。闻山阳之笛,因以出涕;过黄公之垆,于焉怆怀。斯人蔡惠,竟不永年。呜呼伤已!犹忆今夏,获见深甫于槜李于君辛伯寓斋。初挹冲襟,即知雅尚,猥询西法,非等侯芭之好奇,兼问异书,早钦匡衡之媚学。唯瀚观其体本清羸,宜时摄卫,而不虞其干遭挫脆,遽尔溘然。悲如之何,实庢我心。岂其中医乏术,上药无功。盖死生难料,修短有数,不可强也。先生以情伤哭子,偶抱微疴,空庭枯木,无非绌感之枝,旧筐遗笺,尽是伤心之字。虽顾横山日暮悲吟,庾兰成衔哀作赋,无以过焉。

然瀚窃有所言为先生劝。夫人非太上，谁繄无情；而善遣哀衷，尤当达识。况当黄发之岁，烦忧恐易伤人，青阳之时，伊郁或将乖节。伏愿敛痛蠲忧，早从佛忏，空诸烦恼，悟彻因缘。人生百年，等归于尽，电露泡影，随幻随灭。家庭骨肉之间，哀欢离合，亦至无常耳。昔者卜氏呼天，淡台弃尸，悲痛或疑过分，旷达流为不情，不若冥心学道，澄志诵经，皈依空王之足以自解也。顾或者谓沦丧大故，父子至性，岂有能恝然置者。而瀚则谓逝者不可复生，死者当思不朽。或广征名流，作为传诔，或哀其述作，授诸手民。庶使魂魄虽去，不随秋草同零；芳烈常留，不与昙华俱隐。九原不泯，良在于斯。瀚年来叹逝伤离，多愁善恨，史迁之肠日回九曲，潘岳之发时元一茎。年已三十，尚复无子，无以付嘱琴书，时自戚戚耳。以先生值境多感，处心不怡，故相与言愁，非强为慰藉也。灯寒漏尽，呵冻磨冰，率尔作此。想遗文尚在，时追悼乎孔璋；恐解痛无能，深有惭于枚乘。先生其俯采所言，万万达观自爱。瀚再拜。

又作挽深甫诗七章，并序："深甫孝廉，少生通德之门，长承赐书之命。醇粹秉质，贞亮挺姿，彝鼎金石之外，别无所嗜。尤好结客，慷慨济急无吝色，亦无德色。性本恬静，罕涉俗役。瓯茗炉香，琴翰花竹，藉以陶写性情，消遣岁月，外此勿问，是亦儒林之清福，人生之至乐者矣。奈何天特忌之，遽速其死，且以微疾终也。兰芳早刈，殊深郑穆之悲；玉树长埋，更抱庾公之恸。瀚居此十年，忝识一面，情不能忘，词不获已。暮雪壅门，不阻怀人之梦；寒灯照壁，忍吟叹逝之文。爰作绝句七章，吊诸九泉之下。"诗录四首："检点青衫旧泪痕，伤心宋玉为招魂。隔邻吹彻山阳笛，寒雨啼鸦苦闭门。""记曾干宝楼中见，日暮西风判袂时。琼树生埋无几月，荒坟

空唱鲍家诗。""多病无年叹惠开，凶词讹谶忽然来。似闻家祭团
栾夜，尚拜堂前奉酒杯。闻君于冬至祭祀日尚无恙。""吊逝歌离枕不
安，纸窗风雪十分寒。故人有约拚辜负，纵有梅花不忍看。"此四诗
极恶劣，本不足存，聊志交谊，故不全删。

二十四日乙丑

郁氏遣人馈吕宋银饼六枚至，以为卒岁之需，却之不获，三让
后受。予得此金，稍售鸡鱼肉脯，以为甘旨之奉，可以度残腊矣。
予在沪暂假西人数椽，以为栖息，聊蔽风雨。然虽免出资赁屋，而
在其中，不能祭神祀先，并送灶禳鬼诸俗例亦无之。

二十五日丙寅

时予主修中西历书，已蒇事。惟中寅卯申酉俱两月比食，依癸
卯之术推之，仅正月望、二月朔及七月朔望入限，此推盖准西国新
法也。考《春秋》襄公二十一及二十四两年皆比食，古今言算家并
以为旧史官之误，惟董江都谓比食。又，既有人言有推比食法，然
其法不传，未可为据。如西术所推，竟有比食之理，其法亦不难
解也。

二十六日丁卯

静坐不出，摒挡岁事。朔风凛冽，似有雪意。暮，沽酒御冷，独
罄之爵，殊觉醺然。

二十七日戊辰

清晨入城，衢路泥泞，几难置足。与恂如闲话片时，特出近作
相示。午后，同安甫、昼三、吉甫昆仲至绿茗轩小啜。茗罢，安甫煮
面饷予，得以不饥。薄暮，匆匆出城，已曛黑矣。夜，作第二书致吴
道普观察：

瀚顿手再上书观察大人阁下：窃闻丐润者不饮于细流，求

丰者不争夫块壤。好贤之门，素士慕义而集；济难之心，仁者因人以施。在昔韩愈之谒宰相，书三上而不讥其躁，李白之见荆州，面一识而即以为荣。是故酬太穆之所须，于司空之所为，豁达大度也；奇书生而不罪，张燕公得以缓急用人也。窃以为古固有之，今亦宜然。其即瀚之于大人乎。

瀚南武诸生，琐旅下士，鲍防之孤窭徒嗟，北郭之单寒孰赡。名誉不腾于里巷，文章未抵乎公卿。有藉吹嘘，长其声价，尤叨慈惠，宠以匪颂。今者节逢送腊，时值迎年，贾岛祭诗亦须枣脯，杜陵守岁尚办酒浆。酌邻款客，非空厨之可延；折券偿逋，必障篰之始举。凡此皆有待卢车，而实深欣瞩。仰惟大人盼接之殷，凡士皆感，煦姁之被，与春俱融。减太仓一稊之米，已饱侏儒；注大海半勺之泉，即苏涸鲋。是以前者不揣谬妄，干冒尊严，敬呈西书六种，拙著一编，为羔雁之先，祝篝车之获，岂其以书换羊，老饕当戒，亦惟分俸与鹤，清致可风。猥荷骈糇之下，竟忘歆 之嫌。复劝尺书，为兹再渎，幸勿捐取求为瑕疵，而诃干请为多事也。敬俟玉音，服之无斁。驰企之诚，必不虚望。瀚再顿首。

书去，仍复杳然。要求无术，竿牍徒劳，贬节以谋利，吾诚过矣。沪城赭寇之乱，酿之者实吴君也。始募粤党为乡勇，而跳荡好斗，继复散之，又不遣归乡里。更纵容闽粤无赖之徒，毫不惩治，以致此祸。沪人憾之次骨，将来邑志中载其秽迹，定不曲笔相宥。吴君虽百舌亦无以自解。余前书云云，隐约其词，盖有挟而求耳，而不虞此老竟漠然置之也。噫！

二十八日己巳

有货骨董者来闲话。言昔时上海尚有两个半人物：一为乔鹭洲学博重禧，一为瞿子冶明经应绍，其半即徐紫珊上舍渭仁也，此三人皆赏鉴家也。凡商彝、周鼎、秦罍、汉砖，无不立辨真赝，家所藏尤夥。云间冯少眉印识中载子冶鉴别金石文字独具只眼，所制月壶，精雅无比。顾三人死后皆零落，为其子孙斥卖殆尽。物之聚散无常，良可兴叹。三人中鹭洲最为先辈，余不及见。子冶尚能见，而以因循失之。余于己酉杪秋至此，子冶即于是年冬卒，未谋一面，深以为恨。紫珊虽数见，而未深交。迨癸丑之乱，紫珊陷在围城中，予寄书力劝之出。蒙答书往复，深自剖别。且言在闽人会馆，定计复城，已有成谋，不料事忽中变，喋血踣地。当初起难时，剑人往省之，紫珊属作《袁公殉难传》，令详叙本末，袁公畜有四犬，皆不食死，更属作《义犬记》，且为袁公成殓如礼。剑人将别去，即启箧赠金数笏捐其新居，叹曰："此将为墟矣。"言极沉痛。是早知赭寇之不能成事，而官军之必旋入也。唯裹足不出城，是其大失着处。即使因名重逼留，亦可用计脱身，黅夜变服毁容以待，清晨杂众中而出，谁复识者。恋恋危地，果何为乎？卒至蜚语相诬，声名狼藉，而无以自明。又不善约束幼子，以致脱节不全。所交多为惜之。无识者将其昔日诗文赠答之作皆为删去，殊属太过。余尝论紫珊之生平，并无大不韪，所筹办公事，极称能敏。惟功罪不相掩，故德怨亦时参半耳。若竟诏之首恶大憝，则过矣。

二十九日庚午

偶阅上邑乾隆旧志所载风俗，如元旦贺岁，并小儿击鼓敲钲，各处皆然，无足异。惟十三日，家人即灶卜流年事。握秫谷投焦釜中，爆之花而妍者，吉。名卜流花，俗名爆孛娄。此事为吾里所无。至元夕采竹柏叶结棚通衢，作灯市，大略相同，惟奢俭殊耳。昔有今无者，为五月五日，在丹凤楼观龙舟竞渡，此风已久不行矣。三节会最盛，马至百馀匹，妓女椎髻赭衣，银铛悉索，乘舆后从，谓之犯人。又有于神前许愿，破其臂承一大香炉，今吴俗各处盛行，盖唐时已有之。昌黎《谏佛骨疏》云：必有断臂脔身以为供养者。夫以父母遗体，毁伤不恤，益见其愚也。是日雨，闭户不出。度岁之资，尚无所措，乃作札致恂如，假得数金，粗能过去，摒挡店逋，为之一清，从此安稳清眠。即有剥啄双扉，亦不疑为索债来者矣。

三十日辛未　　晴

久雨之后，心志烦闷，忽睹阳和，心鬲顿爽。午后同壬叔散步西园，登凝晖阁啜茗，杨凫门亦来合并。茶罢，往访唐芸阁，剧谈竟晷。潘恂如来，留饭沽酒小饮，颇解愁绪，与沈自新啜茗谈诗。夜，邀壬叔守岁剧饮。欲联句未就。余旅沪九年，八度在此迎年矣。故乡风景久不得见，听爆竹声，益增凄怆耳。

咸丰九年①（1859 年）

正 月

朔日壬申　　天气晴朗

同李君壬叔善兰至西园散步。士女如云,涂遇杨凫门及姚吉庵,遍游萃秀堂,造其绝顶,见来者绎络,如磨上旋蚁。后访祝桐君不值,凫门谓桐翁于元旦概不见客。下午,至泉漳北会馆,贺林益扶外舅年禧,清坐片晷即退。

二日癸酉

清晨,湖南樊吉山来访。吉山名川,在部中当差。出都后久在军营,颇悉戎事,甚慕算法天文及谶纬占望之学,以为泰西人素精于此,必有妙授。且言其师江必成熟于邵尧夫梅花神数,于一室中静参默会,数十里以外事,皆可周知。予谓之曰:"西人天算与中华所习术数不同,断不可误会也。"吉山所居在凤凰厅,其地多苗民。苗之种类极多,衣以颜色为别。妇女容颜亦有美者,多与汉人婚姻相通。其祀牛鬼。近亦许考试,多有获隽者。饭后,往徐镇林家贺岁,见顾氏文新女史。文新为惠卿之妹,甲寅冬季避乱出城,曾居吾家,今嫁徐氏已一载馀矣。镇林他出,留片而别。往韩华卿室,

---

① 原稿后有"岁次己未"。

双扉寂闭,阒无一人。入其室,则几案墙壁间尘厚盈寸,景况之索莫可知。入城候陶星垣,不值。见其舅淦泉。薄暮,访蒋剑人于竹林禅院,谈及今岁将刊古文及骈体,必得诸友捐资,始可集事,以时晚遽别。

三日甲戌

清晨,往访梁阆斋清。时阆斋尚未起,闻予至,始披衣而出。同至乐茗轩小啜。春甫亦来合并。阆斋特邀至酒楼小饮。吴仙舟特为东道主人,醋鱼一味,颇堪下箸。下午往候唐芸阁禄、张倜卿估于怀迥楼。同春甫往访顾惠卿,不值。出城已夕阳在山矣。

四日乙亥

清晨,同李壬叔往浙绍会馆观剧。午后,同徐安甫、黄吉甫、春甫啜茗。张蓉村忽来合并,抵掌纵谈,言王雪轩藩使颇不睦于桂中堂,以其刚愎自用也。雪轩名有龄,闽人,由佐杂荐升至藩臬,居官以卓异优干闻。今与桂星使小事龃龉,遂得处分矣。黄荷汀近为捐局督总,不日将升任松江府。荷汀名芳,湖南人,由进士出身,人颇明决。

五日丙子

清晨,同春甫入城观剧。午后,独往绿荫轩啜茗。得遇王子根,相见欢然。子根,闽人,性颇豪迈,挥金结客无吝色。咸丰元年,与予相识。二年冬,回闽省亲,此别苒苒六七年矣。人生岁月,真不少待,为之慨然。顷之,子粤同洋布捐局中三人来合并:一王湘皋,苏之枫桥人;一郁子梅,湖州人;一吴子铭,太湖洞庭山人。清谈良久而别。

六日丁丑

午后,梁阆斋来,留以饭。壬叔为沽酒。饭罢,同入城现剧。

沪人不喜听昆腔,而弋阳等调粗率无味,不如昆腔远甚。今昆腔之在沪者,不过大章班而已。班中有一小生,容颜可人,旦则荣桂为领袖,态度风骚,绝似妖荡女子。

七日戊寅

顾惠卿来舍,留饭而去。午后至金祝斋家贺喜,因其姐出嫁王氏也。夜置酒小饮,同席金庚圃、柴伯廉、张秋槎、陆酉生。是夕,宿于其舍。

八日己卯

晨,出城至馆,校勘中西历。午后,复至金氏舍送亲,其倩字村樵。予以有事,俟花舆去后,匆匆遽别。晚,同壬叔散步环马场。壬叔言:昨夕梦与于辛伯联句,得一诗云:"湖上销魂第几桥,桃花杨柳雨萧萧。梦腾醉里春光老,不见当时旧画桡。"辛伯击节叹赏。

九日庚辰

闻粤东士民与西人接仗,三战三捷。西人不肯撤兵,必俟和款酬饷六百万至,始还此城。督抚两司离省二百里驻札。今桂中堂特遣薛焕会同粤东绅耆潘仕成往办此案,不知能妥协否。又闻西班牙国王亦遣公使至香港,意欲专立和约。英公使以闻于桂君,桂君以为西班牙地僻国小,商舶抵中国者亦鲜少,可统归于英,不必别立章程。西班牙公使不悦而去。

十日辛巳

为郁深甫孝廉作一联挽之云:"大千世界,空现昙花,叹养志无兄,承欢无弟,种此生未了因缘,目应难瞑;四十光阴,暂圆絮果,幸克绍有子,不朽有文,永后日可传事业,心尚能安。"请梁阆斋作八分书书之。壬叔见之,谓尚拖沓。因言其先君子没后,其舅氏苍雨崔先生挽之云:"独行无惭,闭户不闻当世事;九京含笑,有儿能读古人书。"为简净概括也。

十有一日壬午

清晨,入城与潘恂如、邓子明闲话。午时,费玉塘来,邀小饮,同恂如偕去。同席徐隰楚、董锦翰。旨酒盈樽,肴核杂陈,最妙者蚶子巨如大钱,味极鲜美。鳊鱼肥嫩,颇堪下箸。拇战争先,酒饮无算爵。酒罢,往游西园。得遇张桂山,从西泠来相见,清谈数语而别。

十有二日癸未

阆斋来,剧谈竟晷。闻徐君青先生升任江苏巡抚。君青先生,浙之乌程人,精于历算。于丁巳四月中曾来沪上,至墨海观印书车,并见慕维廉、韦廉臣二君,皆以洋酒饼饵相饷,请予为介,得与纵谈。为人诚至谦抑,雍容大度,与壬叔为算学交最密。午后,伟烈言英国于各处设立领事,互有移调,新嘉礼为镇江领事,麦华陀为山东登州领事,密妥士为盛京牛庄领事,阿礼巴为上海领事,罗白逊为广州领事。予观英国人才熟悉中外政事、言语,以优干闻者,亦不过寥寥数人耳。新、麦、阿、密四人,皆翻译旧员,久在中国,稔知民俗,固彼土之能吏也。

十有三日甲申

闻新邑宰刘恂膏颇厉风裁,下车一月,即执买花老媪痛惩之,令遍游街市,以整饬风俗,亦善政也。然现在胥役为鬼为蜮,诡诈百出,得上官一签,即出诛求,富者得免谴呵,贫者遭其蹂躏,吾恐未裨淫姬之魄,早饱蠹胥之腹矣。故善为政者,不务扰民,在乎静镇而已。午后,往访阆斋。

十有四日乙酉

壬叔言梦中得诗二句甚奇,有如《西青散记》中语。想久不作诗,肺腑灵气郁而必宣,故于静中流出也。句云:"日长花静犬迎客,夜冷潭空龙拜僧。"午后,柴伯廉、邵子馨来访,同往酒楼小饮。继啜茗茶寮,剧谈良久而别。

十有五日丙戌

午后,文新女史来,留话竟晷。薄暮入城,观月食,庙中击鼓护月,声甚喧沓,士女来者如云。月食时刻坿记于左:入外虚,申初三刻一分五,东经一百二十五度三十三分,北纬十二度五十八分。初亏,申正二刻十二分五,东经一百十二度三分,北纬十七度四十三分。食既,酉初二刻十分一,东经九十八度十分,北纬十二度二十八分。食甚,酉正一刻十三分五,东经八十六度二十二分,北纬十二度十五分。生光,戌初一刻一分九,东经七十四度四十九分,北纬十二度一分。复圆,戌正初刻十四分五,东经六十度五十六分,北纬十一度四十六分。出外虚,亥初初刻十分五,东经四十七度二十六分,北纬十一度三十分。食分一千分之一千六百九十三方向。初亏,北点东一百二十一度。复圆,北点西六十九度。是夕,同阆斋至叶萃楼小饮,酒旨且多,烹饪精洁,价甚廉,不过解杖头数百钱耳。酒罢,往茶寮听讲平话,出语诙谐,妙解人颐。夜既半,散步至西园,见游人甚稀,以爆竹相击,踞山石鸣锣鼓笑乐者,渐兴阑而去。乃与唐芸阁、陆椿年登茶楼啜茗,三更始归寓中,与阆斋联床共话,殊乐也。

十有六日丁亥

夜,修书与孙次公云:

江干判袂,月已两度圆矣。新诗定如束笋。邓尉探梅之行,又成虚语。屡屡爽约,不独山灵腾笑,即阁下闻之,亦为齿冷。去年馇腊迎春,殊乏佳致。书遄酒券,积几如山,惟少登九成台上避债耳。《词选》翼云师处仅取一册,弟处又少一饼金矣。此项即乞代购张炉一具。寒夜长宵,聊以消遣,酒阑梦醒,茶熟香温,亦一乐也。阁下吴门之游,未识在何日。小桃放后,弟当放棹返里,此时或可图良觌也。匆匆提笔,不尽缕。小昇从邓尉有书,寄与春甫,言予所托购《庾子山集》,已为办好。约在下旬,重游此间,芦芽短嫩,河豚正肥,又可至酒楼大嚼矣。

十有七日戊子　　　薄暮

阆斋来,同往环马场酒垆小饮。壬叔、昼三皆来合并。是日,天甚寒,赖酒力足以敌之。阆斋招予入城,往访恂如,同至叶萃酒楼,沽酒薄酌,看核数簋,味皆甘悦。酒罢,往陆氏宅听讲平话。是地系陆深旧居,俗呼角端。今其子孙式微,以其宅为茶寮矣,殊可慨也。继阆斋导予至旧校场斗室中,谓有一女子极贫苦,无以为度日计,不得已作烟花生活,容颜不俗,而无有人过而问者。予至,特供片刍,见其翠袖已蔫,薄絮不暖,殊觉凄凉景况也。夜漏已深,留连久之而别。是夕宿阆斋寓室。

十有八日己丑

清晨,同阆斋至福泉楼啜茗。午后,往浙绍公所观剧,态致淋漓,描画入神,殊可赏心娱目也。薄暮,同张桂山、李壬叔至乐茗轩小啜,剧谈竟晷。

十有九日庚寅

江西甘子和来访,伟烈君与之略设数语,人颇冲和。薄暮,祝桐君来,同往桥边散步。夜,壬叔来谈,言昨宵梦中又作一诗,且与钱子明唱和,殊不可解。诗云:“荒园觅句独徘徊,杏未还魂柳未胎。吟过坏墙开口笑,一枝梅报早春来。”

二十日辛卯

壬叔近著一书，曰《火器真诀》。谓铳炮铅子之路，皆依抛物线法。见其所著重学中，而亦能以平圆通之。苟量其炮门之广狭长短，铅丸之轻重大小，测其高下，度其方向，即可知其所击远近，发无不中。炮口宜滑溜，铅丸宜圆灵，外可加髹漆，则永不铁锈。欲知敌营相距几何，则以纪限镜仪测之，然后核算，宜纳药若干，铅丸若干，正至其处，无过不及。西人所以能获胜者，率以此法，其术亦神矣哉。

二十一日壬辰

宝山蒋剑人来，见其所售二竹箫镌刻极工，并约鹿城岁试同舟而行，乃至茗香寮小啜。言近箸《词话》已得二卷，于阴阳清浊之间，极为留意。李笠翁所论固非，即词律中舛误亦不少，填词家未可以为法也。古人所谱之调，长短高下，悉合宫商，非任意轻制。今人作词，开口便错，因不先明韵学耳。予曰："韵学切母之法，乃系梵音。古人本无平仄四声，亦无所谓韵，而所制韶濩诸乐，自有天然节奏，《诗》三百篇，皆可被诸管弦。其中所作，不尽文人，虽妇人稚子，讴吟谣咏，亦能入拍。至后世法则愈多，讲论愈密，而愈不能明，所作亦无有及古人万一者耳。固何也？"剑人曰："细穷其源，即我亦不解其何故也。"

二十二日癸巳

薄暮，春甫来闲话。言："今年西国所寄来之牛痘浆种，人多不出，想系经日已久，其真已失，故不堪用也。"予问云："近西人至中国，多有染时痘毒气而复出者，则牛痘之法，固不足信欤？"春甫谓："以人痘浆种者后必再出，用牛痘浆者必无此害。近年中国渐行此法，虽祁寒盛暑多可种，但浆不可过十日，过十日则力薄不效。余考邱浩川传海外牛种法,治小儿痘症,其术割臂微破,见血敷药,两三日即出痘一二颗,结痂甚易,终身不再发。所敷何药未传,盖不知即牛痘浆也。"

二十三日甲午

饭罢入城,得遇祁翰荪兆熙,余旧时同研友也。途旁驻足,即与剧谈。予曰:"足下今岁必获隽,然当谢泰峰丈耳。泰翁捐输银二十万,王雪轩藩使有龄大为表扬,谓其毁家纾难,与众蒙恩,以后永广上邑文十名、武九名,松江府文武十名,诚旷古未有之盛典也。才美而又额广,拔帜何难。"

二十四日乙未

薄暮,得见李静宜致壬叔信云:秦次游于十六日戌时长逝。次游秉体素弱,而摄养甚至,食后必摩腹百遍,夜稍寒即不出户,似不至遘疾也。乃去冬一别,不过月馀日,已成异物,惜哉!人生脆弱,一至于此,又何必争竞名利,驰骛势位,胶胶扰扰,不能自已哉。次游所箸诗古文词,皆未付梓,近撰《行军法戒录》亦未断手,静宜特检付同人,拟寿梨枣,以博不朽,亦可谓不负身后之托者也。

二十五日丙申

晨,入城,同春甫、卿屏茶寮小啜。午后,天色陡暗,雷始发声,雨甚倾注。往访阆斋,剧谈良久,着屐而归。灯下偶检敝簏,得致周弢甫腾虎第一书稿,备论中外民俗异宜,以未成,不果寄。雨夜无聊,特加删改,录出之。

　　弢甫通人足下:暌旷三年,邂逅一旦,寓斋清话,移晷忘倦。闻足下将入都应诏,作出山之想,此鄙人闻之,私心窃幸,喜而不寐者也。今天下方多事,安石不出,其如苍生何,岂仅瀚一人汲汲为足下劝驾哉!以足下怀此厚实,副是盛名,其所设施,当有远出寻常万万者。瀚何敢赞一辞,特以愚者千虑,尚有一得,齐桓公于九九之术,尚且见收,又何敢嘿而不言。用献刍荛,足下察焉。

夫天下大利之所在,即大害之所在,有目前以为甚便,而后蒙其祸者,当时以为无伤,而久承其弊者。如今西人之互市于中国是也。西人工于贸易,素称殷富。五口输纳之货税,每岁所入,不下数百万。江南军饷转输,藉以接济,此海禁大开,国用以裕,一利也。西人船坚炮利,制度精良,所造火轮舟车,便于行远,织器田具,事半功倍,说者谓苟能仿此而行,则富强可致。夷情既悉,秘钥可探,亦一利也。西人于学有实际,天文历算,愈出愈精,利民几何之学,不足数也。且察地理,辨动植,治水利,讲医学,皆务析毫芒,穷其渊际,是以有识之士,乐与之游,或则尊之曰西儒。中国英俊士子,诚能屏弃帖括,从事于此,未必无实用可裨,则又一利也。然瀚以为中外异治,民俗异宜,强弱异势,刚柔异性,溃彝夏之大防,为民心之蟊贼,其害有不可胜言者矣。西人素工心计,最为桀黠,其窥伺滨海诸处,虽非利吾土地,而揣其意,几欲尽天下之利而有之。故商于印度,而印度之王,仅据虚位矣。与葡萄牙通市澳门,久之而专有其利。至葡人虽失利,而无可如何矣。本朝以宽大之仁,许其至粤东贸易,乃旋以以焚烟之举,逞其贪毒矣。宣宗成皇帝轸念民生,礼崇柔远,特允所求,曲畀五口,是宜若何感激。乃又以眦睚小故,称兵畿辅,而索内地通商矣。推其贪狼之性,几无所餍足,自以为用兵之雄,天下莫敌,有所兴举,事无不成。又见中国军事方兴,无暇旁及,而乘机请命,以大遂所欲,计亦狡矣。昔蓝鹿洲谓有明中叶,以澳门一岛畀葡人，大为失策，何则？海疆门户，断不可与人，以自失其屏蔽也。果尔，西班牙、英、法、花旗接踵东来，而祸遂烈于今日矣。

今者滨海岛壤，江汉腹地，尽设埠头，险隘之区，已与我共。猝有变故，不能控制，此诚心腹之大患也。有豪杰起，必当有术以驱除之矣。然此只就形势言之，犹其害之显焉者耳。至于播煽异端，灭裂正教，尤足以簧鼓世俗，渐渍于无形。愚夫愚妇，为所蛊惑无论矣。而一二身列庠序者，亦靡然从风，恬不知耻。逢兹浊世，生是乱民，有心人蒿目怆怀，屡为长太息者也。瀚观西人教中之书，其理诞妄，其说支离，其词鄙晦，直可投于溷厕，而欲以是训我华民，亦不量之甚矣。顾瀚窥其意，必欲务行其说而后止，行之则人心受其害矣。况自西人互市以来，中国无赖亡命之徒，皆往归之其门，一逋逃之薮也。贫而庸者仰其鼻息，寡廉鲜耻者藉以滋事。今只计滨海一隅，出入其门者，已不下万人，他省可知矣。洪、杨巨魁，以左道惑众，其始亦出于香港西塾中，借其说以欺人，流毒几遍天下，此其好异酿乱之明证也。《传》曰："非我族类，其心必异。"西人隆准深目，思深而虑远，其性外刚狠而内阴鸷。待我华民甚薄，佣其家者，驾驭之如犬马，奔走疲困，毫不加以痛惜。见我文士，亦藐视傲睨而不为礼。而华人犹为其所用者，虽迫于衣食计，亦以见中国财力之凋敝，民生之穷蹙也。故西人之轻我中国也日益甚，而中国人士亦甘受其轻而莫可如何。夫谋食于西人舍者，虽乏端人，而沉落光耀之士，隐沦其间者，未可谓竟无之也。乃瀚于数年来所见者，皆役于饥寒，但知目前，从未有规察事理，默稔夷情，以备他日之用；而为其出死力者，反不乏人，可谓中国之无人矣。吾恐日复一日，华风将浸成夸俗，此实名教之大坏也。

说者谓西人之利，只在通商，今和约既定，海市大开，长江贼踪所在，货物往来，彼亦有所不便，不如借兵以平定之，事后酬以金币，亦何不可之有。不知宝不相和，出语邻家，可为通计乎？父挞子而嗾瘈狗噬之，有是理乎？

说者又谓此迂论也。赭寇之罪，上通于天，假手西人以翦灭之，正可同泄普天之愤耳。此言实未深观大势，而熟察全局者也。触之武告秦穆公曰："邻之厚，君之薄也。"西人于我之损也则喜，于我之益也则忧，方欲逆焰之张，坐收渔翁之获，谓其视我如秦越之肥瘠者，犹浅言之也。即使其果肯借师，愿辅王室，如突厥故事，而需索酬饷，动以数百万计，或迁延时日，未必成功，或只剿一隅，未能全数肃清。即使果能迅扫妖氛，将请地请城，矜功炫德，飞扬跋扈，不可复制，而中原全土，皆侏　之足迹矣。通盘筹算，朝廷又何必有此举也。前英酋之至汉口也，道经贼巢，曾与贼小有接仗，乃人言藉藉，谓可假其兵威，歼兹群丑。若英师受衄，志必报复，则长江一带，藉以通行。独瀚决其不然。赭寇乌合之众，岂知大义，况既抗官军，又御强敌，亦力有未逮。英酋以其同教，方且喜之，何肯遽加以兵。果尔入城通问结约，和好而返，此后各国通商，番舶往还，岂无赍送盗粮而以枪炮铅丸售之者乎？是固必然之势也。瀚方忧之。

即如沪城，构乱十有八月，西人不惟坐视不救，且为寇贼筹画，售以巨艘，与以火药，济以米石，其待官兵，则不许持械过洋泾一步，是诚何心。其例谓如我国通商其地，遇有君民相争之事，皆不相助，何以不能惩其商人与贼贸易之罪，空援彼

例,徒欺人耳,此皆西人有害于中国大势之明验也。至其器械
造作之精,格致推测之妙,非无裨于日用者,而我中国决不能
行,请言其故。①

二十七日戊戌

清晨,管小异从邓尉来,即至其寓斋,略谈别后景况。小异言
冯林一中允桂芬自京师有书致彼,言俄罗斯人由山海关入都,约有
百馀人联名诣国学,以三事上请:一、乘黄轿出入禁城;二、各部中
均置一员,随同学办事件;三、入国学肄习者,准其随时往来,不必
拘完三年期满。其事甚秘,人莫能知。冯君旅食京华者,已一载馀
矣。赋闲无事,铨补不及,浩然有归耕之想。闻于髫年读书时,与
彭泳莪蕴章颇不相睦。今彭君为相国,或于圣上前密有启奏,未可
知也。前冯君在乡办团练事,曾为言官所劾,谓其侵吞捐费以自
肥,特旨命督臣何桂清查奏。旋何以吞费无据,不洽舆评为实,据
情覆奏。上谕:“以后冯某不必在局办事,着来京听选。”冯君至京
后,淹滞不举,自知圣眷已衰,已分废弃终身,故归计益决矣。

小异去腊归家,道经木渎,往访周羧甫不值。至吴门,晤宋于
庭,言羧甫在江西粮台时,亏空五万金,其时曾国藩方以奇才异能上
荐,奏牍既发,始知亏帑之事,故隐忍不言,不复能据实参奏矣。羧
甫待友慷慨诚至,能急其急难,贫交之被难无归者,皆仰食其家,且
月给以钱,性又好施,挥手千金,毫无吝色,坐是其家不名一钱。今
往江宁军营,和春聘作摺奏,每岁得二千四百金,然不足供其挥霍也。

粤东夷务尚未妥协,黄宗汉以不善调停,得处分矣。特命两江
督臣何桂清兼为钦差大臣,办粤省善后事宜。英人尚据省垣,不肯

---

① 原稿下空十七行,似未完。

退出,必得酬饷六百万金至,然后许还。今军饷转输,日不暇给,安得复筹此项,以餍无厌之欲哉。前壬寅之役,酬饷二千一百万。今所索止得其四之一,尚易集事,顾每成和议,必与以饷,几与宋之岁币等。值此民生凋敝之秋,复以中原之银输之外夷,国事真不可为,言之辄为愤愤。

有人言,薛焕偕粤东绅耆潘仕成往诣广州,说粤民罢兵息争,不知确否也。小异言,国家之举动设施,每致多左者,由于四裔之情,未能熟悉也。中外言语文字,迥然各别。彼处则设有翻译官员,及教中之教士、神父等,效华言,识汉字,明华之风俗政治,留心中国之山川形势,勒之成书,以教其国中之民,而中国之能夷言夷字者,类皆无赖赤贫愚蠢寡识之流,于其政事得失,制度沿革,毫不关心。至于中国文士,多鄙之而不与交,于其情性日益隔阂,于其国政民俗,终罔有所知。是以通商十馀年来,无一能洞悉其情状,而能发一策以制之。或窥见其弊,而立一说以诋之。询以海外掌故舆地,皆茫然无据。即有一二从其游者,类皆役于饥寒,鲜有远识,于是彼之轻视我中国也日益甚,而中国人士甘为其所薎贱,而莫可如何,则谓中国之无人才也可。西人凡于政事,无论巨细,皆载于新闻纸,诚能得其月报,将所载各条一一译出,月积岁累,渐知其深,则其鬼蜮脏腑无遁情矣。今《新约》中有以后文移往还,例用英文一条,则此后衙署中办文案者,亦不得不识夷字矣。予以为国家当于西人通商各口设立译馆数处,凡有士子愿肄习英文者,听入馆中,以备他日之用。其果精深英文,则令译西国有用之书。西国制造枪炮舟车及测量铅丸所落远近,皆著有专书,苟识其字,则无不可译。诚如此,则夷之性情既悉,夷之技巧亦得矣。将见不十年间,而其效可睹矣。壬叔谓江南多英俊之士,今君青先生开府吴中,其算学为海内宗师,可于各县书院中别设历算一科,悉心指授,则西学不难大明,而绝绪可继,此亦千载一时不少失之机也。

小异所居邓尉山中,颇有山水之胜。其地例设巡检一员,今官其地者,为海宁沈问梅炼,能诗工画,人颇风雅,以节操自励。旧例民间涉讼者,必有馈遗,每岁不下二千金,沈君悉却之。凡有讼牒皆不收,而令家人往和之曰:讼则终凶,不如以忍为先,勿逞一时之忿,而后抱无涯之戚也。莅任半年,所得仅数十金,斋厨肃然,啸咏自逸。人问之曰:"君何自苦也。"沈君曰:"譬如教授蒙馆所入,亦不过如是。以宦为利,吾甚耻之。"呜呼!江南廉吏如沈君者,亦今所仅见矣。夜雨,略沾薄酿,翦韭蔬,留小异饭。

二十八日己亥　　阴

入春一月,森寒逼人。晨至小异斋中,言北闱一案,株连者数百人,柏葰拟斩监候,柏葰之如夫人亦已囚禁,以平姓关节,皆由其如君传递也。程楞香庭桂得贿数万金,罪案尚未拟定,其子已拟斩矣。冯景亭与程君为儿女亲家,此番其子至京应试,出房不售,独萧然于局外,可谓能洁己者矣。昔康熙时会试,徐健庵大司寇为总裁,以通榜法,所取皆当时知名士。后凡值徐健庵掌文衡时,士子以夤缘进者,不少为言官所劾。圣祖将置之法,孝惠太后急止之曰:"国家取士,本为人才起见,时文特其一端耳。若暗中摸索,所取非人,亦何裨于国事。今徐先生所取,皆天下名望素著之士,其才能必有可观。其意亦欲为国家得人,公而非私也。"徐君由是得免。今柏葰以妾弟之故,滥竽名器,以国家抡才大典,为献媚闺房之计,其罪不可胜诛矣。程庭桂纳贿徇私,罪亦维均。壬叔谓今之士子,贬气节,慕势利,一无实用可裨于世者,皆由时文之弊。褚寇扰攘,于今十载,东南数省,蹂躏极矣。室家亡破,骨肉离散,被其祸之烈者,亦不少矣。为其裹协以去,忍耻苟活而得乘间逃逸者,所在多有矣。而卒未闻一人焉枕戈尝胆,出一奇计,为国家翦灭妖氛,为己身湔雪雠怨,为数千百万生灵拔诸水火,而登诸衽席,皆靡靡焉苟偷旦夕之安,汲汲焉止为衣食之计。其稍有资者,捐纳出仕,不过剥民以奉己,瘠国以肥身,要结当道,取媚上司,以求升迁,贼至则远遁矣,贼未至则告病或终养矣。不幸而城不可保,身不可逃,则犹得博殉难之名,而入昭忠之祠。所谓未雨绸缪,婴城固守,出奇制胜,挫贼自全者,未之有也,则直以宦途为利薮也。其稍有才干者,则夤缘钻刺,求入军营,或掌簿书会计,或供摺奏文移,稍得胜仗,亦可附名邀赏。或有舞弊侵吞,赡其私囊,而从未闻上一条陈,献一密计,足以制贼死命,下一坚城,惟知伴食而已,则直以军营为金窟也。盖其为官从军,志在谋利,立念已差,安得收其效哉? 其有僻居闾里者,非不知抵掌时务,叹不可为,而所行每不副所言,小头锐面,尤为可鄙。呜呼! 天下大矣,九州众矣,岂无殊才异能,横出俦类,足以戡乱而定难者乎? 何以至今未闻也。

汉有王莽之乱,而邓禹、冯异佐光武而中兴。汉灵之时,黄巾窃起,而一时草莽群雄,并驰角立,遂成三国鼎足之势。六朝以来,代不乏人。隋室分崩,中原瓦裂,而太宗以神武之姿,驭贤良之佐,抚绥四方,削平僭伪。安史之乱,则有郭子仪、李光弼出焉,使社稷危而复安。有宋南渡之后,则岳武穆、韩蕲王数人,却强邻,歼悍寇,戮力疆场,以安王室,卒成偏安之局。元室将亡,群思割据,若陈友谅、张士诚,亦未易才也。而明太祖起自微贱,无尺土之藉,其佐命元勋,即收之同里,竟能混一海寓,奄兹九有。由此观之,人才岂少也哉! 乃何以有明末季流寇李自成、张献忠窜扰遍天下,纵横十数年,任其狂蹯,无人出而制之,必待吴三桂借兵本朝,始平祸难。其后虽有福王据江南，鲁王据闽，桂王据粤，而辅佐无人，旋归覆灭。其守忠全节，如史可法、瞿式耜，虽明大义，非将才也，岂非明太祖以时文取士之咎哉。

夫时文仅优孟衣冠耳，其能代圣贤立言者谬也。诂经不能究其精深，言理不能阐其奥妙，自少至壮，精神全注于是，而无暇旁及于用世之学，以为无足重轻，略焉不讲，一旦有事，岂复可用。其侥幸弋取科第，出作民上者，刑名钱谷，自有承乏之人，胥吏纵弊，亦瞢然无知。其有留心经济者，则群笑以为迂，且有穷老终身不复用者。古人学而后入官，今则以漫不知政之人，遽令其临事莅民，不亦难乎？古者有乡举里选之法，父师以忠孝节廉训其子弟，今则一入塾时，父师即以他日之富贵宠荣以歆动其心，其始之立念已迥异矣，无怪乎古今人才之不相及也。

不废时文，而天下之弊岂可骤除哉？予按乾隆九年，兵部侍郎舒赫德有废科目之疏云："科举而取，案格而官，已非良法，况积弊已深，侥幸日众，古人询事考言，其所言者，即其居官所当为之职事也。今之时文，徒空言而不适于用，此其不足以得人者一。墨卷房行，辗转抄袭，赝辞诡说，蔓衍支离，以为苟可以取科第而止，此不足以得人者二。士子各占一经，每经拟题多者不过百馀，少者仅止数十，古人毕生治之而不足，今则数月为之而有馀，此其不足以得人者三。表判可以预拟而得答策，就题敷衍，无所发明，此其不足以得人者四。且人材之盛衰，必于心术之邪正。今之侥幸求售者，弊端百出，探本清源，应将考试条款改移而更张之，别思所以遴拔真才实学之道"云云。奉旨饬议。

时鄂文端公为首相，力持议驳云："谨按取士之法，三代以上出于学，汉以来出于郡县吏，魏晋以来出于九品中正，隋唐至今出于科举。科举之法，每代不同，而自明至今，则皆出于时文。三代尚矣，汉法近古，而终不能复古。自汉以后，累代变法不一，而及其既也，莫不有弊。九品中正之弊，毁誉出于一人之口，至于贤愚不辨，阀阅相高，刘毅所云"下品无高门，上品无寒士"者是也。科举之弊，诗赋则只尚浮华，而全无实用，明经则专事记诵，而文义不通。唐赵匡举所谓"习非所用、用非所习，当官少称职吏"者是也。时文之弊，则今舒赫德所陈奏是也。圣人不能使立法无弊，在乎因时而补救之。苏轼有言："观人之道，在于知人；知人之道，在乎责实。"盖能责实，则虽由今之道，而振作鼓舞，人才自可奋兴。若专务循名，则虽高言复古，而法立弊生，于造士终无所益。今舒赫德所谓时文经义及表判策论皆为空言剿袭而无所用者，此正不责实之过耳。夫凡宣之于口、笔之于书者，皆空言也，何独今之时文为然。且夫时文取士，自明至今殆四百年，人知其弊而守之不变者，非不欲变，诚以变之而未有良法美意以善其后。且就此而责其实，亦未尝于用，而未可一概訾毁也。盖时文所论，皆孔、孟之绪馀，精微之奥旨，未有不深明书理而得称为佳文者。今徒见世之腐烂抄袭，以为无用，不知明之大家如王鏊、唐顺之、瞿景淳、薛应旂等，以及国初诸名人，皆寝食经书，冥搜幽讨，殚智毕精，殆于圣贤之义理心领神会，融洽贯通，然后参之以经史子集以发其光华，范之规矩准绳以密其法律，而后乃称为文。虽曰小技，而文武干济、英伟特达之才，未尝不出于其中。至于奸邪之人，迂懦之士，本于性成，虽不工文，亦不能免，未可以为时艺咎。若今之抄袭腐烂，乃是积久生弊，不思力挽末流之失，而转咎作法之凉，不已过乎？即经义表判策论等，苟求其实，亦岂易副？经文虽与《四书》并重，而积习相沿，漫忽已久，士子不肯专心肄习，诚有如舒赫德所云数月为之而有馀者。今若著为令甲,非工不录,则服习讲求,为益匪浅。表判策论,皆加核实,则必淹洽乎词章,而后可以为表;通晓乎律令,而后可以为判;必有论古之识,断占之才,而后可以为论;必通达古今,明习时务,而后可以为策。凡此诸科,内可以见其本原之学,外可以验其经济之才,何一不切于士人之实用,何一不可见之于施为乎?必变今之法,行古之制,则将治宫室,养游士,百里之内,置官立师,狱讼听于是,军旅谋于是,又将简不率教者,屏之远方,终身不齿,毋乃徒为纷扰而不可行。又况人心不古,上以实求,下以名应,兴孝则必有割股庐墓以邀名者矣,兴廉则必有恶衣菲食以饰节者矣。相率为伪,其弊尤繁。甚至惜此虚名,以干进取。及乎莅官之后,尽反所为,至庸人之不若,此尤近日所举孝廉方正中所可指数,又何益乎?若乃无大更改,而仍不过求之语言文字之间,则论策今所见行,表者赋颂之流,即诗赋亦未尝尽废。至于口问经义,背诵疏文,如古所为帖括者,则又仅可以资诵习,而于文义多致面墙。其馀若三传科、史科、名法、书学、算、崇文、宏文生等,或驳杂不分,或偏长曲技,尤不足以崇圣学而励真才矣。则莫若惩循名之失,求责实之道,由今之道,振作补救之为得也。我皇上洞见取士源流,所降谕旨,纤悉毕照,司文衡、职课士者,果能实心仰体①

二　月

二日癸卯

晨,至小异寓斋,见其所致冯景亭札,述近事数则,为录于左:

----

①　原稿下阙,咸丰九年正月日记至此而止,下接二月二日日记;前空二行,想系留空以待补记者。

额勒金之弟将驻扎京师,津门和约,英主已行盖玺,现从其国赍至,并无更改章程之说,外边纷纷臆度者,皆谬谈也。叶制军现被英人徙于石花洲岛,奇苦异常,非比加尔各达时矣。法国现招募兵勇,广造轮船,将有用兵与国之意,其事甚秘,即其国民,亦不得而知也。日本国亦能制造火轮船,游驶西洋,侦探各国虚实,舟人都通西洋各国语言文字,其用心可谓周密,将来能与西人抗者,日本其一也。

午后,入城遇雨,着屐而归。

三日甲辰

闻法兰西领事从宁波至杭州,欲索湖上行宫,建天主会堂。浙抚许以别墅,招入署中,欢宴竟日。近英人杨雅涵至吴门赁屋讲书,言后将择地建礼拜寺矣。咮 日迫,为祸日深,将奈之何。小异言:"苏城绅士,于朔望必集众讲说,乡约另于生员中简数人在每巷讲解性理,勤敏者例得报优,盖隐于西人为敌也,然而迂矣。

四日乙巳

午后,里中周少云来言,彭氏司堂酺酒废事,颇不协舆情。韩翰香言之苏府,前乃仍以金质人司理其事,金氏司堂三世矣,并无大过失。彭氏非里中人,一旦而攘为己有,殊属不情,今仍其旧,里人称快。少云居里中南街,杨氏戚也,少贸易于南翔,予在里中,未尝一见之。时尚未食,乃买市脯数簋留之饭。薄暮,米利坚人玛高温来言,日本现在已臻极盛,而渐伏衰机,其所造舟车器皿,半仿欧洲,而不能别创新法。其国男女不别,礼教蔑如,不逮中国远矣。晚,往小异寓斋闲话,壬叔、若汀亦来合并。

五日丙午

云间陆子韫履泰来访,持雷约轩书至。子韫馆于沪城,工书法,予以他出,未见。午后,孙澄之来,以西人校书正急,未暇接谈,殊恨恨尔。若汀言:锡山徐雪村巧慧绝伦,所制新奇之物,可与泰西人相埒,善铸吕宋银钱,混入真者,几不能辨。自鸣钟表及指南针皆极精妙。尝登西人火船,观其轮轴机捩,即知其造法,可谓明敏者矣。

六日丁未

雨,小异来此将十日矣,所谋安研地,无一就者。米利坚教士裨治文延修《旧约》书,并译《亚墨利加志》。小异以教中书籍大悖儒教,素不愿译,竟辞不往。因谓予曰:"吾人既入孔门,既不能希圣希贤,造于绝学,又不能攘斥异端,辅翼名教,而岂可亲执笔墨,作不根之论著,悖理之书,随其流、扬其波哉。"予曰:"教授西馆,已非自守之道,譬如赁舂负贩,只为衣食计,但求心之所安,勿问其所操何业。译书者彼主其意,我徒涂饰词句耳,其悖与否,固于我无涉也。且文士之为彼用者,何尝肯尽其心力,不过信手涂抹,其理之顺逆,词之鄙晦,皆不任咎也。由是观之,虽译之,庸何伤。"小异曰:"吾昔尝于叶翰池棠言之矣,当我就合信之馆,脩脯月止十五金,翰池屡责以贬价屈节,以求合西人,我曾答以来此欲求西学,非逃儒而入墨,不可谓屈节。人之一身,本无定价,迫于饥寒,何所不可,不可谓贬价。惟我终生不译彼教中书以显悖圣人,则可问此心而无惭,对执友而靡愧耳。翰池当时不信斯言,今不可背之再受唾骂也。"噫!闻小异言,窃自叹矣。当余初至时,曾无一人剖析义利,以决去留,徒以全家衣食为忧,此是一失,后悔莫追。苟能辨其大闲,虽饿死牖下,亦不往矣。虽然,已往者不可挽,未来者犹可致,以后余将作归计矣。

七日戊申

馆中无事,阅管异之先生同《因寄轩文集》,见其经济性理,人品学问,卓然可传。有《说士》二篇,言风俗一书,通达明畅,切中今时利病。其谓今之士皆民之实,而窃士之名,以取之太多,简之太骤,人人皆可为士。数年间,一邑之称士者,已至数十百人。按其中皆贸然无知者居多,由是士习坏,士风不振,因而曰天下无士,岂通论哉。譬如采珠玉于山渊,取既竭则以泥沙代之,人见泥沙,并咎珠玉为无用,有是理乎?为今计者,莫如减其额,远其期,与其多取而贤不肖之皆多,毋宁寡取而贤不肖之皆少。且士既少则下知贵,而为上者教养皆有实用,学中廪饩,书院膏火,养数百人不足者,养数十人而有馀,于是士不为非,廉耻懋焉。又谓今风俗之弊,在好谀而嗜利,欲及其弊,莫若闭言利之门,而开谏诤之路。本朝鉴明代之失,尽矫其政其弊也,遂成为今之风俗矣。午后,同小异往访孙澄之不值。

八日己酉

见吴晓帆出示谕西商,谓近有商贾遄贩货物,陆则远绕别路,水则私走支江,偷漏课税不少,吴淞江口温草浜,港面辽阔,内则达苏杭,外则达各海口,最易走漏,诚为海关一大漏卮。予谓西商狡计百出,防之不胜防,莫若于要隘各处,设立关卡,使巡役细加查缉,关督给照于各船户,令其随处验照放行,庶稍可杜其弊耳。

九日庚戌

晨,同小异、壬叔、若汀入城,往栖云馆观画影,见桂、花二星使之像皆在焉。画师罗元佑,粤人,曾为前任道吴健彰司会计,今从英人得授西法画影,价不甚昂,而眉目明晰,无不酷肖,胜于法人李阁郎多矣。午后,往茶寮小啜,得晤柴伯廉、邵子馨,剧谈竟晷。伯廉近不得意,将返棹矣。途遇蒋剑人,约同作鹿城之行。薄暮,微雨,留小异饭。

十日辛亥

惺如来舍,言已得确耗,学使于十三日至昆矣。剑人以为时太促,不果行。夜至小异寓斋闲话,小异之先子异之先生,为桐城姚姬传鼐高弟,与邓廷桢同门。陈石士侍郎主试江南,得之喜甚,曰:"吾不以主文衡为荣,而独喜得一异之也。"后邓君延课其子,公车北上,卒于道。顾家极贫,时周恤之。陈石士以千金遗其孤。时小异仅九岁,赖此能安居读书。邓君又为之刊其集,可谓身后无遗憾者矣。两君风义固不在古人下,亦以见异之先生平日不妄干渎,一介不取,以清操自励耳。若至今日,方且夤缘钻刺,以求知于王公大人,既已知之,则有求无厌,已尽人欢,当时如此,身后可知矣。

十有一日壬子

恂如来舍,约同买舟旋里。薄暮,解缆泊于新闸舟中,剪烛剧谈,颇不寂寞。

十有二日癸丑

顺风扬帆,其去如驶。恂如沽得烧春一壶,篷窗对饮,纵谈至里中遗事,言里志经数十年未修,文献无征,良可慨已。夕泊陆家浜,距昆山三十馀里。

十有三日甲寅

晨,抵昆山西门外,往恒吉酱园,访严静如。见其馆中陈设楚楚,明窗净几,颇觉不俗,形貌比昔丰腴,已留须矣。询知文宗孙葆元于十六日案临,为时尚早。啜茗后,开帆遽别,至里日仅西斜,见同居老翁李怀谷须发皓然,而话刺刺不休,秀石亦伥伥而至。因话别后阔悰。予继往自得堂,访萃坡不值。即至第二酸斋,见涤盦师,以蒋剑人所题《无我相图赞》呈缴。涤盦师欢然道故,剪灯命酒,特留余饭。酒罢,重访醒逋,则灯影朦胧,双扉已键,惆怅而返。

十有四日乙卯

晨往遄喜斋,访曹友石,抵掌剧谈,颇恨相见之晚。赠以晶杯洋皂,聊酬其昔日诊视之劳、药石之费而已。于宋古彝处得见严云谷,缕谈里中近事。云谷,初字桐君,号棉生,予戊申馆曹氏沤梦庐时,昕夕过从,今暌面已久,尚不忘旧谊,殊可感也。许霭人特酤佳肴,留余小饮,友山为介。顷之,秀卿亦来合并。饮兴颇豪,为罄数觥,醺然醉矣。午后,同恂如、醒逋、潘永哉酒垆小坐,各出杖头百钱,以谋一醉。酒罢,至自得堂。醒逋因具蔬笋留饭,剪灯对话,其趣殊永。

十有五日丙辰

晨,同李怀谷、严忍之、陈岭某往游海藏禅寺。见坏墙断甃,枯树欹桥,颓败荒芜,举目凄恻,小憩击竹轩中,镜石一片尚在焉。复至禅堂,残经满案,蛛网挂尘,似久无人至者。好兰若寥落至此,殊可叹也。扉间镌有严武迁、许竹素、李客山诸老诗,皆清超可诵,恐再隔数十年,此数扇诗扉,亦将朽废,归于无有,岂不可惜哉!里中人不好事,于此可见。既出海藏,从东衖归,见文昌殿塔尖已失,此塔为里中文笔,尖已坠地,尚能振起词锋、横扫千人乎?继至镜莲居茶寮小啜,清话片时而别。饭后,往西街,同恂如、周雨亭啜茗,即订明日同舟为鹿城之行。薄暮,诣竹安舍,吊伯姑也,见堂中所悬遗容,颇觉形似,谛视久之,泪渗渗下矣。伯姑卒时,年已八十有二,寿不可谓不高,所惜者晚年筋力已衰,举动难以自主,而竹安未能先意承旨,竭甘旨之奉,令其郁郁不欢,殊觉此中慊然耳。竹安近患腰痛,闲话久之乃别。

十有六日丁巳

清晨,同恂如、雨亭、岭梅买舟至玉峰,午刻始到。知学使已于昨日公座,现将下学讲书,奔走街市者肩相摩也。予上岸瞥见人丛中有慕君维廉在焉。口讲指画,娓娓弗倦,因迂道避之,于小桥边茶寮啜茗,习之凌君、静如严君皆来合并。继往新庙,见士女如云,观者如堵,皆来听慕君说法也。余与恂如徘徊久之,始入酒垆小饮。

十有七日戊午

学使放告憩息一日,予遍访正斋不值,知其留滞云间未返。继往大楼,访郁子安不值,知蕙亭在生村,久未至鹿城,且近将往吴门矣,废然而返。

十有八日己未

是日,考生员经古第一场,寅初即起,至辕门祗候,顾点名甚晚,已东方日出矣。辰正,有题《五经庶几才赋》以"讲论五经庶几之才"为韵;诗题《君子养源》,得"源"字七排一首。委怀在琴书拟陆放翁题十八学士图。赋题系出王充《论衡》。予在场中,未知底细,迅笔直书,午后始出。"君子养源"句,系出《荀子·君道篇》。出访后,途遇潘枕书于途,略谈数语遽别。夜诣茶寮,作卢仝七碗之饮。

十有九日庚申

是日,考童古,赋题《雨湿春蒲燕子低》,以题为韵。同潘恂如往游西市。得晤徐杏林,殷勤延接,特以馄饨见饷。继至园亭啜茗,徐杏林虽不读书,而人颇恂雅,与昆诸生蔡湘滨为至契,尝三至海上,欲出西人之门,其时麦君未死,犹豫未决,后竟不果。

二十日辛酉

是日,补岁考。恂如、雨亭皆凌晨始去,予亦早起,往新庙中樾阁啜茗,得遇江鹿门,言其兄祋叔在武林,颇得诗名,上司深为倚任,在卑官中可谓杰出者矣。日将午,约陈岭梅作登山之游。马鞍山色不见者六年矣。足痛新痊,登临尚健,不可谓非幸也。午时,选僻店吃饭,肴馔精洁,酒罄一壶,颇觉微醺。饭罢,上山至丰山亭少憩,亭四周柱上题诗甚多。继至文昌阁,造巅长啸,四山答响,阁西一楹,供乩仙象。仙姓诸葛,名嗣仙,中岁鳏居,有一女颇慧,后早卒。仙遂厌弃世缘,出外云游,不知所终。庚戌春间,降乩自言始末如此。自画小象,墨沈淋漓,涂纸殆满,而细视之,云气曚翳,中有一人在焉。须发面目,约略可辨,飘飘然具仙乎之态,仙命以此象供养玉山,唯亭赵元临为之记。继复登百里楼,徊徊久之,始下。既下山,诣花神殿啜茗,山气葱蒨,势若扑人。予欲作诗,兴尽未成。岭梅刺刺背诵场中所作赋,颇堪驱斥睡魔。予亦诵《拟陆剑南题十八学士》七古一篇云:“有唐崛兴事威武,四海群雄归翦灭。褒公鄂公皆英姿,此才世亦无其列。试看杰阁同云高,文章一代称雄豪。功烈彪炳气节懋,登瀛俯视嗤凡曹。太宗神武以开国,驾驭群才服心力。房杜谋断不自夸,惟以谏净匡君德。亦有功名叹不终,鼎折覆　讥非忠。立言思以空文见,雕虫小技殊毋庸。褚欧书法古无比,乃其所有岂止此。披图想见古贤流,令人千载犹兴起。画工下笔非偶然,须眉生动态曲传。风云际会真可羡,主臣契合皆由天。嗟乎用世当思治世术,达则经纶穷著述。愿今毋窃学士名,不朽有三言其一。”诗罢茗熟,已夕阳在山矣,匆匆而归。

二十一日壬戌

是日,考苏属八学生员,苏、长、元、吴文题《万物皆备于我矣,反身而诚》,江、震、常、昭文题《仁义礼智根于心,其生色也,粹然见于面》。薪圃诸人皆黎明进场,同恂如往樾阁啜茗。张浦许小菊来访，言近时家食颇不得意，拟将往游海上，冀有所遇，并托予逢人说项，为之先声。孙吟秋来访，携《西医略论》、《内科新说》、《全体新论》各一册去。予前赠吟秋西书，不下十数种，吟秋未有以报。今又为此无厌之求，其贪可知矣。吟秋近挈家住义塾中，景况殊落寞也。

二十二日癸亥

晨，往访慕君于舟中，特市鸡肉数篑，留予饭焉。潘恂如亦同往。慕君特询士子人数，予答以文武生童一府一州不下七千馀人，慕君咨叹良久，以为人才渊薮。

二十三日甲子　　　晴

是日，考昆、新、太属七学，点名殊早。卯刻有题。昆、新题《见不善如探汤，吾见其人矣》，太属题《行义以达其道，吾闻其语矣》。经题《戴仁而行，抱义而处》。诗题《岭上晴云披絮帽》，得"云"字，系苏东坡诗。予草草毕事而出。天暖甚，只可容夹衣，惜予筐中未之携也。夕发家书一封。

二十四日乙丑　　　晴

醒逋、恂如、康甫约作登山之游，予欣然重往，连袂出行。顷之，踊跃而至者，悍予也，小楼轰饮，肴馔都佳，酒馨无算爵。至花神庙啜茗。醒逋辈皆贾勇登山，而予与恂如对坐看山，殊有静趣。茶寮四壁，疥诗几满，而可诵者略有数首，雒诵久之，吟思忽发，乃与庙祝借笔题一诗其上云："头颅三十不成名，竿木逢场悔此行。重见故山馀涕泪，喜从老友话平生。文章忧患兵戈感，身世悲凉儿女情。何日买田容小隐，好寻泾畔结沤盟。"醒逋游山归，亦题一绝句，恂如亦有和韵。诗罢，已夕阳满树矣。

二十五日丙寅　　　晴

是日考长、元、吴三县童生。元文题《既竭心思焉》，长《既竭耳力焉》，吴《既竭目力焉》。是午，等第案已出，恂如列名一等十三。予将归甫里，而苦无便棹。夜至赵星泉寓斋，约同买舟而归。饭后，偕潘恂如往茶寮听平话，讲者系一弱龄女子，婀娜可怜，雏凤声清，殊堪悦耳。

二十六日丁卯

晨，往樾阁啜茗，茗罢解缆，同舟者，陈康甫、赵星泉、方筠卿、许少穆也。星泉，予旧时门人，作时文颇自刻苦，今岁可望菀隽矣。筠卿为方惠卿锡恩孝廉之弟，曾从其兄至粤西，遍历山川风土之异。惠卿莅任平乐府，其地瘠苦，新经兵燹，衙署草创，山巅贼又不时至，居民无完户。惠卿谓其弟曰："汝可归矣。予为王事，义无退理。汝局外人，恋此危地，徒取亡身耳。"筠卿乃束装急返。中途经历粤东、八闽，颇豁眼界，言广州繁华，世莫能比，潮州六篷船尤为海内所无。是日午后，抵里门，夜饭于许氏，同蔼人往添园观牵丝傀儡所唱昆腔，抑扬殊为合拍。噫！吾人在世，亦一傀儡登场耳。暗中自有为之牵丝者。归家尚早，伯姐从吴村归宁，与之絮话家常。

二十七日戊辰

往第二酸斋，桐君出邱西堂所画牡丹属题。西堂著色鲜艳，迥非凡手。予顿忆昔年天风草堂庭中有牡丹数丛，深红浅紫，绰约可爱，今已划为平地，问何萎之速也。曰："因碍路出入，为人掘去。"闻之怅然。酒边花底，别有感触，辄题二绝句于上，不知作何语也："已教辜负此生心，空向春宵梦里寻。满眼樱花偏懒看，断无一朵值千金。""记昔花开曾得见，重来惆怅已无花。年年改换东风面，错认图中是一家。"是夕，涤盦师留饭，设旨酒。

二十八日己巳

午后，学中报至，吾里获隽者二人，皆元和学也。马醴园宛生第十二名,赵星泉庆清拨入府学第三名。予同醒逋往访星泉,闲话片时,即偕至姚家馆啜茗。既夕,恂如、醒逋偕予往酒楼轰饮。

二十九日庚午

偶至醒逋馆中剧谈,见其案头有《松漠纪闻》、《形气元珠》各一册,即乞之以归。醒逋近日与予殊觉落落,二年不相见,而曾无一语款曲,真所不解。夜过第二酸斋,涤盦师剪烛命酒,即席有诗,谨和元韵一首:"春来百感总无端,拂面东风尚觉寒。佳节渐从异乡老,门生直作故交看。十年放逐名心死,两袖凄惶客泪汍。同学诸君半蛟虎,争夸西笑向长安。"涤盦师原诗附录:"离襟欲剖苦无端,不分春宵尔许寒。的的蜡花杯底落,疏疏霜鬓镜中看。梦魂未要崇朝复,有注。涕泪河妨向夕汍。许叔潘郎省得否,一枝蛇足万人安。"涤盦师近日作诗颇勤,前集刻出后,现所作者已衷然盈寸矣。晚境如蔗食之愈甘,真可喜也。

三　月

一日辛未

晨,往第二酸斋,留饭。夜,涤盦师特命厨娘烹饪佳馔,酤旨酒相对细酌。酒罢,联句共得七首,皆录如左:"寒暑几回忽此宵,涤盦。十分豪气已全消。东风不上旅人鬓,孏今。南部曾闻玉女箫。杨柳鹅黄抽短短,涤盦。春波袅绿泛迢迢。伤离感旧无穷意,孏今。坐煞红轮碧绮寮,涤盦。"其一。"四禅天上奈何天,涤盦。孽海回波夜夜煎。生不能成安问死,孏今。道无可学志偏坚。喜闻画鼓三千叠,涤。怕弄水丝十五弦。甘向石榴裙底拜,孏。湔裙时候破瓜年,涤。"其二。"百折柔肠百炼情,孏。匆匆上巳恰清明。纸钱麦

饭沿江哭，涤。梦雨灵风逐客行。岂必狂伦同阮籍，蟒。从来痴婢
属康成。抛经闲对弹棋局，涤。谁说心中最不平。蟒。"其三。"郭
璞钟情亦大痴，蟒。石崇香枣俨当时。便教鸡犬凌云惯，涤。体讶
婵娟化石迟。生死精诚容易隔，蟒。合离因果有谁知。珍珠帘底
通眉约，涤。病起还吟捉搦词。蟒。"其四。"莫听街头击柝过，涤。
微吟不足且高歌。自怜孤子成名少，蟒。须识风人托兴多。寥落
园亭馀绣草，涤。纵横世宙半珣戈。王郎别有销魂事，蟒。肯学江
郎唤奈何。涤。"其五。"一寸相思一寸灰，涤。未闻泉下有书回。
红衣玉雪明明在，蟒。翠羽明珰得得来。叹逝平原空作赋，涤。伤
春庾信自言哀。劝君莫话年时事，蟒。珍重当筵酒一杯。涤。"其
六。"登真妙诀杳难寻，蟒。话到无聊话转深。刻鹄书生埋白璧，
涤。烂羊都尉抱黄金。劳薪身世穷途感，蟒。变体文章小雅音。相
对惺然缘底事，涤。错教好梦负香衾。蟒。谓桐君。"其七。诗既联
竟，已街鼓　如矣。是夕，宿于翦烛轩，与涤盦师同榻，桐君亦来相
伴。自丙午秋应试白门，与涤盦师对榻论心，师弟之乐，近来罕有，
今相隔十馀年，复见此乐，转忆当年，感深欲涕矣。

二日壬申

晨，饭于第二酸斋。涤盦师是日大作鸡黍，将招集壬釜、子柔、
春伯及门诸子，并以诗简友石丈云："梅花香里见来曾，同坐萧斋半
旧朋。久未从吾麀七字，终须与子沃三升。吴天风月愁无赖，海国
鱼龙怒欲腾。仙佛一盦同证悟，少年可比老年能。"予即和韵一首
呈涤盦师，兼伸谢悃云："契合襟期得未曾，劳炊鸡黍集宾朋。买田
故里虚筹画，负米天涯屈斗升。客里光阴多感慨，酒边意气尚飞
腾。春寒凄绝阑干侧，催放庭华知不能。"午后，往访杨野舲叔岳，
野翁年近七十，而起居尚健，近在同仁堂司会计，颇有馀暇。里中

于行善公事，较为认真，每逢朔望，必集议事，堂主，金质人也，旧为吴门彭氏所夺，醉酒樗蒱，凡事皆废。近有以匿名揭帖投致彭中堂者，谓之吴漕粮之弊，吴中缙绅勾结官吏，以熟作荒，多不纳粮，乡民坐是大困。其能奉公守法者，为讷庵潘氏，即侍郎潘曾莹家也。他若彭氏及诸绅，特威福而抗粮者，其弊不可枚举，其论已有刻本，不著姓名，第署"吴中老农"四字而已。彭中堂已据实奏闻，谓族中果有不肖子弟犯此者，着地方官一例褫革严问，官吏矇蔽，一体治罪，故诸彭近皆畏事，而以堂仍还诸质人焉。夜，小宴第二酸斋，同席曹友石丈以纶、许壬釜起、金子柔镕、涤盦师及桐君世弟，嘉肴异馔，络绎而至，颇称餍饫。酒阑烛跋，戏效鲍明远诗联句："一书久未通，偶见亦如梦。涤盦。二载始得归，好风丰骚送。孀今。三生有凤缘，高会群仙共。子柔。四方珍错罗，隔宵食指动。壬釜。五味胜易牙，异馔烹龙凤。友石。六钧挽未能，拇战嫌太哄。涤。《七发》吾敢陈，健句愈头痛。孀。涤盦师饮酒后，忽患头痛。八厨固所难，道义由来重。子柔。九转丹已成，鸡犬白日控。壬。十洲渺何方，碧桃花落洞。友石。"其一。"一瓯防风粥，啜之了无香。涤盦。二月容易过，自笑春人忙。孀今。三日始得来，今夕升君堂。子柔。四壁何所有，满架皆琳琅。壬釜。五字斗心兵，坚逾长城长。友石。六韬愧未读，奋臂扫欃枪。涤。七贤方竹林，敢诩兰陵王。孀。八荒何空阔，逸翮凌云翔。子。九皋坐鸣鹤，戛戛排天阊。壬。十亩倘可隐，与子同徜徉。友。"其二。二诗已竟，街鼓两挝，遂别。

三日癸酉

恂如至吴门未返，施西霞约至茶寮啜茗，以无暇辞之。夜，至独悟盦，时醒逋方以祭馀数簋与沈益之昆仲大嚼，予闯然至，皆拉予同饮，然三人皆已醉矣。予略进烧春一卮，即饭。酒后凄然有感,于席上成七律三首,追悼严规生,并示醒通:"此夕衔杯大是难,昔年朋旧半凋残。灯前各讶形容老,地下应怜风月寒。不识何时重得见,忍教相对渺无欢。歌离吊逝真凄绝,两袖泛滥泪未干。"其一。"人天渺渺断知闻,花月凄凄已夜分。一别西风嗟隔世,重来宿草哭秋坟。死无后嗣知君痛,生不成名愧我文。冥溟精诚完无间,泉台好把此诗焚。"其二。"死友难忘生友稀,每归与子话心期。十年湖海劳人梦,一卷风尘失意诗。因果茫茫前定业,乾坤落落数交知。还家见面时疏略,应未嫌吾过从迟。"其三。诗罢,夜已深矣,遂各分手。

四日甲戌 　　晴

是日,恂如从吴门归,同往游海藏禅寺,寺有送子观音,香火极盛,友石丈为之撰联。午后,往访沈益之,剧话竟晷,益之与予为僚婿行,娶野舲叔岳之女,所居室结构颇雅,但稍局促耳。吴村周敬夫来,载予姐归家也。敬夫,予长甥,年十六,颇聪颖,惜浮薄而不诚实,非载福致远之器。同李子勤往观傀儡戏,周甥亦随往,里中有神会。

五日乙亥 　　阴晴参半,风殊大

欲往锦泾不果,乃解缆至甪直泾扫墓。甪直泾乃幽僻小地,人知者少,在尚明淀之北。午刻始到,见岿然数家,荒草丛生,有芜秽不治之叹。子孙不肖,使先人坟墓至此,深可叹也。午后,顺风扬帆而归,抵一村,有赛神演剧者,因停舟观之。时天气稍凉,田塍间颇有幽趣。菜花豆荚,时有香来,戏场侧得晤刘根子,遂与缓行而返。薄暮,往访质甫二阮。质甫从张浦发疾送回,见其言语颇为失次,盖质甫素有狂症,今逢春疾发,店伙急送之回。恂甫三侄在吴门未归,竹筼从兄所生二子,皆非飞黄腾达者。质甫极拙啬,恂甫虽稍灵敏,而好博,挥手十馀金,毫不知加以节制。予弟芷卿,烟瘾已成,不可救止,其本性狷薄狂妄,尤易入于匪类。王氏自有明崇祯时必宪公至此二百馀年,仅得四男子,而皆阘冗不堪者,安望其能兴起乎?思之可为一大哭。夜,至第二酸斋,涤盦师沽酒留饭。酒半,因话春伯北上事。师言春伯急欲入都,其意非专为功名,或于外别有所眷也。桐君亦言春伯自断弦后,闻有属意之人,时壬釜亦在座,曰:“亦颇闻之。”涤盦师并述其昨日所见事,因命联句以调之。廋词谰语,个中人自知,不复注,要以词多谐谑,旨寓劝惩,见者可无讥焉尔。“忽听橙然点屐声,孀今。洞房深处拥卿卿。三千里路书来早,涤盦。十二阑干花正明。颊晕红潮非为酒,孀今。心通绿绮漫缘笙。潘郎大有相如癖,涤盦,乱拍洪肩也得情。孀。”其一。“中年丝竹最关情,帘底鹦哥花底笙。每到来时偏隐约,孀今。定于私处极分明。青衫邋遢休怜我,涤盦。红粉丛残要哭卿。别有销魂人不识,孀。铜壶促尽一声声。涤。”其二。“　缕街头箫管声,孀今。香舆彩仗逆芳卿。连蜷髣髴魂何在,涤盦。扑朔迷离见不明。黑狱风多吹铁网,孀。白华诗阙补兰笙。奈何面目从今换,涤。辜负当年万种情。孀今。”其三。是夕,宿于剪烛轩,涤盦师饮酒过多,不觉大吐,犹自吟“心头酿得桃花醋,倾吐都成白凤凰”之句,并戏谓“吾诗自人言,渠诗如鬼语”。顷之,伏案醉睡良久,始强步入内。

六日丙子

晨,解缆至锦溪,奉母氏同去。午后始到,得见雪泉舅氏,知病已数月,两腿为风湿所滞,酸痛异常,不能著地,遍阅名医,皆不能治,盖暮年血气已衰,非药石所可建功也。橐卿景况如前,而容略清瘦矣。饭于墨醋,舅衿及表姐姨辈见予母氏至,咸来相问,絮谈别后景况，此中人情，颇谓不薄，亲亲之谊，较之吾里为厚。饭罢，同南畇大表兄往茶寮听平话，讲者系女子，忘其姓氏，虽风韵犹存，而徐娘老矣。后复往游漱霞所，为锦泾一镇名胜处，癯卿亦来合并，闲话良久。时锦溪文社颇盛，岁试者多列前茅，小试获隽者一人，乃李秋农子也。夜，宿于墨醻，是室为南畇新筑，槤桷之费几千金，明窗临水，楚楚有致，庭中花木颇盛。

七日丁丑

蘏卿留予饭，虽肥鱼大肉，而主人之意自重。南畇子小名魁元，年十八矣，颇能文。顷之，桂林表甥来，相见极欢。桂林，予旧时门弟子，人颇肫笃，容较昔美秀矣。闻其授徒于家，所入束脩，一钱不肯妄费，亦有守者也。同蘏卿至兰表姐家，见其小筑数间，尚为宽敞。兰姐焚香奉佛，茹素诵经，居然一老媪矣。午后，辞别诸人，同母氏解缆归里，抵家夕阳尚未下也。

八日戊寅

午后，同恂如、筠卿、湘舟诣景莲居啜茗，放谈一切，曹礼卿翼凤亦来合并。谈次，颇自夸诩，狂妄之态如昨。吴下阿蒙云，别来三日当刮目相看，吾于礼卿未敢信也。薄暮，往访许壬釜，纵谈诗古文词，壬釜特出《夏日游仙诗》一百首见示。游仙之作，肇自景纯，大抵托志烟霞，自抒胸次，餐英饵玉，通人寓言，要其中有憔悴惋笃，忧思不可言之隐在也，壬釜庶几亦此意乎？壬釜特市佳肴之篑，留予夜饭，予以《灵芬诗话》六册假之。

九日己卯

午刻，饭于第二酸斋。时予将之海上，涤盦师特命修书数函致诸君子。孙次公处售《同人词选》二册，作书答之，并题《雷约轩莲社图》五古一章。诗附录于左："士或不得志，借端遁于禅。典午当末造，海寓风云颠。庐山亦人境，劫外开白莲。销夏为结社，香花满讲筵。徒以一靖节，遂令千秋传。魔祖即佛祖，远公岂真贤。净土本未有，焚修何其坚。拉杂龙华会，荒唐兜率天。孰具大智慧，斥绝诸俗缘。攒眉总自好，附火吁堪怜。愿君面石壁，独立成金仙。”此作命意不苟，雷见之应叫绝也。既夕，涤盦师命煮肴沽酒，复开小宴，并以话别。同席壬釜、桐君，酒半，联句得四首：“醉倒吟台也不妨，壬釜。今宵且复罄离觞。酒乡许我住三日，孏今。笔阵从君鏖一场。师弟友朋皆至性，涤盦。簟床钗盒剧回肠。孏今。鼠姑花底匆匆别，壬。漫草骊歌一两行。涤。”其一。“刻烛联诗记自今，孏今。更无人与此同心。狂来直欲排阊阖，涤。愁剧依然拥枕衾。孏。回首欢悰如隔世，壬。昔年芳树已成阴。涤。临风把袂知何日，孏。花底寻还梦里寻。涤。”其二。“渺渺天涯走碧车，孏。莫教辜负此阴华。碧梧新月巢梁燕，涤。红豆华灯侧鬓鸦。壬。浩荡关河惊客梦，孏。纵横谈笑落天花。王郎未得诗千首，涤。许叔居然温八叉。孏今。”其三。“别固伤心话更酸，壬。离悰震荡蜡灯寒。樱花空有春前感，孏。丝竹怎为场后欢。涤。六凿三杯客易醉，壬。苍茫一字最难安。道场只许维摩做，涤。墨沈淋浪笔未干。孏今。”其四。诗成，漏已二下许。壬釜潜自逸去。是夜，宿于翦烛轩。

十日庚辰

晨，饭于第二酸斋，有盛馔。潘恂如亦来合并。涤盦师命寄海上王叔彝庆勋一札，桐君以其先祖筑生太夫子《残夜水明楼诗稿》相馈，并古锦墨一方。予与涤盦师假《甫里志》四册。饭后，遂辞别而去。里中小试，获隽一人，陈岭梅希骏考新阳学，即予姨甥也。午后，小集于马氏馆舍，澧园子沁波颇恂谨，时来者严忍之、杨醒

逋、潘恂如也。各釀钱沽酒,作咄嗟筵,酒酣,刻烛联句,共得两首:
"匆匆又作饯行筵,蠛今。明日春风各一天。忍之。无定萍踪参聚
散,醒逋。有情柳色感缠绵。恂如。眼看诸子飞腾意,蠛。时忍之、惺
如岁试皆列前茅。心结连宵倡和缘。醒。我欲援琴歌一曲,忍。莫言
海上有成连。恂。"其一。"击钵催诗亦大难,蠛今。梨花月上小凭
阑。忍之。杯盘草草今宵话,醒逋。山水迢迢异地看。恂如。一醉
从君消块垒,蠛。十年叹我尚贫寒。醒。隔邻小犬催归急,忍。从
此天涯更觖欢。恂。"其二。酒间,醒逋言海上风景久未领略,约于
秋间稍暇,买棹来游,作平原十日之饮,并一观于海,以扩眼界,予
即坚之以诗,并以录别:"临行话别尽深杯,何日看君得得来。盐米
光阴悲婉晚,樱花景物惜迟回。愧无茅屋三间筑,那得蓬门一笑
开。喜为老亲祝强健,名心尚觉未全灰。"闻今年各直省恩科已准,
吴门诸绅士议欲借浙江贡院以应秋试,抚军业已转奏,皇上特命部
臣议覆,不知果能举行否也。如果借浙应试,则路近费简,且有西
湖山水之胜,亦将随行逐队,以作此游矣。

十有一日辛巳

清晨,已觅得一舟肯往海上,舟子姓司马,予后村邻家也。宋安
溪来,以小象命题,即作一首应之:"好从仙佛结缘深,妙诀登真可许
寻。阶下芝兰成独赏,庭前松柏订同心。十年自愧浮人海,小筑居
然惬素襟。却羡向平婚嫁了,买田我亦欲归林。"醒逋、友山、霭人皆
来送别,范秀石亦伥伥而至。予归家几匝月,未得与秀石一谈,殊怅
然也。临别赠以二十八字:"君病我忙欲见难,□□□□□□□。东
风又向天涯去,临别匆匆把袂看。"是日下船解缆,已巳刻矣。舟中
无事,同恂如联句,共得二首:"风帆叶叶下吴淞,恂如。渠自西来
我欲东。惘惘别离违故里,蠛今。依依身世感秋蓬。衔山暮色苍

茫远,恂如。到耳乡音约略同。今夕渡头应可泊,孅今。临流把酒奠黄公。恂如。"其一。"只为饥驱欲住难,孅今。登程携母强为欢。相看白发垂垂老,恂如。渐觉东风猎猎寒。我辈消愁惟饮酒,孅今。故人临别劝加餐。还家略说相思苦,恂如。袂上啼痕应未干。孅今。"其二。是夕,天阴无月,恐将作风雨,泊舟黄渡,与邻船首尾衔接。顷之,风定月明,放舟再行里许而止。晚饭后,偶有所怀,诗以写之:"晚饭无聊酒一尊,林梢罨霭已黄昏。橹声渐缓行随月,人语微喧知近村。海曲樱花今日盛,天涯师友几人存。凄然不寐缘何事,翦纸重招宋玉魂。予于丁巳仲秋抱病至海上,蒙规生赠赆十笏,今没已二年矣。"

十有二日壬午　　　晨阴,忽转顺风

舟抵渔姬墩,水甚浅,不能行,乃小泊以待之。舟小,逼仄殊甚,颇觉其苦。因念此行,慨然有作,得七律二首:"低篷逼仄仅容身,坐便踟跌倦欠伸。寻乐有方诗亦好,破愁无计酒相亲。只缘贫贱悲游子,那得安危托故人。挥手匆匆从此去,鼠姑开到已非春。"其一。"蓬莱清浅渺登天,跋扈飞扬让少年。应俗文章方自愧,傲人骨相肯蒙怜。买来马骨知非俊,老去蛾眉敢斗妍。放逐海滨吾计左,几时归卧故江边。"其二。下午,潮至风顺,遂放棹启行,傍晚已到老闸市。天忽雨,衣帽沾湿,着屐登岸,将行李各物挑运至家。是夜,饱饭安睡,甚为帖然,始知连日驰逐之劳也。

十有三日癸未

往小异斋中闲话,见其案头有和吴子登嘉善诗一绝,婉约深远,不蹈禅语窠臼,予欲为下一转语不能,漫作三首,聊以效颦,即同其韵:"阅历乾坤溷主宾,早怜两脚插红尘。梦中证得前身果,本是清凉山下人。"其一。"劳劳送客复迎宾,已分微生堕劫尘。明

月一窗钟一杵,惺然梦醒别无人。"其二。"寂寂朱门断旧宾,丝丝蛛网挂轻尘。东风闲着无情思,吹起落花乱打人"。其三。小异近于裨治文处译改《美理哥地志》,已得数卷。米利坚,新辟之地,人至者少,是编乃裨君纪其往来足迹所经,见闻颇实,倘得译成,亦考证海外舆地之学之一助也。

十有四日甲申

闻英国公使额罗金之弟已奉英主谕旨,饬其驻札中国京师,现从伦敦启行,已抵新嘉坡矣。叶名琛在石花洲岛,备历艰苦,饮食几致不给,现拟放回中国,不知部议将何以处之? 夜阅邸报,知皇上于此闻科场关节一案,赫然震怒,柏葰家人靳祥已行杖毙,平龄乳药身故,柏葰立行斩决。本朝自乾嘉以来,大臣即有大故,从未有诛戮者。前于疆场偾事,则斩青麟;今于科场舞弊,则斩柏葰。柏位为中堂,且系满洲世族,而竟就戮西郊,不能保其首领,天威可谓烈矣。

十有五日乙酉

清晨入城,同恂如、春甫于乐茗轩小啜。午后,往访潘研耕,不值。偶阅香港新闻纸,知贼匪由福建汀州窜往潮洲,攻陷大埔县城,现围嘉应州甚急。官兵出城接仗,屡次失利。粤西红匪窜扰大乌。地方粤官欲于佛镇行抽厘之举,因此货价陡涨,几至罢市。倘坚欲抽厘,必致官民之心失和矣。途遇宋小坡,知张筱峰近在此间。

十月六日丙戌　　晴

吴子登来访,壬叔与之剧谈。子登人甚谦抑,工书画,为壬叔写箑,但于尾署"无声诗"数语,不著一字。又为画《太素图》,空无所有,其中颇有禅机,即涤庵师《无我相图》之意。文人好奇,喜为人所未为之事,不知已蹈空滑窠臼。在予毋宁征诸实践耳。

十有七日丁亥　　　晴

日长无事,偶读《甫里逸诗》,其中可采者甚少。沈归愚录入《国朝别裁》者仅三人:一许竹隐虬,以时文名家者;一许子逊廷,诗有唐音,刻有《竹素园专集》;一陈树滋培脉,为渔洋高足弟子,与归愚同选《唐诗别裁》者。工时文得盛名而早卒者,为朱邓云林,诗亦戛然异人。其他则文不动乎公卿,名不出乎里巷,偶尔题图与宴,得一二章即采入集中,皆不足为诗。即其有科第者,出为风尘俗吏,则废其所学,而无暇专力于诗,旷乎皮陆之迹,邈千载而难继矣。有三女子,诗亦平弱。一熊湄,字碧沧,嫁许烂石滩,即晚年称“六休道人”者也。一毕著,字韬文,能武,新安人。尝与贼战,事迹略见《别裁》中。《甫里逸诗》改为名朗,想有二名也,著有《宿花庵集》。吾里故明遗民,有马贰师,名起城,天启时,从桂王封得宜阳簿,著有《长鸣草》,今载其《入秣陵》一绝,饶有风神:“祖道谁将酒一杯,片帆独向暮潮开。多情最是船头雨,夜半和愁送我来。”流寓若客山李果,最为矫矫者。

十有七日丁亥

云间张筱峰、丁步洲,青浦黄雪轩来访,同往酒楼话旧。壬叔为东道主人。肴炙纷陈,颇堪悦口,酒罄二壶。酒罢,往环马场散步。是日,西人赛马,士女观者如堵。赛马之法:各选骏马,骑者各以五色衣为别,约远二三里许,立一旗,并马疾驱,先至旗下者为胜,例得重赏。勾栏中乘舆来观者纷如也。观后,诸茶寮啜茗。薄暮,入城往访筱峰,不值。得晤胡舒塘,知其近设帐于粤人家,岁得百金。

十有八日戊子

下午,同壬叔入城,途遇蒋剑人,因偕访筱峰、步洲,邀至酒楼小饮。肴核纷陈，都有真味，酒罄数壶，醺然有醉意。酒间，剑人抵掌雄谈，声惊四座，自言所作诗词骈体，皆已登峰造极，海上寓公无能抗乎。独于古文尚不敢自信。壬叔亦谓："当今天算名家，非余而谁？近与伟烈君译成数书，现将竣事。此书一出，海内谈天者必将奉为宗师。李尚之、梅定九恐将瞠乎后矣。"筱峰闻之，意若微有不满，引杯言曰："谈词章者尚有姚梅伯，明历算者亦有徐君青，恐其亦至海上，则二君不得专美于前矣。"因转谓予曰："足下当力为可传之学，与二君鼎足而立，毋使其独享盛名也。"

十有九日己丑　　微雨

薄暮，潘春伯从吴门来，握手道故，相见极欢。遂邀小异、壬叔同往酒楼沽饮，为之拂尘。所陈肴核，颇有风味，春伯谓不输吴中佳手也。是夕，春伯宿小异寓斋，联床对话，亦客中一乐。

二十日庚寅

春伯持严君书往席阆夫处诊病。阆夫为海关总书，近得咯血症，已入膏肓，非药石所能起也。予近欲采辑海上轶事，以备修志之用。明泰昌元年修礼部志稿，上海生员俞廷教亦预其列。然考之初编，并不载入，名为荐举，公移所无，殆入局以后续招协修与？

二十一日辛卯　　微雨

读朱祖文《北行日谱》，觉其风烈不在古人下。祖文字完天，与蓼洲先生非有胶漆之好，徒以请旌一事感激于心，临难从行，冒险不顾，为之职纳橐　，为之奔走称贷，报答知己，可谓厚矣。嘻！友道今人弃如土矣，即不投井下石，亦只袖手坐视耳！读此能无喟然？

二十二日壬辰　　雨极大

是日赋闲，本拟同春伯散步城　，奈檐溜如注，不能出户，乃往

小异寓斋剧话。焚香静坐，消遣雨景，亦觉不恶。春伯来此无所
遇，又逢阴雨，不能畅游，深为怅然。夜读《宋遗民录》，未竟。卷
末记元顺帝系宋瀛国公子。又言虞集尝私侍文宗妃。其意盖欲为
抒遗民之宿忿耳。今此数条已为鲍氏刻本删去，仅记萦虞集至京，
以马尾缝眼皮，夹两马中驰，后顺帝赦免，而两目以瞽。一代文宗，
末局如此，殊可叹也！

二十三日癸巳　　雨稍止

春伯将作归计。薄暮，共往黄垆小饮，聊尽三爵。春伯意将北
上，予谓："今年恩科业已准奏，而浙江借考之说，苏抚已行上奏，特
未知部议何如耳，足下可不必远行矣。"

二十四日甲午

饭后，春伯回里。予以俗役冗杂，未得作一书呈涤庵师，殊为
阙然。

二十五日乙未

偶阅范石湖《吴郡志》，见所载鲈乡亭一事，如逢旧识。癸丑春，
何学使岁试曾出是典为赋题，当时场中莫有知者，予亦以无书可查，
遂置之。今展卷得之，急录于左："鲈乡亭在吴江。始陈文惠公尧佐
题松陵诗，有'秋风斜日鲈鱼乡'之句，屯田郎中亦肇为令，乃作亭江
上，以鲈乡名之。陈瓘莹中主县簿，尝赋诗云：'中郎台榭据江乡，雅
称诗翁赋卒章。莼菜鲈鱼好时节，秋风斜月旧烟光。一杯有味功名
小，万事无心岁月长。安得便抛尘网去，钓舟闲倚画栏旁。'"

二十六日丙申

薄暮，偕壬叔登楼远眺。时春日昌昌，百物争媚，妍红柔绿，触
目生怜。而一入羁人眼中，别有感喟。况烽烟遍地，靡有宁居，而
此弹丸寸土，肩毂摩击，货利骈集，为海市之极盛。有心人托迹斯

土，辄兴旷怀。壬叔因成一诗云："兵戈满海内，犹得此登楼。人物合夷夏，宾朋感去留。翻风红药绽，压地绿阴稠。未敢发高咏，青天在上头。"

二十七日丁酉

偶阅《云南志》云："西汉元狩间，彩云见于南方，遣使迹之至此，后代因之，置云南县。"云南之名始此。合众国裨治文欲考苗俗种族所由来，余考谈苗诸纪，中国书籍所载夥矣。熟苗例许考试，几与中国人无异，生苗犷悍之性终不能改。其苗语各处可通，惟苗字未尝见耳。

二十八日戊戌

前日为春甫婚期。行夷礼。至虹口裨治文室，往观其合卺。西人来者甚众。裨妇鼓琴讴歌，抑扬有节。小异亦在。其法：牧师衣冠北向立，其前设一几，几上置婚书、条约；新郎新妇南向立，牧师将条约所载一一举问，傧相为之代答，然后望空而拜。继乃夫妇交揖。礼成即退，殊为简略。午后，至春甫家饮酒。同席小异、壬叔、恂如，其坐首席者，上邑丞胡君也。

二十九日己亥

环马场侧有蜜蜡打球房，西人每于闲时，击球斗捷。又有若秋千之戏者，以一足踏板上，一手执绳，令其四面旋转，久之乃下。盖此皆西北角力之风，恐筋骨久逸则脆弱，故以此习劳。亦陶侃运甓之意。辽、金、元三朝兵强于天下者，悉以此法。

晦日庚子

饭罢，偶阅小异所译《内科新说》，下卷为西药本草，而间杂中药在其中。西药性味，予所未晓，而其所用中药治诸病处，恐不甚效。予谓西人于脏腑节窍，固属剖析精详，惟治华人内症必不验，因纯以霸术故也。盖不独饮食嗜欲之不同,秉体强弱之有异矣。小异谓合信氏始著《全体新论》时,远近翕然称之,购者不惮重价,及译《西医略论》,备及审证治疗之法,而见者反谓无奇,想亦由中西药石错出其间,恐依法行之必无效耳。

四　月

朔日辛丑

闻虹口近侧西舶黑人,多有登岸酗酒,纠众斗殴而戕人命者,及官民缉听,则遁匿无踪。舶主多袒庇,不肯将犯人交出,领事亦含糊了事,地方官文移往还,置之不理。呜呼!人命至重,西人直以儿戏视之。其肆横凶狠,以此可见。将来不知作何底止。偶阅魏默深《海国图志》云:昔毕秋帆治粤,办理夷务甚严。杀人则偿命,西人不敢异言。后林文忠公接任,一循其例,事遂败坏。今昔异势,可为浩叹。

二日壬寅

薄暮,散步北郊外,偶遇吴人韩七,与之同行。经三茅阁板桥侧,韩曰:"此桥以阁得名,何以阁毁而桥存耶?"予谓此亦非旧时桥矣。三茅阁本建以祀三茅真君,虽高而甚狭,与桥适相对。其西为延真观,颇宏敞,外为长人司庙,即春申君黄歇也。康熙时建,嘉庆七年重修,后经癸丑赭冠之乱,为西人所毁,石桥亦被徙。距原处十馀丈重建大板桥,以便入城往来。数百年遗迹,至此泯焉,亦可惜矣!今邑人重建春申祠于北城内,规模迥隘矣!

三日癸卯

小异来,言都中有书至。述及俄罗斯因割黑龙江地五十馀里,进献炮五千尊、枪万枝，尽运解天津，以备海防之用。俄人又愿于天津筑炮台，高下长阔，一循其法。僧王不许，惟令其绘图以进，如法建筑，颇称巩固。又以牛皮十数重，中纳丝絮，以障炮台。上系绳，可曳以开合，人尽伏其中，燃炮则开，炮放随阖。敌舟远望，但见炮台，不见有人，铅丸无可着处，即着亦不能伤人。近岸处多钉木桩。潮退沙淤，人登足即立陷；潮涨则有木桩阻截，小舟亦不能进。其备可谓周密矣。予谓备于不虞，古之善教也。然已晚矣。

四日甲辰

予尝与蒋剑人论云："西国政之大谬者，曰男女并嗣也，君民同治也，政教一体也。"西人伟烈君亚力闻之，曰："是不然。泰西之政，下悦而上行，不敢以一人揽其权，而乾纲仍弗替焉。商足而国富，先欲与万民用其利，而财用无不裕焉。故有事则归议院，而无蒙蔽之虞；不足则筹国债，而无捐输之弊。今中国政事壅于上闻，国家有所兴作，小民不得预知。何不仿行新闻月报，上可达天听，下可通民意。况泰西之善政颇多，苟能效而行之，则国治不难。"予谓泰西列国，地小民聚，一日可以遍告。中国则不能也。中外异治，庶人之清议难以佐大廷之嘉猷也。中国多涂泥之区，土松气薄，久雨则泥泞陷足，车过则候洞窟穴，电器秘机决然难行。他如农家田具种刈利器，皆以轮轴机捩运转，事半功倍，宜其有利于民。不知中国贫乏者甚多，皆借富户以养其身家，一行此法，数千万贫民无所得食，有不生意外之变乎？中国所重者，礼义廉耻而已。上增其德，下懋其修，以求复于太古之风耳。奇技淫巧凿破其天者，摈之不谈，亦未可为陋也。

五日乙巳

闻江苏乡试借浙闱之说已准。下江在十月，上江在十一月。

现筹经费不敷,拟苏、常、松三府捐资以稍赔补,其江宁等处,曾经贼扰及距浙较远者,概不必捐。计生员每人捐钱四千,监、贡每人八千。邱伯深寄书至,劝予秋闱必去,以酬先人未竟之志。其意良厚。奈予于帖括一道,束诸高阁者已十馀年矣,今复欲执笔为此,断不能如时世妆之争妍取怜也,因此功名之心益灰。虽有名师益友,亦不能鞭策矣。念及辄自悔自憾也。

六日丙午

是日赋闲,入城散步,得遇梁阆斋,拉至酒垆小饮。阆斋自言,于壬寅议和之后,曾至此间,北郭一带无非荒土,白杨萧瑟,坟冢累累,贫民以屋售之,乃始登岸而居。后乃易构夏屋,所有古墓,尽皆划平,骸骨抛弃,目不忍睹。予闻乙卯夏间,西人发一瞿氏冢,石椁朱棺,系明时巨官棺,后户已朽,袍袴露焉,启之见须发俨然,颜色如生,衣则随风尽化。其子孙易以他棺迁葬别所。是亦以受西人之一厄矣。掩骼埋胔,先王之仁政也。今乃斫棺出尸,于心何安?鬼而有知,何不能与西人为仇,想其气焰犹雄欤?酒罢,往小室中吸片芥,得见楼头丽人,静观久之,可以消烦释闷。天涯芳草何处无,特未知渠能识我王孙否也。

七日丁未

剑人来访,同至茶寮啜茗。予谓近所著《六合丛谈》,中有《泰西通商事略》一卷,载其贸易粤东颠末甚详,有明中叶办理夷务海防事宜,最为失策。番舶出入洋面,漫无稽察,惟知受贿免咎而已,故西人独喜其政宽大,而谓本朝为严刻。计英自康熙时在粤通商设立公局,直至嘉庆间,未尝一得志。盖其时国中多事,米利坚义民叛于内,法兰西强邻逼于外,印度未取,国且中弱,故无暇与中国为患。至道光时,君位已安,民心已固,财富兵强,骎骎自大,智谋英杰之士如马礼逊、义律、罗伯聘辈接踵而至粤，效中国之语言文字，渐有窥伺之心，而大逞其所欲为。即无焚烟之举，亦将别启衅端，故不得尽为林文忠公咎也。剑人曰："然以予所知，道光十六年已有夷船至此间矣。泊于吴淞口，三日而后行。官民无如之何也。其船名'何夏米'，船主麦姓，有粤人为之通事，声言欲至沪通商。前数日，粤督、闽督皆有文移谕宝山县云，凡遇此等夷船，决勿令其入口。然夷舶径抵炮台下，守炮军士以未奉命，不敢施放，继虽有示谕'捕渔船户当先报闻'、'不得交通'之语，亦不过具文而已。中国之弱，彼已了然。盖其时海禁亦少疏焉。"夫善为国者，防患于未萌，弭祸于未兆。禁烟之时已不可为矣。素未有备，一旦猝发，无怪其蹶也。

八日戊申

饭罢无事，聚众剧谈，有言及旧岁天津定约者，谓："城下之盟，大可寒心。我中国当思如何可以自振。"余谓津门议和，亦国家一时权宜之策。然此不得已三字，最足以因循国事。今在廷诸大臣，无一能熟稔夷情者。制夷之善法，莫如勿当其锋，而承其弊。譬诸春秋之时，夫差争长黄池，方欲逞志于晋，而不虞越之袭其后也。满必覆，骄必败，天道然也。英得志于中国日益甚，则与国忌之日益深。今泰西战争方始，英自以雄国无役不与，则其甲兵必日钝，财用必日匮。耀兵疆场，兴戎肘腋，未可知也。然后中国审机以发，观衅而动；或以夷间夷，或以夷攻夷；惟我所用，皆足以制其死命而安受其烬。若今以积弱之势，而当此至凶之锋，多事之秋而复增一至强之敌，是未明乎事之缓急、势之利害、时之盛衰也，虽愚者亦不出此也。客曰："此说何时可应？"予曰："以鄙见度之，其在二十年之外乎？此时中国豪杰讲求已悉，必有驱除之法矣。"

九日己酉

邑人近将修县志，予思略参末议，而苦无书籍可证。昔时所作《瀛壖杂志》，尚未蒇事，而细阅旧志，挂漏尚多。旧志修于嘉庆十九年，主纂者为李秋农林松，不过两月竣功，故太草率。所采事实，于前明为详，于国朝反略，可见搜访之疏。自嘉庆至今又四十馀年，其间事实颇多，若使旧闻散佚，殊可惜焉。顾邑之有志，犹国之有史。操笔者必具才、学、识三长然后可，纪载必确，繁简必当，毁誉毋恂情，斯为嘉志也。

余观沪中人物，盛于乾隆时，如陆耳山、赵璞函、诸文渊、张策时、曹锡宝、王元翰，皆名铄当时。后稍凌替，然未尝无人，但不能与先辈抗衡耳。江翼云师尝谓余曰："沪虽僻隅，耆硕素来不少。文章如陆公之校理秘书；节操如曹公之疏劾权豪；死事如赵公之临难不避。载在邑志，历历可稽，以一邑人才与海内并驱，可云盛矣。"然自嘉庆间已云中弱，道光至今益不自振，可称绝无仅有矣。盛极而衰，其势然也。

十日庚戌

薄暮得闲，与壬叔往访公寿，剧谈久之，即邀公寿往酒楼小饮。公寿不嗜酒，量不胜一蕉叶，所煮羹汤，仅食数匙，可云食少矣。公寿近画山水，娟秀幽淡，迥超流辈，非烟火中物也。年止三十，即造此境，真罕得者。

十有一日辛亥

午后无事，偶入西园观剧，见其台上所悬一牌，乃为驱逐文士秋风计。大意谓捐局中经费无多，将上供军糈，下给公食，以后凡有举人、进士分送乡会朱卷及士子送对等件者，概不敢领。观此可为一叹。斯文扫地，名士不值一钱矣。予尝谓沪虽氛浊之场，而实为利薮,所以至沪名士,岂真有真实本领?不过提绠文刺三百,为名利之奴耳。求其能砥节砺行,气谊相孚,清操拔俗,一介不取者,岂可得乎?古之所谓名士者,怀抱经济以待时,植立型坊以励俗;世不我用,则食贫终老而无悔,人不我师,则返躬自修而益勉。岂有仆仆求人,孳孳牟利,刻数卷诗词以为乞钱利器,假当道柬札以为调金要符,妄自炫耀,互相标榜,犹复夸于人曰:"千秋千秋,传人传人。"为之清夜以思,直堪愧死!间尝论之:意气伪也,标榜滥也。性情漓而不真,学问驳而不纯。盖其人欲出而交名公巨卿,必且谬托忠孝,佯慕义烈,杯酒之间即许以驰驱,拔剑慷慨便欲杀贼自效,而按其实,则无有焉。附之则升天,排之则入地,虽有可传之学问,而欲见己所长,必且加以丑诋,苟得过盛之名,亦将随声附和,而不敢摘其巨瑕,其毁誉无当于人矣。偶得一友,则遽述其吹嘘;乍觌一人,且暗审其贫富。周旋揖让为谋食具文,谈吐诙谐皆求钱地步。久而习之,必致面目可憎,性情日变。诗文本属小技,曾何足重?一有骛外之心,即无为己之实,剽窃故纸,杂缀肤学,遽以问世。其实于己无所得,于人亦无所裨,不过供糊窗覆瓿之用耳。此风开自明季,而盛行于乾嘉之际,至今浸染未变,而沪中来者尤多。予著此论,见者勿诧为过激也。米利坚人马高温来,以日本考古器诸书相示,器上多刻各国古字,有一石签上镌字若草篆,倭人谓系苗字,云出在《西番译语》。遍检是书,并无苗字,殆人伪造之,而妄引一书,以矜其博考耳。

十有二日壬子

饭罢,往虹口白华院访马高温,不值。乃至裨治文楼,见小异译书未毕,因予至,偕往浦滨散步。帆樯林立,水波浩荡,颇豁胸襟。薄暮,阆斋来访,同入城中。小异、壬叔偕去,诣乐茗轩小啜。

阆斋酒渴欲死,乃至黄垆沽饮。酒间抵掌剧谈,各言己志。壬叔言:"今君青先生在此,予绝不干求,待其任满时,请其为予攒资报捐,得一州县官亦足矣。"小异曰:"予则不然。愿赴乡会试,得一关节,侥幸登第;否则至军营效力,杀贼得官;否则专折保举,如周弢甫之以奇才异能荐。舍此之途,宁终老风尘耳。再不然剃发为僧,如觉阿故事,构一兰若,环植万梅花树子旁,亦可了此一生。然情缘未净,捐弃妻子有所未忍。"阆斋曰:"待我得志时,公等之事皆易办也。"予在旁默默微笑而已。是夜,留小异饭,剧谈至二更而去。

十有三日癸丑　　雨

入城同吉甫昆仲啜茗。闻俄罗斯在天津有索地开衅之事。粤氛未靖,边衅又生,时事真不可为。但不知此消息果确耳。午后至阆斋寓,冒雨同往酒垆小饮,三爵而止。雨中,遍访钱寿桐,询之邻近,人无知者。甚矣寄书邮之难作也。夜阅邸报,见胜保奏:"官军进剿围攻之贼,总兵柏山前行冲陈,马蹶被杀。"又见僧格林沁奏:"去年四月,大沽打仗,都司讷勒古了无下落。现在海防紧要,沿途营官总宜实缺云云。"观此,则京师尚有戒心,而防务未能撤矣。

十有四日甲寅

壬叔言:前日魏默深之侄盘仲来访,人品学问卓然异人。雨窗无事,戏谈狐鬼。予言北地多狐而南方绝少。壬叔谓间亦有之。前海宁建有行宫。天师府中特派狐一群,以备朝夕洒扫屋瓦。其类甚多,宿于行宫侧水仙庙内。每逢客官借居是庙,则合家徙去,空则复来,率以为常。人以其守礼安分,亦不之异。忽一日,有一老媪诣郁氏求屋,指一大楼,而愿出二百金为赁。郁氏见其踪迹殊诡,姑许之。倏忽不见,乃悟为狐。顷之,则楼上人声喧杂,香气馥郁,知已迁至矣。越数日,媪复来借床,言从山东娶妇,小姑可去随喜。小姑者，郁氏幼女也。郁亦许其随往。继归，则言楼中陈设精丽，房特宏敞，重帷密幕，隐约数十间，诸妇明珰翠羽，皆如天仙。所贻鲜果，非近地所有。如是每数日辄招小姑一往。成婚之夕，空中箫管悠扬，肴炙之芬溢于衢路。郁女归，历述所见，且言赁金在梁上，可待去后取之。婚后数日即去，寂无他异。同时有何二姑者，往据陈姓内室，不见其形，惟其长女见之，与之极相契好，形影相间。自言从山东来赴宴者，不久当去。工刺绣，顷刻能成，远胜针神。所馈陈氏珠翠无算。陈氏子美丰姿，自二姑来后，日渐尫瘦，坐是竟死。人皆疑为二姑所蛊惑，而陈氏讳之。薄暮，往闽人公墅询益扶疾，特市鸡脯留饭。夜，小异来舍剧谈，言英公使于今日从香港启行。叶名琛病殁于石花洲岛。噫！同一死也，兹晚矣，且鸿毛之不若矣！

十有五日乙卯 积雨初霁，林烟犹宿

薄暮，同壬叔往访公寿，与之纵谈书画，约往酒楼小饮，所煮鲥鱼极肥美。酒罢饭饱，同公寿供养烟云，亦是一乐。夜阅邸抄，知军兴以来，需用浩繁，库藏久虚，饷源屡绝，而江南所设筹饷局，捐数实多。计自咸丰七年七月开局至年底止，共收正项、杂项银三百四十万两。八年正月起至年底止，收银五百十六万两。司道关库正款银二百八十七万九千馀两。上海各捐银一百六十九万七千馀两。苏、松、常、镇、太等属各捐银并捐钱易银共五十八万两，又收钱六十万串。以江苏一省，其数可以当北方数省，以上海一隅，可以当苏省之半，可谓富矣。按上海税捐整顿之初，收数较旺。自上年正月以后，浙东告警，货物阻滞，捐厘渐形减色。又值各国议事之时，商贾观望，遂致各项进款报解寥寥。然金陵大营招募新勇、填扎空营、开筑壕墙、增制军械，添拨之款皆出其中，则上海通商之

利,所系非浅也。

十有六日丙辰

见邸抄中御史王宪成一札言,洋药现准出售,请减吸贩罪名。按洋药载在《本草》,用以治病,乾隆以前海关则例列在药材项下,每百斤税银三两。今新例亦准商民售卖,如有开馆聚售者,问系官员、兵丁、太监人等,按照旧例治罪;私售藏奸者,照聚赌例治罪。自三月初二日为始。是以因时制宜变通尽利之意也。薄暮,同壬叔入城,往访龚守畲、魏盘仲不值,得见沈镜怀,略谈数语即别。后偕桂秋田至凝晖阁啜茗。日暮碧云合,美人殊未来。怅怅而返。

十有七日丁巳

薄暮,唐芸阁偕冯杏泉来访。杏泉,吴门人,能镌刻。继阆斋、小异皆来,遂同往环马场散步。阆斋酒思忽发,登楼沽饮,蚕豆鲜嫩,颇堪下箸。夜,留小异饭。言及法国前日招募丁勇,修治器械,若有启衅邻邦之意。现将与墺地里战。墺亦强国,未知孰胜。泰西诸国,各相观望,货物为之壅滞。近闻以通商之故,又将与安南从事,谕诸国毋得入其境。噫!是亦黩武矣!总之泰西诸雄国,正当强盛,志在耀兵,恐其弗戢自焚,一蹶而不可收拾也。

十有八日戊午

闻江北贼氛甚炽,然何制军随星使驻札此间,未闻撤回,想边警尚未急也。吴道普观察有书从吴门至,言《瀛壖杂志》已在荷汀司马处,修邑志时定当采入也。阆斋来,以金扇一柄乞陆椿年书小楷。

十有九日己未

小异来舍,同往小店食馄饨,味颇美。薄暮,往闽人公墅询益扶丈疾。诊其脉，弦数而细如乱丝，殆不能起矣。丈素日颇健，而自奉甚俭，日食　粥。今春咯血，旧症复发，腰脚已弱不能行，犹不肯服食补益之物。年已七十，血枯液竭，尚不加以摄养，至此已不能为矣。夜留小异饭。

二十日庚申　微雨

往访芸阁。欧阳子庸、陆椿年亦在。子庸以芸阁所画《墨牡丹》属题为作一首，即和其韵："对镜羞为时世妆，纵惭无色讵无芳。春风一尺原轻𧙗，墨汁三升敢笑王。心地空明知守黑，文章黯淡任雌黄。胭脂肯向人间买，醉笔淋漓兴未央。"子庸复以《行乞图》求题，且言将从军三山，乞诗为赠。子庸，闽人。其父贾于咬吧，为（必甲丹）〔甲必丹〕，资财甚富。父殁中落，故子庸颇熟于海上掌故。从军江北已七年矣。今因公干回沪，不日将束装而去，其言曰："男儿以马革裹尸，亦是快事。"其言颇壮，予漫作二律云："海内烽烟满，栖栖靡所安。相期为小隐，差幸是卑官。作客羞垂橐，逢场促上竿。聊将知己泪，遥向秣陵弹。""养亲兼报国，素志已无羞。肯向风尘老，拒为升斗谋。枕戈残月落，击楫暮潮愁。杀贼平生事，功名笑马牛。"是二诗即和其自题元韵，复代芸阁题《墨牡丹》云："聊研王勃三升墨，学画人间富贵花。不买胭脂描亦就，却将粗俗笑刘家。"诗罢，子庸邀往酒楼小饮，聊尽三爵。酒后，往访阆斋。时阆斋方作烟云供养计，因亦吸数管，出城已昏如墨矣。夜往闽人公墅询疾，即留不寐，危坐竟夕。时沪医张玉书已来诊视，言其不治。

二十一日辛酉　晴

晨，同小异、子登至环马场酒楼小饮。盖小异是日将归，予与壬叔特祖帐钱之也。子登饮量甚豪，酒罄四壶。鲥鱼已老，味不甚佳，所煮江瑶柱汤尚鲜。小异此来颇不得意，且以海上夷夏杂揉，不乐久居，去亦无一枝可借，惘惘而归，殊有可怜之色。吾知此去不复来矣。相见何年，空于梦中遇之耳。

二十二日壬戌　　雨

时久雨，艺秧者甚苦之。上邑郭外有渔姬墩，邑志谓因渔妇而得名，俗讹称为野鸡墩。偶阅沈梦塘孝廉《桂留山房诗》，则又呼为"虞姬墩"，云："汉殿秋风雌雉啼，江东坏土拜虞兮。项刘不是争墩客，谁把墩名误野鸡。"沈梦塘名学渊，与陆曼卿孝廉旦华交最密，尝赠以诗云："六年前赴看花约，载酒春江款竹扉。苦忆旗亭重握手，燕山二月雪花飞。"陆曼卿世居上邑之法华镇，家有"啸楼"，结构颇雅。死后书籍零落殆尽，亦可叹也。其子仲赡课徒为生，予尝识之。

二十三日癸亥

有客从粤东来，言及昔时之盛，为之歆歔不置。客谓自西人启衅后，市廛萧索，富户多迁徙他处，华屋间有为西兵析为薪者。西人以木表立道标，曰此英界，此法界，其意竟将据为己私，画地建屋矣。因话谶纬之学不可不信。旧时粤民掘地得碑，上有一诗云："锦绣羊城八景空，烟消月落海沙红。白云山下传书表，万里蛮夷一叹终。"今上二句已验，下二句亦必有应，特不知白云山在何处耳。予观天下大势，中国而外，土地之大莫如俄，甲兵之强莫如英与法。法与英本世仇，因助兵伐俄，缔好已密。然夷性无常，一旦见利所在，不能不保其不败盟。英本国之地甚小，孑然三岛，孤峙海中，与法仅隔一海，旦夕可渡。英所恃者，其一在通商征税，其二在印度转输赋财，调遣军旅。今印度兵变，屡征屡叛，如人之外强中槁矣。加以米利坚方兴之国，在其肘腋，常有袭英之心，日与其上下两院相议，英未尝不隐备之。特以米利坚无机可乘耳。若我中国妖寇荡平，以百胜之兵与印度从事，许法、米以重赂，要之盟誓，令袭其国，得之则分裂其地，各海口通商之处同时举事，猝不及防，势必熠焉。一则鼓励粤东义民，责以恢复城垣，有战而无和，有进而无退，使数十年之夷氛洗于一旦，讵不大快人心？然而必不能也。徒托诸空谈而已。

二十四日甲子　　晴

薄暮，散步郊坰，信足所至，得一地，颇幽。流水一湾，垂杨数树，小楼半角，疏帘四垂，此中有人，呼之欲出。夜复入梦，见双扉忽辟，一垂鬟婢前致主人命，肃予入焉。既及阶，一女子降榻相迓，容华耀人，不能逼视，出团扇属书。予书梁武帝《荡妇秋思赋》一通，女子览之，微有愠色，凭栏凝伫，若有所思。忽脱腕上玉钏，掷地作声，予遂蘧然惊醒。

二十五日乙丑　　雨

米价陡涨，恐研田亦荒，俦儒不能饱食。

二十四日丙寅　　雨

短窗小坐，裹足不出，满眼芳菲，尽被雨师断送矣。壬叔将数年中诗钞成一帙，意将付梓。予见之不觉技痒。日冉冉而老将至，实学未成，虚名未立，辄唤奈何。

二十七日丁卯　　微晴

晨，着屐入城，泥泞不可行，静坐潘氏小室中，得诗数首，皆题《墨牡丹》作也。《七律·次欧阳子庸原韵》："富贵何须更炫妆，模糊色相自芬芳。未除黑业归香界，且著缁衣忏法王。点笔东风辞绚烂，卷帘残月照昏黄。迷离艳影浑难辨，烛暗帏深夜已央。"七绝二首，壬叔为之，点窜数字，亦录于左："墨浆一斗泼水丝，淡淡浓浓写几枝。俗眼不知文字贵,金钱浪费买胭脂""艳绝元妻却洗妆,如云鬓发自生光。天心似厌繁华习,香国新封即墨王。"壬叔云:"有人题《墨牡丹》云:'十指浓春收不住,泼翻墨汁当胭脂。'句亦生辣。"午后,访梁阆斋,以面及馒首相饷,并出《五鹤堂印谱》示予,题诗其上者约数十人,皆江浙名士也。阆斋自言其派出自文三桥、何雪渔,非浙中粗硬槎枒之比。一技之长,足以传名,因知千秋不朽,亦在自为之耳。夜,往闽人小墅询疾,惠卿亦来,因留不去,相对竟夕。病者神识已昧,气息仅属。噫!飘泊天涯,了此一生,深可悲也!

二十八日戊辰 　微晴

晨,见《浙江通志》主修者系上海人施维翰研山也。研山事迹未知曾载入邑志否,暇当检阅之。借得《写韵楼诗》一册,系吴江吴珊珊夫人所作。夫人名琼仙,字子佩,珊珊其号也。平望人。年二十,嫁梨里徐山民达源待诏。夫妇倡和,甚相得也。年三十六卒。其子双螺晋镕刻其稿,略录数首,以备他日诗话中采择。《题郭文学〈寒炉买醉图〉次素君女史韵》:"西风渐紧叶声干,况对青山分外寒。沉醉难消愁易老,不知凭遍几阑干。""山红涧碧有人家,遮莫馀杭酒可赊。何不临邛亲涤器,年年中酒在天涯。"《花朝》:"不倚阑干不倚楼,春风一榻懒扶头。花开莫要儿童祝,祝得花开不替愁。"《思亲》:"东风恻恻水罗罗,渡梦无舟怨绿波。春去偶来湖上望,落花不比别愁多。"《送春前一日作》:"风雨又丝丝,黄昏梦破时。惜春春不管,说与落花知。"断句如《咏萤》云:"月黑移来星一点,风高扶上阁三层。"《对月》云:"薄寒如此春三月,残夜分明水一帘。"《秋夜寄外》云:"小院秋深虫语乱,空阶月落叶痕凉。"《酬袁湘　》云:"世无知己谁同调,诗到能传必异人。"《即事》云:"明月不来花又落,夜凉闲煞好阑干。"五言如《纸窗》云:

"蛛丝萦隙影，蝇鼓迸晴声。"《夜霁》云："竹光明灭里，花气有无间。"珊珊亦能词，聊记一阕于此。《正月十二日，外子风阻吴江，作菩萨蛮词寄药缄酬一阕》："一番风信春来矣，如何寂寞孤篷底。铃语听无聊，三更第三桥。　　痴情谁解得，细与残灯说。灯不管人愁，花开偏并头。"姚栖霞女史临终有"冷梦未成灯自灭，疏钟画角一声声"之句，载珊珊诗注中。珊珊家藏顾横波《墨兰》一幅，上有柳麟芜题句，今摘一联云："世眼大都看色相，枝头何不点胭脂。"

二十九日己巳

见直隶督臣恒福一折言：析津为海防要道，非寻常可比。僧格林沁昼夜在工，木桩炮台皆极坚固，层层布置，节节谨严，所有钢铁小炮，开放极灵，已运百尊至津应用。又劝名官绅捐饷集事。观此，则天津防守之说不虚，和约必将中变。今星使犹在此间，未必不为是事，其意欲劝阻西人入京之举耳。然以予观之，则难矣。巳刻，益扶丈卒。

五　月

朔日庚午

前夜留宿在闽人公墅，筹办益扶先岳丧事。益翁囊中并无所蓄，病时所用，乃系英译官密妥士之夫人所赠，死后不名一钱。检其箱箧，仅有皮、棉、单、夹衣数十袭而已。乃往见南馆董事章芗阁，则言闽人公赙三十金及一柩，馀事惟君酌办。丧具称家之有无，勿过靡可也。是日未刻入殓。呜呼！人生到此，天道宁论，没世无称，盖棺论定。君子于此，有深痛焉。忆予与益翁相识已十年矣,始投缟纻,继缔丝萝,其交亦可谓密矣。乃益翁晚年与予颇疏,原其故,因城陷时寄居我家,微有芥蒂也。益翁性迂讷沉默而不免猜刻,出门数十年,无首邱之思,于父女甥舅间绝不言及家事,故余亦不知其家中有何人也。及死后,启箧得见其往来手札,始知有侄宜恕,屡劝之归,而益翁迟回不决,尚有出山之想。古人云:"钟鸣漏尽而夜行不休",真可叹也。益扶名谦晋,字牧畴,原名谦光。嘉庆癸酉举人,丙戌大挑一等,前任安徽建平县戊子江南乡试外帘官。祖籍同安,现居台湾。

二日辛未　　　晴

阅邸抄,知河抚瑛棨拨铜铁小炮从豫省抵津,防务殊为紧要。予意我国既与西人议和,防务固未可撤,特不应如是之严密。岂以旧岁兵威未壮,布置未备,故暂时委曲顺从,今已戒严,可以因其来而拒之耶?然果如此,则非所以待远人之道矣。

三日壬申

客有以殷兆镛奏折相示者,所言亦未尝不是。然当国家全盛之时,不宜在今多事之际。胜犹可言,败必不支。长发犹乌合之众,而泰西各国非其比也。且其志在通商,而非利吾土地。今骤与之绝,势必构兵。西人胜而求和,愈长其骄;败则将勾结长发,狡诈百出,害有不可胜言者。为今计者,当全力以制贼,贼灭而世治,然后讲武厉兵,训民足食,而徐议其他。所谓时有强弱,势有缓急,事有利害也。客闻言唯唯而退。

四日壬寅

西人新闻纸至,言奥地里与那不勒战,杀其王,法急出兵与之复仇,奥不战而溃。奥王近货其宫库珍宝以犒军士,将与法一决雄雌。原其构衅之始,乃奥与那接壤而侵食那地,法断令归那,奥不从,故有是役。又言红海中所制电气秘机已成,可由印度直达英国矣。予谓秘机淘速而功巨价奢,在中国决不能行,不如战舰火器尚可仿其法而为之。或云船炮之利相等,则不过同其强而已,有哲人出,必思所以制之,则可彼弱而我强。然而未易言也。

五日甲戌

清晨,入城散步。午后往访唐芸阁,得晤阆斋,同往酒垆小饮。三爵而止,已觉微醺。复往小室中作烟云供养计。醉饱之后,稍吸一二管,亦可以祛疾调胃也。

六日乙亥　　微雨

薄暮,沈徽之镛从吴门来访,相见欢然。徽之,予十年前老友也。予于道光己酉杪秋至沪,即与徽之相识,昕夕过从。后于庚戌七月间不辞而去,信息杳如,今重来沪上觅食,复得相聚,不可谓非前缘也。是日为益扶先岳第一七日,羽士为之诵经,循俗例也。所遗书籍,约有一橱,为之检点登数,以便鬻去。然所存自《十三经注疏》外,佳者寥寥。时文数十部,皆不值一钱。闽行有林西官者,将启行至台湾,为作一书致其侄宜恕,书中略叙颠末。宜恕居台湾西城。

七日丙子

午后,应雨耕从香港来访。此见殊出意外,急倒屣迎之,知其于昨晚始到。英公使卜鲁士、副公使楞辅、总译官威　玛俱从火轮师船至,不日将诣北京。故雨耕居于舟中。数语后即往环马场散步。雨耕有弟曰兰皋,及同事张蕙生俱来。蕙生,粤东人。是日,雨耕以时晚,不暇饮酒言欢,匆匆遽去。

八日丁丑

饭后,雨耕即同其弟兰皋来舍,特以宝剑相赠,殊可感也。约入城中作竟日之饮,即偕登叶萃楼置酒小酌。所煮肴馔,味颇甘鲜。雨耕言今日星使有文移至英,谓至京之举,尚宜和衷酌议,况火轮航海,其至甚速,而陆行极为迟缓,至京后无中国接件之员,深为未便。英公使答以交换和约,不可误期。驻札京都,已有新例,此行断不能劝阻也。噫!外边人言藉藉,皆以天津防守綦严,意将与西人从事,衅端一开,中原事恐不可为矣。

九日戊寅　　雨

午后,应雨耕遣舆夫来招,即乘舆赴约,同登醉月楼小饮。烹饪甚佳,可供大嚼。雨耕言此行不知和战若何。特以我国大臣不能熟稔夷事,以为英酋驻札京师,大失国体,大有龃龉。不知泰西各与国原有此例。两相遣使,互驻都中,使往来情事,不致壅于上闻,其实于大局并无损害。况旧岁定议和约时既许之,而今又不践其言,使四夷知盟誓为不足恃,纶　为不可信,而以后之事愈不可为矣。今英酋卜鲁士亦有备矣。计水师提督所统兵船十六艘,志在邀战,倘过之不行,必将如瘐狗之反噬。楚氛未靖,边衅又开,智者不出此也。若大臣欲顾惜国体,则国家本设有国学,藩属子弟例许入学诵读,兹亦可勉援斯例借以掩饰。盛衰不常,局势迥异,当局者当善为变通耳。酒罢,往吟松铺中小坐,天将晚,匆匆遽别。

十日乙卯　　雨

午后,应雨耕同其弟兰皋、侄明斋希玚及张少屏蕙生来访。兰皋以明日将北行,以其子明斋相委,欲予为之觅一安居所,因同往酒楼小饮。酒味殊醇,为罄数觥,肴馔亦精,但不能安榻褥吸片芥,殊败人意。明斋时病风湿,不食海物,人殊静穆可取。

十有一日庚辰

是日,应明斋携卧具至,乃暂以医院一空屋处之。蓄一猫,毛色黑润可取。午后,雨耕、少屏来访,闲语良久而去。晚晴。

十有二日辛巳

是日得赋闲。晨,雨耕来邀,同壬叔至西园散步。园中景物颇可人意,因载酒往东园小饮。折简招陶星垣来,开尊话旧,得诉阔惊。须臾雨至,顿觉凉爽,披襟当之,有大王雄风之想。雨耕曰:“予于乙卯五月将至粤东,同人祖饯于此,临别依依,有不忍之色。今相隔五年,复来此土,为意中所不及料。虽风景如前,而迫于行役,无暇留连,为可感也。”下午始散。复至余舍小坐,良久乃去。

十有三日壬午　　雨

裹足不出,静坐观书。偶阅《吴中水利书》[1],为上海王圻撰。圻字元翰,明嘉靖乙丑进士,曾撰《续文献通考》者。圻以吴人而谈吴地,宜其无误,然不明赭山有二,源流未清,犹不免有舛谬也。

十有四日癸未　　微晴

午后,应雨耕遣人来招,予往见之。乃在吴氏小室踞床吸片芥。张少屏亦在。雨耕口渴欲死,予馈以庐橘一篓,聊以解馋。烟云供养罢,即往酒楼小饮。时英公使准于明日启行,雨耕以相见伊迩,遽欲远行,席间每忽忽不乐。酒阑兴尽,即复相别,予送之浦滨而返。

十有五日甲申

清晨,呼舟往黄浦,登英公使火轮师船,与应雨耕作别。时已煮煤,炀灶间已烟直上矣。予问雨耕以何时行,则云午后将起锚解

---

[1]　按明王圻所撰为《东吴水利考》。

缆矣。计风顺,至津门不过二昼夜。

六 月

朔日己亥①

吴江沈傲之抱病来舍,言将迁于新屋中,与应伯瑜同居。予谓君病已甚,似不可易处。诊其脉象,弦而息数,危症也。劝之不听,无奈何,令其婿李筠庭偕往扶掖登楼。薄暮,往询之,见其神识尚清,应对了了,始心安而回。

二日庚子

晨,遣价问沈君疾,归云耳聋矣。沈君资斧已竭,而医药所费甚巨,筠庭少不更事。

贺友纳妾:"近闻阁下种玉有心,量珠作聘,明月之旁,一星遂耀。名华所过,匝市为倾。戏呼曼倩之小妻,雅称康成之诗婢。玉台既下,金屋遂藏。慧心可媲乎清娱,高识无殊于络秀。调别院之偏径,珠徽耀色;寒曲房之翠缕,锦帐生春。将来刘家妙侍,能诵灵光;阮氏清门,定生遥集,有所必矣。某愿学刘桢之平视,惭无僧绰之新词,敬肃芜函,藉抒贺悃。"

---

① 原稿作"咸丰九年岁次己未六月朔日己亥"。

咸丰十年①（1860 年）

正　月

元旦丙寅

天色阴晦，晨起殊晚。午饭后，偶与李壬叔及家人辈掷骰子为戏。壬叔得博进钱数百头。薄暮，微雨即止。

二日丁卯

晨，同黄春甫入城，游人杂遝，几至肩摩而踵接也。因诣茶寮啜茗，谏果香脆味美。于回槛外，村姑之往来者如织，联袂嘻笑，青红炫目，皆若有自矜其貌美者。暮，往竹林禅院访蒋剑人，清谈良久。是日，恂如留午饭。

三日戊辰

晨，往各家贺岁，远者仅投名剌而已。午后，往西园，同唐芸阁至茗寮中，听顾文标说平话。

四日己巳

晨，入城散步，途遇应雨耕、曹潞斋，共往酒垆小饮。酒味殊不恶，而羹汤鲜可下箸。午后，往听平话。

五日庚午

观西士伟烈试火轮器。水沸气涌,行转甚速。江西张子冈璲
来访,剧谈竟晷。子冈,工镌刻,能诗。近以家贫亲老,纳粟为县
尉,寓于苏台元妙观天后宫内,久不得补。自嗟贫困,亦一可怜虫
也。蒋剑人来。

六日辛未

饭罢后,同陈兰谷往听平话。闻西人兵事将弛,诸商颇不欲
战,近且有求和之说。然英、法兵士从远调集者,数已盈万,其气甚
锐,不待交绥而自愿罢役,此言余未之敢信。壬叔往云间,为钱鼎
卿家葬事也。

七日壬申

费玉塘招饮,不能固辞,姑往就酌。同席潘恂如、徐安甫。蛤
蜊甚佳,颇堪下酒。午后,晤吴人高紫拾于途。

八日癸酉

惺如将返梓甫里,予属其作寄书邮。夜挑灯削札,呈顾涤庵
师云:

> 自暌懿范,寒暑旋易。遥瞻云树,春恋弥深。感知慕德,
> 为生平之一人;诵诗读书,抗怀抱于千载。自昔师门结契,谬
> 托渊源,而今沪曲栖迟,遂嗟离索。忆在弱冠,志锐气壮,自以
> 为可奋迅云霄,凌踏堂奥。谈诗则祧唐祖汉,讲学则折角摧
> 锋。初不料忧患乘之,而竟至于斯也。兹者春回腊尽,除旧布
> 新,凡夫小草,靡不向荣。辱在羁人,偏怜失职。譬箫吹于吴
> 市,羞竽滥于齐庭。青箱后人,恐坠诗书之绪;葛衣公子,难免
> 风雪之嗟。加以年逾三十,意致乖舛,长夜辗转,所忧非一。
> 欲攀鳞翼于龙鸾,则交无许、史;欲附茑萝于松柏,则戚少崔、

卢。故里伦好,谁相谅者,怫郁之怀,良不可任。溯自去年三奉手毕,肃叩台慈,亮垂尊鉴,闻问虽疏,衷情弥轸。所恨者,途路阻深,时日间隔耳。至于忆念之私,非道里岁月所能限也。闻鹿城科试,近在春杪,此时当买棹言旋,随行逐队,复理阿婆生活。功名之心,已如死灰,嘘而重燃。伏念家贫亲老,不得不为禄仕。寒灯呻唔,时温旧策,少之所习,尽已消亡,及此追寻,了无心得。已当潘岳早衰之年,复迟毛义捧檄之喜,冀欲稍获尺寸,以博庭欢,而徒恋此卑栖,竟乏远志,殊非策也。嗟乎!大雅迥隔,独居鲜欢;远鸿忽翔,寒漏将尽。墨冻手 ,率作此纸。意在缕陈苦臆,故不复饰词。但愿崇护道体,以时珍摄。想草堂人健,题成七日之诗;而驿路某开,望作一枝之寄。

九日甲戌　　　天气殊寒

薛静渊从云间来,翦灯清话久之。

十日乙亥

郭友松福衡书来,以近人诗集及古墨相馈。

十有一日丙子

午后,吴子登来,清谈良久。同往访琴娘,不值。夜,试友松所馈墨,香韵清远,为方氏牛舌墨中佳品。

十有二日丁丑

周致尧、管子骏来访,剧话竟暑。致尧为弢甫之兄,人颇谦冲温厚,学亦赡博,为近人中所罕觏。

十有三日戊寅　　　雨

沈子新茨以佳酒见饷,色、香、味俱备。

十有四日己卯　　　阴

晨,入城,泥潦载途,殊不易行。往祝桐君家访致尧,同诣茗寮小啜。桐君患腿疡，不能去。继与致尧往访徐棠荪奏钧，不值。晤其子润黎，清谈良久而别。致尧谓，近在茶肆中，有桂香女郎，说平话甚佳。及入，则玉貌珠喉，果令人意消。顷之，管子骏、吴沐庵亦来合并，偕诣黄公垆畔轰饮。子骏、沐庵，皆大户也。沐庵在邑令刘松岩署中，言在署无可谈者，近闻何梅坞咏将至，渠能诗，或可破寂寞耳。夜，挑灯作书致羖甫。

十有五日庚辰　　雨

入夜，檐溜不止。上灯佳节为雨师败兴，殊呼负负。

十有六日辛巳　　稍觉放晴

街衢泥泞，尚不可行。作小诗一绝，与孙澄之索书通云："寒烟尚宿晓模糊，剥啄柴门惧索逋。欲乞孙郎书债了，研螺且写调钱符。"是午，试牛舌墨。按方于鲁，歙人。初以诗名，后得程君房墨法，乃改而制墨。与君房相轧，并设计娶其所出之妾，人品殊无可取。著有《方氏墨谱》六卷。

十有七日壬午

胡公寿来访，不值。

十有八日癸未

薄暮，孙澄之、胡公寿来，同往酒垆小饮，酒罄十觞。饮罢，往公寿寓斋小坐。

十有九日甲申

晨，周致尧、吴沐庵来访，同往管子骏寓。闲话片晷，即诣黄垆。肴馔殊佳，痛饮数壶。酒后，至挹清楼啜茗。得邱伯深札言，王雷轩将于沧浪亭设诂经精舍。

二十日乙酉

晨，吴子登嘉善同其兄子让来观火轮器。轮激行甚疾，有一马之力,织布轧棉,随其所施。午后,往酒垆小饮。

二十一日丙戌　微雨

午后,入城往听袁桂香平话,得晤周致尧。同登凝晖阁啜茗。

二十二日丁亥

晨,吴子登来,偕其兄子寿、子让俱至。同往秦娘处听琴,声韵清越,可为俗耳针砭。复诣酒楼小饮,春甫亦来合并。

二十三日戊子

郭友松、钱莲溪从云间至。企念已久,一旦相见,把臂如故。夜,薄具四簋招之小饮。酒间偶征典故,言及十三经中无灯字、箸字,只有烛庭燎炬火而不及灯,只有刀匕　　而不及箸,未知缘始在何时。更言元宝虽铸造在元代,而书籍载之者甚少。

二十四日己丑

晨,周致尧来访,同往茗寮小啜。管小异偕华笛秋明府、若汀、徐雪村从锡山来。旷岁不见,渴思正甚,忽然觌面,殊慰所怀。小异今岁在绍兴怀午桥太守署中,此游真出意外。薄暮,共往酒楼小酌,子登、春甫亦来合并。雪村、若汀酒量殊豪,已罄五斗。笛秋明府人品温粹,嗜奇好学,今君子也。雪村巧慧绝伦,制器造物,可造西人之室,余识之已数年矣。若汀,名蘅芳,锡山诸生。亦具巧思,能历算,固翩翩佳公子也。丁巳年,曾来沪上,与西人韦廉臣游,适馆三月而去。予时患足疾,将旋间闬,仅于韦君席上一见而已。

二十五日庚寅

吴子登同其兄子让、子寿来,约小异、笛秋、雪村、若汀、春甫往酒楼小饮。子登为东道主人。酒间抵掌剧谈,各吐胸臆,此乐殊未易得也。酒罢,登挹清楼啜茗。夜间,春甫招往小饮。是日,周致尧来访,不值。

二十六日辛卯

清晨,华笛秋、若汀、小异、雪村来,邀往酒楼,子登、春甫亦至。笛翁作此筵,即以言别,约于八月中重游此间。薄暮,同春甫送至舟边而回。夜,往郭友松寓斋闲话。友松精深于经学,所著已有数种,皆系细稿,漫不收拾,间为门弟子辈携去,殊可惜也。

二十七日壬辰

晨起,试童书祥笔。薄暮,往约友松、静渊同往酒楼小饮。二君皆不善饮。仅罄一壶。闻西兵已北行,译官数员亦同去。王叔彝庆勋同吴门吴畹清来。

二十八日癸巳

清晨,郭友松、薛静渊、沈协卿来,约入城散步,静渊以馒首见饷。继至茶寮小啜,得晤宋小坡,闲话久之。午后,往祝桐君家访致尧,则已他出矣。同桐翁、孙安甫往听袁桂香说平话,声韵清婉,色艺俱佳。即于书场中得见周云樵、沈梁生,皆杭人。继与友松往候张筱峰广文,清谈移暑。筱峰从云间来勾当别事,事了,于一二日间即将去矣。薄暮,出城。知周致尧已来访二次,即往管子骏家觅之,知已入城。子骏特命小僮沽酒买肴,洗盏更酌,雅意殷拳,殊可感也。子骏同居者,有章西桥,浙慈人,虽为贾而尚知风雅者。酒罢,子骏送余至家。是日可谓畅游矣。

二十九日甲午

清晨,祝安甫来,命一僮抱琴而至,意欲往秦娘处听琴也,乃与偕去,周致尧同其友汤衣谷裕亦来合并。秦娘为鼓数曲,其声抑扬高下,顷刻数变。滑如盘走珠,朗如瓶泻水,宏壮如铁骑千群,银涛万顷,悲怨幽咽,如羁人戍客,嫠妇思女,有不可告人之哀,真可播荡人神志也。安甫亦善弹琴,为奏《平沙落雁》一曲,音韵悠扬,俗耳顿清，秦娘亦为称善。继同数人往访吴子登，清话娓娓。子登于午后将往吴门去矣。饭时，即偕致尧、衣谷、安甫登酒楼小饮，兼啖面，聊当一饱。又往挹清楼啜茗。余因有事至馆，匆匆遽别。薄暮，往访孙澄之，知公寿又回云间去矣。与澄之别后，迂道往访龚孝拱襄，极道企慕之怀。坐甫定，即纵谈经史。渠近为曾寄圃校注五经，间参己意，以为案断。欲付剞劂，作塾中佳本。予谓："此非深知注疏，未能识其妙。塾中子弟，何能领略？"孝拱又言："近拟修宋、辽、金、元四朝之史，唯元疆域殊广，印度以西皆隶版图。而《大元疆域志》世无传本，遍搜冥缉，竟不得见。惟邱处机《西游记略》，足见元太祖兵力之所至。"予谓："窃闻西人言其国典籍，略载元事。当太祖威力极盛时，法国已遣使通好，并略以重器。即此一条，已足补《元史》之阙。惜吾辈未识西文，而西人亦不肯尽言耳。"孝拱亦以为然。

三十日己未

壬叔从云间来，下榻余舍。梁阆斋来访，留饭而去。午后，沈梁生、周云樵、张仲琴来访，剧谈良久始别。

二　月

朔日丙申　　天气殊热，渐有春意

钱寿桐来访。壬叔将往南汇访顾金圃祖金广文。金圃居南汇之二团镇，富有田产，去年曾一游此，与予有杯酒之欢。颇嗜历学，能算日月交食、五星躔度。著有《庚申年七政四馀考》。欲从壬叔授西法，许为出百金刻书。壬叔故有此行。夜，煮酒剪灯，与壬叔纵谈一切，宵深始睡。

二日丁酉　　　东风和煦，天日清朗，令人神志顿爽

午后，思入城听袁桂香平话。或告予曰："已为袁文治少尉逐去矣。"痛打鸳鸯，一时飞散，真大杀风景事。有愧仓山法派。

三日戊戌

清晨，龚孝拱、管子骏来访，闲话良久。约于晚间试佳酿。薄暮，访孝拱，即出家酿为饷。孝拱最嗜酒，谓申浦绝无佳品，故从杭城运至。试上口味极淳厚。顷之，子骏亦来合并，娓娓深谈，至二鼓始回。孝拱为阆斋方伯之孙，定庵先生之子。世族蝉嫣，家门鼎盛，藏书极富，甲于江浙，多《四库》中未收之书、士大夫家未见之本。孝拱少时得沉酣其中，每有秘事，篝灯抄录，别为一本。以故孝拱于学无不窥，胸中渊博无际。后五毁于火，遂无寸帙。惜哉！岂宝物之积聚，亦遭造物忌耶？孝拱生于上海观察署中，后随其先君宦游四方，居京师最久。兼能识满洲、蒙古字，日与之嬉，弯弓射云，试马蹴日，居然一胡儿矣。在京与山西杨墨林尚文极稔，墨林素有豪富名，设典铺七十所，京师呼之为"当杨"，挥手万金，毫无所吝。墨林曾于丙辰年偕其弟硕士尚志来上海，与余最相浃洽，一见如旧识，即同予订谱，欲延至家。谓予："以如是之才，必能成名，郁郁居此，殊非计也。"亦可谓生平之知己。

四日己亥

昨宵饮酒过多，头胀如劈。晨起静坐，以养心神。午后，孝拱、子俊来访，同至褚家觅艳。有金玲校书者，殊可人意。丰神绰约，体态苗条。席间，颇属意于余，意将留宿，余以茂陵小病辞之。酒阑人散，则已街鼓　　如矣。

五日庚子

晨起，天殊阴冷，即靸履入城，往访致尧，相见欢然。致尧，名

，初字公执，行第二。少时尝有志功名。从其先君遍历四方，中间之楚、之蜀、之秦、之燕赵，足迹几半天下。顾迄无所遇，尝三十岁作《暮春诗》云："四季不堪三月暮，百年几许少时身。"寄慨深矣。后纳粟为县尉，以家贫身弱，仍未出山。继以悼亡丧子，意绪悲凉，仕宦之心愈灰。今以藩使王雪轩有龄所委来沪，欲为海运局员，而海防俞乃舟斌中阻，事终不成，反允保举谋干。糊口之难如是，而致尧毫无芥蒂于心，可谓达识。闲话后，同往五石山房访汤衣谷，则衣谷尚高枕未起。少坐以待，天骤下雨，檐溜微注，顷之渐止。偕往茗寮小啜，而雨横风颠，竟无可散步。乃诣酒楼赏雨，以酒浇愁，顿罄数斗。衣谷亦能豪饮，说剑谈兵，豪气百倍。酒间，偶及轮回之事，衣谷言：龚孝拱系毒龙降世。先是，槜李三塔寺未建之先，其前有一潭，宽广弥亩，久为孽龙所据。有高僧偶过其地，知潭中有神物，本擅咒龙之术，因即结坛面潭，诵经三日。后龙现于梦，曰："大师何苦我为？"僧曰："汝在此潭，造孽不少，我将为民除害。汝若能使潭水立涸，可建寺基，则舍汝。且汝亦得成正果，永为护法。"龙颔首而去。明日，潭中无滴水，即以其地建寺。寺门所塑韦驮，相传谓即此龙也。事见《嘉兴府志》。当定庵先生中年乏嗣，太夫人诣寺求子。初入寺门，恍见韦驮耸身扑至，即惊悸不敢进，归即有妊。将产，定庵先生适在外，是夕见一伟男子，龙首人身，掩入其室，索之杳无所见。数日得家书，正于是日得一子，知非凡品也。孝拱生数日，即有一僧造门求布施，与之钱米不受，谓愿得一见新公子。家人不可，良久乃曰："所至嘱者，他日勿至三塔寺。"言毕，掉臂竟去。衣谷所述如此，真足异也。酒罢，往祝桐翁舍，听安甫弹琴。

六日辛丑　　雨

闭户不出，殊闷人也。闻广德不靖，官兵不能抵御，势甚鸱张。

霪雨不止,麦将霉烂。浙省骚扰,民无安居。天心人事,俱可知矣。夫善为政者,防患于未萌,弭变于将发。险隘宜备,冲要宜备,贼所必争之地宜备,贼所必由之路宜备,然后仓猝事起,可以无虞。乃今平日之所为团练保甲者,视为具文,贼至则空城以应之。从未交锋,纷然骇窜。古者有贼,坚壁清野,而民皆徙聚于城内,出丁共守。何则?上下交孚值,官之足以捍敌也。今则不然,官眷先行,而民继之。官有去心,则士无斗志,坐令贼大猖獗,攻无不破,至无不下。非贼之能兵也,守者之无人耳。

七日壬寅　　雨

八日癸卯　　雨

九日甲辰　　雨

入春已久,尚觉森寒,短窗兀坐,殊岑寂人。午后,蒋芝山持徐君青中丞书至,并馈吕宋银三十枚。余一介儒生,并无德望。词章之学,尚未能造堂奥,而妄受公卿大人之钱,益增颜汗。中丞书谦抑过甚,而奖许倍至,读之不胜惭怍。其书附录于左:

　　屡承惠书,并书籍多种,拜领之馀,感谢无既。借谂兴居多祜,道履清和,式符私颂。弟履任年馀,毫无善政,徒以尸位素餐,自藏鸠拙。而来书奖誉过甚,期许过高,令读之者,手足无措。屡欲作函奉答,而捧读来教,辄惭怍不能举笔,是以迟迟多日,未敢一作报章。疏慢之愆,谅蒙原宥。今者献岁发春,复承示以典丽奡皇之作,并《谈天》三册大著一通。伏诵百遍,具见大君子之用心,佩服无量。所举防海、弭盗、和戎三大端,诚为当今之急务,而自揣才力,实不克胜,早夜思维,竟不知何从下手。其中和戎一议,自有职司,不能越俎,馀两事无可诿。而将伯无人,有志未逮,诚恐有举鼎绝膑之患,不敢轻举妄动。足下倘胸有成竹，务祈开示大端，俾得知所入手，则拜嘉无尽，不啻百朋之锡也。读大著与舅氏书，具见近日情况。附去洋蚨三十元，聊佐薪水之供，不足以将微意。若欲别觅枝栖，则恐无以报命耳。今日人情，锥刀之末，将尽争之。得之难而失之易，慎勿轻言去就也。迂拙之言，幸乞谅察。专此布复，顺贺春祺。祗颂道安，诸维蔼照不具。愚弟徐有壬顿首。

是夕，挑灯即作回书，系骈俪文，另录别册。

十日乙巳　　雨

午后，至乾泰庄访湖州郑开舟，以报中丞书，令为转寄。晤蒋芝山，闲话片时，闻饯船奸匪，因禁赌起衅，纳款赭寇，扰踞广德，已及泗安。湖州戒严，居民纷纷徙避。饯船之人，恃赌为生，党羽遍布，几有数千，为魁杰者共十六人。其赌略如摇宝，共分四十门，入其中者，鲜不倾家破产，横行乡曲，无敢诃止。去岁，曾严为禁饬，诸匪无所得食，皆汹汹思乱。至今酿成此变，势甚鸱张，几不可制。予谓："待此辈无他法，一则姑听其然，一则聚而歼旃。苟不塞其源，而徒绝其流，未有不为害者。盖此辈即恶迹未彰之盗也，借赌以糊口，一旦禁之，则绝其谋生之路，无怪其揭竿竞起。赌博聚徒，不过败数十人之家，亦由愚蠢贪利，自坠其术中，而不善处之，则所失甚大。若必欲除之，则诱置一处，焚其舟，屠其党，不过顷刻已尽，而永无后患。

十有一日丙午　　雨稍止

午后，同金大至西门看屋。路远而屋殊旧，索价颇昂，甚不惬意。湖州张少甫信来言："安吉、孝丰相继陷没，贼氛甚炽，离泗安仅五里。杭、宁信音中阻。泗安一带，山路险狭，仅容人骑，若扼以重兵，断难飞越。若失此隘，容其直抵湖城，则事不可为矣。郭友松有信至。

十有二日丁未　　　天稍放晴，日出即隐

霖雨弥旬，泥潦载道，虽有鬼兵百万，亦不能去之。着履入城，访周致尧。始及门，则致尧同子骏已从内出，乃偕往茶寮，子骏又邀衣谷至，啜茗剧谈。顷之，同诣黄公垆畔。招之即来者，吴沐庵、屠新之也。不期而会者，章西桥也。拇战争先，猜枚竞胜，殊称豪举。酒后，又同子骏探花深巷。入其室，仅见一人，而貌未见佳，废然而返。是日与致尧订交，书之金兰谱。

十有三日戊申　　　天阴，下午兼作微雨

余前日晨起，偶作二十八字，向孙澄之索书逋云："今朝又是花朝了，早起诗成酒未酤。偶忆孙郎多诺责，酒钱还肯送来无。"诗去后，澄之送鹰饼二枚至，足供大嚼矣。江东孙郎，尚不失为可儿也。闻安吉知县被难，殁甫妻孥均在其署中，未知能先幾远害否也。清江贼兵亦北窜。壬叔从南汇回，来访。

十有四日己酉

薄暮，同子骏往访孝拱。相见即唤红儿煮酒，柳馥烹肴，爱客好友，近今罕见。坐定，缕谈少年时事，谓在京日驰马读书，其乐无比。并出所著《元史》相质，卷首有进呈文一篇，滂沛淋漓，纵横驰论，略见一斑。是夕，酒罄数壶，稍觉醺然。饭罢，同往访艳，孝拱有所识妓曰五官，身材弱小，颇楚楚可怜。鸨母供片芥，坐良久而别。

十有五日庚戌

清晨，周致尧同冯伯绅来访，同往把清楼啜茗，则子骏、沐庵已先在矣。偕去访龚孝拱，不值。伯绅为冯艮庭之侄，亦常州人，年

仅二十四。午刻,群往酒楼哄饮。予为东道主人。酒罢,遍往洋行散步,子骏之居停特出洋酒相饷。继涂晤陈又云,盘桓良久始散去。予同致尧、子骏入城访艳,子骏之所眷亦曰五官,肥躯　眼,殊有俗态,而子骏反以为雅,实所未解。又往红桥,得遇李壬叔、沈兰舟,仍去探花,迄无所遇。乃至壬叔寓斋,龚守盫亦来合并。匆匆数语,出城已曛黑矣。是日之游颇畅。

十有六日辛亥

李壬叔来,同往访龚孝拱,不值。孝拱应门之小童曰红儿,颇黠,解人意,见余至即笑。庭际雀群数十,时下啄米,意欣然自得。杜陵诗云:"惯看宾客儿童喜,得食阶除鸟雀驯。"孝拱亦可谓锦里先生矣。薄暮,雨下甚大,壬叔乘舆入城。慈溪人张鲁生斯桂来访,与伟烈君购书。鲁生喜西人格致之学,意欲延西士翻译各书,并将慕维廉之所著《地理》下编痛加删改,使察地之学,厘然大明。亦可谓士流中之矫矫者。夕,作书报郭友松。

十有七日壬子　　雨

天津人方野田来购书。作书致张啸山云:

　　清徽籍甚,久癫若雷。企首云间,何尝不卷。以波路迢隔,人事错迕,良觌莫申,弥怀纡轸。此间如蒋、李二君,每及执事,辄盛口不置,中心藏之,未面已亲。乙卯、戊午,曾两过苕城,山环水抱,蔚然深秀。每指曰:"此中有人。"其时,执事居乡养静,却轨辞宾,未及一见。唯有溯三泖以驰思,望九峰而结想而已。形留心往,积有岁年,屡欲挈舟剪烛,一吐宿怀,了不可得。海陬屏迹,暗陋无闻,抱瑟挟竽,随行进退。此中生活,殊不堪以告人。是以每思自通于左右,而转念及此,背刺颜泚,惭沮辍笔。然而瀚窃闻之:钟动而霜,理有遥应;苔生于岑,性自相通。昔者孙崧德重,邴原渡海以求;顾况名高,居易投诗而谒。矧兼此二者而有之者哉,断不可失矣。所虑者,瀚垢累于秽壤,足下孤秀于神崖。瀚知执事,或执事未必知有瀚也。乃近者郭君友松适馆于此,谈经之暇,偶述执事曾道及瀚,辄加心许,未尝口疵。载聆斯言,驰惶无地。是真指燕石为珍珉,饰龙章于裸壤,朽木散樗,而尚将引之以规墨也。执事谬奖虚誉,当不出此。虽然,因是知执事不弃瀚矣。执事薄功名,捐嗜好,耽玩元理,摈斥尘嚣,矫然如天半朱霞,云中白鹤,可望而不可即。何幸滥及鄙人,双情交映,辱一言为知己,结异地之神交。吾生所快,尚复何恨,不自揣量,愿附缟纻之末。倘蒙惠许,庶几不负夙心。率作此书,聊明吾意。春寒多雨,仰愿珍宜。翘企芳音,想无金玉。

下午,孙澄之来访。

十有八日癸丑　　　雨

孙澄之偕任振声来。任君痔疮剧发,欲延春甫一医之。夜,着屐往访龚孝拱。其弟从武林来,欲举族迁于此。族中食指数十人,殊难安顿,而武林风鹤频警,土豪屡欲窃发,恐不可居。正与其弟筹商居乡一法,相对作楚囚状。余不便作恶客,数语后即辞去。闻英酋卜鲁士作书致彭咏莪中堂,拟暂时息战。其故因英法之兵,皆在海外,调遣尚需时日;而所拨轮船五艘,驶往析津作侦探者,必有密札回沪,言其守坚防密,猝未可攻状。是以有此一举,不然,方可因浙省骚扰,乘机起事矣。

十有九日甲寅

清晨,雷始发声,有迅霆,雨下如注,天色红晦。郭友松有书至,并寄胡天游《石笥山房集》三册。是日赋闲,静坐不出。见窗前红梅一株,著花正盛,色颇嫣媚。今晨,雨横风颠,其容顿减,为之黯然,深悲其不遇也。以是推之,妙才英器,遭外物之摧朽者何限。薄暮,孝拱遣价持书至,招往褚家小榭作长夜之饮。余乘舆冒雨而往,则室中仅孝拱一人,金玲与其妹彩玲并在。彩玲神情旖旎,娇媚可人。孝拱笑曰:"我与足下两人,今夕消受此一对姐妹花何如?"所饮酒自孝拱家携来,而肴馔亦颇不恶。酒半,听窗外雨声益恶。余曰:"今夕真不能归,此姐妹花当谢雨师为之作合也。"金玲能唱短曲,互弹琵琶,孝拱吹笛和之。酒意微醺,音律多误。

二十日乙卯　　阴

二十一日丙辰　　天稍放晴

壬叔来,留饭。薄暮,同往访孝拱不值。乃入城,诣凝晖阁啜茗,吴悦棠、陈兰谷腾芳皆来合并。壬叔意欲徙居,与予同卜宅城内,作杞菊比邻。予诺之。以路远屋陋,尚未果也。出城,独往孝拱舍,则汤衣谷亦在。言连夕宿此,与孝拱之弟念匏作竟夕谈,殊不寂寞。顷之,孝拱、念匏皆出,即煮酒纵谈。酒罢,有湖州丝客蔡姓阑然来,言贼已及馀杭,去武林仅数十里。城外屋宇,官军尽火之,为坚壁清野计,势已岌岌矣。闻之益增杞忧也。

二十二日丁巳

壬叔来,饭后同往入城。至陈兰谷家,不值。春甫亦来合并。看屋数处,皆不合意。非低湿逼仄,即幽暗古旧,且索价皆昂,贫士力不能赁。兼又路遥,赴馆不便,雨淋日炙,雪虐风饕,皆所不免。卜居之举,竟踌躇未敢决也。薄暮,微雨。晤陈兰谷,言英、法二国之意,皆未肯息兵。前遣译官二员,往北方规度形势,欲据一所为屯兵立营地,并可储淡水、薪炭、食物为接济。而海中并无隙岛,恐败北后无着足处。议欲取周山,然后进攻。是其谋亦可谓老成持重,非轻于一试者矣。呜呼!我国岂可漫然无备哉?

二十三日戊午

晨,管子骏来,清谈良久而去。午后,雨

二十四日己未　　雨竟日

二十五日庚申　　阴

薄暮,访子骏不值。天黑泥滑,欲访澄之,未果。

二十六日辛酉

午后,往访壬叔,则阆斋亦在。陆硕卿与之联榻。旅窗得此,颇免寂寥。壬叔藏有醇酒一坛,因请试之,味甚可口。是日,雨殊大,衣履沾濡。访吴沐庵不值。

二十七日壬戌　　雨

二十八日癸亥　　雨

霪霖不止,殊闷人意,而墨海左近无可谈者,酒渴欲死,更不可耐。作短札与孙澄之云:

> 愁霖匝月,泥潦接天。虽有鬼兵百万,亦不能扫此痴云也。吴兴蚁聚,闻渐涣散。以势揆之,彼乌合之众,事事皆因民所有,利在速得。今官军扼要阻守,彼进无所资,退无所据,情见势诎,断难久支。虽窜走馀杭,亦不过强弩之末而已。讹谶沸腾,于兹稍息,或者海滨一角,尚可羁栖耶。前日薄暮,携屐来访,而淖深石滑,足力告瘁,废然中返。今晚拟造高斋,效康骈剧谈。风雨过从,亦最难得事。连日幽窗闷坐,殊败人意。屈久必伸,静极思动,欲与阁下豁此怀抱,一破寂寞。昔者元直访水镜而呼餐,楚元为穆公而设醴。敢援此例,以告阁下。但当目为酒人,幸勿诃为恶客也。矧夫剪灯听雨,幽赏斯惬,析奥谈元,清致可风。吾辈之于酒,原不过借以供谐笑、怡

性情,非如市侩屠沽,以欢呼哄饮为乐也。十觞为率,二篑可享,酬酢惟简,主宾相忘,言尽意足,醺然径去。斯可谓忘形交矣。先作此纸,以当酒券。客来不速,敬敬终吉。愿勿戛羹于釜中,摞使于门外也。一笑一笑。天尚寒,惟以时自重,外此不更多具。

澄之复书云:

> 连日愁霖困人,知君食指大动,而不能补天,不能缩地,奈何?刻下似有晴意,拟即邀君饮于唐肆,一舒积悃也。此为左券。一笑。

薄暮,往澄之舍剧谈。予笑谓曰:"假卜商之盖,即可与女娲争功;蜡阮孚之屐,即可与羊权竞术。天虽雨,其奈此老饕何?"澄之酒自武林购来,味颇清淳。其厨娘以金陵法煮羹,亦不为恶。酒间偶言时事,谓去岁析津之役,英酋亦自悔孟浪。英主谕其臣下,但得克守前约,断勿耀兵。上下议院,所论尽同。致书彭相,职是故也。并谈历代钱法之变,谓古有男钱、女钱,厚径数分,以轮廓为别。隋炀帝时,亦铸五铢钱,"五"字旁有一边,横看成凶字,后遂为谶。本朝道光时,已在新疆铸当十钱以给军饷,用红铜为之,甚精好。是夕,酒罄四壶,尚不觉醺。惜澄之以痔疮发,不能尽量。仰之、研农皆善饮。

二十九日甲子　　晨,雨

短窗无赖,偶弄笔寄书醒逭云:

> 吾辈在世间,亦无所事事;不过与文字作因缘耳。然口舌不净,要是障碍,矧又不工,徒为人所诟病。坐是焚弃笔墨,摆脱世缘,壹意离垢炼神,不纷栖心于寂。每至灯火夜阑,炉香昼消时,于此间得有妙悟,独享为愧,用告足下。堕地以来,寒

暑三十三易。静维身世,惺然若觉。即观眷属迸移,新故轮转,皆是须臾寄住。愚迷缚著,甚足为累。故欲了一身,当先了一心。身是苦本,心是火宅,清欲寡营,恶焰自息。惟恨智慧如蚊虻,能辨如萤烛。蜎飞蠕动,罔补大化。行尸视肉,未入无生。不足以勘破此理耳。倘有见及,殷祈教我。

午后,周弢甫从吴门寄《前汉书》至,板多漫漶,真为麻沙本,令人灯下读之,昏然欲睡。

三 月

朔日乙丑　天忽放晴,乍睹阳光,心鬲都爽

清晨,管子骏来访,余尚未起,因急披衣靸鞋迎之。余家喧杂,不能坐谈,因往春甫斋中小憩。春甫言:“近日西商有掳人出洋之说,观察置之不理。”余谓:“其事子虚,或亡命之徒播散谣言,欲乘机滋事耳。”顷之,任振声亦至,言浙省土匪皆系八龙山居民,素为剧盗,出没无定。自武林城外被剿后,窜往天竺山,将灵隐等寺尽付一炬。千古名迹,随劫灰而俱烬,我佛无灵,可为浩叹。即碎贼首、糜贼骨,犹不足以蔽其辜矣。近闻苏城行保甲之法,户出一丁,昼夜巡视,赖以稍安。予谓:“保甲之法,行于城邑易,行于乡村难。如章练塘一带,结茅聚处者,皆盗也。编甲责保,是为以盗保盗也。是在为上者勿姑息养奸,视其恶迹彰著,密率兵役,猝加痛洗,如崔蒲之盗,尽杀而后止。苟惮其生变,因循不治,小则越货,大则揭竿,渐不可制。除盗之方,在平日密探其出入踪迹,熟窥其党羽联络,稔知其窝藏巢穴,缉闻既确,然后举事。又当运机于无形,发难于不备,聚歼无孑遗,方为大快。”午后,作书寄公执。云:

愁霖空赋,望日徒殷,闷坐闭门,岑寂万状。因念足下冒雨开帆,匆匆遽去,黯然魂销,惟别而已。其时,寇氛甚炽,讹谶日兴,安吉、长兴,相继陷没。令弟眷属,都在县斋。虽先机远害,可决其无虞,而足下停筋而不御,买舟以遽归,良由惶惧情深、骨肉念切也。自别之后,倏更晦朔,思子为劳,未能忘弭。想足下舟楫抵里,则僮仆候门;行李入室,则全家笑颜;诸弟无恙,群侄趋前,怡怡秩秩,可乐为甚。足下又与之陈黄歇之旧迹,谈袁公之故垒。火齐、木难,异方之奇珍,蜒妇、蛮娃,海外之妖艳。夸此郅说,且可忘彼杞忧也。入春已半,寒尤逼人。伏维兴居多豫,摄卫咸宜。甚善甚善。令弟发甫已辞皇都之显辟,将首八闽之征涂,未识曾否束装?瀚已奉三书,未见一字。引领金闱,弥深眷恋。岂其值境之穷,笔墨疏懒耶?抑以时事机阱,未遑念及故人耶?足下倘作回书,乞为一道其近况也。昨邮局中送来《汉书》二十四册,想系发甫递寄。牍面字迹,恶劣异常,且书'发'为'泰',音近而讹,必捉笔者之误耳。百朋之锡,拜领为惭。穷绳展帙,怅焉若失。麻沙之本,细读殊难。灯暗目移,昏然欲睡。不待饮浊酒而心先醉矣。虽然,是犹愈于无《汉书》者,馈贫以粮,乌有不感。而所以云云者,忝与发甫附缟纻之末,爱深交久,故敢作此戏言,或不至诋诃也。浙西赭寇,蚁聚蜂屯,以势撼之,必不能久。今者城无宿储,亩无馀粮,但当坚壁清野,积日旷时,则彼进退失据,情穷势促,涣散之形立见。若容其出没山谷,联结徒党,此为滋蔓未易图耳。时方多事,相见未知何日?万万为道自重。

饭罢,走笔作札,询候孝拱。孝拱复云:"闷雨又抱故国之悲,虽曰人事,岂非天哉?凤寡交游,又迂拙不为人所喜,海濒幸遇良

友肯顾,聊一雪涕耳。容图畅谈,先复不具。公襄再拜。"阅之惘
然,岂杭城已为贼所陷耶？薄暮,蔡价自城中回,言居民迁徙纷然,
武林已失。听此不禁拍案狂叫："此消息若确,时事尚可为耶!"即
走访孝拱,不值。途遇管子骏,拉往酒楼小饮,聊以破愁。顷之,湖
州人蔡雨春、汤祝福、丁馨仕皆来合并,均子骏之友也。酒罄三爵
而别。至夜,奇冷,雨霰。

二日丙寅　　雨

闷甚,作札致孝拱云：

> 霪霖浃月,闭门愁坐,绝不知武林之陷没也。得复书,如
> 迅霆震聪。嘻! 果如此,则越人悲而吴人亦将泣也。书生无
> 谋,不能为国杀贼,局促一隅,投笔三叹。夫官军始奋而终
> 却,阳光乍睹而旋匿。天心、人事,俱可知矣。矧千年古刹,
> 尽付劫灰,碎首糜骨,不足蔽辜。此间居民纷骇迁避,不知
> 其然,或以为西人修怨,或以为兵警日迫,讹谗浪传,徒乱人
> 意耳。以鄙人所闻,攻守相持,尚可无患。且近幸得捷,顿
> 挫凶锋。此虽矜耀之词,要可稍舒执事之焦惶也。敢以为
> 告,愿勿过忧。

孝拱复云："杭城实于廿七大早失陷。闻官兵云集,皆袖手不
战,贼梯城而入耳。弟虽早知今日,而亦不能在乡展一筹,亦复无
言。此间民心思乱,借外国拉人为词,恐亦未能免祸。如何？夜来
狗嗥彻旦,此最不祥也。即复不庄。"午后,着屐持盖入城,访壬叔,
则阆斋已先在,尚不知杭城有警也。同往看屋数处,皆未惬意。予
以谰语诪张,乱必将作,亦未敢舍之而他适也。

三日丁卯　　稍晴

阆斋来。闻杭城委尚未陷。二十七日晨,贼以火药轰城,鱼贯

猱升而入,官军弃械走避。中丞在署,为民缚送贼营,藩使走之。海宁将军于是属满人而告之曰:"众皆可逃,吾辈终不得免。金陵前事可鉴。与其束手待亡,毋宁杀贼而死耳。"满人皆曰:"死生惟命。"因籍老弱丁壮,得四千馀人,执戟荷戈,格斗于巷,皆殊死战。自辰及酉,斗志愈奋,贼乃少退。明日复战,磔贼无数,街衢间尸枕籍也,而危城赖以得保矣。薄暮,偕张琴舟入城,途遇吴沐庵、何梅坞、蒋小帆,因拉之茗寮小啜。梅坞名咏,金陵人,诗格苍老,一见如旧相识,人亦谦抑。且谓从来名士,必复多情,故情生文,文生情。以是知梅坞亦一往情深者也。

四日戊辰　　晨雨

携屐访孝拱,不值。乘舆在门,而阍人辞以他出,殊可诧也。入城,晤吴沐庵,同往茗寮小啜,见城中迁徙者纷然,耶许之声相属于道,凭窗观之,为之心悸。沐庵谓:"若辈捕影蹈虚,轻举妄动,可笑亦复可怜耳。"顷之,何梅坞、龚孝拱、汤衣谷皆来合并。孝拱述晨在门外观迁居者,君过适相左,极为怅惘。并谓杭城实陷,无一卒与之战者。巡抚、藩使皆自殉。或云:民仇巡抚之禁迁,贼至缚以献者,讹言也。臬使走之海宁,将军未知下落,满人堞城而守,尚未陷。然四千馀满人安能敌二万之贼?鼓炉炳蓬,决淮沃焰,迟速之间耳。茶罢,孝拱以有事即去。吴沐庵为东道主人,邀往福慎馆小饮,烹饪颇佳,味尚适口。梅坞少以诗名,奔走天下,所至通人名士倒屣而迎。梅翁亦矫然自负,思以经济才见用于世,不仅托之空言也。值世之穷,晦塞不遇,年亦垂垂老矣。作客诸侯之门,乃其末路耳。沐庵谓,予致弢甫一书,极明夷务,已令十手传抄,遍示诸同人。闻之感愧。其评余骈俪文曰:"尊作骈体,文旨极悲,感言尚丽。则陈情隶事,醴陵上建平之书;叹遇伤怀,孝标广公叔之论。

第瑶华之陈,闲杂碔砆,黄钟之响,时厕瓦釜。所愿溯其源流,精夫澄汰,斯芜类尽去,光气自腾。胎息上薄于古人,词华直掩夫流辈矣。"虽誉而兼规,绝不作世故语,尚不失三代直道之风焉。酒后,往壬叔寓斋,数语即别。

五日己巳　　雨

不出。旧读里中江弢叔湜诗,有"一年佳节晴时少,千古中原乱日多"句,极为叹赏。今偶阅周草窗《癸辛杂识》曾极诗,亦有"丸十日春晴景少,百千年事乱时多"之句。江盖蓝本于此,特句较矫健尔。若以为不谋而巧合,则未有两句尽同者也。

六日庚午　　雨

七日辛未　　晴

午后,得张啸山文虎复书,笔墨古雅,推誉殷拳,即录于此,以为神交之始:

　　钦迟雅望,荏苒有年。带水盈盈,只深引领。上月承手教先施,并惠颁秘籍,盥薇三复,如锡百朋。感愧之私,未可言喻。虎赋质庸下,性复迂竦,学不足以希荣,才不足以逢世。负学圃,抱瓮灌畦,匪曰养高,聊自藏拙。二三良友,不瘝其志,加以美称,乃蒙过听,不察虚实,藻饰逾分,非所敢承。叩头叩头。执事产于元圃,璠玙之品,望气可知。使值升平,假以六翮,承明金马,未足为喻。何图麟凤之采,迹荒陬,来游来歌,楚材晋借。仲宣之依刘表,幼安之托公孙,其事可悲,其情可谅。来悟过自抑损,固君子之用心。然如管李蒋郭,皆负殊才,同兹羁旅,尺蠖之屈,庸复何伤。昔宇文留金,撰成《国志》,邝露从云,爰著《赤雅》,并贻来世,以为不刊。执事藻采缤纷,鲸铿日丽,率尔投简,已睹一斑,记述所垂,讵让前哲,尤愿执事亟为之也。虎鄙陋无闻，何足以益？执事盛意殷眷，敬志襟佩，主臣主臣。春已过中，凝寒未解，唯为道珍摄不宣。

薄暮，遄访龚孝拱，不值。晤其戚左孟星，才从湖南来，捐纳同知，分发粤东。谈吐雅驯，容止文秀，亦翩翩佳公子也。予少坐片时即别。归途积泥陷足，劣不能行。

八日壬申　　晴

饭罢，祝安甫来，清话片晷。暮，壬叔来，同入城中访艳，得见桂馥校书。洁白肥泽，不殊顾大肉屏风也。鸨母供片茮，坐良久，乃与壬叔别去。黄昏又作小雨，一灯坐听，渐渐沥沥，益不胜愁。周敩甫有信至。

九日癸酉　　阴

午后，吴沐庵、管子骏偕周钧甫来访。钧甫为敩甫从弟，兰陵诸生。试北场不利，乃捐主事。现从杭州围城中逸出，辛苦贼中，备历艰阻，出险入险，百死一生。亦可谓邀天幸矣。数语后，即往子骏寓楼小坐，则有子骏之族弟祉生、慈生。皆自围城中出者，三人仅以身免。言贼皆以五色布裹首，逢屋纵火，遇人立杀。乡勇之未散者，与之巷战。贼结营于城隍山，以高临下，城外援兵都不能上。自清波门至武林门，烈焰亘天，号哭之声震地。民之不死于火者，则死于贼刃。街衢间尸相枕籍，西湖水为之赭。呜呼！斯民何辜，罹此大劫？一片佳山水，蹂躏至是，可为扼腕。愿从大侠，出箧中匕首劙其腹也。顷之，杨凫门、祝安甫亦来，剧谈时事。凫门谓："昔万学使之办团练防守也，附城则驻营于紫金山，远则蟠西一带皆设重兵，声势联络，互为椅角。斯贼至攻城，不能骤拔。今弃险不守，不堵截武康之来路，贼逼城下，安能措乎？闻浙抚知贼至，不肯备兵城外，贼近又不开炮，束手坐待，寇焰顿张。误国庸臣，虽万死不足以塞责也。"薄暮,往访应雨耕,坐谈片时即别。同子骏招钧甫、祉生、慈生往酒楼小饮,为之压惊。四明人孔　斋亦来合并。猜枚拇战,极其欢洽。酒罄八壶。钧甫三人甚乐,几忘贼中奔避之苦也。酒罢,往　斋寓楼吸片芥。

十日甲戌

自闻武林之破,心绪恶劣。丹、常以上,亦不免风鹤之警。西邻方拟整励甲兵,调集舟舰,以图北犯。其谋正未可测也。呜呼!国家多事,内外交攻,虽有智者,亦不能善处之矣。以吾策之,则曰:莫如暂屈以议和,悉锐以靖乱。吾与泰西诸国通商以来,已历二十馀年,而在廷诸臣之于洋务,昏然如堕云雾中。一二草茅之士,或能通达时事,叹息时艰,偶言之于当道,则必斥之曰"多事",鄙之曰"躁妄干进",呵之为"不祥之金"。于是乎而噤口卷舌者多矣。不然,徐松龛中丞、魏默深司马之书具在,探夷情,师长技,坐而言者可以起而行,何一非驭外之要图?奈何当道者熟视若无睹也,是诚我不知之矣。薄暮,子骏来,同往访艳。至一家,初不相识。室中有二校书,一曰采苹,一曰莲香,并皆佳妙,而莲香尤艳绝人寰。银灯既上,小谦即开。采苹善拇战,饮兴颇豪,为之罄无算爵。余谓子骏曰:"饮醇酒,近妇人,正在斯时。"酒阑更永,各自散去。余踏月而归,尚饶馀味。

十有一日乙亥

钧甫来访,同往观印车,双轮捷奔,数百番纸顷刻皆毕,叹为巧夺天工。

十有二日丙子

雪尚未消,天色黑暗,殊有愁惨之象。晨起作书,致龚孝拱云:

　　前数日天稍放晴,地渐燥可行。惟积潦处尚泞陷足,猝不可拔，屡欲奉访，而闻有远戚至，兼以先生悲深故国，怀抱恶劣，瀚以无事骚之，殊觉不近情耳。粤寇云扰，苍生鼎沸，临安一隅，纷然瓦解。虽旋踵收复，而民物涂炭，花木灰烬，剩水残山，不堪寓目。属有人心，能无感愤？怫郁之怀，良不可任。夫浙之筹防守者素矣，一旦有事，溃败至此。上有将军、巡抚、藩、臬数大员，不可谓无官；援卒四方麇集，不可谓无兵；城中富户十未徙二三，苟能动之以利害，惕之以身家，固有不肯括赀饷士者，则不可谓无财。乃征之于人，有殊骇听闻者。贼至城下，未尝加遗一矢，闭关静待，束手坐毙。义民愤请，抑止不行。贼入则走，不知所之。堂堂天朝、巍巍天子之大臣，而不能御此么么鼠寇，半筹莫展，一死不能。平日之南面临下，厚自享奉，果何为者耶？所谓大臣者，值多难以见才，宁身杀无名辱，城亡与亡，誓以死守，下哀痛罪己之言，冀收忠义一得之效，鼓励将士，激其耻心，以身为之倡，安见贼不可退，城不可保？譬如家长遇盗，先戒其仆曰：我所以豢若者，正以今日，我往若必继之。执梃先驱，以为仆率。谁无一时激发之良，而安有忍视其主之死者。古者上下信孚，民以官为足恃。贼至，徙避城内，坚壁清野，旷月累年。即至矢亡援绝，不敢贰心。今则讹言自上，官眷先行，民有离心，士无斗志，无怪乎畏贼骇窜，如雀之趋丛、鹿之投林也。顾前舟既复，来轸方遒，莽莽乾坤，几无一片干净土，吾辈何处得死所耶！时事至此，何从下手，只索痛饮耳。信陵之醉酒妇人，自戕其身，周伯仁之过江无三日醒，刘伶之荷锸便埋，此皆中有所郁结，托曲君以自晦，谓世上无可言，而醉乡有真知己也。然瀚岂真能好酒哉？偶过饮，胸鬲便觉不快，晨起头即岑岑然。加以体素患热，痰灼唇烈，与酒甚不宜。而犹不肯轻放杯杓者，以群公衮衮，不堪醒眼对之耳。少好交游，兹焉日寡。以为广则仅通声气，寡则可养性情；且标榜之兴，尤悔之来，皆由此起。横览四海，人才渺然，知希我贵，聊自慰已。平生亦喜著书，而内之则忧患攻心，外之则艰棘塞路，佣书丐食，卒卒无须臾闲，未尝一日伏案涤砚，怀铅握椠，插架千百卷，凝尘厚数寸，亦未尝一拂拭。疏懒废读，以此概见。且今何时也，尚欲雕琢文字以自娱耶？前作二书，妄以献之先生之前，是犹里妪之谒大巫，雷门之击布鼓，对和璞而吓以腐鼠，入宝山而炫以碔砆也。先生不察，遽加谬奖，谓直不能作答。是先生谦抑过甚，愈以愧我也。主臣主臣。入春已半，天气尚寒，唯冀珍重眠餐，为道自重不宣。

午后，子骏来，小坐清谈。乃折简招钧甫、祉生、慈生三人至，同往采苹家，拟作长夜之饮，一扫愁绪。采苹晚妆初竟，脂粉不施，较初见时尤多丰韵。茶再瀹，莲香不至。问何往，则为邻家姐妹邀去看花耳。采苹自言陈姓，固良家女子，而沦落风尘者。家住沧浪亭畔，纸阁芦帘，颇享清净福。及笄，母亡，为匪人所赚，遂至此间，盖未及二年也。言之作呜咽声，眉黛凝愁，盈盈欲涕。因询莲香亦吴门人否，则产自常熟，而亦能操吴音。且工度曲，一串珠喉，不输采腊。顷之，莲香归，排闼直入，红霞上颊，更饶娥媚。问往何处，则至西门外观桃花，因天寒，花信殊杳，最早者尚含苞未放。其实访其手帕姐妹，作片时情话耳。小醼既开，劝酬稠叠。子骏诸人皆大户，一举数觥，有如长鲸之吸百川。采苹虽善饮，是日亦几为壁上观。莲香先已饮酒，至此为诸人所觥，病叶狂花，殊有醉态。席散，诸人皆去，惟余独留。

前一日，余往竹林禅院访剑人，则剑人已他出。见其姐昙隐大师①。

十有三日丁丑　　晴

子骏偕周钧甫及其从弟祉生、慈生来辞别，予走送之洋泾桥，执手为别。三人者，皆有惘惘可怜之色。然幸得脱身贼中，九死一生，不可谓非天佑。功名富贵，身在可以徐图之耳。午后，吴子登从兰陵回，乘舆来访。言江南北一带贼势大衰，金陵指日可以克复。薄暮，壬叔来，同入城往游北里。有薛银涛者，眉目娟秀，丰致苗条，为此中翘楚。壬叔极所属意，两情方浓，殆溺不肯出矣。

十四日戊寅　　清明。晴

晨，管子骏贻芳来访，同入城，诣县斋，晤吴沐庵新铭，则沐庵正独坐阅《日知录》，相见极欣慰。问梅坞，已他出。顷之，袁伯襄赞熙、秦隐林俱至，遂偕往沐庵家中，特出祭肉饷客，并以南翔所得郁金香相劝。味极甘芳郁烈，为之罄三大爵。所沽绍酒颇醇，又饮无算。拇战猜枚，各出奇妙。沐庵之弟寿年，仅十九岁，亦恂谨弟子也。酒罢，子骏欲往勾栏访艳，乃至校书五官家。瞿竹荪亦来合并。子骏即命开讌，佳肴名酒，咄嗟立办。饮者皆属大户，余已半醺，力不胜酒，作壁上观。诸人叫嚣跌荡，意在斗酒，殊不在看花也。继复往茗寮小啜。出城已薄暮矣。子骏复邀余至寓斋，顺道过访孝拱，剧谈良久。至寓，则孔□斋之文方自四明来。□斋备甘旨以娱亲，余与子骏又大得嚼。是日久留醉乡，可餍老饕之腹。夜阑酒醒，子骏送余回。余踏月谈心，胸鬲开朗。余劝子骏读书为第一，清晨馆事了后，馀晷尚富，伏案开卷，胜于驰逐万倍。酒者，逢

---

① 原稿此后空十三行。

场作戏耳,好之可也,日耽于此,非特废事,且能戕身。在寓楼尽可读书,楼下嚣杂,听之而已。众音自喧,我心独静,亦强制一法。

十有五日己卯

病酒,头胀如劈,恨不得华佗利斧以斫之也。薄暮,静坐不出。

十有六日庚辰　　晴

夕阳将落,至马路散步。信足至孝拱家,见孟星,姓左名枢,湖南人。今改名桂,年尚少。方据案挥毫,大字结构亦劲拔,立待良久始毕。久之,孝拱自内出,对坐清谈,月上而别。

十有七日辛巳　　晴

清晨,管子骏来,同往挹清楼啜茗,娓娓剧谈。午后,许伴梅从云间来过访,至茶寮作茗战。伴梅哓哓不已,令人听之生厌。薄暮,往子骏寓楼闲话,偕去访孙澄之。归途遇微雨。是日,管小异于邮局中寄书至,并吕宋银二饼。书中略言,在绍郡风鹤频警,遂渡海而回,狼狈万状。其银饼因匆促访子骏,遂失去,殊可惜也。

十有八日壬午　　雨

在家整顿书签。午后,入城,途遇梅坞、沐庵,因至四美轩啜茗。徐少辛亦来合并。茗罢作酒战,蒋小帆亦至。罄四壶而止。访壬叔,谈数语即别。

十有九日癸未　　阴

薄暮,入城,梁阆斋留饮。

二十日甲申

清晨,吴子登来访,言拟学《照影法》。其书,壬叔已译其半。照影镜已托艾君约瑟,字迪谨,英国耶稣会士人,颇诚谨。购得,惟药未能有耳。薄暮,入城,至黄公垆畔访吴沐庵,则沐庵正与查滋泉昆弟及子骏、隐林轰饮,见不速之客来,皆开笑口,急拉入座同饮。各浮三大白而散。出城，同子骏访孝拱。坐久之，孟星亦出见。孝拱呼红儿煮酒，肴馔纷陈，味亦可口，李翱又得一饱矣。

二十一日乙酉　　晴

何梅坞咏、吴沐庵、秦隐林至馆中来访，并观印书车，叹为妙绝。即偕往子骏寓楼少坐，袁伯襄赞熙亦从城中出，前来合并。遂邀孔　斋同登酒楼，煮酒烹肴，饮无算爵。酒罢，往尹松期室，陈设颇富丽。登四层楼，颇豁眼界。薄暮，入城访沐庵，复同往黄垆沽饮。闻彭相国有书复卜鲁士，英所请数款，军机处悉不准。其意谓渝盟启衅在英，而不在我也。今和战一唯命。事殊秘密，外人莫得知。卜酋接此书极不喜，吾恐兵端从此始矣。

二十二日丙戌　　晴

饭罢入城，访吴沐庵，即至茗寮小啜。何梅坞、蒋小帆、查滋泉昆弟、孔　斋皆来合并。茶后，往黄公垆畔小饮三爵。梅坞以访蓝氏子未至。梅翁能诗而不嗜酒，为人温厚谦冲，待友诚至恳切，洵近今所难得。顾其胸中泾渭分明，人所不合者摈勿与交，事所不可者断不肯为，则其和而介为尤不可及。薄暮，管子骏、孔　斋来访，邀至酒楼小饮。　斋为东道主，酒罄数壶，醺然径醉。

二十三日丁亥

晨，访吴子登，清谈良久。子登案头多陈工匠椎凿，能以新意造器，其巧思不减泰西。午后，钱莲溪从云间来，拉往酒垆小饮，潘恂如亦来合并。酒味殊薄。莲溪为东道主，飞去青蚨千馀头，愧未尝以报也。酒罢，往茗寮访沐庵，匆匆数语即别。

二十四日戊子

清晨，吴子登来，同访艾君约瑟，将壬叔所译《照影法》略询疑义。艾君颇肯指授。午时入城，访吴沐庵，不值。与查滋泉同往酒

炉,适遇沐庵于道,遂偕饮尽欢。薄暮,偕吴子登访孝拱,剧谈良
久。既夕,独往应雨耕寓斋,数语即别。雨耕胸中固无只字,性情
乖谬异常,终日唯痼癖于烟云中而已,何足与谈!

二十五日己丑

晨,访吴沐庵。同往茗寮。何梅坞、管子骏、屠新之、查滋泉、
孔 斋皆来合并。顷之,蒋小帆亦至。偕至福慎酒楼,开樽轰饮。
酒罄一石,肴炙都可口。 斋为东道主。是日,子骏接得家书,谓
兰陵将有兵警,意欲徙家于沪上。逆寇鸱张,乘隙即入,有暇即攻,
恐江浙无净土矣。酒罢,同梅坞访艳,迄无所遇。闻壬叔在褚桂生
家,即乘兴闯入。桂生为吴门名妓,艳噪一时。兹年大色衰,而俊
骨珊珊,尚可为此中翘楚也。所蓄雏鬟二三,善解人意。薛银涛亦
在,壬叔左拥右抱,意颇得。甚恐一入迷香洞中,不能复出,待至金
尽裘敝,浩然思归,则晚矣。出城已昏黑。闻龚孝拱偕左孟星来
访,不值即去。是日,在桂生家见严少春。

二十六日庚寅

吴沐庵偕查滋泉昆弟来访,即去。应雨耕来诊病,西人韩雅各
为之医。薄暮,往访吴子登,清谈竟晷。顺道访孝拱,左孟星亦出
见,欲留心于数学,因乞《数学启蒙》一书为入门阶梯。孝拱特出
西洋名酒为饷,味极甘淳可口,即饮百杯亦不醉也。是夕,饭于孝
拱家。

二十七日辛卯

薄暮,同龚孝拱、左孟星散步环马场,往尹松期铺观倭刀,鲜佳
者。孝拱家藏有一刀,颇犀利,短长适中,无掣肘之虞。孝拱论刀
有秘授,谓长宜及足踝,断不可着地,则运动无碍。柄宜重,则有
力,钢宜百炼。观近今刀,直一片朽铁耳。是夕,在孝拱家小饮;酒

味清醇。

二十八日壬辰

晨,吴子登以字扇相馈,即倩左孟星作小楷。闻是日为城隍夫人诞日,庙中皆悬灯彩,颇热闹。午后,入城,途遇吴梅坞,同至茗寮小啜。后吴沐庵亦至。忽黑云如墨,低压茗楼,电光激射,雨意更急。顷之,檐溜如注,急点粗几如豆,霹雳甚迅。须臾雨止,同沐庵酒垆小饮,梅坞即回县署,为余唤舆人至,殊可感也。因乘舆往壬叔寓斋,谈良久而别。是日,闻震死一妇。

二十九日癸巳

薄暮,入城往酒垆,则吴沐庵、蒋小帆、查滋泉、秦隐林及小帆之侄蒋萃钦,皆在拇战,喧呼,各极其量。余不能多饮,聊尽三爵。沐庵特送之城　而回。

三十日甲午

薄暮,散步林坰,殊有逸趣。余将有云间之行,作札往澄之处,取阿堵作游资。是日,澄之来访,送十饼金至。余在馆中,不值为怅。入城与沐庵痛饮。钱寿同偕其从弟茗卿自嘉定来,立谈数语而别。

闰三月

初一日乙未

入城访沐庵不值。夕阳将坠,乡人客子多担物而归,憧憧往来,静中观之,堪一笑也。

初二日丙申

晨,入城,于茶寮中得见吴沐庵,招同啜茗。钱茗卿、窦茹轩皆来合并。顷之,管子骏约同吴梅坞、屠新之、孔炯哉、方咏梅、查滋泉登酒楼小酌,肴馔纷陈,酒尽十馀壶。新之特为东道主人。酒罢啜茗。滋泉招作北里之游,同往访高文兰。文兰齿虽稍高,娟秀自好,绝无俗韵,可谓此中之矫矫者。午后,天气陡冷,忽作微雨。

三日丁酉

薄暮,入城,得晤吴沐庵、秦隐林、张锡九,至黄垆沽饮,滋泉逸去。滋泉举止有似粗豪,其实不脱伧父面目也。近在县署办征收。

四日戊戌

午时,子骏来辞,作常州之行。言近得家书,贼踪将逼城下,溧阳、东坝相继失守,宜兴危在旦夕。张军门之兵首尾不能顾,坿城村庄多为贼虏,啼哭之声震四野。子骏家已迁于城外僻处,现不能不行。冒险而往,殊有可怜之色。兼子骏小病未愈,更难为怀耳。薄暮,入城,往酒垆与沐庵、滋泉、蒋小帆、萃钦同饮。萃钦量甚豪,一举数觥,已醺然有醉意矣。出城已曛黑,持灯访子骏,已开帆去矣。黯然销魂,别离为最。况此尤不得已者耶!夜三更,雨。

五日己亥

薄暮,入城往酒垆访沐庵,则已据座大嚼。同坐者为查滋泉、秦隐林、瞿月苏,劝饮喧呶。出城遇雨,衣履尽湿。

六日庚子

午后,入城至茶寮啜茗,得见汪小云、吴沐庵、窦茹轩,与之剧谈。小云,扬州人。工画,尤擅山水。是日,小云留须,诸朋携盒相会,余以不在约,匆匆而别。薄暮,入城访壬叔,不值,至褚桂生校书家访得之。同往薛银涛小舍,银烛乍燃,鸨母前请看馔,设谦于外舍,斗室精洁,卮馔皆有序。同席樵李沈兰舟念椿。酒罢,街鼓如,宿于壬叔寓斋,睡甚酣。

七日辛丑

清晨即起，周仆为呼汤饼至。顾仆求赠其所欢楹联，询其名曰"天裁"。余为书"天上人间完绮约，裁云镂月比新妆"二句，付之而去。往访沐庵，尚未起，因坐待之。继同往茶寮啜茗，蒋小帆、哈恂斋、钱寿同、窦茹轩皆来合并。哈君，金陵人，系回教，现侨寓云间。

八日壬寅

闭户静坐，闻常州民自为守，各村皆办团练。所作濠沟、炮台皆如法。凡城中游手废人，悉募为勇，日给资粮，恐其为乱作内应也。贼距城尚四十里，无锡有张军门，即张玉良。以重兵五千，扼踞险要，或可无虞。

九日癸卯

是日赋闲，入城散步。薄暮，往黄公垆畔，得见尹小霞、吴沐庵、查滋泉、秦隐林、钱寿同，洗盏更酌。滋泉为东道主人。肴馔尚为可口。酒罢，往尹小霞寓斋。小霞，昆山人。工画仕女，颇娟秀，非同俗笔也。继偕寿同往赴潘恂如之招。恂如是日购得黄甲作羹饷客，风趣亦殊不恶。

十日甲辰

闻张殿臣受伤甚剧，和帅不肯发饷，兵心已变。恐贼乘我不备，大肆其志，未可知也。余观近日行师跳荡拍张，漫无纪律，养兵而不能用，聚兵而不能驭，兵气因贼势而骄，帅权为三军所夺矣。呜呼！可谓无人矣。

十有一日乙巳

薄暮，吴沐庵、尹小霞、秦隐林、钱寿同来访，谓至环马场观西人赛马。既至，则知西人以地湿中止，废然而返。留之饮酒，则皆已微醺矣。

十有二日丙午　　雨意初晴，日光不炙，于云丛中时飘三四点而已

午饭后，薛静渊来，欲同作云间之行。因唤曹仆将行李挑至东门外，知航帆傍晚方开，即将行李安顿毕后，方至各处散步。往龙王寺中访周姓者不值，即诣茶寮啜茗。天气躁热，不能容夹衣。茗楼近水，颇凉爽。有测字者至，试拈一字，问以访美得遇否，则以"虽遇而恐有所阻"对。茶罢即饭。静渊又往小室中作供养计，昏黑方下船。星月微明，云气甚重。舟中共六七人，颇挤，足背皆不能屈伸。倦极始寐，犹转侧四五醒也。是夕，解缆已更馀矣。风稍大，挂帆而行。

十有三日丁未

日出殊早，红光射篷背，不逾时即隐。天气烦热，风渐小。朝炊时，舟抵西门外。余同静渊登岸，往金沙滩访钱莲溪，已他出。乃往茶寮小啜，茗作绿色，水味亦清淳。吴门人迁居至松者甚多，言杭城虽已恢复，而居民尚一日数十惊，虞贼之报复也。城中兵卒寡少，城门启闭，漫不加讥察，死者男女老幼约十万馀人，房屋毁十之五。吁！此可谓巨劫矣。近因常州被围甚急，吴侬慑于越人之鉴，故纷纷徙避也。啜茗罢，莲溪乃至，同登酒楼。酒味淡，殊不堪饮。所煮汤饼，尚堪食。莲溪告余云："此处看花处甚夥，然只好闲中领略，不能猝谋夜合也。"余笑曰："诺。"同往一家，曰文珍者，态度靡曼，肤泽柔腻，颇觉楚楚可人意。甚殷勤，即供片芥。余馈以西洋退红布一端，阿珍喜甚，即宝藏于箧。是日，购衣履数事，殊贱。既夕，静渊饭于莲溪舍，余即下榻中堂。黄昏微雨，纸窗淅洒，不能成寐。

十有四日戊申　　晨雨，檐溜如注，天气陡冷

同莲溪往小桥侧食汤圆。冒雨入城，访郭友松。先至静渊家，

则静渊父子高卧初起。坐良久，友松始来，抵掌剧谈时事，叹不可
为。静渊特命厨娘煮羹汤，沽酒小饮。肴馔络绎，尚觉可口，但嫌
稍甜耳。静渊父子巡环劝酒，意甚殷挚。静渊止一子，字义亭，年
三十矣，颇知书。其舍蹊径，亦不恶。庭中有花木山石，后有竹圃
亩许。春时，　笋为脯，可饱参玉版禅矣。饭后，登会鹤楼啜茗，茗
味淳苦，酒为之醒。友松特同往壹家吸片芥，其家武姓，母女共处，
绰号为武则天，盖亦淫荡不羁河间妇之流也。既入，不见其女，唯
一姝凭几。微睹其颈，白如蝤蛴，想可人也。出城，至沈氏小舍。
余冷甚，已着羊裘矣。天公之变幻倏忽如此。

十有五日立夏　雨骤风狂，天冷更甚

莲溪晨出购石首鱼殊大，特呼厨人煮家藏腊肉，色红味美，不
减兰溪火腿也。盘中杂以梅子、樱珠，青红可爱。是日，友松、静渊
皆约而不至。雨师作恶，殊败清兴。余此来，本拟领略花光，饱看
山色。欲棹一小舟，遍游九峰三泖间。探神罴之仙窟，访二陆之草
堂。挟瑟鸣筝，醉眠佳人之侧；弦诗斗酒，歌呼名士之前。而今皆
未得也，可谓辜负此行矣。饭后，入城至一家吸片芥，一女子　容
瘦骨，怨悒可怜。有龚氏子者，与之共坐。询之，则字小云，久家于
此，孝拱之族侄也。莲溪谓其少甚聪慧，读书百行俱下。今痼溺烟
云，一无所就。小时了了，大时未必了了，资敏之不可恃也如此。
继薛义亭亦来，偕诣茗楼小啜，把杯赏雨，殊闷人怀。义亭为说狐
鬼数则，聊以破寂，即记于此：

云间提督衙门，云是明徐阶故宅。明季徐氏，阖家殉难，
今弄中尚有绳悬朱棺二。风雨之夕，时见纱帽红袍者，咨嗟环
走。衙中久无人居，为狐所据。有松人为医者，一日散步至
内，见一老翁，据炕兀坐，白髯朱履，风貌古异。因揖医者同

坐,问何业,曰医。即与谈《素问》、《灵枢》,滔滔清辨,皆有精意。医者折服,欲延至家,朝夕听训诲。老翁慨然许之。怀中探六银饼为赠,曰:"以此粪除君庐,吾行将至矣。"医者喜逾望外,踉跄归家,则老翁已自内出,笑曰:"君来何迟也?"所陈设几榻帷褥,皆焕然一新。一女子容致嫣媚,天人不啻。老翁曰:"此贱息也,兹为一家,无妨相见。"医者方愕然骇异,入室,则其妻正拍案痛詈。忽老翁岸巾入,曰:"汝不容我居此乎?我可即去。"顷刻间,人物忽失所在。俄而灶间火起,箱笼无故自掷于外。医者夫妇伏地恳祷,许延羽士作法事,持斋苦吁,仅而免扰,然已费不赀矣。

戚家弄,本明戚继光旧第也,弄中有一家,常见其厅夜发光,怪疑其下有藏镪。一夕,宰牲祀神,鸠工发土,深三尺许,得见一巨石版。群相庆曰:"镪在是矣。"石版既启,阴风飒起,满堂灯火尽作绿色,唯见白骨数十堆,骨大异于常人。旁立一石,髣髴有字,急以火烛之曰:"戚大将军之墓。"群相惊骇,仍掩以土,而其人已发狂,不可制矣。

羲亭又述一僵尸淫人妇一事,亲见其被焚。是亦厉气所化也。

是日,购得书数种。夜,文珍特市佳肴数簋,留饭,肴系馆中所煮,尚堪下箸。被酒听雨,情怀殊怪惝也。

十有六日庚戌　　晨,天忽放晴,正拟畅游

顷之,薛静渊来,言将返海上,遂与同至文珍家,清坐竟晷。文珍特命人市石首鱼、新竹笋,留饭。午后,诣茗楼小啜,郭友松偕其友叶小山同至。余谓:"昨日神罳之游不果,殊为可惜。此间山明水秀,食物、房屋取价皆廉,余意将卜居于此,不知天公能适我愿否

也?"茶罢,仍往武氏吸片芥。武氏女,亦一肥婢耳,丰神态度皆不足,逊于文珍多矣。友松以 枚二匣、鲁津伯一块相饷,受之殊为恶然。友松又送至城外,意甚殷拳。再往茗寮作卢仝七碗饮,别时犹依依不相舍也。自来才人断无有无情者,于友松见之益信。夜,饭于莲溪家。时,莲溪有小恙,薛静渊来,同赴航帆。余于莲溪家作四日留,醉酒饱饭,愧未有以报也。临行,又以嘉善饽饽为赠。至船帆,时尚早,黄昏后,始解缆。此舟更小,于前坐则打头,卧则屈足,真受煞磨折矣。

十有七日辛亥

午刻,抵上海,于西门茶寮啜茗。同舟者,皖人吴子百、薛静渊乔梓也。茶罢,唤人将行李挑至墨海家中,自老母以下各无恙。饭后,入城遇诸薇卿于途,为言此间有松人姊妹设烟馆于此,态度颇不俗,盍往访否?因与同去。径颇曲折通幽,屋后隙地可远眺。小息片时,尘嚣顿息。姐妹花盈盈竞秀,殊可人意。薄暮,于西园遇汤衣谷,即偕啜茗,恂如亦来合并。回来已夕阳在山矣。

十有八日壬子

晨,访孝拱,立谈片晷而别。下午,雨。

十有九日癸丑

湖州王蓉士定保来访,剧谈良久,购天文书数种去。蓉士将赴河南候补,道出于此,久在军营,颇知近时掌故。系归安临湖镇人,颇谦谨。薄暮,入城访尹小霞,则沐庵、滋泉皆在,同诣黄垆小饮,三爵而散。

二十日甲寅

清晨,往王蓉士寓斋,闲话竟晷。知其今日下午,将解维去矣。约以秋间再得相见。午后,祝桐君从乡间来过。既暮,薄具小酌,招薛静渊乔梓、诸薇卿夜饮。

二十一日乙卯

子骏从毗陵回,过访。知其眷属不日将至此矣。子骏云:"常、丹之间,兵少贼多,恐其不战而溃。常州为吴门屏蔽,若不能守,则吴人亦未能高枕也。"夜,往公寿寓斋闲话,俟澄之久不至。乃往访孝拱,相见极欢。即命厨娘煮酒,曰:"今日早知有客来,已嘱添数簋矣。"为言曩在京师,非客不乐,厨人皆选精绝者,故龚家食品无不艳称墨林,常饭于我舍。今僻居海滨,意气略尽,唯好客之兴未衰耳。并言:"红儿以慢客,逐去。"孝拱经术文章,皆臻绝顶,以我目中所见,殆无与之匹者。而又虚怀爱友如此,真近今所罕见矣。酒罢,蔡雨春来,同往访艳,得见周巧云。巧云,吴门名妓,来此未久,薄面呈妍,巧鬟逞媚,可为此中之矫矫者。孝拱所欢曰月仙者,即胡公寿所乞楹联之菊卿是也。容仅中人,吐属殊不俗。谓得孝拱所书一出局条子,皆可付装潢,后世争宝。余应谓:"若然,孝拱可与马湘兰并传。湘兰一行李单,朱竹垞诸大老为之作跋,作千秋佳话。今此语出自香口,尤难得也。"

二十二日丙辰

晨,访祝桐君,剧谈良久。并见杨凫门。皆言壬叔一人迷香洞,溺而不出,深为可忧。方今时势孔棘,复何心作眠花藉柳,想恐一旦床头金尽,再无处作秋风生活。余曰:"仆亦屡劝之,奈其数则见疏何。"下午微雨,至晚骤大。孝拱有书至,谓明日雨阻,不能践看花之约矣。

二十三日丁巳

日光射窗,如逢快友。急披衣起,着屐入城,而地已燥矣。于茶寮中得见吴沐安、何梅坞、管子骏、钱寿同、屠新之、秦隐林,同坐啜茗,谈辩锋起。茶罢,饭于酒楼,诸人饮兴皆减,酒仅罄数

壶。酒罢，尹小霞忽至，再诣黄垆更饮。薄暮，游张家花园，访汪
小云，不值。出城已昏黄矣。枉道访曾寄圃学时，寄圃方从东瀛
回，闻东瀛民乱，有叛王以自立者，故往询之。谈数语即别。继
至子骏寓斋。

二十四日戊午　　晴

薄暮，访胡公寿，得见澄之，清谈良久。

二十五日己未　　微雨

下午，孔　斋来，言："子骏眷属已至，特设小谦宴客，君盍往
否？"余应曰："诺。"既暮，持盖着屐而往；则方隐梅、章西桥、孔
斋，已团　坐俟矣。余曰："我来，又添一不速之客矣。"　斋饮兴
甚豪，连举数觥。口中喃喃，以为几上肴无一可下箸者。其实肥肉
大酒，风味颇不劣，特嫌稍甜耳。酒罢，同　斋访艳。其所欢曰彩
云者，容华皙泽，举止娉婷，酒醉香残之候，亦可聊以消遣。问其
年，正瓜字初分时也。

二十六日庚申

地尚泥泞，静坐不出。常州攻守相持，贼猝未能下。惟四往乡
村焚掠，逢人即索银饼，不餍所欲，即拔刀斫之。见空屋，立付一
炬，附城无全村矣。其惨毒无复人理。闻其绕道将至锡山，而吴门
宴然无扞御之具，无兵无粮，甚可危也。

二十七日辛酉

吴沐庵清晨款关至，同往访子骏与其祖，清谈良久。其祖，字
绥之，名诸生。工诗。少即游幕，绳趋尺步，持守谨饬。今年已七
十八，双目不能见，耳尚未聋，尚能健谈也。继与子骏偕访　斋，小
坐于尹松期寓楼。楼中有一校书在，年仅十三四，而态度苗条，已
觉可人。　斋特市鲥鱼留饭。饭罢无事，偕　斋、松期同往勾栏访

艳,查滋泉亦来合并。其中佳者颇多,彩云以媚胜,明珠以韵胜,丁金宝以度胜。布裙椎髻,弥见娟静。有巧云者,肥白如瓠,殊类大体双,颇当余意。　斋特为东道主人,唤鸨母设宴于小阑干侧。肴炙纷陈,钗环历乱,公弦急琯,顿破愁城,不知江以南之乱离满目也。酒阑客散,夕阳将坠,同往环马场散步。夜,饭于　斋寓楼,属餍膏粱之后,百物不能下箸矣。是夕,沐庵宿于城外。

二十八日壬戌

清晨,往候沐庵,同至景阳馆啜茗。方隐梅亦来合并,遂煮酒小饮。余以卯饮不能过量,数杯而止。

二十九日癸亥

吴子登、李壬叔来,将往吴门,匆匆数语,即偕诣春甫寓斋。时,春甫学《照影法》,已约略得其半矣。试照余像,模糊不可辨,衣褶眉目皆未了了,想由未入门之故耳。是日,伟烈君同杨君雅涵往杭州,余得赋闲。薄暮,入城,于茶寮中得见吴沐庵、何梅屋、汪小云,同坐啜茗,抵掌剧谈。梅屋将卜新居,在姚医马衖中。同往观之,庭中颇宽敞,略栽花木。徘徊良久后,邀至酒楼小饮。钱寿同、尹小霞亦来合并。飞觥痛饮,借此热酒以浇愁肠,兴尚未酣,继之以烛,酒未罢,出至北门已闭,鱼钥甚严,不能私启。因回访徐安甫,同作寻春之举。遍诣数家,迄无佳者,废然而返。因宿于梁阆斋寓中,枕褥洁暖,寝甚酣适。

三十日甲子　　晴

晨起,同阆斋至方鹤楼食鸡肉饺,风味殊佳。午刻,途遇沐庵及蒋萃钦,邀往酒垆。沐庵特呼汤饼,以供一饱。食罢,腹果然矣。继同阆斋往访玉莪轩彰、王佛云寿眉相见剧谈。莪轩,满洲人,正任溧阳邑宰。佛云,湖南人,亦旧令尹,现丁外艰,皆捐局委员也。人皆谦抑可交。薄暮,钱寿同招往小谶,在张家花园内。同席吴沐庵、管子骏、潘恂如、汪小云、尹啸霞,期而不至者,何梅屋也。肴馔皆自煮,鲜异适口,食此嘉惠,何以为报耶?夜,出城已将闭矣。顺道访曾寄圃,不值。

四　月

朔日乙丑　　晴

闻贼势日逼锡山,城徙一空。吴城戒严,人心皇皇,风鹤迭警。抚军意欲尽毁城外之屋,为坚壁清野计。不知吴城势不能守,最下,连营浒关以当其冲,中策,扼兵于慧山一带;否则专力于常州。如欲婴城为守,则唯有束手待毙而已。薄暮,往公寿寓斋闲话。

二日丙寅　　晴

薄暮,往访孝拱,即煮酒留饭。孝拱酒尚是杭州运至,味淳色淡,醉后不觉烦渴,真佳酝也。

三日丁卯　　阴

午后,玉羲轩、王佛云来访,观印书车良久,叹其奇妙,罕与之比。同往瑞记洋行,纵观奇器,以夕阳下山,匆匆遽别。访祝桐君,清谈良久。以子骏约在孝拱处相晤,因走谒孝拱,则子骏已去。孝拱见余所著《海陬游冶录》,问曰:"今日可能按图索骥否?"余曰:"自遭乱离之后,风流云散,芳讯顿杳,此编只可当作白头宫人谈开宝繁华耳。"时已黄昏,孝拱特呼厨娘添肴煮酒,把杯剧话。饭罢,蔡雨春来,言近购得海蛳一巨篓,将馈于孝拱。孝拱谓:"此可作羹,别饶风味,当与吾兄共享之。"余食于龚家厨者已屡,惭无以报,虽系孝拱爱客,亦自觉老饕之可厌也。

四日戊辰　　晨,雨

吴子登着屐款关而至,言昨晚从吴门返。余急问常州兵事如何。风闻何宫保不能坚守,已离城他去,置百万生灵于度外,殊昧城亡与亡之义。长官已行,兵心不固,虽有民团激发义愤,效死勿去,然素不习战阵,其何能守?常州之危,可翘足而待也。"子登曰:"常州大局,尚可无妨。何宫保曾至吴门,徐抚军遣绅董问其故,以军糈不敷,现来劝输为辞。于是诸富户踊跃捐输,不惜毁家纾难,顷刻间得二百万。何宫保见之始去。兹时,吴门之饷可支二月,饷足兵壮,守御何难!"余知子登雅度从容,亦善于粉饰升平者。今日之患,不在无饷,而在无官;不在无兵,而患兵之不战。时事至此,败坏决裂已极,虽有贤者,仓猝从事,亦无所措手矣。

五日己巳　　晨,雨。下午,微晴

祝桐君来访,言吴门邮信已不能递。走使至唯亭镇,遥见火光烛天,男女老稚啼哭奔走,人声鼎沸,来者络绎不绝,因惶遽而返。想吴门必有大变故矣。余闻常州民自为守,锡山贼尚未至,吴门不应有警。想因逃民溃卒乘机纵掠耳。夕阳将坠,同徐安甫入城。向时闻沪城有台寄者,小家女子可以托其招致,谋一夕欢。其中都有姿致明秀、举止楚楚者,且洁净无后患。兹者烽烟满地,鼙鼓喧天,东南数省,尽遭蹂躏。此间弹丸一隅,未知属于何人,使其果至,书生当杀贼而死,以报我国家耳。幸其未来,当及时行乐。余于花天酒地、跌宕歌呼,可谓阅历深矣,独于台寄生平未尝一至。幸缓须臾毋死,何妨身试之乎?因与安甫同至一家,暗窗矮屋,应门老媪,蓬发如鬼。问有佳者可招之来否,则连应曰:"诺。"余遂与安甫诣酒楼小饮,所煮数肴,风味亦不恶,酒饮无算爵。笑谓安甫曰:"余今日之所为,亦信陵君醇酒妇人之意也。"酒罢往宿,则所招一女子,短黑恶陋,如铁秤坠,怅然大失所望。是女于灯下犹龈齿愁眉,强作媚态,正如东施捧心,令人欲呕。噫!登徒子之妻,疥而且痔,彼亦拥为奇宝。余虽好色,奈非其类何。是夕,虽登淮阴侯之台,乃坚避摩邓伽之席。彻夜未曾合眼,转侧千回,怨煞徐氏子矣。

六日庚午

清晨即起,同徐安甫往方鹤楼食鸡肉饺。途遇梁阆斋,言吴门有确耗至,系逃兵溃勇拥至城外,势汹汹,欲入城,官绅禁御不止。徐抚军即出令,将沿城一带房屋焚烧。兵弁马姓者,肆意纵火,一时烈焰滔天。啼哭之声,震彻城厢内外;百万货物,悉付一炬。金阊胜地,山塘艳土,皆繁华薮窟也,今已尽作瓦砾场。举措仓皇,伊谁之咎?呜呼!古之所谓坚壁清野者,皆于郭外数十里布置,从未有仅据孤城,足以自全者也。乃贼未至而先已殃民,灾未临而预为造劫。自此一焚,而四方震恐。兵不战而溃,民不寒而栗,且有乘机生事,流布讹谣,害有不可胜言者。焚城下以筹守备,此最末策也,况所焚远及山塘,造孽非细。果其能婴城自守,城亡与亡,尚足以谢黔首耳。吾恐在事诸大员不能效张巡、许远之节,而将蹈杭州之覆辙耳。君青先生优于品而短于才,从容坐镇则有馀,临危应变则不足,惜无人为之辅翼耳。至四美轩,得见何梅屋,啜茗剧谈。梅屋以时事不可为为虑,欲徙家以避。余曰:“此间尚为乐土,去将安之?天下岂尚有一片干净土,为君联诗斗酒地耶?”继欲邀诣黄垆,因天作微雨,匆匆各自东西。将出北城,路逢沐庵,自我家访余,不遇而回。复往茗寮小啜。天晴雨止,殊畅人怀,同至县斋访梅屋,拉往酒垆,沽酒痛饮。尹啸霞亦来合并。啸霞以风鹤迭警、研田萧索,意将返棹。渠现寓家嘉善,尚为乐土,归亦未为失着也。连举数觥,已觉醺然。

是日,城中迁徙者纷然,富户悉避匿乡间。愚哉此民也!寇自外来,非癸、甲会党之比。贼未攻城,先搜乡屠戮焚掠无人理。常、丹一带,可以为鉴矣。为今计者,航海至东瀛,或为乐土,近则宁波、崇明,尚可暂避,舍此则远走山陕耳。薄暮出城,天冷微雨。

七日辛未

晨,入城同何梅屋、吴沐庵、尹小霞诣茶寮啜茗。小霞本以昨日解缆,因风逆渐退而止。今日有说平话者杜氏女子同行舟中,颇得饱餐秀色。余口占一绝调之云:"尹君此去是仙乡,特祝东风趁野航。艳福几生修得到,片云吹下杜兰香。"茗罢,梅屋邀往酒楼,特为东道主人。余即席赠以古风一首,略效其体,附记于此:"何郎才调古无敌,赠我新诗鲍谢匹。　以锦绳发光怪,挑灯一读一击节。读罢援剑斫地歌,当今满地流氛多。囚鸾困鹄不得意,相逢海上悲如何?吁嗟厄运遭阳九,坎坷流离无不有。才人失职倍伤心,故土成烟黯回首。少时意气轻风尘,胸中所有非诗人。今已无家嗟泛宅,约将倾囊买比邻。赠诗中有'愿倾十万买比邻'句。东南一隅此乐土,挽输千万诚何补。谁说文臣不爱钱,到底将军要好武。平生踪迹溷屠沽,犹存吾舌真非夫。几回投笔思杀贼,母老敢许以驰驱。书生献策既不用,庸奴富贵何足重。误国谁完堕地瓯,救时孰是擎天栋。托身莽莽此乾坤,把袂楼头与细论。休夸行箧诗千首,且尽当筵酒一尊。"梅屋得诗甚喜。闻观察吴晓帆乞师于西人,已有成议,绅士愿酬西人军饷三十万,英、法将拨劲卒二千、兵舶二艘,往松江游驶,以备不虞,如此沪城似可安堵。夫西人通商于此,几二十年矣,并无功德于民,而沪民与之耦居无猜,颇无嫌隙。今有急而求之,又酬以糈饷,讵有不肯从事者?况其货物、房屋、妻孥、老稚悉在于此,理应自卫。保民之说,特佯为好看语耳。

八日壬申

清晨,何梅屋来访,言意将迁于江湾镇,今日拟雇车往看新屋。余力阻其行,谓:"迁乡未有不后悔者。贼至先及于难,一也。土匪窃发,劫其不备,二也。今正在农时,而被贼窜扰,人心皇皇无主,木棉 稻,必不能尽力布插。且近沪农民所恃,以布为生,今布贱无售者,何以糊口? 嗷嗷待哺,必至并家而食,同归于尽,三也。有三害而无一利,何必劳往返耶!"梅屋唯唯曰:"若然,徙往金山之洙泾镇,可否?"余谓:"此时云间宁谧,(株)〔洙〕泾似可居。万一贼踪日逼,弹丸之镇,能保其不至? 此时呼吸难通,欲援无术矣。"梅屋曰:"然则何适而可?"余言:"以鄙见,不如暂借洋泾浜为延喘地。"须臾,孔 斋至,言环马场侧有屋可赁。因同往一观,则窗明几净,殊觉不俗。梅屋迁居之意,亦似定矣。同诣挹清楼啜茗,吴沐庵、汪小云亦从城中出来合并。茶罢,偕入北门诣酒垆小饮,余为沽肴数品,亦堪下箸。是日,延吴绣谷诊老母疾。老母患腰背牵痛,彻夜不寐。绣谷谓因走路劳顿,血凝气滞之故。

九日癸酉   晴

饭罢入城,往群玉楼啜茗,则梅屋、沐庵皆未至。因往东门访潘研耕,知其家近亦将徙居乡村矣。数语而别,仍往茗寮,则沐庵、梅屋、寿同皆在。余言:"吴观察既能乞师西人,防守各城,并设戍于宁波会馆、渔姬墩数处,虑可谓周密矣。然何不溯江而上,履金陵之巢窟? 此围魏救赵之法也。拘守一隅,何济于事?"梅屋云:"闻已与西人商之矣。"余谓:"以鄙见度之,此请决不能谐。西国公使,虽曰全权,然事事必奏明其国主。今全师而出,将有事于北方也。讵有析津之大局未定,而即肯撤此兵为东南保障乎? 其待中国,无如是之厚也。西人素桀黠,方将乘我之危,以济其私。救灾恤邻之谊,非所望于今日矣。其防护上海者,以寇自外来,不得不自备,岂真保我黎民乎!今督抚大员百计营求,适为其所笑耳。呜呼!我国家养士数百年,设团募勇者十馀载,而未能平一贼。至此溃败糜烂之时,乃欲借重于西人,可谓颜之厚矣。"茶寮茗罢,梅屋欲往观云间姐妹花,遂拉沐庵同去。既至,则姐妹往游西园未归,败兴而返。闻常州已于初六日陷,贼诛戮甚惨,近城村里焚洗一空。因官去后,民自为守者六日,贼故衔之次骨耳。何根云制军桂清于初一日夺门斩关以出,绅士民贾环跪吁留者无数。何公命亲丁将枪杆向众乱击,一时伤重立毙者十一人,被伤者百馀人。管敬伯宴前掣其舆曰:"大人一去,此城已矣。"忽舆旁一人,以刀背斫其首,流血被面,昏绝于地,何公不顾而去。于是知府平月峰翰及局总赵伯瓯,阳湖、武进二邑宰,皆相继遁,城为之空。赵君为民锄死,平君为民迫索四百金赎命,亦快事也。闻和春用火枪自弹死,张殿臣国梁在大港自缢身死。入踞常州者,为伪忠王李秀成。贼以虏劫为事,毫无人理。我民何辜,遭此荼毒也!

十日甲戌

伟烈君从杭州回,言杭州风景极为凄寂,西湖庄墅尚未毁,而昭庆寺以往,悉颓垣焦土矣。闻常州陷后,贼势鸱张,已围锡山。张玉良不能抵御,兵勇四溃。贼连营慧泉山,官军退驻浒关。噫!大事去矣,东南半壁从此已矣!苏城外观虽壮,而根土浅薄,人情懦葸,断不能守。余酒酣耳热,击碎唾壶,颇怀故国之忧。贼果至此,当学鲁仲连蹈海而死耳,何忍与贼俱生也。

十有一日乙亥　　晴

鹤警日迫,心绪殊为恶劣,吾辈未知何处得死所耳。饭后,钱寿同仓皇来访,谓黄松龄眷属,已从吴门避难至此,屋小殊难同居,意将觅屋徙家。余与之往觅，皆不当意，因送至城门而别。薄暮，访孙澄之，坐谈良久。澄之谓："此间或可无虞。"余曰："以鄙见度之，贼有三不来。江、浙两省被陷几半，僻路通衢，贼踪四处可达，其所欲窜之地甚多。上海虽素称富饶，而有西人处此贸易，虎视雄踞，知必不容其突来。则贼之意中，必待事局大定之后，然后传檄下此一隅，现在或不骤至，一也。自今春以来，霖雨连绵，我兵皆不战窜走，从未稍为抵御。以武康、孝丰之险，未知设守，他可知矣。闽广川召之勇，虽素号敢战，然怯于公斗而勇于私掠，其黠者与贼为表里，甚或为贼前驱。南方所募之兵，皆诈懦不可用，饱饭嗜烟是所长，望见贼影即走，不知所之。是以贼至无不胜，攻无不取，沿途裹胁更多。又有土匪为之内应，坚城名邑唾手即得，曾无以尺矢相加遗，从贼之胆愈张，为贼之志益固。即有一二乡团死与贼抗，而不明纪律，不谙步伐，既无火器，又无利械，不足以挫贼之锋。若西人兵虽少，而争先枪炮之精，可恃无恐，贼素所严惮。乌合虽众，一败之后，势必立时涣散。量敌而进，知难而退，贼中岂曰无人。其不来，二也。贼与西人战，胜败皆不可。胜则西人必出死力助官军，以图报复；败则贼兵百战之锋，自此而挫，而与西人反有不和之实，又增一敌。虽愚者亦不出此也。况去岁金陵之役，贼已深知其猛悍，则今日决不孟浪为此一举。其不来，三也。"顺道往访沈觉斋，拉之至黄垆沽饮，三爵之后，已觉醺然。归来头胀如劈，遍体如火，知将病矣。夜，转侧不得寐。

十有二日丙子

病甚，茶水皆不能沾唇。吴子登来，谈数语即去。

十有三日丁丑

病热甚，彻夜不得寐。唇燥齿干，精神痿顿。闻无锡已于十一日失守,张玉良兵溃于浒关。吴门六门皆闭,巡抚下令:毋得纳溃卒。藩使蔡映年以饷银二十万寄贮浙库,其入私囊者悉运于船以待逸。城外难民四集,如蜂屯蚁聚。浒关以外,惨掠不堪复问。噫!吾吴危矣!病呓中为之惊醒。吴民素茗弱,佻而无勇,如妇人孺子,闻贼名则缩颈而股栗,今目击此大变,自经沟渎者不知凡几矣。呜呼!至今日兵骄将惰、民穷饷匮、文武恬嬉、上下因循,虽有善者,亦无如之何已!

十有四日戊寅

清晨,壬叔乘舆款关至。晶顶貂尾,焕然改观。急蹴予起曰:"吾与足下且成此大功!"余瞿然曰:"瀚甚矣惫,万不能起,所谓大功者何?"壬叔曰:"苏城现将被围,徐巡抚欲向西人乞师,以拯数百万生灵于贼手。事若成,真莫大功德。"余曰:"此事宜与吴观察偕见英公使,弟人微言轻,万不能助一臂。足下怀中可有抚军文移致英、法二公使者乎?"壬叔曰:"无之。"余曰:"若然,则事不得谐。盍访孝拱,与之谋?"言时春甫至,曰:"苏城已陷贼矣。"余惊骇甚,曰:"何由知之甚速?"曰:"席华峰遣使至苏,于娄门外见火光烛天;再进,遥望城堞上多树黄旐,往来兵勇皆裹白布于首。惧不敢入而返。"余拍案履杯,仰天狂叫,病魔顿为退舍。壬叔曰:"此消息恐未确。昨见吴观察云:苏城有生力军万馀,藩库存银九十万,兵饷俱足,尽可坚守。又得民团勠力从事,何患贼为?"壬叔遂往访孝拱,而余竟昏然睡矣。

十有五日己卯

病体稍痊。壬叔来,言:"孝拱亦云无抚军文移,事恐不得当。现渠先往为说客,而余已致书君青先生索取文移矣。吾观借师之说,或可成。吴晓帆已屡与英公使言之,许以何宫保来,兵行即发矣。今闻何宫保在刘河，其来甚易，英公使或不食言也。”余谓：
“是事关系甚钜，公使亦不得独断。且额罗金未来，岂容轻许。彼
将有事于北方，而遑勤远略乎？况英制，武臣为重。彼之将帅，奉
命而来，为战析津，非为保苏城也。以鄙见揆之，虽何宫保来，借师
之说，决不能行。”

十有六日庚辰

晨，钱寿同来询疾，以余患腰痛，裹杜仲四五钱相饷，谓以此与
菽乳向饭甑上煮，即可止痛，此仙家秘方也。午后，吴沐庵来访，剧
谈良久始去。闻苏城确系失守。初三日，关外溃兵无数，关吏不能
稽诘。初四遂附于城。故徐抚军有焚屋之举，赤焰亘十馀里，一城
菁华顿为消竭。三尺童子知其必蹶矣。城中民团约二万人，新募
之勇，皆不可用。十二日，统帅张璧田玉良自锡山遁归，以令箭呼
城门启，众遂入。入城，即于卧龙街左右焚掠，民众奔避，不及扑
救。时事起仓猝，民团不能抵御，衢市间尸相枕籍。溃兵即闯入抚
军署，署中火起，抚军被戕，夫人公子投池死，全家七口皆殉难。藩
使蔡小渔映斗、署臬使朱笑沤钧、知府何萃斋以及邑令，皆仓皇夺门
而遁。贼目伪忠王李秀成为溃兵迎入，于是下伪令搜民，淫掠屠戮
之惨，亘古未闻。吾民何辜，罹此巨劫！闻其中捻匪居十之八，长
毛之势焰稍衰。然捻匪尤无人理，男女亦设有专馆，按册给牌，稽查
綦密。此间探信者，皆仅至城外而已。徐君青先生平日虚怀下询，
延访维殷，温厚朴诚，待人无贰。然其才仅可敷饰隆平，铺张休美，
为近代纯臣。不幸值世之穷，无所措手。其全家俱在署中者，盖誓
以一死报国矣。论者当谅其志，悲其遇焉。闻何宫保从刘河至此。

十有七日辛巳

薄暮，潘恂如偕钱寿同来访，邀往酒垆沽饮，余并招孔　斋同

来。所煮肴馔，味甚适口。恂如小病初痊，馋甚，得此可解老饕矣。是日，接得郭友松福衡手札，忠义激烈，肝胆轮囷，意谓贼若至云间一寸地，必当一死以报国。其语出自血诚，非以此为沽名地者。我友朋中得此一人，可以为吾党光矣。其札全录于此，千秋万岁之后，见之者犹可奋起也。

　　别来旬馀，月珰载更，屡欲走函，一问起居。缘贱内病体日增，是以未遑作札。今事势竟至于此，搥胸顿足，长号再三。又闻诸大帅殉节之惨，几欲刎颈从之。衡素无他好，唯君亲大义，平日辨之甚明，当事赴之甚勇。眼前松城纷纷迁徙，十室九空。衡家无馀资，并无他累，不妨同病妻一棹来沪，与吾兄共为壁上观。既未仕于本朝，则天地间贤人隐世外逍遥，自无不可。然而衡不肯为此矣。此次光景，非寻常可比，全省皆陷，若去松江，此后永无返日。承先皇二百馀年养士之恩，吾祖宗食毛践土，今乃去，仅全身，永辞邱陇，言之酸鼻，思之刺心。所以衡家一物不动，并老妻之病置于度外矣。孟子云：‘可以死，可以无死，死伤勇。’又言：‘颜子之乐，同于禹、稷之忧。’古人如管幼安之辽东避地，庾兰成之屈身北朝，则衡于此时，似可取法。然亦思汉之龚胜，宋之郑思肖、谢皋羽，元之蔡子和、王彝辈，伊何人哉？天下成仁取义之事，止转念误之。食肉者既不能谋，而有志之士，又皆避而不出，节义之实，于何仔肩。且今之时，又未必不可为也。诚能于常、丹之间，再得不怕死文官一员、死士数百，以为后继。否则诸大帅得生力军一枝，未知虚实，可如董卓之用凉州士卒，声称多兵，更番迭进，则贼必夺气，而苏城之兵亦必得势。至于粮饷，则传闻王方伯曾赢银在苏，断无见此而靳与之理。危事不齿，今日是也。衡何人？然胸中一点忠愤之气，不能不一宣耳。又，上帝好生，今丹、常死者，不下三十馀万，苏、松其后事也。衡所以不避迂愚之名，冒昧之罪，而敢与吾兄商之者：一则同为上帝所生之人，何忍使苏、松十三郡之生灵尽遭涂炭；二则国家养士，首重胶庠，报我君者，正在此日；三则苏城为吾兄桑梓，若得安全，尸祝不替，而徐抚军又有书于吾兄，亦一知己，今日聊以分忧，犹衡之有小湖老师在苏也；四则全省已去，何地可为大清之民、可食大清之粟，腆颜人世，势必为人视如丧家之狗，而书生笔研，亦从此无活计可想。不及航海而北者，唯有一死，且今之富贵倍我、学问倍我、闻望倍我者，皆已殉难，独何颜于世偷活耶？衡素志已决，人之将死，其言也善。伏望吾兄以此函达之于西士艾君，俾知云间郭福衡者，非贪生恶死、不学无术之流，则艾君枉顾之意，亦不可谓无知人之明矣。道路传闻，薛抚军时至沪。又闻徐抚军有书于墨海。又闻吴道宪已让税乞师援苏。两抚军一至、一以书来，亦是此意，未知确否？如此举能行，在英国救灾恤邻，上体上帝之仁心，下收士民之倾戴，不必与加特力教等争胜，而自无不趋如流水矣。衡主见坚决，若苏、松无恙，则衡亦无恙；若所居之地已属他有，衡当先杀内子，自经于明伦堂上，来生再与吾兄相见矣。仓皇急遽，心乱如麻，衡之用心，何致惨死。今松城一切不议，但计逃窜。其不去者，思苏郡之兵扼其前，尚可无事耳。然苏郡虽有兵，而知无后继，势必涣散。故松江可不守也，亦不能守。守松江，先扼苏郡，乃第一要着。苏城失而松江能安者，未之有也。衡虽三尺微命，窃愿学申胥之哭、霄云之涕，以为艾君之本国，一时虽不能得师，而数百之众，直达苏城，器械之精，兵卒之用命，久为我军称羡，及贼所畏慑。今若无故，正如萧摩诃所云：为国为民，今日之事，兼为妻子者相反。是以愤切倍常，语无伦次，唯大雅裁夺。倘能哀衡之志，聊进一言，纵事不得，九京之下，亦以为快耳。郭福衡再拜上。

作是札时，苏城尚未陷，故其言如此。乞师之说，不独西国教士无能为役，即公使亦尚当禀命其国主也。古之忠臣烈士，有城陷骂贼而死者，有国亡君殉而死者，亦各行其志可也。

十有八日壬午　　　晴

饭后，袁伯襄、吴沐庵、查滋泉来访，同往茶寮啜茗。伯襄从常州至，言乡村被戮之惨，耳不忍闻。即窜身麦田邱陇者，皆不得免。闻昆山官去城空，城门不闭，居民唯极贫者数十家在焉。由此观之，平日之筹守御、利器械、备糗粮，城高池深，似可作缓急之用者，今皆委而去之，则何益哉？时事至此，真可为痛哭流涕者也。又闻苏城外数大镇，如唯亭、木渎、黄岱、甪直，皆为溃兵焚掠。甪直，我桑梓乡也，先人之邱陇在焉。今亦罹此惨变，而我在此，亦不能展一筹，令免斯难，窃自愧焉。四镇中，唯甪直仅至溃兵，贼踪尚未及。镇之西南，已被劫掠。幸乡民死斗，杀毙溃兵六十三人，馀众惊走。现石桥皆已毁去，日夜讥察以防非常。贼至唯亭，唯亭聚数十村之民众与贼抗，四战三北，不支而溃。贼遂纵火恣烧，长驱而进。木渎离苏尤近，贼已数至，焚戮无遗。呜呼！此真千古未有之奇变也。

十有九日癸未

饭后，钱莲溪从云间来，周韵兰与之偕至。韵兰能画，出自写《九峰三泖图》乞题。吾吴全省几陷，独此一隅尚未被兵燹。现闻有英法兵为之防堵，官民尚相安。米石甚贱，食不忧缺，庶几可保乎。我他时当买山为小隐矣。莲溪以画扇为赠,韵兰亦以纨扇二柄、画幅三纸相贻。受之滋愧已。同往挹清茶寮,剧谈良久。莲溪言:"阿珍已迁于圆泖,临行殊念君也。君曾约秋风起后,当再来吃莼羹鲈脍。现世变如此,不知此时能践斯言否?"把杯欷歔,不觉悲从中来矣。

二十日甲申

午刻,薄具肴核,沽酒四斗,邀莲溪小饮。沈子新、周韵兰、藩恂如皆同席。酒间甚乐,余慨然曰:"郭君不来,殊令人不欢。我有复书二函,烦钱君致之。暂至此间,亦可与友朋数日聚首。果其大事决裂,死亦未晚。云间、沪上,皆我大清尺土也。郭君既抗节死,断无人谓死非其地者。余当为之收其骨,树一碣于墓曰:"清故忠烈贞士郭君之墓。"且云间城陷,仓猝自殉,人以为避贼不及而然耳。何如在此间从容就义之为更美乎?呜呼!郭君一诸生耳,尚立志死难如此,足以愧今之为人臣者矣。使守土之吏,皆如郭君,则其下必有激发忠义、效死勿去者,贼当不猖獗至此。请与诸君各浮一大白,以决郭君之必能死也"。莲溪曰:"友松志决矣!家中几案物件,尽售于人,日着短褐,佯狂市上,有时或歌、或哭。市人皆哗呼为'狂生'。即松之士人,亦非笑之,无有知其心者。呜呼!今人皆以'明哲保身'四字为借口,不识节义为何物,无怪其不知郭君也!"薄暮,往外散步,得见莲溪。余曰:"君尚未去耶?"曰:"航帆不开,奈何!"乃与薛静渊乔梓同诣酒楼,煮酒痛饮。是夕热甚。

二十一日乙酉

晨,候莲溪不来,入城访李壬叔,则寓斋清寂,迥异昔时。梁阆斋亦在,因同至方鹤楼吃鸡肉饺,殊不恶。散步诣西园啜茗,茶寮中阒无人焉,喧寂不同,今昔顿异。直是不堪回首矣。茗尽七碗,襟怀作恶,惘惘而别。午后,偕吴沐庵、屠新之、蒋萃钦往道署访袁伯襄,则无锡何菊邨、湖州谈厚甫皆在伯襄斋中,因共纵谈。余曰:"何宫保至此已数日矣,乞师有成议否?恐受西人辱耳。"伯襄曰:"闻法已允,而英尚未报命也。"薄暮,往酒垆轰饮。

二十二日丙戌　　　晨,微雨。下午,晴

入城,往西园散步,于九曲桥遇吴沐庵、蒋小帆、谢梅生,拉往酒垆,作三爵饮。梅生系沐庵表弟,近从常城逸出者。人尚恂谨,宜其不及于难也。酒甫热,沐庵以他事被友招去,饮殊不畅。闻梅屋去洙溪,以此为安土,不复再来。殊可诧也。

二十三日丁亥

饭罢,袁伯襄、何菊邨、谈厚甫、吴沐庵来访,同往挹清楼啜茗。言嘉兴贼围甚急,杭州邮信不通。贼复陷长兴,武康、德清相继失守,贼可谓能窜矣。茶罢,诣酒楼小饮,李壬叔、孔　斋皆来合并。三爵之后,颇觉微醺。景阳肴馔,胜于万福一倍矣。暮,微雨。闻西人将作小北门,现已具畚揭从事。此志法兰西人已蓄之久矣,今特乘我危急而为之。明知吴观察用其兵,决不能拒其所请,有挟而求,要以必从,狡谋略见一端矣。或谓其入城之路,取乎径直,则所乘马车自北至南,并无阻碍。或谓取其便捷,或谓城外隙地,皆其所售,将尽筑房屋以成一大阛阓,另辟一城门,则来者更众。呜呼!鬼蜮之心,乌能测度耶?

二十四日戊子

薄暮,梁闻斋来,同往东关外访玉裁轩。裁轩现作舟居,甚苦岑寂,相见极为欢然。并出王佛云来书相示。佛云略言:近办乡团,永昌徐子蓬昆仲不惜毁家纾难,现遣其仆沈坤至此购火器。因代裁轩作一复函而别,往天后宫观难民。哀鸿嗷嗷,见之泣下。询

之，皆系金陵人为多。海上弹丸地，奔投趋避于此者，实繁有徒。草屋不能容，则皆露处于外。噫！近日新关税务大减，仅若昔时十之一。各捐局绝无进项，不日尽将停闭。辅元堂存款无多，诸富户皆避往乡间，则此千百难民何从供给，势恐不继。安得广厦千万间，尽庇之作欢颜乎！夜，访祝桐君闲话。

二十五日己丑

饭罢，祝桐君之孙安甫来，言陈子靖从太湖遁至此，云："癸甫已陷贼中，生死未卜。"惊骇殊出意外。闻癸甫久在吴门，抚军、藩、臬皆倚之为手臂，凡有大事，无不预谋，而未闻建一议、画一策，足为斯民保障者。想值时世之穷，虽有经济，亦无从施耶！顾预其利者，必同其害；与其陷贼而亡，毋宁殉难而死耳。葵能卫足，曾癸甫之智而不免于难乎？薄暮，管子骏自常州回，来访，孔□斋亦同至。子骏言：入险出险，幸得生还。脱虎口而至乐郊，人皆额手相庆。贼因常民之自为守也，几至屠城。凡小孩自二岁以上者悉歼之，壮者多裹胁而去，港中尸骸残形断手足者蔽流而下，水为之赭。绕道至常熟，因江阴失陷，此路已不可行矣。太仓、嘉定城中，皆虚无人，睹斯风景，可为三叹。数语后，同往勾栏访艳。彩云校书一月不见，顿长几许矣。鸨母供枇杷，设片芥，意甚殷勤。枇杷味甚酸，因思此品产于吾吴之洞庭山，今想已为贼窟，不得至此。食之颇不能下咽。别后，枉道访孝拱不值。继访桐君，言癸甫已从贼中至此，身幸无恙，而其子及婿陷贼不可出。现托人欲购烟土数十两赎之，不知得归否也？癸甫之得间道脱归，虽系贼疏于防范，盖亦由天幸焉。贼斫不死神扶持，冥冥中自有佑之者。闻此消息，惊定而喜。

二十六日庚寅

晨，同春甫往桐君寓斋，访周癸甫，不值。午刻，癸甫来访，剧谈贼中情事。云拘留于贼馆者二日夜,后贼目病,遣往城外,且戒之曰:"汝一人且往,逃则杀无赦。"因得乘间而逸。余曰:"苏城未陷之前,闻足下在城募勇筹防守事,有之否?"羧甫曰:"弟募勇往援常州,徐抚军已为专折奏闻。奈集事已晚,十一日募勇得一千五百人,尚未给腰牌;十二日于藩库领银五千两,步伐未定,而事起仓猝,兵勇尽散,所不去者仅三百人。谕之曰:"众寡不敌,可各散去,毋聚而歼旃也。"所志不遂,竟成画饼,良可叹息。饭后,同羧甫往新关访孙澄之,与之偕见李泰国总司税。羧甫剧谈良久,叹其才干优敏,非凡人也。继偕澄之散步环马场,吃馒首,聊以点心。往介福,见宾朋满座,有山东史君者,拍案狂叫,大骂何根云无才无识,误国殃民,死有馀辜。继来者为常州冯艮庭、绍兴蒋鹤洲,各诉苦臆,谈辨锋起。余与澄之即辞而出,往把清楼啜茗,得晤吴沐庵。须臾,冯艮庭、方幼静皆来合并。艮庭言:"大英雄当于无可如何之时而见才,盖事势未有不可为者。"余曰:"草莽崛兴,因乱致治,非英雄则断不能为。然亦有君子在位,而不能完已隳之金瓯、扶将衰之敝局者,盖创易而守难也。大厦倾,非一木可支;黄河流,非一手可障。文天祥、史可法,其才岂后人,而竟至决裂,亦时之无如何也。"艮庭曰:"然则世何以治?"余曰:"请即以民心卜之。民心静,则天心厌乱;大劫之后,归于平淡,兵气自此而消。所以历古以来,一治一乱,迭为终始也。"既夕,孔 斋为东道主人,治肴核八簋,招往大嚼。同席羧甫、沐庵、子骏、徐仲范。仲范,金陵人。更馀而散。

二十七日辛卯

晨,访孔 斋、管子骏,送其往宁波之行。遇于酒楼,又得大嚼。余不能卯饮,三爵而止。同席吴沐庵、屠新之、何兆梅、管贻生、冯耕伯。兆梅三人,皆常城逸出者。孔 斋颇有胆识,兹奉道宪檄谕,往宁波、奉化一带招募乡勇,务选精健绝伦者。子骏能临机应变,观其出入危地,略见其智。与之偕往,或不至有失也。薄暮,遇祝桐君于道,言爰甫已去矣。并述在粤人吴姓处,见香港新闻纸,系华英字夹写者。中一条言吴观察已以上海城献于法兰西人矣。询余以此事果有诸否？余以理决之曰:"必无。特香港新闻纸不可觅致耳。顺道访孝拱,谓余曾见爰甫否？爰甫临难不死,复何颜来此地哉？徐君青厚契爰甫,深相倚畀,与之筹战守大事,谋无不行,言无不听。使爰甫果有设施,则苏城何至陷没如此之速？况君翁欲于城外筑土为长围,以为拒守,则爰甫从中力阻。君翁猝焚附城房屋,自南濠及山塘,四方腾骇,而爰甫未闻一言谏止,是非颠倒,乌能不败？爰甫欲于附城筑炮台、备木石,以为计之万全,不知既有城堞,则炮台何用？木石,守城之具耳,岂宜于战？此正坐不读书之故耳。今君翁死矣,而爰甫觍然独生,然使爰甫自知其过,以为我贫士也,谈兵说剑以干王公大人者,盖谋衣食耳。一举偾事,则从此卷舌绝口,不复谈天下事,是亦可耳。我又何必深责之。乃爰甫复诿过于人,而置己于局外,是诚何心？呜呼！平日之从容论治,慷慨言兵,以经济自负者,其才略果何如耶？今而后,吾知爰甫矣。"孝拱又言:"何根云深衔爰甫,欲与之为难,借苏城之陷以杀之。昨出谕单,目之为逆生周腾虎,盖欲得而甘心焉。"呜呼！以齐伐燕,又何异以燕伐燕乎？

二十八日壬辰

晨,同应兰皋至魏肯堂处,不值。午后,至茶寮啜茗,得遇沐庵、滋泉、新之、小帆。与沐庵偕来者,何兆梅、管贻生、庄咸子、冯耕伯,团坐剧谈。茗罢,往酒垆小饮,聊食汤饼,以供一饱。薄暮,至应雨耕斋中,特呼看核数簋煮酒话旧,颇足消忧。闻昆山陷贼,城中火焰突起。嘻！贼至江南，如入无人境，伊谁之责哉？昆城于二十五日失守。

二十九日癸巳

闻嘉兴失守，烟焰腾空，烛及数十里，凡烧三日夜，繁华街市，尽成瓦砾。平湖、嘉善，相继沦没。暮，饭于应雨耕斋中，有嘉馔。饭罢，天尚未黑，走访孝拱，剧谈良久。是日，有蒋小云者，闯至道署，为贼作说。顷刻间，殊身首。闻蒋小云系钱唐人，素游幕。苏城陷后从贼。兹奉贼命来此，佯欲为苏城内应，其意在播煽民心也。以乡谊，呼道宪为老丈，且曰："人言沪城防堵甚密，以我观之，不值一笑。闻夷兵欲出援苏，何久不行？乞师宜速，迟则吾见其败矣。"身有贼护照，系黄绫，盖以太平天国印。蒋可谓妄人也矣，不杀何为！其舟泊在东关外，舟中无一物。或云蒋，一姓姜，字小汀。

五　月

初一日甲午

饭罢后，袁伯襄、钱寿同、吴沐庵来访，同往挹清楼啜茗。言太仓已陷贼，嘉定民甚惊惶。邑令先行奔避，城中兵勇合计仅四百人。有守备某者，颇有胆略，率之出城拒贼。告民曰："贼来者，止三百馀人，可易剿也，汝等勿忧。今以兵为先，勇次之，汝等在后鼓噪，以壮声势。"一战而胜，城赖以保。富室秦氏出四十万金，募勇杀贼，民气为之一振。又闻江阴为常熟义民头目黄姓收复，何督立赏以五品衔，以示奖励。常州亦有恢复之信。近廷寄已到，曾国藩为两江总督，何桂清革职。不知以后夷务何人办理？伯襄云："薛抚军率海勇二百人往嘉定防守，并乞西人劲兵五十人为前茅。"茗罢,往酒楼小饮,肴馔数簋,聊以下酒。饮兴弗豪,仅罄三壶。夕阳西坠,送之至西园而返。

初二日乙未

壬叔来,剧谈。公执从太湖西塘避难至此,前来访余,相见欢然,执手道故,有如死生隔世。数月不见,容颜已觉苍老。杜诗:"所亲惊老瘦,辛苦贼中来。"愈觉言情真切矣。清坐久之,雨作,檐溜大注,雷声颇震。公执俟雨过乘舆而去。公执言:臬使朱钧被难甚惨,出至市廛,为贼斫头颇不死。二卒挟之至署,贼已满,见官来,争刺之。亲役中有忠义者,为瘗其尸焉。朱,嘉兴人,徐,湖州人,皆殉难,于浙有光矣。夜,留壬叔饭,沽酒市脯,聊以下箸。阆斋亦来合并。酒间,讥诃壬叔,几至攘臂,不欢以散。前记朱臬使随众出城者,盖系传闻失实耳。

初三日丙申　　晨,雨。午,晴

应兰皋来,闻乍浦失陷,其地满人室眷多寄住焉,恐遭此劫,不复全矣。海宁为贼攻破。贼由硖川一带趋杭,闻杭城大兵云集,张玉良招抚溃卒二万人驻扎城外,以为声援。薄暮,微雨

初四日丁酉

晚,应兰皋来访,同诣魏肯堂处。兰皋得其酬仪二十金,甚薄,不足以惬意。是日,兰皋以米五斗、薪十五束相馈,受之滋愧。夕阳在山,晚风多凉,同阆斋散步环马场,见金陵难民络绎而至,鸠形鹄面,殊不忍睹。往斗室中,吸片芥。既罢,至湢室浴于温泉,甚畅。

初五日戊戌

闻贼逼嘉定、南翔,迁徙者纷然一空。薄暮,壬叔来,同入城散步,得遇吴沐庵、钱寿同,偕往茶寮啜茗。沐庵谓:天下利之所在,众必争趋。顾有利必有弊,其后终至失利而止。扬州盐务甲天下,

商吏无有不致富者。穷奢殚欲，卒至亏空累千万，曾宾谷而后，萧索不可为矣。河工岁费浩繁，官吏侵渔，薪土之价，岁至数百万，得在工所效力者，无不囊橐立肥。声色之娱，宴会之侈，宇内罕有，而至今亦一败而不可收拾①。

初六日己亥　　晴

晨至木安寓斋同往访袁伯襄，坐谈良久。伯襄谓："当今须智谋之士，起义师以杀贼，解民倒悬。阁下以有为之才，当得为之时，何不募众集事，建此殊勋？"余以人易集、饷难筹为虑。伯襄曰："郁君泰峰颇有毁家纾难之心，今灾深刻骨，势处剥肤，有财适为身累耳。阁下与彼有相知之雅，何不一往说之？今得二万金，即可成事。义旗所指，民当壶浆箪食以迎。然后联结民团，翼助官军，胜败不动，进退在我，亦可独树一帜矣。"午刻，伯襄邀往酒垆小饮，城中唯此一酒楼，烹饪之佳否，已不暇问，聊解老饕而已。谈厚甫来，已晚，仅馨酒数爵。酒罢往游西园，同薛静渊乔梓啜茗，吴沐庵亦来。时夕阳将西，游人已稀，余亦欲归。沐庵曰："盍往东关访公执何如？"公执舟泊于水神阁畔，既见舟子，知公执往茶寮去矣。寻踪而往，则公执已于于而来。同登茗楼小啜，方幼静、姚彦嘉、冯艮庭皆来合并，座上谈辨锋起。公执曰："幼静博综宏通，深沉有远虑，若学识优长，策议精到，则王君亦屈一指焉。"茶罢，同彦嘉、艮庭至祝桐君斋中，弢甫匆遽而至云："薛抚军兵败于嘉定，退驻南翔，贼踪已逼，今夕此间恐不保矣。"予曰："贼知上海为西人通商重地，必不骤来。定当函商各国公使，然后进兵。轻于尝试，以增一敌，贼所不为也。"桐君曰："此乌合之众，岂知远虑！彼艳洋泾浜之多财，一掳

---

① 原稿后空三行。

以饱其欲，事未可知。待西人集兵复仇，而彼已各鸟兽散矣。其奈
之何？"予曰："以其能守江宁观之，虽无纪律，尚谓善兵。贼中或未
必无人也。以鄙见度之，可保其一月不来。"桐君与骎甫皆未深信。
是夕，饭于桐君寓斋。邵阳魏盘仲来访。盘仲自吴门避难来此。

七日庚子

晨，同壬叔访骎甫，不值。薄暮，散步坏马场，偕梁阆斋往小室
中，作供养烟云计。夕，微雨。至壬叔寓斋，得见金听秋。剪灯窗
底，读其申江杂诗三十首，感慨时事，悲唶遥深。听秋，名浚，台州
人。诗、书、昼三绝，真妙手也。

八日辛丑

午时，饭罢，周公执来访，坐谈良久。同往访孝拱，魏盘仲、赵
伟甫皆在，偕诣茶寮小啜。坐甫定，金瑞甫来，言自常州城中逸出。
缕诉贼中情事，投河欲殉者三，皆为贼所救。幸得脱虎口，洵乎死
生有命矣。瑞甫曰："贼至常，杀戮甚惨，妇女死者殊众。"敬甫、公
执皆泣，哽咽不成声。敬甫，即伟甫之兄。皆年少美才，以经济文
章自负者。暮，微雨。

九日壬寅

吴沐庵、袁伯襄来访，不值。同壬叔访孝拱，盘仲亦出见。坐
谈良久始别。薄暮，偕壬叔、听秋、沐庵西园啜茗，潘益斋亦来合
并。夕阳将落，凉风飒至。客散人归，殊为寥寂。凭阁眺之，心境
顿爽。益斋，绍兴人，道署中委员也。

十日癸卯

闻官军克复嘉定，贼狂奔尽气，悉委器械而走。太仓之贼亦自
窜，想因常州有兵进攻，故撤而自救也。薄暮，散步环马场，得遇周
公执，同往访孝拱。时孝拱有事未了，入闱久不出。坐待啜茗，殊

有宾主相忘意。孝拱既出,曰:"英署有公事殊急,不得不了。"余曰:"足下析津之行,果乎?"孝拱曰:"意甚不欲去,而弗能果辞也。"因嘱厨人煮酒加肴,所烹鸭甜烂可食,煮以瓦缶,殊有真味。唯酒色浓味烈,迥不逮从前矣。同席魏盘仲、周功甫。须臾,蔡雨春亦来。饭罢,踏月江浒,送公执归舟。

十有八日辛亥①

晨,行抵龙华镇,泊舟小住。艾、杨二君及他西士,皆舍舟登陆,步行回沪。余与尤五诣茗寮小啜。茗罢,散步寺中,唤僧启塔直跻其巅,目及十馀里外。壁上蜿蜒皆西字。龙华为由松至沪扼要之所,设戍百人,就桥筑土垒,有大炮二。游罢,往寻船,已解缆去矣,乃附他舟以归。抵董家渡,日正午。至家,知老母以下皆无恙。友朋来访,新异者踵至。饭后,偕钱君寿同入城,诣乐茗轩小憩。袁伯襄、谢梅生、蒋小帆、查滋泉皆在,因往酒垆酤饮,吴沐庵亦来合并,询以游吴诸异闻。薄暮,游张家别墅,花石幽峭,颇可盘桓。孙澄之、李壬叔来访。

十有九日壬子

闻周九如从吴村避难来此,僦居环马场侧,因至其寓斋访焉。相见各道离乱之苦,其妹倩朱雨梅亦偕来者。旅居不易,升平未知何日,因此愁苦之容可掬。吴沐庵出城来访,同诣挹清楼啜茶,待何兆梅久不至。饭于祝桐君寓斋。午饭罢,往访应雨耕,同沽醉于酒垆,肴核殊多,腹觉果然。暮,作微雨。

二十日癸丑

晨,同壬叔赴发甫约,先诣挹清楼啜茗。坐久之,公执亦至,

偕往酒家小饮。同席方幼静、冯艮庭承熙、庄咸子、李壬叔、周氏昆季,肴炙纷陈,酒馨无算爵,此乐殊畅。𬀩甫为东道主人。酒罢,出门忽遇沐庵、伯襄、寿同,仍招入黄垆洗盏更酌。是日,可谓大嚼矣。袁君于城外将觅数椽屋为避寇计,遍求不得,废然而返。余亦即入城,啜茗于福泉楼。应雨耕、李壬叔皆在,又得纵谈。暮,访魏盘仲彦,与之话贼中情事。知湖南人伍姓者,身虽作贼,心未忘君,颇肯作内应。惜以机事不成而止。夜,饭于桐君寓舍。𬀩甫来言,有巢湖船数十艘,自吴淞驶至,人心殊惶惶也。

二十一日甲寅

蒋式之、周九如来观印车,叹其机巧。暮,公执来,候春甫邀往酒楼酤饮。𬀩甫及艮庭、咸子皆来,酒馔并佳。

二十二日乙卯

沐庵来,即去。祥泰船从平望镇回,言嘉兴、震泽民与贼战。

二十三日丙辰　　雨

闭户不出。

二十四日丁巳

吴沐庵来,同往桐君寓舍,得见公执、𬀩甫,剧谈良久。桐君从𬀩甫言,将挈家远徙崇明,已欲束装启行矣。余谓:"崇明孤悬海外,虽非贼所必争,而贼若据刘河、守福山、得宝山,以扼吴淞,则崇将自危,能出而不能入。以目前论之,遵海而处,暂避贼锋,亦为下策,然断不可久居也。"往抱清楼啜茗,庄咸子、蒋小帆皆在。须臾,何兆梅至,言孔　斋、管子骏已从四明募勇回。沐庵闻言喜跃,亟与往访。得见　斋,邀至酒楼小饮。　斋抵掌大言,谓所募三百馀人,皆精健绝伦,跳荡敢战,矛棍技能,矫绝无比。余问:"是中孰为领队者?"沐庵曰:"领队必须观察拨放。"闻吴菊青将为之。　斋毅然曰:"菊青,书生耳,岂解事? 若来,当手刃之。"噫!　斋其将偾事矣! 酒将半,子骏亦至,数语遽别。午后,诣道署,菊青、伯襄方筹妥置兵勇之法。出城已暮,路逢蒋式之,言吴村于十三日被贼蹂躏,杀戮甚惨。滕村、陶浜亦同时被难,竹林为贼裹胁而去。甫里于十九日亦遭焚掠,男女死者千馀人,较他处为尤惨,团结民团与之抗也。嗟乎! 吴门不守,已深故国之悲,而乡里又遭残破,亲朋戚族死丧皆不可知。闻此言,殊觉腹痛肠回。潸潸泪下,不能竟谈也。传闻常州为冯子才克复,丹阳实系未失。溧水、无锡、金坛一带,皆已联络民团进攻,贼势大衰。是说余未敢信。

二十五日戊午　　　雨

静坐小窗,将游吴目击情形,拟作方略十条,冀当事者万一之采也。

二十六日己未

二十七日庚申　　　天气躁热

饭罢,往游西园啜茗。茶寮得遇谢梅生琳,言今日吴观察将至南门外阅兵。余即触热往观,见　斋所募之勇,喧号拍张,漫无纪律,须统带者严以约束之,方可用也。顷之,袁伯襄、吴菊青皆至,余谓此勇当练而后用,教之以坐作进退之方,训之以步伐止齐之法,使耳目习于枪炮旌旗之间而不乱心志,安于斩刈杀伐之际而不慑仲□。夫子之治国有勇知方,总须三年。今以速效,宜待一月为期。若漫无尝试,鲜有不见贼而溃矣。将晚,吴观察至,按簿点卯,诸勇亦乱次以济。菊青曰:"是皆山野猛悍之农人,未识礼法,特取其作气敢战而已。若平时则行伍整肃,临阵则不战而逃,岂复可用耶?"余同屠东垣、冯艮庭绕城堞而回。凉风飒然,满襟袖间。

二十八日辛酉

薄暮,魏盘仲彦、汤衣谷裕、徐小梅来访,借说部数种去,借消旅窗之愁。同往挹清楼啜茗。

二十九日壬戌

壬叔来,同往访槃仲、衣谷,诣酒楼小饮。罄爵无算,肴亦颇堪下箸。

六 月

朔日癸亥

陡患喉痛,闭户不出。

二日甲子

三日乙丑

喉痛尚未愈。午饭罢,往访钱寿同,偕往茶寮小啜。梅生亦来合并,述宁勇颇有强悍不驯之患,现统带尚无人,而领队数人亦不知弹压也。

四日丙寅

饭罢无事,往访寿同,散步西园,领略闲趣。日将暮,恂如亦来,同诣世公酒垆小饮。

五日丁卯

晨,同恂如、春甫诣乐茗轩小啜。临窗小儿,净无纤尘。池中红藕花开,娟净可爱。静坐移时,不觉尘襟尽涤。视彼胶胶扰扰者,只为俗物可憎耳。午后,复集于此,邱表臣、钱寿同亦来合并。隔座有金陵妓,颇绰约,然与荷花斗妆,有惭色也。夜,往雨耕寓斋。

六日戊辰　　　晴

空无片云,尚不觉盛热。午后,入城访钱寿同,看屋数处,绝无幽敞数椽可以供栖迟者。继诣酒家小饮,味极醇,一举数觥。顷之,沐庵、梅生亦来合并。薄暮,颇凉爽,送我至城关而别。

七日己巳

柳溪和尚从洞庭山避难来此,前来见访,同往壬叔寓斋,清谈娓娓,竟暑忘倦。午后,严缟园上舍镇同张峄山从诸翟镇来访,偕诣茗楼小啜。述是月朔日,贼窜至此薛山,将有东下之意。近处居民惨遭焚掠,于是张峄山纠泗泾、七宝各乡镇之民,同兴义愤,与贼战于山下,歼之几尽。贼因此不敢觊觎上邑矣。县令刘君松岩喜甚,嘉其能同仇敌忾也,重以千金之赏,荣以六品之衔。是役也,众不期而集者万馀人,鼓勇争先,杀贼保境,其气诚为可用。现诸翟设有保安团局练勇设备,泗泾、七宝亦如是。所有火器药弹皆自官颁给,然贼裹胁甚多,蜂屯蚁聚,而官军后无继者,未免众寡悬殊。以故乡民皆怀疑生畏,忽而聚者,亦忽而散。深虑杀贼之后,则身家不保耳。予晓之以大义曰:"团练之法,决不可废。即古者寓兵于农之意也。贼外为仁义,内实豺狼。其遍贴伪示,诱以甘言,无非欲耸动我民耳。一入其彀中,无不身亡家丧矣。且我民田庐衣食,皆在于是,岂能舍而他去?降贼既不可,岂有坐待其来者哉?今日之民,进亦死,退亦死,与其坐而待亡,不如起而与之战,尚有一生也。"严、张等皆唯唯。既夕,留缟园饭,下榻于寓舍,谈至更馀始散。

八日庚午

晨,同严缟园至酒楼小饮。缟园量仄甚,不能容一蕉叶。酒半,缟园问以近欲办团练事,未识可否。余又竭力劝其必为。午后,钱莲溪从松江来话被难情事殊惨。松江城既瘠薄,贼扰之后,残破已极，贼故舍之而去。松人被杀者不少，妇女被奸虏者不可胜数。闻之按剑裂眦，不禁拍案狂叫也。

九日辛未

松人周韵兰在贼中得字幅甚多，言陷贼几二十日，苦不得脱。贼待之甚厚，每食必共桌，呼为"先生"。律法甚严，逃亡、窃盗，皆殊身首。韵兰救解甚多，贼颇听其言。每思官军至，得以乘间逸出。后闻有观察所募吕宋兵至，贼皆惊惶欲遁。韵兰因束装以待西兵。既夜薄城下，仅七十馀人，吹角促战，贼于是以三千人作三队，排整行伍以出。西兵亦一字排列，近则燃火发枪，贼皆从马上堕下，死者无算，全队尽溃。韵兰急负包越水而免。其所携字三幅幸无恙。索阅之，则一为东坡墨迹，一为思翁墨迹，皆赝本。唯张照所书，尚真伪参半耳。艰辛获此，不足当一噱也。

十日壬申

饭后无事，进城散步。闻宁勇颇不驯谨，观察调之南翔，逗留不进，启行三日，仍在新闸。袁伯襄亲自押带，尚不肯遵约束也。如此等勇，亦何所用？唯有斥遣之而已。或杀一警百，以严莅之亦可。

十有一日癸酉

艾君为曾寄圃与汪菊亭茶银一案，为之复覈。汪君有《沪市奇冤》之刻，艾君不解，问余曰："此理谁曲谁直，请一言以决之。"余谓："此理不足，则以词佐之耳。以余所见，直在曾而曲在汪也。"于是艾公之意乃定。暮，访应雨耕、李壬叔，闲话良久。严缟园从此新泾来，谓："乡民近日颇可用。然第一须统带得人，当择才智者为之，则众心服而群力举。诸团董思欲得陈君少逸为之。其人君识之否？"余曰："其人善刀笔者也。咸丰五年，曾与君一往访之，然未知其才也。"缟园曰："其人为乡民所服，劝捐练勇，必能奏效。

特其人现在狱中,团董曾联名具禀,请于邑令刘侯,而刘侯不许也,今非阁下不能为力耳。阁下其肯为万民请命乎?"余曰:"既事关众举,无不可行。方今当破格用人之际,上亦乐得一人委之重任也。君姑归谋诸团董,余亦乘间请于吴观察也。"

十有二日甲戌

至南门外宁会馆,访管子骏。时,子骏卧病未痊,沐庵方挥扇乘凉,闲暇无事。宁勇已调于外,留局仅数十人,因得纵谈。煮酒留饭,颇为欢洽。饭后,偕沐庵至匊青署斋,冯艮庭亦在。近日余又拟得方略十条,多及团练事宜,浼匊青呈之观察,清谈良久乃别。枉道至严缟园寓舍,谈公举陈君少逸为团练事。第来者寥寥,后以贼踪逼境,旋复散去。缟园真不能成事者也。

十有三日乙亥

艾君以伪干王洪仁玕有书来招,欲复至吴门,坚邀余去。余固辞不往,托疾以辞之。是晚解缆。余在家得以跂脚挥扇,高枕早眠,何为触热冒险至此贼窟乎?且顾名思义,断不可重往者也。

十有四日丙子

晨,子骏来访。午刻入城,至匊青署斋,剧谈竟晷。匊青年虽老而精神矍铄,谈吐生风,真老名宿也。

十有五日丁丑

赋闲无事,散步入城。见匊青、伯襄方在茶寮啜茗,遂与合并。茗间与谈,陈少逸虽系讼师,罪系囹圄,然颇为东乡众心所归。今贼势披猖,团练事急矣,苟得一胆识出众者为之训练,亦可保障一方。匊青曰:"其人苟能办事,容谋出之。"

十有六日戊寅

严缟园来,同往道署进公禀,保陈少逸也。少逸前后与余数书,谓:罪苟可赦,即当荷戈前驱,杀贼报国,以为士卒先。情词凄烈,不殊邹衍狱中上书。余即以其书呈之观察,冀其少垂怜也。

十有七日己卯

闻贼东窜,势甚炽,各团皆能用命。诸董事沈、李诸君等屡为请命,欲陈少逸出狱办团,观察已允矣,而尚未提释也。壬叔邀往酒垆小饮,浮之大白,醺然而止。

十有八日庚辰

子骏来访,同往环马场散步,见鬻骨董者甚夥,皆不识来自何处。然流民藉此得食,正不必深加穷诘。子骏性傲睨,喜论人短长。余劝以读书养性,不必为过高之谈,和悦谦冲处世所贵。子骏以为然。时宁勇易人统带,子骏故得闲。予谓:"宁勇贪狡,选兵者所摒者也。"

十有九日辛巳

贼势鸱张,竟将东犯。环马场旁皆筑木栅,颇称巩固。英领事出示安众,谓:"贼或内犯,必将轰击。"因此民心愈惧,迁徙浦东者不少。不知贼或犯境,必先踞浦东,今往,是赍之粮耳。

二十日壬午

伯襄见过意将择屋城外,而偪仄湫溢,无一当者。至挹清楼啜茗,纵谈贼中用兵,乱次以济,可胜不可败。倘西兵邀而横击之,必受大创。此来其势虽猛,然一击不胜,则翩然走耳。君城居甚安,不必避也。

二十一日癸未

同治元年（1862 年）①

四　月

二十日

抵沪,得见慕君维廉,即住黄春甫　家暂住。

二十五日

至麦领事署。从此闭置一室,经一百三十五日。

闰八月

十有一日

辰刻,麦君高温来,述麦领事盛意,令余即刻前往香港,因偕至怡和行鲁纳火轮船,英人密司悬开亦同去,待余之厚,殊可感也。是日,以未得税单,不启行,同舟者殊不少,有台州人徐云溪晓峰,原名旭,系福建汀漳龙道,由军功保举,附轮舶诣福州赴任,随行二十六人,中有江宁人范春泉祖洛,系福州县尉,其弟镜秋皆彬文尔雅。他如萧山人鲁荻洲希曾、许识斋,亦善谈,舟中得此,颇不寂寞。

---

① 原稿作"同治纪元岁次壬戌",前有小题曰"悔馀漫录"。

十有二日

巳刻启行。余此行仓卒登舟，一物未携，窘苦万状。轮船行大洋中不甚平稳，风浪恬和，颇畅眺览。

十有三日

巳抵闽界。余同舱有粤人何烟桥，亦和易。

十有四日

巳刻，抵福州，泊舟罗星塔，两岸皆山，葱蒨扑人。闽省多山，城堞皆依山而筑，惟漳州平地差多耳。

十有五日

泊舟罗星塔，福州诸物俱贱。

十有六日

辰刻启行，离福州，风急浪高，舟颇颠簸。

十有七日

巳刻，抵厦门，泊舟两时许而后行，作家书第一函。

十有八日

申刻，抵香港，即雇夫携行李至中环英华书院，见理雅各先生。是夕，与任瑞图先生同宿。

十有九日

礼拜。李星云来访，同诣其寓斋少坐。申初，诣会堂理君说法，虽操粤音，亦可解。

二十日　　晴

作书致理君，述余来粤之由。午后，屈烟山先生假予银，命购袜履，同往小楼啜茗，几案间多设饼饵，亦可食。烟翁年八十，精神矍烁，七十二岁外，连举三雄，于咸丰三年曾至上海，居于雒颉医院，与予相识。烟翁亦字昂伯，向在米怜维琳处，福音传于粤，由此老始。作家书第二函。

二十一日　　晴

黄胜兄来访，能官白，曾于癸丑年至上海，偕花旗公使往昆山，见江督怡良，所请未成。后因刘丽川之乱，旋返粤。午后，同李星云出街啜茗，黄君偕余至英华书院观活字板，规制略同墨海，惟以铜模浇字，殊捷便。书院创于道光十七年，理君入粤，盖已二十馀载矣。

二十二日　　晴

任瑞图留余饭。自烹牛脯，颇堪下箸。余来港一人未识，贸贸然至。初入门，即见屈烟翁，把臂欣然，喜旧识之可恃。蒙其导见，理君特为位置。理君仅解粤音，与余不能通一语，非屈翁几将索我于枯鱼之肆矣。初至，即赠眼镜，愧无以报。余宿则在任君斋中，食则在谢清圃家，同食者有林蓉发，从惠州博罗来此，亦会友之传福音者。闻博罗圣会始于车锦江，去年车公死，而此君为继。博罗离港四百里，今领洗者有百馀人矣。书院中圣会长老为黄木先生广徵，司理教事。梁文盛先生传述福音，黄胜兄总理印书诸务。拣字刷印之人，大略不下七八人，未暇一一询其名也。任君在理牧师处佐理笔墨，他若同会诸友，如李星云、何玉泉、张惠生，皆馆于英人公署。惠生本旧识也，于咸丰九年夏间，同公使卜鲁士、译官威玛从港抵沪，入都定约，余因应君雨耕而识之。

二十三日　　晴

独往市街访李星云，迷其处，试食鱼生粥，味甚佳。作家书第三函，托黄胜兄附轮舶递寄。

二十四日　　晴

二十五日　　晴

辰刻，同梁文盛先生往市街散步，访李星云，于寓斋闲话。

又往访张惠生冠英于西人义塾中，其费系大英国主所出，俗呼为皇家馆。午后，即同文盛惠生登楼啜茗。是日，林荣发回惠州。

二十六日　　晴

礼拜。晨访李星云，谈片时许，星芸以有事他出。午后，偕惠生往茗寮食鱼生。是夕，移宿任君之东舍，得独居一室矣。偶得五律三首，附录于此。居忧之中，安敢作诗，然以写我苦衷，不访言之凄恻也。"粗才拚潦倒，壮岁值艰辛。世乱言皆罪，涂穷迹已沦。陆机空遇谤，王粲惯居贫。海外从偷活，天将养我真。""避迹非逃世，逢人怕问名。已知成弃物，何得尚谈兵。杀贼雄心在，怀乡噩梦惊。五千馀里隔，遥望暮云横。""浮名复何益，文字竟为灾。书未邹阳上，情同庾信哀。离家成死别，蹈海岂生回。吾主终明圣，嗟予自不才。"

二十七日　　晴

裴小源见访。小源自言祖籍江阴，曾祖宦游直隶，遂家焉。祖曾宦粤。渠于十三四时随其父来游，即居此，盖四十年矣，能操粤音。坐谈良久，继同往其寓斋。

二十八日戊申　　晴

辰刻，偕梁文盛往游下环，见工人之凿山填海者，不惮劳瘁。下环颇有树木山水之胜，景物幽邃，人家萧寂，迥异上中环之市廛尘溢，甚嚣尘上也。予窃慕居彼。往皇家馆，见梁石卿，供饼面。薄暮，访星云。是夕，有二西仆来偕宿，意甚不惬。

二十九日己酉　　晴

九　月

朔日庚戌　　晴

二日辛亥①　　　晴

作家书,托梁文盛之友邮递上海。

三日壬子　　晴

四日癸丑　　晴

礼拜。往访梁文盛、李星云、张惠生。午后,偕张、李二君啜
茗。夜归,身中微觉不惬。

五日甲寅　　晴。夜雨

六日乙卯　　晴

七日丙辰　　晴

屈烟翁云:此间山峦瘴疠之气,时所不免,凡有一股异香扑
入者,断不可闻。昔道光年间,英人始辟此岛,时仅千馀人,今生
聚贾贩者,不下二十万众,瘴气渐轻,不致害人矣。暮,李星
云来。

八日丁巳

火轮邮舶从上海至,接得家报。暮,至星云寓斋,归来已晚。

九日戊午

重阳佳节,天气爽朗。客中愁里,那得有心情作登高想也。
暮,过星云寓斋,劣具盘飧,聊饱老饕,异乡风味,亦堪下箸,竟破愁
城,遣此一夕。

---

① 原稿此处误系干支为"乙亥",以下顺次而误,直至本月十九日。径加改正,不
再一一标核。

十日己未   晴

作家书回寄。

十有一日庚申   晴

午后访裴小源,同往见杨神父,谈良久。杨神父,松江人,华冠而夷眼,至港十载,已忘其土音矣。是日礼拜,设晚餐。暮,胜老招饮,有盛馔,同席任瑞图及何君。

十有二日辛酉

作书致杨醒逋①云:

醒逋先生执事:闰八月十有一日,邮舶启行,仓卒登程,阮郎则不名一钱,王粲竟孤行万里,伤心此别,岂第黯然魂销而已哉!十有八日,乃抵粤港,风土瘠恶,人民椎鲁,语音侏,不能悉辨。自怜问讯无从,几致进退失据。承西士授餐适馆,眖我旅人。无奈囊橐羞涩,面目遂形寒俭,踽凉窘困之况,难言万一。终日独坐,绝无酬对,所供饮食,尤难下箸。饭皆成颗,坚粒哽喉,鱼尚留鳞,锐芒螫舌。肉初沸以出汤,腥闻扑鼻;蔬旋漉而入馔,生色刺眸。既臭味之差池,亦酸咸之异嗜。嗟乎!韬得离危地,幸获安居,岂宜温饱是求,复生奢望?处心难随遇而安,人情鲜止足之境,固如此哉!韬在旅中,顾影无俦,对灯独语,枕不干通夕之泪,箧未携一卷之书,山风海涛,终宵如怒,因此哭亲之涕绠縻,思家之心缕结,侧耳倾听,怅然魂越。眷属在沪,终虑谁侬,拟于十月间招之来此。韬以舟资房值费至不赀,薄蓄殆罄。所云买地卜葬,筑屋庐墓之计,恐难如愿,只期暂附旧坟,聊妥宅窀,尚冀他年别简高原,复占吉壤,以

---

① 《答杨醒逋》,见《弢园尺牍》第70—71页,中华书局1959年版。

谋迁徙耳。韬之书籍物玩,均未得来,皆由执事过于迟回,惮为邮递,苟或罹于兵燹,则执事实职其咎。乞写书目,经今百八十日,亦未见至。善忌多懒,执事更甚于樨生焉。五千里外,不胜怅怅者此尔。至于亲墓在里,理无久离,归耕之计,要必不远。从此潜心晦迹,隐耀韬光,不复出而问世,席帽棕鞋,荷锄担榼,时与野夫樵叟,课雨占晴,酬歌答话,以毕此馀生而已。

　　韬物寄储君舍,须善保持,幸而无恙,则韬将聊以遣此暮年者也①。倘有南鸿,幸惠佳札。吴中天气,想已新寒,体中佳否? 万万自重。

十有三日壬戌　　　晴

暮,惠生来。

十有四日癸亥　　　晴

午后,星云见访。薄暮,诣其寓斋,往街市散步,上环夜市颇盛。

十有五日甲子　　　晴

十有六日乙丑　　　晴

是晚,接得第二函家书。

十有七日丙寅　　　晴

饭后,走访惠生,同至保罗书院,见罗深源,别十年矣,犹蒙记忆,其可感也。深源于咸丰三年曾至上海,同宋美监司至墨海,与余相识于咸丰六年,往金山传道。去冬始回,坐谈良久而别。深源盖圣教中恂恂谨饬士也。偕惠生啜茗后,同访李镜洲敬周,意气轩爽,体貌瑰伟,粤人中之矫矫者。自言前在粤督叶昆臣名琛幕中,能操北音。

---

① “韬物寄储君舍”至此,《弢园文录》脱。

十有八日丁卯　　　晴

裴小源见访。午刻,往星云寓斋闲话。是日礼拜,暮,月色皎洁,同裴小源、赵子如散步。

十有九日戊辰

粤中本以行贾居奇为尚,文章之士素少淹通,白沙翁山旷世一出,固未易求之今日流辈中矣。香港蕞尔绝岛,锥刀之徒,逐利而至,岂有雅流在其间乎？地不足游,人不足言,至馆校书之外,闭户日多,无事可纪,或有足述者,略登一一,并不复系以时日也。

十月中,偶散步上环,途中得遇包荇洲,异乡万里,得遘故人,把臂欣然,登楼啜茗。荇洲言:今年二月至此,全家都在此间,吴兴戚好宦粤者不少,浙乱后遂作此行。

往兰桂坊,访包榕坊,知渠于今年五月中来此,同诣酒楼小饮而别。自此时相过从,茗酒流连,谈谐间作,异乡荒寂中不忧无伴矣。

十二月

八日

室人怀蘅偕二女茗仙、稚仙自沪附货舶至此,一切摒挡,咸慕公为之主张,而春甫为助,万里羁人,感极涕零。

悔馀随笔

余于十一月初旬，僦屋与赵子如同居小楼半椽，月赁五金。

港民取给山泉，清冽可饮，鸡豚颇贱，而味逊江浙，鱼产咸水者多腥，生鱼多贩自省城，为时稍久，则味变矣。

癸亥春仲卓楚香湘兰来港，主李敬周家。镜洲招予共谈，楚香出诗见示，言能相术，多奇中，谓予四十岁后功名特达，可冀有为。噫！自经窜逐，无意于浮荣矣。但得饱吃饭，闲读书，了此馀生，得还故乡，亦已幸矣。

作七律四章赠楚香，兼述鄙怀：

窜逐无端已自伤，那堪重入旧欢场。更怜意气非畴昔，况复艰难托异方。吴苑樱花成转瞬，蛮乡风雨割愁肠。酒杯偪仄乾坤小，沦落天涯泪数行。

身经忧患此生馀，异地相逢倾盖初。怀里三年投客刺，枕中几卷相人书。鸢肩谁惜风尘误，马齿空嗟岁月虚。变尽形容君可识，见真面目是匡庐。

雅慕灵均比兴工，谁知草野抱愚忠。残生恶梦干戈里，孤愤穷愁天地中。已叹功名成画虎，敢轻词赋薄雕虫。瑶华首非多让，极目关河感未终。

渊源骚雅抒篇什，陶写襟灵托啸歌。幻想都从奇境出，才人自古寓言多。不妨仙佛同参证，已了因缘付刹那。谁悟无生真旨者，焚香扫地拜维摩。

述怀简李镜洲敬周**五律四章：**

兵戈满海内，惭此走偏隅。家室终难问，田园已就芜。萍蓬悲万里，涂炭泣三吴。喜听王师捷，时官军进克太仓。凭城势渐孤。

戟门长揖客，此日困传经。一昔承知遇，飞腾控□冥。而今成寂莫，同我话飘零。债事伊谁咎，皇都尚带腥。谓叶制军启衅事。

世事真难料，苍生劫未终。借师目助顺，飞炮善横攻。岭峤鲸鲵奋，滇池豺虎雄。书生思报国，徒此抱孤忠。

凤嗜推三绝，旁通涉九流。镜洲好读相人书。知人非面目，其术始《春秋》。左氏谷也丰下数语，实为千古相书之祖。乞食争鸡鹜，消闻狎鹭沤。天涯各沦落，怕上仲宣楼。

偶遣：

吾舌犹存吾道孤，天教生看粤山湖。涕洟肯向穷途洒，肝胆偏因杯酒粗。但擅文章真下策，不更忧患笑非夫。投荒万里成浮海，奇绝兹游昔所无。

六月中久雨奇寒，包君榕坊久未来过，适遗箑在案头，即题三绝赠之：

异方幸遇同心友，三日偏欣两日过。共去屠门夸大嚼，故乡风味较如何。

海天气候殊中土，风雨连山六月寒。十日关门无客至，今朝相见劝加餐。

全家避迹同来此，两鬓萧疏渐有丝。喜听王师下吴越，时左抚围杭垣，李抚克昆山。家乡无恙算归期。

偶感：

醉来拔剑不成歌，潦倒粗疏奈尔何。四海交游谁是孔，中朝人士岂知罗。天涯骨肉能存几，地下亲朋已渐多。放逐蛮荒吾敢憾，养生正欲托严阿。

六月中，闽人夙葆初道过香港，偶于途中见余，明日至舍来访，别十一年矣。异地相见，各话畴昔，悲感涕零，偕至酒楼小饮。夙君居停主人系荷兰领事，兹将从其入都，见恭邸，酌定通商事宜。谓数月即返，当可再图良晤也。葆初名梦觉，闽中布衣，抱负不凡，喜谈经济。

十月朔日，海峤始寒，与梁文盛作羊城之游，得览伶仃不作零丁洋、虎门诸处，见所筑炮台已久残废，海道甚深，两旁阔远，即有守兵，亦难控扼。城中庐舍鳞比，商贾辐辏，民物殊有丰阜之象，洵为炎方一都会也。下榻于西关惠爱医馆。

游海幢寺，见寺门外一楹联，偶记之："藩府辟三摩，海碧天青，团日古榕开法界；曹泾传一指，鸽飞鹿洸，依云老衲认禅灯。"

城中书肆数十，无一奇书、旧刻可观，粤士文学可见于此。

茶寮颇雅洁，食物皆价廉味美，胜于港中多矣。

曩余致书西儒湛君云：

> 韬弇鄙小材，羁栖下旅。王粲之托荆州，已嗟得所；敬仲之奔他国，能勿伤怀。屡欲一游省垣，以扩眼界，重诉心期，缅吴汉之旧疆，览尉任之遗迹。讲学则仲衍、甘泉其人也，谈诗则梁、屈、陈三家，固岭南之大宗也。经白沙之村，而想其高风；读赤雅之编，而悲其身世之与我同也。及游羊城，一无所遇，灵气不钟，流风邈绝，岂翁山、海雪辈求诸今日而已难耶？

游七日返棹，得补道人沪上寄来书，知曹竹安、以隽，新阳诸生。杨夔石、凤来，吴县诸生。马礼园、宛生，长洲诸生。潘南畇庆元，昆山诸生。诸人，于今年四五月间俱归道山。又闻涤盦顾师亦于去秋下世,师友凋亡,深为腹痛。

得春甫黄君书,知沪上顾惠卿亦以疫亡。惠卿习医,余僚婿也。今年夏间,江南疫疠盛行,殒没者不可胜记。城内外每日死者不下二千人,自夏至秋,约计七八万,而远沪诸处染疫者亦多。大兵之后,复遭此灾!生民之运,可谓厄矣。

十月十二日　致吴子登书①:

　　子登太史执事:瀛壖揖别,旷历寒暑,未稔动止,无由执讯。赭寇纵横,江浙沦陷,蕞尔沪滨,危警万状。中间奉母避乱,侦贼遭谗,颠踣困厄,仅而获免,审迹粤港,万非得已。其俗侏　,其人猱杂,异方风土,只益悲耳。嗜好异情,暄凉异候,一身作客,四顾皆海,诚可为凄怆伤心者矣。侨寄两载,闭门日多,孟冬朔日,始作羊城之游,览尉佗之旧迹,访刘龚之遗踪,慨然想当年割据之雄,而吊其子孙弗能守也。怀古兴悲,触目生感,殊令人意尽矣。前曾得见黄大中丞少君幼农,述及阁下自楚来此,不赴征辟,屡辞荣禄,高尚厥志,超然物外,而反以西法影像,游戏人间,古之所罕,今乃仅见,求之儒林,岂可多得。至省之时,曾一奉谒,适值他出,阍者固未识为何人,即阁下亦不及料我至此也。江南戎事,虽曰势盛力集,扬沸沃蚁,捧海浇萤,歼扫之机,跬足可俟。然揆其所恃,唯在西人。往往出为先驱,未见偏攻独捣。近闻却师之举微有违言,驻昆之兵势将议撤。大帅有惩于心,姑藉领饷不继,权词以谢,而西人亦以方将有事于东瀛,调兵集御,未暇兼顾。中西之交或离,则军力单矣,俾贼之亡犹得稍缓须臾,非计之得也。夫借

---

① 　此书亦见《弢园尺牍》第76—78页。

师既知非策，则当时不应出此以取救于目前。既已借之于先，而欲却之于功之垂成，无怪其有所歉也，此谚所谓骑虎遣蛇者也。今天下处处横流，几无一片干净土。闽、粤远介海峤，得西人支撑，或者可冀无变①。蒿目时艰，抈膺世事，有心人固不欲见，并不欲闻也。韬遭是流离，岂敢怨怼，粗材薄植，分放废终老耳。特以僻处蛮荒，欲归不得，先人坟墓，远隔万里，懿好日疏，密亲盖寡。每一念及，肠为之九回，泪因以并下。此间山赭石顽，地狭民鄙，烈日炎风，时多近夏，怒涛暴雨，发则成秋。危乱忧愁之中，岑寂穷荒之境，无书可读，无人与言，旷难为怀，逝将安适。然所以恋恋而不去者，不过隐身绝岛，稍远祸机，留此馀生，或能饱啖黄斋，闲沽白堕，撼红炉之近事，续赤雅之旧编，以聊自排遣而已。沪上故交，闻皆无恙。黄君春甫，音问时通，日昨书来，拳拳以阁下是否旅兹为问。阁下倘惠尺一，邮递良便。写旷年之积愫，寄远道之相思，固有连笺累牍而不能尽者。嗟乎！回忆昔时征逐之游，文酒之欢，已渺如梦寐矣。所有同心凤好，皆已云散风流，星沉雨绝，或荣辱异致，或存没无闻。管君小异，始逃警于山阴，复惊魂于邓尉，奔窜道路，竟以忧殒其生。发甫周君，长揖戟门，运筹戎幕，或谓庶得展其经济，而命不副才，遽化异物。祝桐翁仓卒为江北之行，去春又挈家寄汉口，汉口自古战争之地，度桐翁未必久留。李君壬叔，献策军中，谈兵席上，兹在皖南，未闻奇遇，岂火器真诀，不遣一试其所言耶？他若华氏荻秋父子、徐茂材雪村，并作寓公，无改素嗜。凡此诸子，皆为阁下所关心

---

① “得西人支撑，或者可冀无变”，《弢园尺牍》作“非走险既陆者骤能飞渡，或者可冀无虞”。

者,故为略陈梗况,不辞　缕①。至如韬者,踪迹自晦于明时,姓名不腾于流辈,遘罹奇祸,禁锢遐裔,言念诸子,用自悼也。聊布所怀,妄尘清听。倘不以垢累,赐之寸缄,实所引领。裁书代面,辞不宣心。阁下但自览观,勿出示人。炎方风物,百不足言。饮食起居,伏唯万万自爱。

有以老妓为题乞诗者,口占应之:

> 青鬓都非翠里蔫,那堪买笑又尊前。已知时世妆难学,谁识风尘态可怜。晚恨桃花多命薄,空悲絮果几时圆。浔阳商妇琵琶怨,一样飘零失所天。

得海上潘恂如诒准,昆山诸生。书,略述近况,知其女兰宝以疫殇。醒逋于六月间曾游沪渎,而渠书未言及之,殆所未解。

补道人寄诗四章,述频年离乱之由,志近日官军克复之喜,因如数和之却寄,间有不同其元韵一二者,务尽吾臆,不拘拘于和也。闻官军收昆山,寄里中补道人:

> 天南忽见捷书驰,喜听昆城已进师。不用山中陶甲子,重看江上汉旌旗。中原戎马方多事,小劫沧桑感遄时。未卜归来在何日,沾巾北望反凄其。

> 腐儒何敢妄谈兵,但祝还乡早息耕。何日王师休战伐,暂时故里睹升平。飘零游子仍天地,恸哭良朋隔死生。劫火元亭幸无恙,投书万里见交情。

> 频经逋窜隐菰芦,肝胆轮囷犹故吾。乱世功名唯杀贼,雄才诗酒亦穷途。十年兵甲三吴困,万里亲朋一字无。谁肯上

---

① 《弢园尺牍》下有:"呜呼!天下人才众矣,交游广矣。以韬所谬相知者,或翱翔仕路,或偃息丘园,虽隐显不同,出处攸异,而上者并能争饰事功,次者亦得竞心述作,以后先取名于时。"

书筹国计,流离为绘监门图。

东瓯南峤望中分,任尉城边暗夕曛。海角孤臣馀涕泪,中原诸将策功勋。伤时贾谊《过秦论》,胜算廉颇用赵军。急为借筹须捣穴,长江从此息妖氛。

粤中寄补道人:

炎方滞迹剧艰虞,莽莽乾坤困腐儒。诗酒穷乡唯子在,文章乱世奈吾何。江山百战空杨仆,兴废千秋吊尉佗。地北天南飘泊里,几时归话故园芜。第二联何字,误押歌韵。

闻官军收苏州,感事四首十月二十五日:

金阊重镇扼三吴,因垒增师贼势孤。已见降幡连夜出,早传露布万方呼。坏云压堞奔豺虎,杀气连屯走鼠狐。从此间阎厌烽火,耕桑好纳太平租。

滔天书竹罪难穷,贷死谁论斩贼功。穷寇甘心输下策,危时履辙横群凶。崔蒲一例消几孽,将帅唯知用战攻。非种诛锄仁术在,威行漫与杀降同。

炮火殷天贼胆消,横江组练绣旗飘。安危岂谓关荒服,焦烂今徒答圣朝。奉诏已书蕃将绩,收功转患客兵骄。羁縻长策时难用,太息无人问绕朝。

大江计日扫长鲸,细柳总连上将营。吴越未全归版籍,皋夔何策答升平。即今畿辅须储粟,况复关中尚用兵。益旅输金廑宵旰,杞忧岂合到儒生。

粤中赠卓司马湘兰:此四诗已录于前,因不惬意,删改重录。

离家万里到南荒,九死艰难托异方。吴苑樱花成转瞬,蛮乡风雨割愁肠。人皆欲杀谁知我,才不能奇未敢狂。溟渤即今鲸鳄静,孙刘割据迹苍茫。

极目关河感慨中,贾生死去霸才空。忧时谁上安危计,论绩徒闻战伐功。已愤功名成画虎,敢轻词赋薄雕虫。屈骚苗裔开南服,忠爱流传自不同。

寻常岂具封侯骨,赏识休凭相士书。楚香精相术。乱世公卿安有种,无才岩壑且深居。鸢肩谁惜风尘误,马齿空嗟岁月虚。放逐江湖甘老死,于兹卜筑定何如。

感怆身世如尘梦,阅历忧危托啸歌。幻想都从奇境出,才人自古寓言多。楚香诗二千馀首,多涉神仙梦幻。英雄失路逃仙佛,造物何心窜谷坡。凄绝瘴烟荒雨里,闭门径岁独君过。

天南孀叟书问醒补道人足下①:

别久路隔,相见无期,赠之诗不足,复以书问。嗟乎!道人殆能以道自守者耶?当此浊世独醒而卒免于祸乱,伏处穷乡寂寞之滨而萧然自得,与物无忤,固懒叟所不能者也。懒叟亦尝有志于归隐矣,始以贫,终以乱,卒至遭罹奇祸,名辱身放,遒窜于万里之外,荒域异民,凄心怆目,其穷何如耶?固将求为道人而不得者也。今秋道人书来,以东坡窜居儋耳、旷怀顺处为解。呜呼!懒叟岂能望东坡万一哉!懒叟逾粤,一岁有馀,虽值境未亨而处心渐豫,每思咎戾之由,痛自检责,刻肌刻骨,流极之运有生共悲。懒叟无昔人之才而有其遇,顾念一旦罹大辱,蹈明科,轻比鸿毛,徒贻耻笑,反不若远徙幽裔,犹得偷息人世,仰视日月,虽溷迹下隶,潜形密林,亦不辞矣。以此问心,差能自遣。归来之望,此时非所敢言。北顾旧丘,羁魂殒瘁,结庐先垄,瘗骨故山,其可得乎?嗟乎!道人夙知我

---

①　此书见《弢园尺牍》第72—74页。

心,故以为言。又懒叟所虑者,尤在嗣续,已逾潘岳之年,将逼商瞿之岁,膝下萧然,顾对谁共。我家七叶相传,二百三十七年中,仅存三男子。从侄二人,长者清狂不慧,次者荡越绳检,不可教训,世乱家贫,年壮无室,我之所遇则又如此。呜呼!天之所废,谁能兴之,勿可冀也已。吴门收复后,胁从之老弱男女十万馀人,悉遣还乡,闰、苹二生得消息否?使尚在天壤,或有复归之日,粤人漏网至此者颇不少,闻悉由抚军资遣,则杀降之说未可尽信。以粤人在吴之虐,尚获生全,则哀兹鞠子,何至遽殒,天意梦梦,要可决也。嗟乎!道人伏处窟穴,不免饥寒,前时身创屋焚,妻殉子掳,亦极生人之至艰,今日追思,应同尘影,寓形宇内,作如是观可也。顾道人虽穷,二十年来未尝跬步出里巷,所见则故乡也,所交则故人也。琐屑米盐,嘲弄风月,室内馀残书,膝下馀季子,房中之琴则弦重胶焉。贼去民安,重睹升平,岁时伏腊,对妻抱子,其视懒叟,相去何如耶!嘻!如懒叟天高地迥,舍此已无可适,作盛世之罪人,为圣朝之弃物,安得借口于隐遯也哉。懒叟于十月中,曾有诗札附邮舶寄沪,后闻此舶溺水,则是书已付波臣。书中所谆谆者,惟以书籍为念。黄君春甫,诚至可托,烽烟劫靖,舟楫路通,能专棹捆载而去,尤为便捷。舟资一切,谋于黄君,自无不得,懒叟当先为之道地①。异乡岑寂,唯书可娱,道人之寄,弗可缓已。所寄之书,当缮一目录于札中致我,并道近况,毋默默也②。吴村稻熟,田舍翁可多得十斛粟否?伯姐无恙,想不啼饥。提笔 缕,心辄为碎。书疏幸勿怪。伏计万万珍重。

---

① "舟资一切"至此,《弢园尺牍》无。
② "所寄之书"至此,《弢园尺牍》无。

懒叟白。

粤省中多浙人,时来港中,因得识面蔡二源、莫鲲舟。二源能效夷言,从朱瑞生学英文,瑞生,粤人。用心颇专,可谓有志者。鲲舟后居港中,为包氏司会计。二源名汇沧,德清望族,诸生,人极警敏。同时来港,馆于包氏者,有倪莲塘,亦长兴诸生。

补录旧所作诗

天南遯窟集

磨蝎在宫,天谗司命。斯世忌才,所遘尤甚。贾谊献策,杜牧谈兵。拂意当事,便成罪状。谤至无因,祸且不测。蛮荒窜伏,万死一生。吁嗟绝岛,乃容我身。傛屋半椽,榜曰遯窟。天南之诗,即以斯名。

四月二十五日,猝中奇谤,索予者甚急,遂避西人公廨,闭置一室中一百三十五日,分无免理。和东坡狱中遗子由诗,寄里门补道人二首

　　仓皇烽火逼残春,蹈死孤臣敢惜身。报国空陈平贼论,辨冤谁是上书人。早拚骨肉填沟壑,妄冀功名祟鬼神。一切恩情尽灰冷,君亲好结再来因。

　　灯尽宵长夜雨凄,渐亲厮养首频低。书来此日凭孤雁,腹痛他年莫只鸡。地下惊魂招弱弟,江边收骨仗贫妻。比邻杞菊成虚语,合葬天随旧宅西。

粤中市侩书字多不可识,绝无意义

　　错书喜效李林甫,意造专师曹景宗。举笔居然思一适,只愁奇字问无从。

五月食荔支有感

　　岭南荔支天下奇,昔徒传闻今始知。或言闽蜀更胜粤,我未之尝敢瑕疵。火山四月红如火,担夫入市纷道左。老饕一见口流涎,会须一啖三百颗。不烦纤爪擘绛襦,自露冰雪仙肌

肤。更怜消渴溢琼液，风味胜绝平生无。金婆杨梅等奴婢，西施玉珧堪比拟。不愁内热解蔗浆，一枕酣回甘漱齿。几忘被谴在炎方，争此口腹无乃荒。东坡为口轻一官，嗟我非才安敢望。吾闻诸杨昔横恣，天宝岁取腾驿骑。未终一曲荔支香，四溟扬尘恩爱弃。谁知作俑是尉佗，贡始武皇罢汉和。盛德岂复贵尤物，厥色不闻驰皇都。人生有好都为累，况我南行不得意。回首去年今日时，那堪对此弹乡泪。

至粤一载矣，辱江南诸故人投书问讯，作九言一首，寄黄六上舍、潘大诒准、杨三引传两茂才

　　嗟我昔年仅能作近游，今乃放眼万里来番州。不因被谤亦不得至此，天之厄我乃非我之尤。男儿堕地本是轻离别，掷身沧海何惮阻且修。此间一岛大小来环环，四顾茫无涯涘兴百忧。时诵东坡之语以自解，土三水七人本居于洲。中原理乱置不复闻问，但目见猱杂耳听啁啾。我胸空洞本无一物着，忧欢悲乐境过辄不留。惟有君亲友朋时在念，今日欲思报答嗟无由。生平嗜好多足累学问，自遭放废弃之如赘疣。吴中征逐每苦不得息，今常闭户任听先生休。得闻方知一日如两日，动必多咎惟静可自修。有时默念我生之所作，百无一慊悔恨兼惭羞。嗣皇龙飞闰八月至此，迄今十月岁月逾一周。炎方景物入目伤我意，气候不常迥非中土侔。视天常低视日近若炙，冬或着　盛夏或披裘。鱼龙怒腾欲雨气腥臊，一黑千里飓起摇陵邱。飞虫细蚋经冬犹尚活，炎飙毒雾白昼鸣鸺鹠。我初来时厌此土性恶，常畏烦热委顿病泄呕。瘦妻娇女啼哭思旧土，一家四人卧床无一瘳。半椽矮屋月费半万钱，风逼爨烟入户难开眸。木中虮虱嚼人若利锥，爬搔肌肤往往至血流。

出见贩鉴佣牧亦低首，时杂嘲弄讥笑哄楚咻。俗惑鬼怪诈悍
吁可怕，小嫌裂眦动如凤世仇。我听其然一念寂不起，死灰槁
木人我两悠悠。人生但当随时为排遣，惟性所适大化与沉浮。
时和即春花开即佳节，有菊有酒有凉月为清秋。呜呼古来贤
豪南迁者，不免蹈海性命委轻舟。不见昌黎上疏苦乞恩，诉陈
疾厄深虑填渠沟。子厚诗文满幅悲怨音，剑铓割肠自恨为山
囚。盍思土著生长亦人耳，彼何安乐我何多烦愁。我今夸述
非以动君听，至其佳丽诚足甲南陬。南村杨梅北村之卢桔，香
蕉黄橙不论钱可售。紫绡红缯径寸之荔支，王珧下酒风味欺
蜡蚌。粤西善鳝粤东尤善鲙，薄肌细理沃醪杂姜萎。此其小
者不过夸口腹，若临山水阅历深绸缪。此岛已非我皇之疆域，
追论偾事令我久呻嘤。从来诚信足以御四裔，兽穷则攫毋怪
称戈矛。彼公将略称为不世才，胡乃出此天意非人谋。至今
溟渤波恬息猜讶，驻以重兵建置由豪酋。经营廿年蓄意善招
集，蛎滩鳌背开此风光幽。贾胡居奇光怪炫列货，四重金碧多
喜居层楼。天下兵动江浙又涂炭，衣冠避宦经此盟海沤。吾
问五羊城中仙下遨，最好深宵风月珠江头。孟冬朔日海峤风
始寒，吾来凭眺直欲惊蛟蚪。今昔江山不改霸才去，前吊任赵
后又悲孙刘。龙川一尉崛强不臣汉，陆生掉舌折服功少侯。
孙吴区宇几尽奄南服，始筑城垣辟地民居稠。李唐末造东南
忽鼎沸，嗟哉黄巢一炬遭践蹂。不知祸乱乃以开英雄，刘隐乘
时窃据雄上游。中朝人士流寓为谋主，一时二岭五管指掌收。
玉堂珠殿土木疲民力，鼠入牛角国势渐不遒。天水真人崛起混
宇内，珍异尽输天府蓁琳璆。兴亡转瞬小朝廷日蹙，八闽既复
于此惭逗遛。崖山忠愤千古泣神鬼，慈元殿烬废寝迷松楸。有

明君臣妄冀挽天运，崎岖鲸足称帝诚苟偷。荧光爝火岂得争日月，唐羿桂擒万载巩皇瓯。平南开藩晚节坏彝子，富贵豪华顷刻同蜉蝣。荒宫古屋寂寞作官廨，烟泣石狮寒雨啼林鸠。欷歔怀古令人意尽矣，感怆身世瀛海一浮沤。人才渺然吾未得见之，重冈别岁地气少淑柔。慷慨疏争是真奇男子，当时名儒挺出　鲁邹。诗家大宗独数梁屈陈，九嶷山人一死志莫酬。山川寂寂倏焉二百载，坐令此辈旷世无其俦。返辔归来兀坐嗒若丧，辱君书札万里遥相投。急呼灯读总未尽数行，乡泪如绠昏眼嗟频揉。昔贤欲以文字开要荒，结茅作屋垦土为爪畴。视若乡里其意岂不好，咨嗟自审吾念独曰否。侧闻王师每战动获捷，士气奋扬中外胥同仇。三吴版籍收复已逾半，流氓安集农女勤蚕　。寇衰势穷各将鸟兽散，中兴继烈仵见脱兜鍪。众乐升平悲我不得预，尚冀圣恩祝网开蛛蝥。我本三吴甫里之狂客，盍容我归学圃安锄耰。空抱此愿未识何时遂，鸟惊弋缴兽恐罗罝罦。粤虽全盛迩来亦小减，转饷七省大吏烦征求。时艰才出此事每束手，惜民一疏勇退辞节游。嘻吁今日非犹昔之比，安得郑侠绘图陈冤疏。书生饶舌岂不惮罪戾，不知自有肉食为国筹。终年俯首雠校已短气，近辑《尚书》真伪谁弹纠。河东书篋十未得二三，那能一一备我恣罗搜。劳君驰寄慰予远望怀，诗罢但听屋角风飕飕。

港中番人多设酒铺，醉则男女携手联臂，举足蹈舞为戏。旁观者更佐以锣鼓诸乐，谓之"单神"，大约即苗俗跳月之遗意也。按《满洲六十七居鲁番社采风图考》云，番俗成昏后三日，会诸亲友饮宴。各妇女艳妆赴集，以手相挽，面相对，举身摆荡，以足下轻轻应之，循环不断，为两匝圆井形，引声高唱，互相答和，摇头闭目，倍极媚态。此晋女子连袂踏歌意也。虽非子夜、懊农算曲,亦有歌词自抒其天籁耳。黄侍御有诗云:"男冠毛羽女　　　,衣极鲜华酒极酣。一度齐咻金一扣,不知歌曲但喃喃。"周钟瑄有诗云:"联翩把袂自歌呼,别样风流绝世无。番调可知输白雪,也应不似泼寒胡。"今英人但有舞,而无歌,与此稍异耳。

英人家中多设鞦韆架,暇时随伴嬉乐。此亦番女渺绵氏之戏也。番语以渺为飞,以绵氏为天,以为飞天耳。台人有"云霭碧梧飞彩凤,花移丹桂下姮娥"之句。

英妇女每至夏日,多喜浴于海中,拍浮嬉戏,不殊鸥鹭之狎波涛也。按此亦同于番俗,彰化以北番妇,日往溪潭,盥颊沐浴。女伴牵呼,拍浮蹀躞,谑浪相嬲。虽番汉聚观,无所怖忌。台人有"浪映桃腮花片落,波摇粉臂玉鱼游"之句。郁永河有诗云:"覆额齐肩绕乱莎,不分男女似头陀。晚来女伴临溪浴,一队鸬鹚漾绿波。"

番戏有浓迎者,亦"单神"之遗也。其戏以番妇之颇有色者为之。带虬发,缠锦幔,插金花,摇纸篁,裸衣赤脚,歌番歌,舞番舞,摇跳闪目,鹤立鹭行,演唱杂剧,备诸丑态。或两妇对舞,或三四妇共头舞。闲人亦可入其中,与之对舞。名曰"弄浓迎"。弄毕,则酬以金。顾此戏粤人呼之曰"跳单神"。"浓迎"之名,或系荷兰方言耶? 非英语也。

七月中,有日本国人三人见访。其一姓名名敦,号予何人。其一姓高桥,名留三郎,号耻堂。其一姓金上,名盛纯,号丰山。随其国公使池田筑自法国回,道经此间,笔谈良久,皆索予诗,各馈予物而去①。

---

① 原稿下空五行。

闵君逸瀛,附邮舶返浙,诗以送其行:

客中送客难为别,况我欲归归不得。云水迢遥七千里,梦魂夜夜返乡国。天遣先生避地来,云萍海角初相识。中原多事方用兵,末路才人悲失职。弹丸绝岛等桃源,暂此勾留能守黑。天心似欲开升平,早令吴越烽烟熄。百战湖山幸无恙,深闺重有人相忆。忽然思发孝廉船,征书捧到动颜色。十年未踏京华尘,蓬瀛咫尺让人陟。知君归去旋出山,苍生满眼创痍剧。把酒临歧独惘然,便送君归更凄恻。望帆直去海之涯,我自天南君自北。

余欲托包莘州明经三　购求未见之书,略掇目录于左:

郑氏《诗谱》单行本。休宁戴震、海宁吴骞校。康成《诗谱》十五国次序不与今诗同,桧在郑上,王居豳后。《正义》引冠每国之首,遂失郑氏之元次矣。

《史记集解》、《史记索隐》、《史记正义》。三家之注,各有异同,汲古阁有单行《索隐》本,殊自井然。此二家亦当求精刻单行本。

《家语疏证》。

《尚书大传笺》。闽陈寿祺撰此书。宋世已无完本,近人编辑者,有仁和孙晴川本、德州卢雅雨本、曲阜孔丛伯本。孙、卢多舛舛。孔本分篇,强复《汉志》之旧,亦非尽善,而又不免讹漏①。

榕坊包孝廉以足疾久不来舍,作此询之:

北走燕市南粤江,两脚曾轻万里路。揭来日日闭门居,咫尺天涯窘跬步。不见包咸两月强,懒系鞋出足生疡。打头矮屋住不得,如鸟在笼终思翔。郎君刀圭推妙手,小试其技此何有。奈何久为鹈鹕蹲,让渠自作牛马走。一从君闭新妇车,酒

---

① 原稿下空三行后另叶再记。

垆冷落茗椀疏。王郎清馋虚大嚼,天寒正思鲚河鱼。昨遇屠门忽短气,食指虽动无异味。待来不来知未能,毕竟家居作何事?车若水有脚气集,习凿齿著《晋春秋》。君才不后古作者,《论语》半部须君修。

追录旧作。

戊申春日沪上感事四首:

> 海上潮声日夜流,浮云废垒古今愁。重洋门户关全局,万顷风涛接上游。浩荡东南开互市,转输西北供征求。朝廷自为苍生计,竟出和戎第一筹。

> 苍茫水国　春寒,鲸鳄消馀晏海澜。间里共欣兵气静,江山始叹霸才难。殷忧漆室何时已,恸哭伊川此见端。远近帆樯贾胡集,一城斗大枕奔湍。

> 烽火当年话劫灰,金银气溢便为灾。中朝魏绛纾谟画,穷海楼兰积忌猜。但出羁縻原下策,能肩忧患始真才。于今筹国讵容误,烂额焦头总可哀。

> 海疆患气未全舒,此后畴能防守疏。应有重臣膺管钥,早来绝域会舟车。土风谁补蛮夷志,波毕今登货殖书。千万漏卮何日塞,空谈国计急边储。

壬子冬日拟杜诸将:

> 狂飙遍煽粤西东,极目烽烟感慨中。北控雄关当虎豹,南征甲士惨沙虫。谁先薪突陈奇计,空向疆场策战功。今日燎原嗟已及,会看胜算出元戎。"

> 南来消息动惊疑,北去羽书日夕驰。世乱顽民轻斗杀,时清司牧寄安危。皆言裴度能平贼,又见班超重出师。欲挽银河洗兵甲,功成旦暮奏轩墀。

朝廷节钺重长征,愿竭忠贞答圣明。空洒渡河宗泽泪,同伤卧病武侯营。大星已向三台落,青史徒留一代名。自古湖湘争战地,谁能控扼用奇兵。

鼓角如雷动地来,氛缠三楚肆奇灾。襄樊险隘成孤注,褒鄂威名非将才。坐使拥兵全局坏,安辞疏寇暮营开。似闻早下贤良诏,应有征书到草莱。

征兵转饷日骚然,运会艰难事变迁。投笔终军思报国,上书卜式助输边。幻吹妖雾迷三里,潜伏凶机近十年。将帅即今天下选,要凭庙略计安全。

丙寅七夕,偶赴陆子桢书舍,同人以七夕命题,口占一律:

香几瓜筵月二更,填河灵鹊驾桥成。已深儿女飘零感,难免神仙离别情。花外笙歌添客思,楼头琴语带秋声。一年相见寻常事,料得双星尚未行。

吴香圃以香港竹枝词嘱诗,口占答之:

绝岛风光水面开,四重金碧焕楼台。海天花月殊中土,谁唱新词入拍来。

有校书自扬州来者,姓李字翠姑。陈君柳屏绳其美,遂往一见,与之定情,时七月十八日也。赠以诗二绝句:

阿侬生小住扬州,只解相思不解愁。姊妹飘零夫婿死,天风吹下粤江头。

扬州此日等天涯,愁说扬州是我家。怨杀春风供飘泊,李花今已作杨花。

题汤雨生都督所画红梅花:

毗陵将军冰雪姿,清操惟许梅花知。平生豪气郁不发,驱使十指生横枝。老干槎枒肯受屈,如竹瘦逸松枝离。著花自作妩媚态，非似寒女强入时。我闻将军罢官后，所娱三绝书画诗。性解好文不好武，但自游戏工临池。有时泼墨作屏幛，兴酣落笔何淋漓。此幅渲染意迥异，将谓俗眼工相皮。讵知神韵更超绝，冷看拂拂寒须眉。年来尘土断清梦，披图一见神为驰。忆昔命俦游白下，将军高卧秋江湄。招延近局作雅集，东南坛坫此主持。闺中笔法亦清挺，倡和犹存琴隐词。曾几河山忽破碎，沧桑人事增吁悲。将军节与梅花似，芳心劲骨同争奇。幸逃劫火有此册，摩挲千遍空怀思。

题汤雨生都督留别吴兴诸子诗卷：

将军向以文章名，胸中所有非甲兵。吴兴山水擅天下，宦游犹得娱闲情。粗官亦期不朽业，良友名山供作述。平生悔到此方迟，天末浮萍溷踪迹。其时将军初罢官，九梅饯别东风寒。画工写图尚好事，想见当日疆围安。吴越樱花正满眼，如带长江天堑限。秣陵城中作寓公，琴隐丛书方论撰。忽然烽火耀江头，将军自此遂千秋。吴兴兵劫亦相继，泉石荒凉失旧游。今日读诗重叹息，如此风流真歇绝。江山无恙昔人稀，掩卷还君泪呜咽。

题姚薏田征君所书诗卷：

乾隆初祀盛文学，义门记诵尚簿录。沈陈继之为高足，姚君最后称私淑。姚君少有国器名，读书实重科第轻。晚遭流离业益进，词章足与千秋争。生罹疾厄鬼伯守，长年药裹弗去手。我才不用因奇穷，知己无人失良友。前称姚王后陈姚，浮名虽重犹蓬蒿。只轮孤翼无所向，长途风雨愁飘摇。荐举未赴甘不仕，才人失意扬州死。马张风义当时稀，收拾遗稿为传梓。身后荒凉更足悲，莲花庄圮少人知。流传尺幅南天见，索我题诗涕泪垂。我生况复遭离乱，六载炎荒音信断。自从兵燹失图书，那有心情托文翰。姚君身世感相同，云萍踪迹流西东。读诗既罢三叹息，但听风急呼寥空。

题金寿门手书诗卷：

　　冬心三绝书画诗，天姿所造称逸奇。就中画笔尤擅誉，乃其承法非一师。字体结构颇朴媚，涉古即古稍矜意。樗崖作手推清新，赏诵不足为写记。我闻翁昔作远行，途穷卖画扬州城。一朝落魄画失色，城中无人知姓名。德州大夫偶见面，纵横笔力惊奇变。招延幸舍为唱提，声价日高黄金贱。其时禺

　　盛南纲，风流接纳开坛场。琯璐昆季并好事，小玲珑馆多储藏。一坏再坏人事改，妖火腾天倒沧瀎。图书秘玩付一炬，寻常器用无人买。揭来此册留南陬，迹少视与拱壁侔。摩挲两眼就灯读，对之令我生烦忧。平生积聚毁兵劫，先民遗墨谁收拾？君家插架亦散亡，尚存癖嗜勤搜集。乡里易结香火缘，异方见之心悢然。浙人爱浙非阿好，其人造诣良足传。流传况当劫灰后，尺幅精神百年久。留待他时勒石垂，合并姚君两不朽。

余居香港，倏忽六载。初尚事简，既而笔墨之役蝟集，卒卒鲜闲。兼以气候炎暖，体中不慊，于是浩然思为海外之游。适理君雅各招赴佐译经籍，丁卯冬十一月三十日束装就道，戊辰正月初旬抵伦敦，十有七日至苏格兰之杜拉村，其地苦寒，盛夏无暑，旅中读书所得，略记如左：

偶阅焦竑《国史经籍志》第一卷，以本朝御制冠首，而其下先列前代之著作，后附一朝之述撰。庶使古籍所见存者，有可藉以考见。末有《纠缪》一卷，亦为可取。旅中无俚，思欲集国朝以来诸名家所撰，为《皇朝经籍志》，以备他日国史之采择。有见即书之，

投入瓮中，俟积成卷帙，乃区别门部，以成一书。若前代之书，则有钦定《四库全目》在，其存佚源流，俱已了然，此毋庸赘。

《守山阁丛书》目录

经部

《易说》四卷宋赵善誉。　《易象钩解》四卷明陈士元。　《易图明辨》十卷国朝胡渭。　《禹贡说断》四卷宋傅寅。　《三家诗拾遗》十卷国朝范家相。　《周礼疑义要》□卷国朝江永。　《仪礼释宫》一卷宋李如圭。　《仪礼释例》一卷国朝江永。　《礼记训义择言》八卷国朝江永。《春秋正旨》一卷明高拱。　《左传补注》六卷国朝惠栋。　《古微书》三十六卷明孙瑴。　《尊孟辨》六卷宋余允文。　《四书笺义纂要》十二卷宋赵悳。　《律吕新论》二卷国朝江永。　《经传释词》十卷国朝王引之。《唐韵考》五卷国朝纪容舒。　《古韵标准》四卷国朝江永。

史部

《三国志辨误》一卷　《宋季三朝政要》六卷　《蜀鉴》十卷宋允韬。《春秋别典》十五卷明薛虞畿。　《咸淳遗事》二卷　《大金吊伐录》四卷　《平宋录》三卷元刘敏中。　《至元征缅录》一卷《招捕总录》一卷　《京口耆旧传》九卷　《昭忠录》一卷　《九国志》十二卷附拾遗，宋路振。　《越史略》三卷　《吴郡志》五十卷附校勘记，宋范成大。　《岭海舆图》一卷明姚虞。　《吴中水利书》一卷宋单锷。　《四明它山水利备览》二卷宋魏岘。　《河防通议》二卷元沙克什。　《庐山记》三卷，附《庐山记略》一卷宋陈舜俞、慧远。《北道刊误志》一卷宋王瓘。　《河朔访古记》三卷元纳新。　《大唐西域记》十二卷唐元奘。　《职方外纪》五卷明艾儒略。　《七国考》十四卷明董说。　《历代建元考》十卷国朝钟渊映。　《荒政丛书》十卷国朝俞森。　《历代兵制》八卷宋陈傅良。　《籀史》一卷宋翟耆年。

子部

《少仪外传》二卷宋吕祖谦。　《辨惑编》四卷元谢应芳。　《太白阴经》十卷唐李筌。　《守城录》四卷宋陈规。　《练兵实纪》十五卷明戚继光。　《折狱龟鉴》八卷宋郑克。　《难经集注》五卷明王九思等。　《脉经》十卷晋王叔和。　《新仪象法要》三卷宋苏颂。《简平仪说》一卷明熊三拔。　《浑盖通宪图说》二卷明李之藻。《圜容校义》一卷明李之藻。　《晓庵新法》六卷国朝王锡阐。　《五星行度解》一卷明王锡阐。　《数学》九卷国朝江永。　《推步法解》五卷国朝江永。　《李虚中命书》三卷　《珞琭子三命消息赋注》二卷宋徐子平。　《珞琭子三命消息赋》二卷宋昙莹。　《天步真原》三卷远西人穆尼阁。　《大清神鉴》六卷　《羯鼓录》一卷唐南卓。《乐府杂录》一卷唐段安节。　《棋经》一卷宋张儗。　《奇器图说》三卷附《诸器图说》一卷明邓玉函、王征。　《鹖冠子》一卷附校勘记、逸文。　《尹文子》一卷附校勘记、逸文,周尹文。　《慎子》一卷周慎到。《公孙龙子》三卷周公孙龙。　《人物志》三卷魏刘邵。　《近事会元》五卷附校勘记,宋李上交。　《靖康湘素杂记》十卷宋黄朝英。《能改斋漫录》十八卷宋吴曾。　《纬略》十二卷宋高似孙。　《坦斋通编》一卷宋邢凯。　《颖川语小》二卷宋陈昉。　《爱日斋丛钞》五卷　《日损斋笔记》一卷元黄溍。　《樵香小记》二卷国朝何琇。《日闻录》一卷元李翀。　《玉堂嘉话》八卷元王晖。　《古今姓氏书辨证》四十卷宋邓名世。　《明皇杂录》三卷附校勘记、逸文,唐郑处诲。

《大唐传载》一卷　《贾氏谈录》一卷宋张洎。　《东斋记事》六卷宋范镇。《续世说》十二卷宋孔平仲。　《玉壶野史》十卷宋文莹。《唐语林》八卷附校勘记,宋王谠。　《萍洲可谈》三卷附校勘记,宋朱或。 《高斋漫录》一卷宋曾慥。 《张氏可书》一卷宋张知甫。
《步里客谈》二卷宋陈长方 《东南纪闻》三卷 《菽园杂记》十五卷
明陆容。 《汉武内传》一卷附外传、逸文、校勘记。 《华严经音义》
四卷唐慧苑。 《文子》二卷附校勘记。 《文始真经言外经旨》三
卷宋陈显微。 《参同契考异》一卷宋朱子。

集部

《古文苑》二十一卷附校勘记。 《观林诗话》一卷宋吴聿。
《馀师录》四卷宋王正德。 《词源》二卷宋张炎。

丛书者,盖杂家之流,丛之言聚也,众也,聚众家之书以成书。
昉自左禹锡《百川学海》,洎明以来,浸以广矣。顾往往取盈卷帙,
择焉不精,以其私臆增删改窜,或且依托旧文,伪立名目,徒骛浅人
心智,而见笑于识者,是不可以已乎。近世惟抱经卢氏、渌饮鲍氏,
搜罗善本,去取谨严,不持穿凿,不参臆论,叙录之家,斯为极致。
夫丛书之义,在发幽微。